JN014172

# マッキンゼー ネクスト・ノーマル NEXT NORMAL

## アフターコロナの勝者の条件

マッキンゼー・アンド・カンパニー
シニアパートナー 小松原 正浩
パートナー 住川 武人
パートナー 山科 拓也

東洋経済新報社

## INTRODUCTION
# ネクスト・ノーマルの時代に求められるもの

2020年3月11日、世界保健機関（WHO）が、新型コロナウイルス感染症を「パンデミック」と認定した。それ以来、人びとの日常生活は一変し、世界の社会、経済は多大な影響を受けることになった。

これまでにも、戦争、大規模テロ、金融危機など、世界中に大きなインパクトを与える出来事はあった。だが、新型コロナはそれらに勝るとも劣らない打撃を与えたと言ってよいだろう。

パンデミック認定から14カ月後の2021年5月時点では、世界中で累計1億6700万人が感染し、330万人が亡くなっている。累計で世界最大の感染者数となった米国では、ワクチンの普及により終息に向かいつつある一方で、インドやブラジルなどの国々では依然として高い患者数で推移している。

現在、パンデミックの終息がどのような形で訪れるか、またパンデミック前の生活にいつ戻れるかについて、活発な議論が行われている。パンデミックの終息は、ワクチンの効果や普及のスピード、変異株の発生とその感染力や毒性の強さなどの変数に大きく左右されるが、一つ明らかなのは、パンデミックの終息が世界中で同時に進むのではなく、パッチワーク（継ぎはぎ）型で進んでいくことである。つまり、様々な地域で、様々な形で数年にわたって終息していくと考えられる。

そのため、ネクスト・ノーマル（新型コロナ後の新常態）も、世界中でいっせいに始まるわけではない。終息がパッチワーク型で進むのに伴って、ネクスト・ノーマルも少しずつ、様々な形で到来するはずである。その意味では、ネクスト・ノーマルは既に始まっているともいえる。

この本の目的は、経営者やビジネスに携わる人々が、今後10年間にわたるネクスト・ノーマルへの移行期間、およびネクスト・ノーマル到来時において、事業を力強く成長させるために、何を考え、いかなる行動をとるべきかの指針を示すことにある。

## ◉新型コロナ後を象徴する2つのキーワード

新型コロナは、ビジネスに「分断」と「革新」をもたらす触媒の役割を果たした。「分断」とは、個人、企業、産業セクター、国家などの各レベルにおいて、低迷するものと飛躍するものとの二極化が進んでいく状況を指す。新型コロナ後の景気回復を示す「K字回復」という言葉は、まさにこの状況を示すものである。そして「革新」とは、ここでは技術革新や新たなビジネスモデルの創造などを意味する。

こうした「分断」や「革新」は以前から進行していたが、そこに新型コロナという触媒がもたらされたことで、一気に加速したのである。

それは、パンデミックにより、人びとが市民として、消費者として、そして従業員として、大きな行動変容を迫られたことにはじまる。経営者はこうした変化に対応するために経営形態を変革し、必要な投資を行った。政府は私権を制限する大胆な施策を打ち出し、巨額の経済支援を発表して経済が回り続けるよう促した。

こうした劇的な変化が、1年半にわたって間断なく推進されたことにより、過去何年もかけて少しずつ進んでいた変化が一気に加速した。そして、変化は「分断」と「革新」という2つの形で、私たちの目の前に現れたのである。まさに、「分断」と「革新」こそが、新型コロナ後の社会、経済を象徴する2つのキーワードといってよい。

## ◉業種ごとの「分断」より企業ごとの「分断」に注目

まず、1つ目のキーワードである「分断」について見てみよう。

企業の「分断」でいうと、各分野において非常に大きなシェアを持つスーパースター企業の誕生が、その典型である。2020年2月からの1年間における世界の時価総額の増分のうち40%は、**図表0-1**に示すたった25社（MEGA25と呼ぶ）の企業が生み出したものである。これら25社は、北米とアジアのテック企業（GAFAM、BATなど）、EV関連企業、半導体関連企業、および中国の消費財企業に集中している。

**図表0-1　2020年2月からの1年間における世界の時価総額の増分のうち40%は「MEGA25」と呼ばれる突出した市場パフォーマンスを創出した企業からきている**

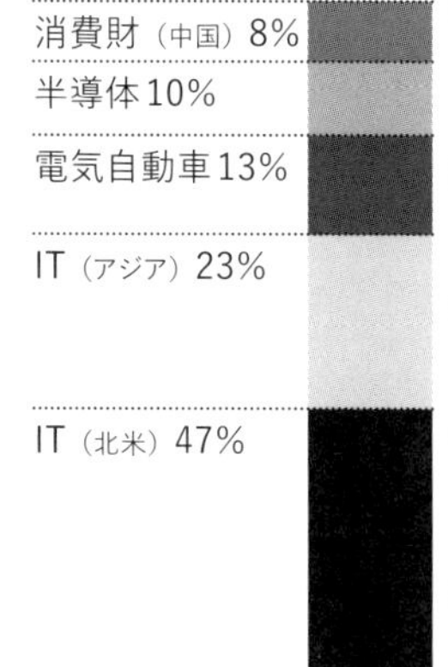


1.四捨五入のため合計は100%にならない
2.一定の平均為替レートで換算
資料：企業業績分析、S&Pグローバル

こうした傾向は過去にも見られたが、コロナ禍の1年間で一気に加速化したことが明らかである。例えば、これら25社の株主総利回り（Total Shareholder Return）は、2014～19年の間に25%も伸びていたが、さらに2020年の1年間で70%近く伸びた。過去5年分の倍以上の価値が、1年で創出されたことになる。

産業セグメント別の傾向を見ても、新型コロナによって「分断」が加速化したことは明確である。**図表0-2**は、2014～19年の株主総利回りを横軸に、2020年の株主総利回りを縦軸にとって、各産業セグメントをプロットしたものだ。エレクトロニクス、ハイテク、医療機器などの分野は、新型コロナ以前から比較的高い株主総利回りを示していたが、新型コロナによってそれが加速化している。銀行、情報通信、エネルギーなどの分野は、コロナ以前より株主総利回りが低かったが、新型コロナの影響を受けてさらに低迷している。また、旅行、航空宇宙、事務用品などの分野は、コロナによる行動制限の影響をまともに受け、一気に悪化している。

さらに、こうした「分断」は、業種単位だけでなく、企業単位でも広まっ

図表0-2　株式市場の勝者は既にパンデミックの前から価値創造の加速の波に乗っていた

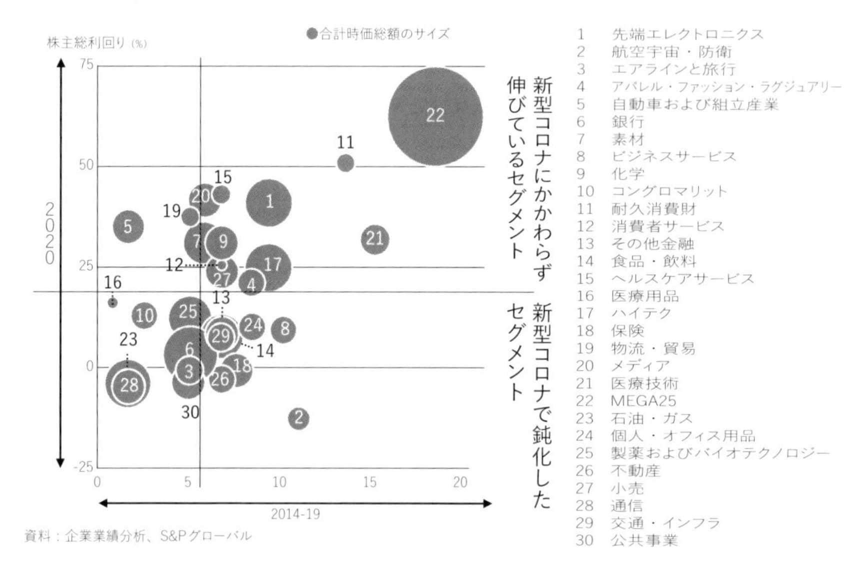

資料：企業業績分析、S&Pグローバル

ている。例えば、株式市場の平均的なPER（株価収益率）は、新型コロナ前後で変わらず15倍であった。しかしながら、PER上位10%の企業の平均は、新型コロナ前に25倍であったのに対して、新型コロナ後では40倍に大きく拡大している。一方、PER下位10%の企業の平均は、新型コロナ前に13倍であったのに対して、新型コロナ後に12倍とやや低下している。

**図表0-3**は、株主総利回りの広がりと中央値を、産業分野別に示したものである（広がりは、外れ値を除くため、当該分野に所属する企業の80%の株主総利回りの最低値と最高値がどの範囲に収まっているかを示している）。

この図からもわかる通り、産業分野ごとに傾向ははっきりしているものの、企業ごとのパフォーマンスの差異がそれを上回っている。例えば、新型コロナによって非常に大きな損害を被った外食産業の中でも、デリバリー能力を短期間に増加させ、アプリを通じたオーダーにうまく対応できたドミノ・ピザの株主総利回りは26%と非常に高かった。同様に、これまで実店舗に依存してきたディスカウント・ストアチェーンのターゲットは、デジタル対応を成功させたことで、64%という非常に高い株主総利回りを達成している。

**図表0-3　株主総利回りは業界間で大きく異なる**

2020年2月19日以降の株主総利回りの分布（産業別）

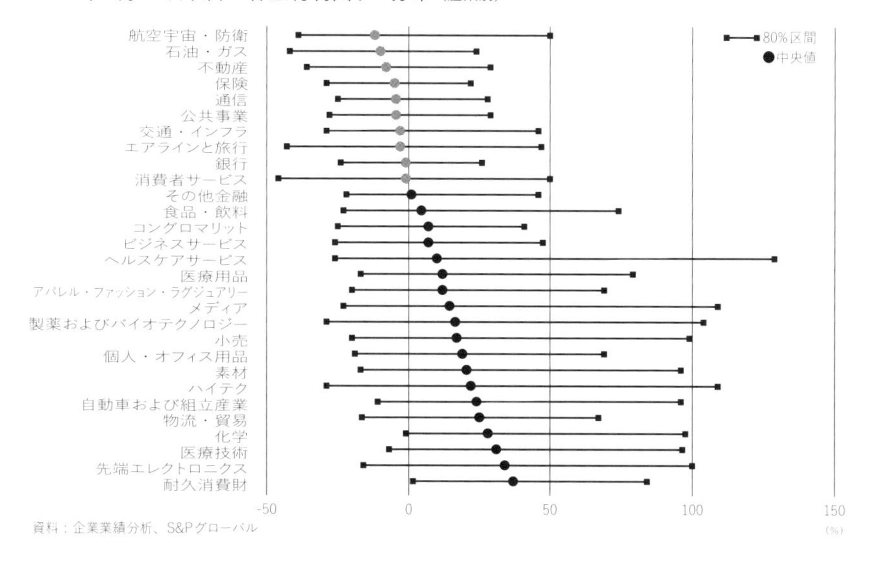


重要なのは、新型コロナによって業界全体が落ち込んでいても、工夫と対応次第で大きく業績を上げた企業が存在するということである。

## ◉新型コロナという大きな危機がもたらした「革新」

新型コロナ禍の第二のキーワードである「革新」はどうか。パンデミックと「革新」は一見すると結びつかないように思えるかもしれないが、そうではない。新型コロナ対策の一つとして大規模な行動制限が行われたことで、消費者や従業員の行動が大きく変容したが、こうした行動変容は多くのビジネスチャンスを生み、様々な革新をもたらした。そのことを如実に表しているのが、米国における起業申請件数の推移を示した**図表0-4**である。

この図からもわかるように、米国では2020年に入って起業の申請件数が倍増した。一般に、不況時においては需要の先行きが不透明になるため、起業の件数は低下するものだ。ところが、新型コロナ禍においては、需要に対する不透明感がなく、金融市場も停滞しなかった。また、様々な理由で仕事

### 図表0-4　米国の起業件数はパンデミックの間にほぼ倍増し、自営業者のシェアを押し上げた

米国における新規起業申請数

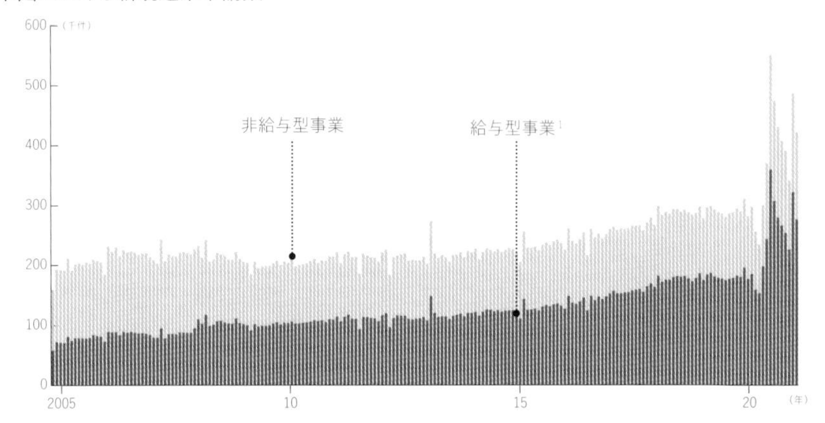


1.給与を支払う形のビジネスになる可能性が高い起業。具体的には以下の申請を含む（a）法人の立ち上げ、（b）従業員の雇用・事業の買収または組織形態の変更を示す申請（c）初任給の支払日を決定している（給与支払いの予定がある）申請（d）NAICS産業コードが製造業・小売業の一部・ヘルスケアまたは宿泊・飲食サービスの申請

資料：米国労働省労働統計局

### 図表0-5　北米におけるベンチャー投資規模は2020年に直近10年間での最大値を記録した

年間資本投資総額

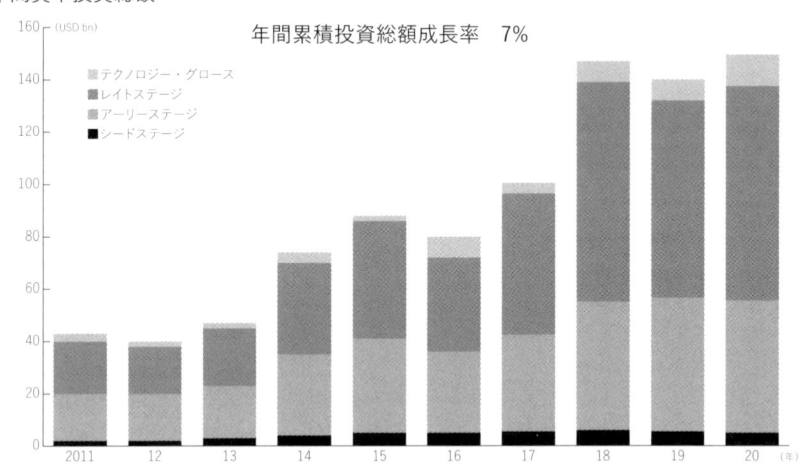


資料：crunchbase

を辞めざるを得なかった人が開業するケースもあり、起業件数が増加したと考えられる。

こうした動向を裏付けるように、米国における2020年のベンチャー投資は、2011年以来の最大値を記録している（**図表0-5**）。さらに、IPO（新規公開株式）の件数が2019年比で19%増加しており、IPOによる資金調達額も29%増加している。2020年においても、AirbnbやDoorDashなどの巨大なIPOが成立したことも記憶に新しい。新型コロナは世界を危機に陥れた一方で、「革新」の契機ももたらしたのである。

## ◉新型コロナを契機に伸びた企業の共通点

危機は、優勝劣敗を生む。危機の大波を受けて業績を落とす企業がある一方で、危機をきっかけにしてむしろ業績を伸ばす企業もある。マッキンゼーでは、危機を契機として大きく業績を向上させた企業を、「レジリエント（強靭性の高い）企業」と定義した。

危機に直面した際の教訓は、2008～09年の金融危機からも汲み取ることができる。**図表0-6**は、レジリエント企業とそうでない企業を比較して、金融危機が表面化する直前の2007年から10年間の企業業績を分析したものである。

レジリエント企業の特徴は、2つある。

1つは、危機に備えた安全弁を備えているという点である。例えば、レジリエント企業は、危機以前から債務を減らし、借り入れの余力を残していた。具体的には、危機以前の2007年において、株主資本1ドルに対し、平均して1ドル分の債務を削減していたのである。レジリエントでない企業は、株主資本1ドルに対し、平均して3ドルの債務を増加させていた。

また、レジリエント企業は、そうでない企業より、厳格にコスト削減を実現していた。2007年に危機の兆候が見え始めた時点で動き始め、2008年の第一四半期の時点で、既にオペレーティングコストの削減を進めていた。そして、2008年から2009年までの危機の期間、高いペースでのコスト削減を維持したのである。

もう1つの特徴は、M&A&D（買収・売却）に積極的だったという点である。

**図表0-6　レジリエンスのある企業は、景気後退の初期から良いパフォーマンスを残し、その後さらにパフォーマンスを改善した**

累積株主総利回りパフォーマンス[1]

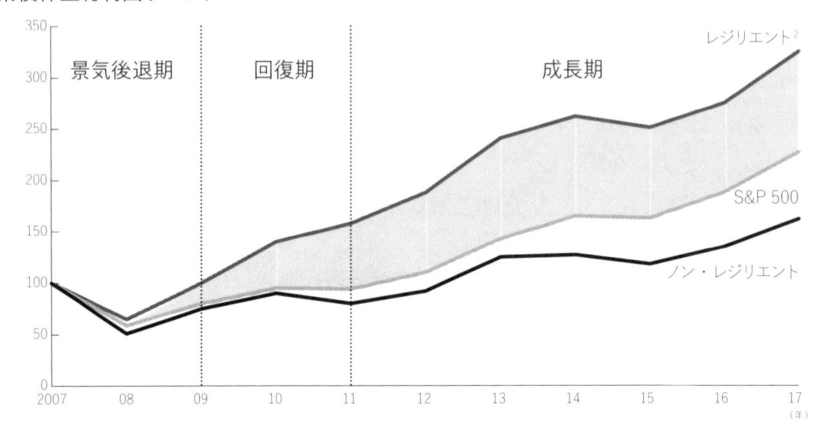


1. 株主総利回り＝株主へのトータル・リターン：レジリエント・カテゴリーとノン・レジリエント・カテゴリーにおけるサブセクターのパフォーマンスの中央値の平均を算出；n=1,140社；金融会社および不動産投資信託を除く
2. セクター別の株主総利回りパフォーマンスで上位5分の1の企業を「レジリエント・カンパニー」と定義

資料：S&P Capital IQ

レジリエント企業はそうでない企業と比べて、業績が低迷する事業を10%早く売却することで、キャッシュを創出していた。こうしたキャッシュ創出と、上記のオペレーティングコストの削減によって借入・投資余力を生み出すことで、危機の最中から積極的にM&Aを実施できたのである。

こうした教訓は、新型コロナ禍においても大いに参考になるだろう。バランスシートの改善、事業ポートフォリオの改善、コスト削減は、いずれもレジリエント企業であるために必要不可欠な施策である。

この本では、こうした一般的な危機の対応に加えて、コロナ禍、そして今後10年間の業績を決定する経営テーマを提起する。各テーマの中で、新型コロナ以前から進展していた変化、新型コロナによって加速化した変化、そして経営者にとって拠り所となるであろう数々の指針を紹介していきたい。

テーマは多岐にわたるが、PART 1（外部環境の変化）、PART 2（技術革新）、PART 3（企業の組織経営の変化）、PART 4（企業と社会のかかわり）という4つの側面から取り上げる。

PART 1（CHAPTER 1～CHAPTER 3）では、消費者志向や環境に関する規制など、外部環境の変化、それに対して企業がどのように対応すべきかを解説する。

PART 2（CHAPTER 4～CHAPTER 5）では、デジタル、バイオテックなど、新型コロナの期間で、さらにスピードアップした技術的な変化と、企業がいかにそうした技術革新を取り込むかについて議論する。

PART 3（CHAPTER 6～CHAPTER 8）では、企業組織の在り方の変化について、最新の状況とともにあるべき姿を紹介する。

PART 4（CHAPTER 9～CHAPTER 10）では、企業と社会のかかわり方について、環境問題や世代論を含めた広い視点から解説していく。

また、各CHAPTERの本文とは別に、経営者として理解しておくべきファクトを中心にまとめたコラムを用意している。

この本によって、読者の方々が新型コロナ終息後における事業発展のヒントを得て、ネクスト・ノーマルにおける大きな成長のきっかけとなることができれば、この上ない喜びである。

マッキンゼー　ネクスト・ノーマル　目次

## CHAPTER 3
## モビリティの在り方の変化



# PART 2
# ネクスト・ノーマルを形作るテクノロジー

## CHAPTER 4
## デジタル化の未来

## CHAPTER 5
# 次なるブラックスワンに備えたサプライチェーン改革

## CHAPTER 7
# 健康マネジメントによる経済の成長

## CHAPTER 8
# 働き方の未来



## PART 4
# ネクスト・ノーマルの経営・社会への対応

## CHAPTER 9
# 新型コロナからの回復を起爆剤にした気候変動対応

## CHAPTER 10
# ネクスト・ノーマルにおける企業の役割



## CONCLUSION

# PART 1

# ネクスト・ノーマルを取り囲むビジネス環境

# CHAPTER 1
# 消費者の行動の変容

2019年11月末に中国の武漢で初めて確認された新型コロナウイルス感染症（COVID-19／以下、新型コロナ）の影響は中国にとどまらず、日本を含む世界各国に波及した。日本でも感染拡大防止策として、自粛要請や緊急事態宣言が発出された。通勤の代わりにリモートワーク、通学の代わりにオンライン授業、週末の外出の代わりに自宅でのエンターテイメント消費、といった形で消費者は生活スタイルを大きく変えた。生活スタイルの変化に伴い、消費者の購買行動も変わった。企業は、こうした購買行動が不可逆的なものか、あるいは一過性のものかを見極め、ネクスト・ノーマルの購買行動に対応する必要が生じている。

マッキンゼーでは、日本を含む世界の主要45カ国において、2020年3月以降定期的に消費者の購買行動の変化に関する調査を実施している。CHAPTER 1では、まず日本を対象に実施した調査結果から見られる4つの大きな消費者の行動変化を解説する。次に、主要国の中で新型コロナからいち早く経済活動が復活した中国をケーススタディに、日本が学ぶべき点を考える。最後に、新型コロナによって変化した消費者に対応するために、今後日本企業の目指すべき姿を、具体的な企業の事例を交えながら示していく。

NEXT NORMAL

## SECTION 1-1 新型コロナにより消費者の購買嗜好は主に4つの方向で変化した

### エッセンシャルを重視した消費パターン

新型コロナによる経済的なインパクトは、消費者の購買心理に大きな影響を与えていることから、新型コロナ発生から1年たった時点でも、いまだ多くの人が経済への悪影響が日本でも長期化する影響を懸念している。2～3カ月以内に負の経済影響が収まると考えている楽観的な消費者の割合は日本では2020年4月以降、一貫して10%で推移しており、2020年2月で初めて

12%となったものの、海外各国と比べても依然としてかなり低く、消費者の不安は根強い。

消費者の生活習慣の変化も購買行動に大きく影響している。政府が打ち出したロックダウン、移動制限、大規模イベント制限などの感染拡大防止策によって、様々な新しい生活様式が生まれた。消費者の69%は、新たな生活様式に完全には順応できていないと答えており、こうした制限が、生活に広範な影響を与えている。

言うまでもなく、個々人の財政状況も購買行動を左右している。消費者の65%が、新型コロナによって、家計が悪化したと回答しており、うち半数は、2022年以降にならないと新型コロナ以前の状況に回復しないと考えており、家計への影響が深刻で、影響が中期的なものであることを示している。

新型コロナ禍の消費者の購買行動は、こうしたマクロ経済の見通し、生活様式の変化、家計の事情を如実に反映している。先行きが不透明なため、消費者は「いかにお金を使うか」ではなく、「いかに支出を抑制し貯蓄するか」という心理によって購買を抑制している。結果として、24%の消費者は、新型コロナ以前と比較して、何にお金を使うかをより慎重に検討するようになったのである。同様に、18%の消費者は同一カテゴリーの製品でも、より安価なものを買い求めている。また、13%の消費者は、訪問する店舗を変更し、約10%が新しいオンラインでの買い方を試した。

総じて、消費者は生活必需品以外の支出を控えるようになったといえる。新型コロナの感染拡大がはじまり、不透明性が一番高かった2020年3月時点では、食料品と家庭での娯楽以外のカテゴリーにおいて支出が軒並み減少した。その中でも、外食、衣料品、宝飾品、アクセサリー、レジャーに関する支出の減少は際立っていた。2020年11月時点では、依然として外食、衣料品、宝飾品、アクセサリー、レジャーに関する支出は抑制されているが、同年3月時点と比べると増加している。総支出も、3月時点より増えたが、生活必需品が全体に占める割合は、依然として大きい（**図表1-1**、**図表1-2**）。

世帯年収が低ければ低いほど、生活必需品が消費全体に占める割合が高くなっている。例えば、世帯年収が400万円以下の世帯は、2019年度には「前年度より安価なブランドにシフトした」、あるいは「前年度と同じものを購入しているが、より安価で販売している店舗で購入した」と答えた消費者が

## 図表 1-1　平時と比較した今後2週間のカテゴリー別支出予想（2020年3月時点）

平時と比較した今後2週間のカテゴリー別支出予想

回答者全体に占める割合、%

■減少　■変わらない　■増加

| カテゴリー | 減少 | 増加 | 実質購買意欲 |
|---|---|---|---|
| 食料品 | 14 | 22 | +8 |
| スナック類 | 24 | 15 | -9 |
| タバコ製品 | 17 | 6 | -11 |
| 食品のテイクアウトと宅配 | 30 | 22 | -8 |
| アルコール | 24 | 9 | -15 |
| ファストフードレストラン | 62 | 5 | -57 |
| 外食 | 75 | 1 | -74 |
| フットウェア | 48 | 1 | -47 |
| 衣料品 | 45 | 1 | -44 |
| 宝飾品 | 65 | 0 | -65 |
| アクセサリー | 58 | 0 | -58 |
| 食品以外の子供用品 | 21 | 15 | -6 |
| 家庭用品 | 13 | 8 | -5 |
| パーソナルケア製品 | 13 | 6 | -6 |
| スキンケアと化粧品 | 24 | 2 | -22 |
| インテリアと電化製品 | 22 | 7 | -15 |
| 家庭での娯楽 | 18 | 27 | +9 |
| 書籍／雑誌／新聞 | 20 | 8 | -12 |
| 家電 | 50 | 3 | -47 |
| 家庭以外での娯楽 | 74 | 2 | -72 |
| ペットケアサービス | 32 | 4 | -28 |
| フィットネスとウェルネス | 71 | 0 | -71 |
| 理美容 | 45 | 1 | -44 |
| ガソリン | 38 | 3 | -35 |
| 自動車購入 | 43 | 4 | -39 |
| 短期の宿泊 | n.a. | | n.a. |
| 車での旅行 | 48 | 4 | -44 |
| クルーズ旅行 | n.a. | | n.a. |
| アドベンチャー&ツアー | 87 | 0 | -87 |
| 飛行機での海外旅行 | 89 | 2 | -87 |
| ホテル／リゾートでの宿泊 | 83 | 1 | -82 |
| 飛行機での国内旅行 | 77 | 2 | -75 |

資料：サーベイ（2020年3月実施）

## 図表 1-2　平時と比較した今後2週間のカテゴリー別支出予想（2020年11月時点）

平時と比較した今後2週間のカテゴリー別支出予想

回答者全体に占める割合、%

■減少　■変わらない　■増加

| カテゴリー | 減少 | 増加 | 実質購買意欲 | 20年3月調査からの差 |
|---|---|---|---|---|
| 食料品 | 7 | 6 | -1 | -15 |
| スナック類 | 14 | 6 | -8 | -3 |
| タバコ製品 | 17 | 5 | -12 | 0 |
| 食品のテイクアウトと宅配 | 16 | 15 | -1 | +9 |
| アルコール | 17 | 6 | -11 | +2 |
| ファストフードレストラン | 32 | 4 | -28 | +17 |
| 外食 | 41 | 7 | -34 | +23 |
| フットウェア | 26 | 1 | -25 | +12 |
| 衣料品 | 27 | 3 | -24 | +9 |
| 宝飾品 | 47 | 5 | -42 | +12 |
| アクセサリー | 42 | 1 | -41 | +1 |
| 食品以外の子供用品 | 6 | 11 | +5 | 0 |
| 家庭用品 | 5 | 5 | 0 | +1 |
| パーソナルケア製品 | 6 | 4 | -2 | +3 |
| スキンケアと化粧品 | 13 | 3 | -10 | +5 |
| インテリアと電化製品 | 20 | 2 | -18 | -6 |
| 家庭での娯楽 | 6 | 15 | +9 | +20 |
| 書籍／雑誌／新聞 | 15 | -3 | -21 | -10 |
| 家電 | 21 | 2 | -19 | +18 |
| 家庭以外での娯楽 | 43 | 6 | -19 | +35 |
| ペットケアサービス | 12 | 7 | -5 | +18 |
| フィットネスとウェルネス | 35 | 3 | -32 | +9 |
| 理美容 | 28 | 1 | -27 | +6 |
| ガソリン | 18 | 8 | -10 | +15 |
| 自動車購入 | n.a. | | n.a. | |
| 短期の宿泊 | 25 | 17 | -8 | +50 |
| 車での旅行 | 17 | 10 | -7 | +32 |
| クルーズ旅行 | 64 | 9 | -55 | +8 |
| アドベンチャー&ツアー | 53 | 7 | -46 | +36 |
| 飛行機での海外旅行 | 72 | 1 | -71 | +6 |
| ホテル／リゾートでの宿泊 | 54 | 5 | -49 | +22 |
| 飛行機での国内旅行 | 55 | 3 | -52 | +9 |

資料：サーベイ（2020年11月実施）

20%であったのに対して、2020年度は同じ回答をした消費者が28%へと増加している。世帯年収が400万円から799万円の世帯だと、同様の回答をした層が8%から22%へと増加し、800万円以上の世帯だと8%から14%へと増加した。

また、世代別で見ると、Z世代（1996年から2012年に誕生した世代）でこうした傾向が大きく見られた。他世代においても、世代を問わず、安価に済ませる傾向が強くなっており、逆に高級な製品やブランドへ切り替える割合は大幅に減少した。

## デジタル・オムニ・チャネルの広範な浸透

新型コロナへの感染リスクを恐れ、消費者は外出を控えるようになった。例えば伊勢丹新宿店の売上は、最初の緊急事態宣言下の影響が色濃く残る2020年5月時点で前年同月と比べてマイナス75%を記録し、同様に、多くの実店舗の売上は2020年の前半では大幅に落ち込んだ。一方ヤマト運輸の小口貨物取扱量が、2020年5月時点で前年11月比でプラス54%を記録するなど、新型コロナ以前より存在していたオフラインチャネル（実店舗）からデジタル・オムニ・チャネル（オンラインと実店舗を組み合わせた購入プロセス）へのシフトが加速した。

新型コロナにより、「一度でもデジタル・オムニチャネルで消費したことがある」と回答した消費者は大幅に増加している。それは、以前よりデジタル・オムニ・チャネルを通じた購買が主流であった「家庭での娯楽等」（75%から81%と6%ポイントの増加）にとどまらず、従来オンラインでは決して主流ではなかったカテゴリーでも同様である。例えば、従来ではフィットネスクラブやジムは、実店舗に通うのが当たり前と考えられていたが、デジタル・オムニ・チャネルを通じたフィットネスとウェルネスに関係する支出は、22%から32%と約5割（10%ポイント）増加した。また、従来では薬局に行って購入するのが当たり前と考えられていた常用薬も、デジタル・オムニ・チャネルを通じた購入が19%から25%と約3割（6%ポイント）増加している。

こうしたデジタル・オムニ・チャネルを通じた消費体験に消費者の多くが満足しており、「オンラインでほとんど/全ての購買を済ませる」と回答し

### 図表1-3　新型コロナ前後で「オンラインで購入をする」と回答した消費者の割合の変化

新型コロナ前の顧客のオンラインチャネルの活用度と新型コロナ後に想定される利用

オンラインでほとんど／全ての購入を済ませる消費者の割合（%）

■新型コロナ以前　■新型コロナ後の予想

| | 新型コロナ以前 | 新型コロナ後の予想 | オンラインで購入している消費者の増加割合（%） |
|---|---|---|---|
| フィットネスとウェルネス | 11 | +6 | 50 |
| 常用薬 | 4 | +3 | 84 |
| 食品以外の子供用品 | 15 | +7 | 47 |
| 食料品 | 5 | +2 | 32 |
| 生活必需品 | 8 | +4 | 55 |
| アクセサリー | 18 | +7 | 38 |
| パーソナルケア用品 | 10 | +5 | 52 |
| アルコール | 9 | +2 | 25 |
| フットウェア | 18 | +3 | 19 |
| インテリアと電化製品 | 21 | +3 | 13 |
| スキンケアと化粧品 | 23 | +4 | 18 |
| スナック類 | 4 | +-1 | -16 |
| 衣料品 | 18 | +4 | 25 |
| 書籍／雑誌／新聞 | 31 | +4 | 12 |
| 食品のテイクアウトと宅配 | 19 | +5 | 27 |
| タバコ製品 | 3 | +3 | 102 |
| 家電 | 26 | +3 | 14 |
| ビタミン剤／サプリメント | 42 | +5 | 12 |
| 宝飾品 | 14 | +-3 | -20 |
| 家庭での娯楽 | 63 | +6 | 9 |

資料：サーベイ（2020年11月実施）

### 図表1-4　新型コロナ前後で「オンラインでほとんど／全ての購入を済ませる」と回答した消費者の割合の変化

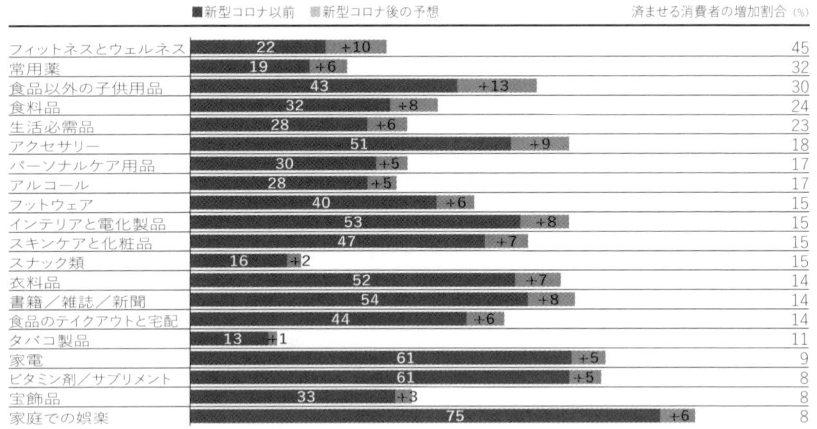


資料：サーベイ（2020年11月実施）

た消費者も、ほぼ全てのカテゴリーで増加している（(**図表1-3**、**図表1-4**)。

ここまでは商品カテゴリー別でのデジタル・オムニ・チャネルの利用状況を見たが、新型コロナがデジタル・オムニ・チャネル内の各チャネルにどう影響を与えたのか、そして何が一過性で何が永続的なのかも検証する必要がある。検証にあたり、マッキンゼーは新型コロナ以後の利用者の伸びと新型コロナ以後の利用意思の2軸で、主要デジタル・オムニ・チャネルを整理した。その結果が**図表1-5**、**図表1-6**である。

「新型コロナ後に利用者数が増加」し、「新型コロナ後も利用意思がある」領域には、新型コロナを契機に多くの利用者を取り込むことに成功した分野として、「加速度的シフトがあった分野」と名付けた。一方、「新型コロナ後もオンラインを継続」する意向は高いものの、相対的に「新型コロナ後に利用者が増加」しなかった領域は「一定のシフトがあった分野」と位置づけた。最後に、新型コロナ以後の継続利用意思が低いセグメントは、「一過性の変化にとどまった分野」とした。この分野は、利用体験の満足度などが今後大幅に向上しない限り、以前並みの水準に戻る可能性が高い。

「加速度的シフトがあった分野」の例としては、オンラインでの購入を済ませてから店頭で受け取る買い方や、新規のレストランアプリを通した買い物などがある。2020年を通して「一定のシフトがあった分野」には、食料品の配送、店内でのセルフレジ、消費者間で中古商品をオンラインで売買するサービスの活用などがある。一方、SNSを通じた購買、レストラン等からの直接の配送は新型コロナで利用者数は増加したものの、利用意向が相対的に他と比べて低いことから、「一過性にとどまった分野」とみられる。需要を今後定着させていくためには、サービスレベルや品質の改善が求められる。

また、特筆すべき変化として、高額品の購買時においてもデジタル・オムニ・チャネルを選択することへの心理的抵抗の低下が挙げられる。これは、消費者にとって、デジタル・オムニ・チャネルでの購買が生活全般に根付いてきたためと考えられる。例えば、自動車でさえも、日本の消費者の32%がデジタル・オムニ・チャネルで購入することに興味を示している。海外ではさらにこの傾向が強く、中国では62%、米国では48%、英国では46%の消費者が、デジタル・オムニ・チャネルで自動車を購入することに興味を示

**図表1-5　各種チャネルの新型コロナ後の利用意思と利用者数の増加の見立て**

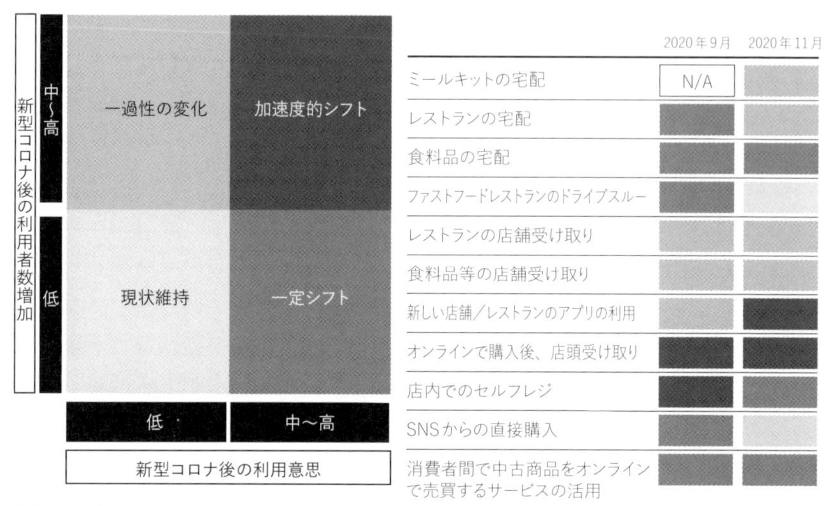


資料：サーベイ（2020年11月実施）

**図表1-6　各種チャネルの新型コロナ後の利用意思と利用者数の増加の見立て**

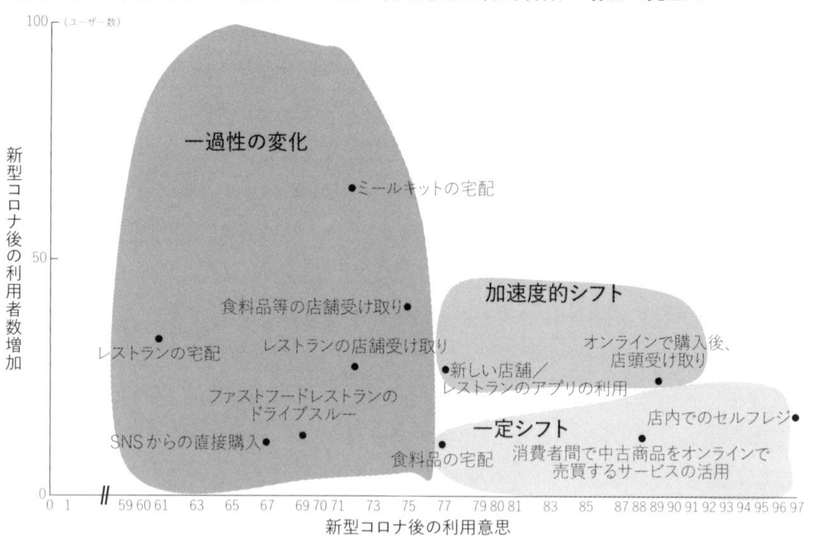


資料：サーベイ（2020年11月実施）

した。

このように、新型コロナを契機に、まずデジタル・オムニ・チャネルでの購入が生活の全般に根付き、かつ、これまでデジタルとの親和性が低いと考えられていた高級品や、店舗で試用することが前提となっていた製品についても、デジタル・オムニ・チャネルが浸透してきていることがわかった。

## 顧客ロイヤリティ（固定客）の崩壊

2021年2月時点で、消費者のうち38%は、新しい店舗、新しい商品、あるいは新しい買い方を試しており、特に若いZ世代は実に半分以上の人が新しい買い方を試している。17%の消費者は、新たな店舗やウェブサイトで初めて買う体験をし、16%は宅配や事前注文の店舗受け取りなど新しい購入形態を試し、9%はこれまで買ったことがない新たな商品ブランドを試した。注目すべきは、こうした新たな店舗・商品・買い方を試した人の約9割は、その体験に満足しており、新型コロナ終息後も利用を継続したいと答えているのである。このように、新型コロナは、商品・ブランドにとって、新規ユーザー開拓のチャンスとなり、また、これまで当たり前のように店舗に通い、商品を買ってくれていた忠誠心の高い顧客が離反する契機ともなった。

新たな店舗/サイトで購入した消費者のうち、複数回答で45%が「利便性」、59%が「金額に見合う価値（バリュー・フォー・マネー）」を目的としている。ここでいう利便性とは、自宅からの距離が近いこと、良い配送オプションを提示していること、混雑を避けられる状況である（例：列が短い）こと、である。より良い「金額に見合う価値（バリュー・フォー・マネー）」とは、より「安価な配送コスト」やより「お得な価格設定」をしていることや「キャンペーンを実施している」ことを指している。またこれまで買ったことがない新たな商品ブランドを試した消費者の主な理由では、「価格に対する価値」が最も多く57%となっており、より「お得な価格やキャンペーンを実施していること」、より「安価な配送コストプランを提供していること」が含まれる。

また、新しいブランドへの移動を誘発している新型コロナ特有の要因として、消費者の衛生や環境に対する意識の向上が挙げられる。新しい商品を試した消費者のうち、より清潔なパッケージなどの処理がされているかどうか理由として挙げる消費者は17%、また環境負荷が低いかどうかを挙げた消費者も9%いた。

このように、消費者は新型コロナを契機に新たな店舗・ブランド・商品・買い方を試した。「利便性」「金額に見合う価値（バリュー・フォー・マネー）」「衛生や環境に対する意識」が動機となったが、驚くべきことに店舗・ブランドを変更した消費者のうち9割以上が、移動先の新たな店舗・ブランド・商品・買い方に満足しており、今後も利用する意向を述べている。「利便性」「金額に見合う価値（バリュー・フォー・マネー）」「衛生や環境に対する意識」はいずれも、現代の消費者が求める基本的なニーズであり、新型コロナによる移動の制限や新しい生活習慣によって通常に比べて異なる顧客の流出入が起きた結果、中長期的なブランドスイッチが加速したと見ることができる。消費財や小売各社にとって新型コロナ禍は新しい顧客を獲得するチャンスでもあり、同時にこれまでの固定客を失うリスクも含んでおり、自企業が本当に顧客を満足させられているか、真価が試される機会となった。

## 家庭での消費

新型コロナが蔓延する中で、「巣ごもり消費」という言葉が流行した。「新型コロナ以前のようには屋外で活動していない」と回答している消費者の割合は2020年6月時点で81%、9月時点で73%、11月時点で71%と、徐々に減少しているものの、依然として高い水準を維持している。年齢別でみると、18歳から34歳までは、4割程度が新型コロナ以前と同様に屋外で活動していると回答しているが、その割合は55歳～64歳では26%、65歳～74歳で22%、75歳以上では7%に過ぎない。

2020年11月時点で「新型コロナ以前のように屋外で活動していない」と回答した71%が元通りのように活動するためには、何がきっかけとなりうるのか、について消費者に聞いた結果、日本では自粛をしている人の9%が政府の要請緩和がきっかけとなると回答した。6割の人は政府の要請緩和だけではなくその他の要件が重なったら活動を再開すると回答しており、その一因として一番大きいものは自分の周りの人が外出するのを見始めたら、というものであり（23%）、要請緩和に加えた医療専門家の安全であるという宣言をきっかけとすると答えた18%を上回った。一方で、ワクチンまたは治療法が確立するまでは以前のように外出はしないと答えた人は32%となっている。

活動のタイプ別で見ると、買い物や外で仕事をすることについては約4割～5割の消費者が、11月段階では「心配していない」と回答しており、日常的な生活のための活動については一定の安心感が出てきたと見られる。一方、ジムやフィットネススタジオに行く、大規模イベントに参加する、友人と会う、といった「不要不急」と思われる人と接触を伴う活動に対しては依然「心配だ」「多少心配だ」を合わせるといずれの項目も8割前後となっている（**図表1-7**）。

仕事をリモートで実施する、学校に行く代わりにオンラインで講義を受ける、外で友人に会う代わりにビデオチャットで会話するといったケースは、これまでオフラインで実施していたものを在宅で代替するものである。加えて、そもそも在宅で実施する活動の割合がさらに増加した分野も多い。例えば自宅での料理、ソーシャルメディア、eスポーツ観戦などについては、他

**図表1-7　各種活動に対して、消費者が不安に感じる割合**

回答者に対する割合 (%)

| | 全く不安に感じない | 少し不安に感じる | 不安に感じる | 不安に感じる割合 (%) |
|---|---|---|---|---|
| 生活必需品の購入 | 49 | 44 | 7 | -42 |
| 生活必需品以外の購入 | 47 | 45 | 8 | -39 |
| 自宅から2時間以上のドライブ | 48 | 36 | 16 | -32 |
| 自宅外での勤務 | 35 | 48 | 17 | -18 |
| 美容・ネイルサロンへの訪問 | 32 | 50 | 18 | -14 |
| ライドシェアの利用 | 38 | 43 | 19 | -19 |
| 短期の民泊 | 41 | 40 | 19 | -22 |
| ホテルでの宿泊 | 34 | 46 | 20 | -14 |
| ショッピングモールへの訪問 | 25 | 53 | 22 | -3 |
| 衣料品レンタルサービスの活用 | 35 | 42 | 23 | -12 |
| 家族で集まる | 30 | 46 | 24 | -6 |
| レストラン・バーの利用 | 22 | 51 | 27 | 5 |
| 家族向けの娯楽を家庭外で楽しむ | 24 | 46 | 30 | 6 |
| 公共交通機関の利用 | 21 | 46 | 33 | 11 |
| 友人同士で集まる | 19 | 46 | 35 | 16 |
| 混雑している公共空間への訪問 | 20 | 42 | 38 | 18 |
| 飛行機での移動 | 21 | 39 | 40 | 19 |
| 大規模イベントへの参加 | 14 | 38 | 48 | 34 |
| ジムやフィットネスの利用 | 17 | 34 | 49 | 32 |

資料：サーベイ (2020年11月実施)

の項目と比較すると新規で開始した人は少ないものの、より積極的に取り組むようになった（**図表1-8**）。

デジタル・オムニ・チャネルでも実施したように、新型コロナ以後の利用者の伸びと新型コロナ以後の利用意思の2軸で主要活動を整理することで、どの活動が新型コロナ以後も継続すると考えられるかを整理した（**図表1-9**、**図表1-10**）。

その結果、「加速度的シフトがあった分野」があると結論付けられたのが、オンラインフィットネス、仕事での利用を目的としたビデオ会議、およびオンラインラーニングであった。「一定のシフトがあった分野」としては、消費者の生活に定着したものとしては、ウェルネスアプリの利用、自宅で定期的に料理をする等という結果になった。一方、「一過性にとどまった分野」としては遠隔医療等が挙げられ、新型コロナで利用者数は多少増加したものの、新型コロナ以後も継続的に利用する意思のあるユーザーが少ないことから、今後の定着を図る上ではサービスの在り方や利用時の満足度を見直す必要がある。

**図表1-8　新型コロナ後に利用し始めたものの割合**

新型コロナ後に利用し始めたものはあるか

回答者に対する割合（%）

| | 以前と同じくらい／少なく利用 | 以前より利用している | 利用し始めた | 継続する意思（%） |
|---|---|---|---|---|
| オンライン・ストリーミング（映像・音楽） | 10 | 11 | 5 | 85 |
| ビデオ会議（仕事での利用） | | 6 | 9 | 72 |
| ビデオ会議（私的利用） | 1 | 1 | 2 | 56 |
| オンラインラーニング（自身） | | 1 | 1 | 80 |
| オンラインラーニング（子供） | | 1 | 2 | 52 |
| 遠隔医療（身体） | | | | 82 |
| オンラインフィットネス | | | 2 | 67 |
| ウェルネスアプリ | 1 | | | 80 |
| 遠隔医療（精神） | | | | 67 |
| SNSの活用 | 10 | 7 | 1 | 80 |
| オンラインゲームで遊ぶ | 4 | 2 | | 55 |
| TikTok | 2 | 2 | | 82 |
| eスポーツ観戦 | 2 | 3 | | 61 |
| 定期的に料理する | 18 | 15 | 2 | 88 |

資料：サーベイ（2020年11月実施）

## 図表 1-9　各種活動の新型コロナ後の利用意思と利用者数の増加の見立て

□N/A　■加速度的シフト　■一定シフト　■一過性の変化　■現状維持

新型コロナ後の利用者数増加

中～高　一過性の変化　加速度的シフト

低　現状維持　一定シフト

低　中～高

新型コロナ後の利用意思

| | 2020年9月 | 2020年11月 |
|---|---|---|
| オンラインフィットネス | | |
| ウェルネスアプリ | | |
| オンライン・ストリーミング（映像・音楽） | | |
| TikTok | | |
| SNSの活用 | | |
| 定期的に料理する | | |
| ビデオ会議（仕事での利用） | | |
| ビデオ会議（私的利用） | | |
| 遠隔医療（身体） | | |
| 遠隔医療（精神） | | |
| オンラインラーニング（自身） | | |
| オンラインラーニング（子供） | | |
| eスポーツ観戦 | | |

資料：サーベイ（2020年11月実施）

## 図表 1-10　各種活動の新型コロナ後の利用意思と利用者数の増加の見立て

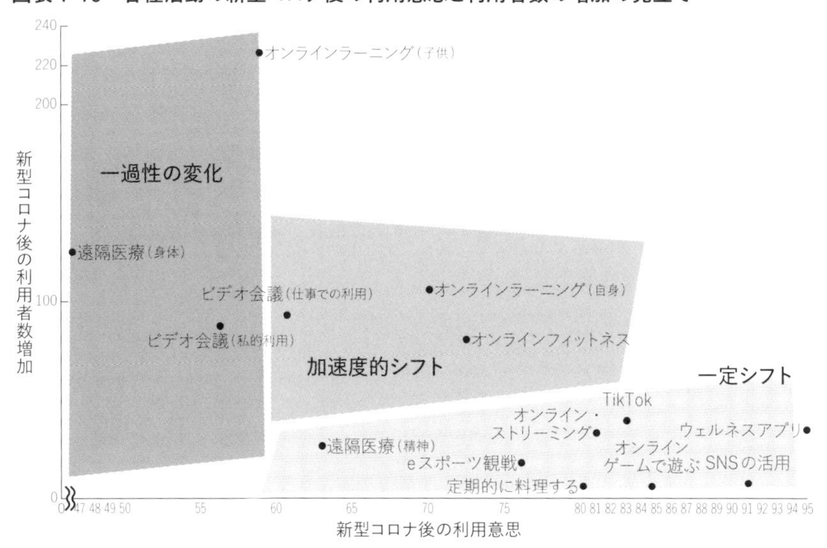


資料：サーベイ（2020年11月実施）

# SECTION 1-2 中国における消費者の購買嗜好の変化と日本への示唆

## 新型コロナを契機とした事業モデルの大幅転換

前SECTIONでは、主に日本の消費者の購買行動の変化を中心に言及したが、本SECTIONでは中国の消費者の購買嗜好について言及していく。中国は、主要国の中では、新型コロナから早期に以前の生活に近い形に戻った国である（2020年2月には1日当たりの感染者数が6,905人とピークを迎えたが、8月以降は感染者数が100人以下を推移している。ただし、2020年11月時点ではロックダウンはまだ部分的に残っていた）[1]。2020年11月時点では、クルーズ、国際線のカテゴリー以外の全てにおいて新型コロナ以前並みに消費が回復している。調査を最初に実施した2020年3月時点では著しく消費が落ち込んでいたホテル等での外泊、国内線でも、同様に消費が回復している（**図表1-11**）。また、中国は以前からデジタル化の加速が日本に比べて数段早いスピードで浸透していたが、新型コロナ禍によってさらに急加速し、日本と比べても高いデジタル化の波が広がっている。

屋外での活動についても「心配である」と回答している割合は、日本を含めた他国と比較して低く、公共交通機関の利用や大規模イベントなどへの参加も、他国ほどとまどいはない（**図表1-12**）。

このように、2020年11月時点における中国の消費は、主要国の中で最もネクスト・ノーマルに近い形に復旧していると言えよう。本SECTIONでは、中国で実際に起きた新型コロナ前後での変化をもとに、日本が学ぶべきことを考えていく。

まず顕著なのが、デジタル・オムニ・チャネルの利用がさらに拡大したことである。もともとデジタル・オムニ・チャネルでの購入が活発であったため、新たに利用する層の増加は約10%にとどまっている。しかし、それまで利用していた層においては、「全て」または「ほぼ全て」の購入経路がデジタル・オムニ・チャネルになったと回答した割合は約50%増加するなど、

## 図表1-11　平時と比較した今後2週間のカテゴリー別支出予想（2020年9月時点）

平時と比較した今後2週間のカテゴリー別支出予想

回答者全体に占める割合、%

■減少　■変わらない　■増加

| カテゴリー | | | 実質購買意欲 | 20年3月調査からの差 |
|---|---|---|---|---|
| 食料品 | 10 | 12 | +2 | -11 |
| スナック類 | 11 | 12 | +1 | -2 |
| タバコ製品 | 7 | 8 | +1 | +1 |
| 食品のテイクアウトと宅配 | 14 | 11 | -3 | +3 |
| アルコール | 9 | 19 | +10 | +13 |
| ファストフードレストラン | 15 | 18 | +3 | +25 |
| レストラン | 14 | 20 | +6 | +27 |
| フットウェア | 8 | 13 | +5 | +6 |
| 衣料品 | 12 | 13 | +1 | +4 |
| 宝飾品 | 16 | 10 | -6 | +13 |
| アクセサリー | 9 | 12 | +3 | +19 |
| 食品以外の子供用品 | 10 | 11 | +1 | -8 |
| 家庭用品 | 10 | 21 | +11 | -14 |
| パーソナルケア用品 | 6 | 8 | +2 | -8 |
| スキンケアと化粧品 | 11 | 17 | +6 | +2 |
| インテリアと電化製品 | 12 | 15 | +3 | +10 |
| 常用薬 | 22 | 19 | -3 | N/A3 |

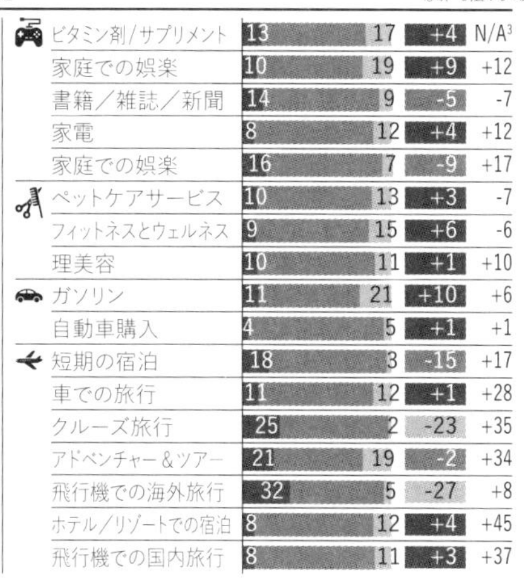

| カテゴリー | | | 実質購買意欲 | 20年3月調査からの差 |
|---|---|---|---|---|
| ビタミン剤／サプリメント | 13 | 17 | +4 | N/A3 |
| 家庭での娯楽 | 10 | 19 | +9 | +12 |
| 書籍／雑誌／新聞 | 14 | 9 | -5 | -7 |
| 家電 | 8 | 12 | +4 | +12 |
| 家庭での娯楽 | 16 | 7 | -9 | +17 |
| ペットケアサービス | 10 | 13 | +3 | -7 |
| フィットネスとウェルネス | 9 | 15 | +6 | -6 |
| 理美容 | 10 | 11 | +1 | +10 |
| ガソリン | 11 | 21 | +10 | +6 |
| 自動車購入 | 4 | 5 | +1 | +1 |
| 短期の宿泊 | 18 | 3 | -15 | +17 |
| 車での旅行 | 11 | 12 | +1 | +28 |
| クルーズ旅行 | 25 | 2 | -23 | +35 |
| アドベンチャー＆ツアー | 21 | 19 | -2 | +34 |
| 飛行機での海外旅行 | 32 | 5 | -27 | +8 |
| ホテル／リゾートでの宿泊 | 8 | 12 | +4 | +45 |
| 飛行機での国内旅行 | 8 | 11 | +3 | +37 |

資料：サーベイ（2020年3月、9月実施）

## 図表1-12　各種活動に対して消費者が不安に感じる割合

各種活動に対して消費者が不安に感じる割合

回答者に対する割合（%）

| | 全く不安に感じない | 少し不安に感じる | 不安に感じる | 不安に感じる割合（%） |
|---|---|---|---|---|
| 短期の民泊 | 81 | 16 | 2 | -79 |
| 生活必需品の購入 | 93 | 4 | 3 | -90 |
| 自宅から2時間以上のドライブ | 81 | 16 | 3 | -78 |
| ホテルでの宿泊 | 62 | 34 | 4 | -58 |
| 家族で集まる | 88 | 7 | 5 | -83 |
| 友人同士で集まる | 87 | 8 | 5 | -82 |
| 生活必需品以外の購入 | 85 | 9 | 6 | -79 |
| 混雑している公共空間への訪問 | 63 | 29 | 8 | -55 |
| レストラン・バーの利用 | 69 | 22 | 9 | -60 |
| ショッピングモールへの訪問 | 64 | 25 | 11 | -53 |
| 美容・ネイルサロンへの訪問 | 53 | 32 | 15 | -38 |
| 自宅外での勤務 | 58 | 27 | 16 | -42 |
| 公共交通機関の利用 | 56 | 27 | 16 | -40 |
| ライドシェアの利用 | 50 | 31 | 19 | -31 |
| 家族向けの娯楽を家庭外で楽しむ | 48 | 33 | 20 | -28 |
| ジムやフィットネスの利用 | 47 | 34 | 20 | -27 |
| 大規模イベントへの参加 | 49 | 24 | 27 | -22 |
| 飛行機での移動 | 23 | 45 | 32 | 9 |

資料：サーベイ（2020年9月実施）

より一層消費者の生活に根付いた（**図表1-13**）。

また、顧客ロイヤリティの低下は、日本を上回っている。86%もの消費者が新しい購買方法を試すなど、常に自分にとって最適な選択を模索した。新たな店舗/サイトで購入した理由として、34%の消費者は、主に「利便性」と「金額に見合う価値」を追求した結果であることがわかった。「利便性」を目的に購入する人は店を変えた消費者のうちの3分の2を占め、より具体的には一カ所でほしいものが全て揃う、柔軟な配送・受け取り方法の選択肢が提示されていることを挙げている。新しいブランドを購入した人のうち約4分の1の消費者は、主に「金額に見合う価値」を追求しており、具体的には他ブランドと比較してどの程度安いか、お得に感じるキャンペーン等を実施しているかをきっかけとして移動している。

このような消費者の購買行動の変化に迅速に対応し、新型コロナ禍の状況下で成功した企業が中国にいくつか存在する。

成功事例の一つとして挙げられるのが、アンタスポーツ社である。アンタスポーツ社は中国でスポーツウェアのデザイン・開発・製造・販売を行う企

**図表1-13　新型コロナ前後で「オンラインでほとんど／全ての購入を済ませる」と回答した消費者の割合の変化**

新型コロナ前での顧客のオンラインチャネルの活用度と新型コロナ後の想定される利用率

オンラインでほとんど／全ての購入を済ませる消費者の割合（%）

| | ■新型コロナ以前 | ■新型コロナ後の予想 | オンラインでほとんど／全ての購入を済ませる消費者の増加割合（%） |
|---|---|---|---|
| 常用薬 | 12 | +6 | 46 |
| 家庭用品 | 22 | +29 | 130 |
| 食品のテイクアウトと宅配 | 29 | +15 | 52 |
| スナック類 | 32 | +17 | 52 |
| アルコール | 20 | +8 | 42 |
| パーソナルケア用品 | 29 | +30 | 101 |
| 食料品 | 32 | +6 | 18 |
| フィットネスとウェルネス | 17 | +8 | 50 |
| ビタミン剤／サプリメント | 23 | +5 | 23 |
| フットウェア | 32 | 13 | 40 |
| スキンケアと化粧品 | 35 | 15 | 43 |
| アクセサリー | 40 | +7 | 17 |
| インテリアと電化製品 | 31 | +10 | 31 |
| 宝飾品 | 27 | +5 | 19 |
| 食品以外の子供用品 | 34 | 6 | 16 |
| 家電 | 38 | +5 | 14 |
| 衣料品 | 40 | +10 | 26 |
| 書籍／雑誌／新聞 | 41 | +16 | 39 |

資料：サーベイ（2020年9月実施）

業である。同社は、中国で広く普及しているメッセンジャーアプリ「ウィーチャット（WeChat／微信）」を消費者との接点として活用することで、わずか2日間のうちにウィーチャット・ミニプログラムと呼ばれるウィーチャット上の電子商取引を開設した。これにより13,000もの店舗がウィーチャット上で消費者とつながることができ、同社はピーク時に1日当たり1000万中国元（約1.7億円）もの売上を記録した。

ナイキ社は自社アプリに登録している利用者を対象に、自宅でできるフィットネス・セッションを実施し、結果としてアプリ利用率は約80%増加し、オンライン売上は30%も増加した。

オンライン住宅取引プラットフォームを展開する貝殻社では、仮想現実（VR）技術によって不動産の内見を可能にすることで、不動産仲介会社による内見回数が2019年2月に35倍になった。

中国で新型コロナを契機として爆発的に売上を伸ばした企業は、消費者の行動変化をいち早く理解し、極めて短期間でオンラインチャネルを構築することで、巣ごもり需要と売上を上手に結びつけるなどの工夫がみられる。

## オンラインで消費者接点を持つ必要性

前述のように、新型コロナをきっかけとして日本でも多くの消費者はデジタル・オムニ・チャネルを試す機会を得て、これによって企業は消費者との多様な接点（アプリ、リモートアドバイスおよび対面式の面談）を確保し、莫大な量の消費者データを手に入れた。

このようにデジタル化したタッチポイントが増える中で、消費者側も、より良いレコメンデーションを受けるためにはある程度の個人情報を提供することが必要である、という認識が上がってきている。ただし、情報を提供する見返りとして素早い企業からの反応、パーソナライズされたオファーに対する期待値も同時に上がっている。世界でのソーシャルメディアのアクティブユーザーは約30億人まで増加し、55%ものユーザーがオフライン購入時にもデジタルの影響を受けている。消費者は従来より企業からの素早いレスポンスを期待しており、42%の消費者がソーシャルメディア上で企業の不満を漏らした場合、60分以内での対応を期待している。また、ミレニアル世代の63%、X世代の58%がデータを提供する代わりにパーソナライズされたオファーや割引の情報を提供することを望んでおり、現在のウェブコンテンツがパーソナライズされていないことに74%の消費者は不満を覚えている。

このような潮流の中で、オフラインのみによるサービス提供という旧型のビジネスモデルを貫き、変化への対応が遅れる企業の多くは、さらに収益性が悪化していくと考えられる。2000年前後のインターネットバブル(ドットコムバブル)の際にも、オフラインを中心とした旧来のビジネスモデルを貫いた結果、業界の流れについていけず淘汰されてしまった企業は多く存在する。米国におけるDVDレンタルサービスの筆頭であったブロックバスター社の破綻は有名な事例である。同社は一時期、全米に9,000超の店舗を持つ企業であったが、1990年代後半から2000年代にかけて、DVDレンタルサービス業界を刷新したネットフリックス社に淘汰されてしまった。ブロックバスター社はこのような消費者の変化を見通せず、実店舗という消費者接点からの変化に対応することができなかった。また皮肉なことに、2000年にはネットフリックス社の買収を持ちかけられていたのに断っていたのである。

新型コロナにより消費者接点がよりオンラインに移行したことで物理的な拠点での接点が減少し、またコロナの影響が沈静した後も一定の割合で今回加速したデジタル化の影響が定着することが見込まれる中、消費者とのオンライン上での直接の接点を持たない企業は既存顧客とのつながりが希薄化するだけでなく、新しい顧客の流入が限定される。企業が複数のオンライン上での消費者接点を有し、そこから多くの消費者データを蓄積し、その集めたデータを解析し情報を統合して個別の消費者に対しSingle View of Consumer(一人の統一した顧客像)を持つことにより、その消費者の真のニーズやオケージョンをとらえ、ロイヤリティを向上させることで「お財布シェア(消費者の可処分所得のうち、自社への消費の割合)」を獲得できる、という好循環を作り出すことができる。逆に言えば、自社でオンラインでの消費者接点を有さず、他社のオンラインプラットフォームに便乗したままの形では、プラットフォームを利用している数多の企業の一つにすぎず、また消費者接点によって違うアプローチを同じ消費者にしてしまうことにもなるため、一貫したアプローチができる競合との差別化は困難になるだろう。

メガデジタル企業が一つの企業エコシステムの中で多様な消費者接点を持っている中国の例を挙げるまでもなく、日本企業もオンラインを通じて消費者接点を直接解析できる立ち位置を確保し、不足するデータ接点についてはパートナーシップ等を通してエコシステムを構築し、そこで獲得した膨大な消費者データを活用していかなければ今後の消費者からの関心を失い、グローバル市場での競争力が低下することは明白である。

NORMAL
NEXT

## SECTION 1-3 日本の企業への示唆 〜事例研究〜

日本企業はグローバル企業と対等に戦うためにどのような打ち手を講じるべきなのか。いくつか事例を紹介したい。

### 自社でオンラインでの消費者接点を構築した企業例① ウォルマート社

ウォルマート社は米国に拠点を置き、EDLP（Everyday Low Price／毎日がお買い得）で有名な世界最大の小売業である。2020年には5590億ドルの売上を記録している。同社はアマゾン社の脅威や、中長期的に消費を支えていくミレニアル世代（1980年から1995年に誕生した人口）による電子商取引需要が高まっていたため、2000年代から2010年代前半にかけて、従来の実店舗を中心としたビジネスに加えて電子商取引ビジネスの強化を図っていた。しかし、当時の同社のウェブサイトは直感的にわかりづらく、消費者にとって便利といえるものではなかった。結果として同社の電子商取引の売上はシアーズ社、メイシーズ社といった米国の他の大手リテール会社と同様の低い成長しかできず、ステープルズ社のような電子商取引で当時成功していた企業ほどの成長ができなかった。

しかし、ウォルマート社はサイトの利便性と操作性を徹底的に向上させ、2011年には49億ドルの売上だった電子商取引事業は、2014年までの3年間でプラス150%の成長を遂げ、売上は122億ドルにまで拡大した。また、この3年間における平均の月次ユニーク訪問者数（重複を除いた訪問者数）の伸びはイーベイ（eBay）社がプラス71%、アマゾン社がプラス83%であったのに対し、ウォルマート社はプラス112%を記録した。この電子商取引事業の強化が功を奏し、新型コロナ感染拡大中の2020年9～12月におけるウォルマートUSの売上996億ドルの62%もが、電子商取引によるものであった。

ウォルマート社の電子商取引を通じて商品を購入するとき、消費者はウォルマート社のアプリやウェブサイトにアクセスして、まず受け取り方法として、自宅への配送か店頭での受け取りかが選択できる。実際の商品選択時には、同社に蓄積された40ペタバイト以上もの消費者データを基に、お得な組み合わせ購買の提案や割引クーポンの発行にとどまらず、他の検索エンジンとも連携して消費者一人一人の状況に応じた助言を行う。

また、このアプリを活用することで、消費者が実際の店舗を訪れた際の利便性も向上する。消費者は商品のバーコードをスキャンするだけで、詳細商品情報やレビューなどを把握できるほか、アプリ上で検索するだけで、探したい商品が実際の店舗のどの棚にあるかがわかる。また、その時点の買い物かごの中にある商品の合計金額も把握できる。その上で、近隣店舗との価格差を検知すると、アプリ上で自動的にクーポンが発行される機能もついており、その結果消費者はお得に買い物できるのである。

ウォルマート社は、2016年にジェット・ドット・コムを約30億ドルで買収した。ジェット・ドット・コムはGV社（グーグル社のベンチャー投資部門）、ゴールドマンサックス、アリババグループなどから資金調達をした企業であり、ウォルマート社が買収することで自社のオンラインチャネルをさらに強化できた。同様の狙いで、ウォルマート社は2020年6月にショッピファイ社と提携した。同社は、約100万もの中小販売会社のプラットフォームとなっており、ウォルマート社はさらなる消費者の裾野拡大と取り扱いブランドの拡充に成功した。その成功の秘訣は「サプライチェーン全体にわたってのデジタル化」と「電子商取引事業への大規模転換を前提として組織の大規模強化」の2つである。

### ◉サプライチェーン全体にわたってのデジタル化

2013年までウォルマート社は電子商取引専用の倉庫を一つしか所有していなかったが、2013年10月にテキサス州に専用倉庫を新たに設立し、その後も事業の拡大とともに全米各地に専用倉庫を新設している。電子商取引専用倉庫は従来の倉庫と比べて、ロボットの活用などによるデジタル化が進んでおり、オンライン上での購買から手元に届くまでの所要時間が短縮されている。

また、2019年にはアラート・イノベーション社と連携することでアルファボット（Alphabot）と呼ばれるロボットを取り入れた倉庫をオープンした。アルファボットは、倉庫内で自動で商品を選び出し、梱包・発送等を行う作業場まで搬送する。これにより、倉庫内で注文を受けてから発送にいたるまでの時間をさらに短縮させることに成功した。

ウォルマート社は、倉庫オペレーションのみならず在庫管理の分野でもアナリティクス（解析機能）を活用している。倉庫での在庫管理においては、例えば、地域ごとのSNS（ソーシャルネットワーキングサービス）での盛り上がり（バズ度）を分析することで、需要を事前に予測し、余剰在庫を抱える倉庫から、在庫切れが予想される倉庫へ商品を移送する。

このようにサプライチェーン全体にわたってデジタル化を進めることで、リードタイムを削減するとともに在庫切れを防ぎ、注文された製品が迅速に手元に届く仕組みを構築している。

### ◉電子商取引事業への大規模転換を前提として組織の大規模強化

ウォルマート社は2010年に、それまで世界各地に点在していた電子商取引の取り組みを行うウォルマート・グローバル電子商取引部門をシリコンバレーに集約した。同部門は実店舗での購買経験とオンラインでの消費者体験を融合させることを目標に設立され、世界各国で自社の電子商取引ウェブサイトを円滑に管理・運営するだけではなく、ウォルマートLabs（ウォルマートのデジタル分野の研究開発部門、数千人の技術者を擁する）が開発した最新技術によって消費者の利便性を向上させるとともに、ウォルマート社の電子商取引事業の発展のためにサプライチェーン全体を強化する業務を担っていた。

同部門は検索機能の強化を通じて、設立初年度だけでウェブサイト訪問者を実際の購買に導くまでの比率を10～15%改善した。その上で数年かけて同部門の人材プールを全世界で3,600人までに拡充し、うち2,200人はシリコンバレーでの採用であった。このような人材強化は、積極的な買収と独自の採用プロセスによって実現したものである。

積極的な買収という観点では、2011年からの数年間にわたり、デジタル技術強化を目的として10社以上の買収を実施した。中でも、ウォルマートLabsのスタートダッシュに大きく貢献したのが、2011年に約300万ドルで買収したコスミックス社であった。コスミックス社は、アマゾン社が1998年に買収したジャングリー社を創業し、後にアマゾン社のテクノロジー部門のディレクターになったアナンド・ラジャラマン氏とヴェンキー・ハリナラヤン氏によって創業された企業である。コスミックス社は、SNSから収集したデータをもとに検索機能を強化する技術に長けており、ウォルマート社のオンラインストアでは、消費者の検索操作を補助する予測変換機能等の強化に大きく寄与した。

その他にも、アプリ開発に強みを持つ企業や、アナリティクス（解析機能）に強みを持つ企業等を買収することで、ノウハウと優秀な人材の囲い込みに成功した。買収を通じた人材強化以外にも、ウォルマート社は独自の採用プロセスを採用しており、企業が直面しているアナリティクス（解析機能）の課題などをクラウドソーシングできるプラットフォームであるカグルでのコンペの開催や、SNSのハッシュタグ機能（投稿に特定のキーワードを付与する機能）を活用した採用キャンペーンなどを実施した。現在でもウォルマート社は継続的に人材の拡充を図っており、2018年6月には電子商取引の強化を目的に2019年末までに2,000人の新規採用を発表した。

これらの一連の改革はデジタル化に精通した強固なリーダーシップのもとで行われた。例えば、2012年から2017年までグローバル電子商取引部門のCEOであったニール・アッシュ氏は、CBSインタラクティブ社の代表であった。同社は、米最大手放送ネットワークCBS放送を抱えるバイアコムCBS傘下で、同グループのオンラインコンテンツを提供していた企業である。以後も、ラテン米国最大のインターネットポータルのテラ社を創業したフェルナンド・マデイラ氏をCEO（2014～2017年）に、インスタグラム社の共同創業者のケヴィン・サイストロム氏、ヤフーのCEOを務めたマリッサ・

メイヤー氏を2012年以降取締役会に迎えるなど、デジタル化に精通したリーダーシップの布陣を築いた。

このような組織の大規模強化の結果、同社は2018年にはアマゾン社、アルファベット社に続き世界第3位となる117億ドル（IDC社調べ）ものIT・デジタル投資をし、現CEOのダグ・マクミロン氏は自社のことを「ウォルマート社はテクノロジーとイノベーションの会社」だと表現している。

## 自社でオンラインでの消費者接点を構築した企業例② **テスラ社**

2020年に世界で最もEV（電気自動車）を販売した企業であるテスラ社は、2019年に多くの実店舗を閉鎖し、「スマートフォンから1分でテスラを買うことができる」ことを標語に、消費者との接点のほとんどをオンラインチャネルにシフトさせた。オンラインチャネルへ全面的に切り替えることで、同社が重要とするユーザー第一主義の価値観を実現することを目指したのである。

テスラ車を購入するにあたって、消費者はディーラーを訪れる必要はない。ものの数分で、テスラ社の自動車をスマートフォンのアプリ上で購入することができる。

購入の流れとして、まずモデルを選択し、外塗装の色、ホイール、インテリアの塗装、走行モードなどを決定する。このとき、選択した内容に応じてリアルタイムで画面上のグラフィックが変化するため、消費者は色々な組み合わせを試しながら選択できる。次に、免許証等のアップロードが求められ、承認が下り次第、納車時期・場所についての情報を受け取ることとなる。支払いはその場で決定もできるが、納車の30日前までならテスラ社が提供するローンのオプションも選択できる。この一連のプロセスにおいて、消費者がテスラ社側の担当者と話すことはなく、必要に応じてメールでやり取りするだけである。

このようなオンラインでのコミュニケーションは購入後も継続される。例えば故障のリスクを感知した場合、メンテナンスをするように車内の画面からオーナーに働きかける。また、テスラの自動車は、無線でデータを送受信するOTA（Over The Air）技術によってソフトウェアをアップデートすることで仕様が柔軟に変更できるという特性を持っている。その特性を生かして、消費者からのフィードバックを素早く反映している。例えば、2017年夏にハリケーン・イルマが米国を直撃した際、消費者からの強い要望に基づき、最大航続距離を延長するモード（通常は3,000ドル相当）を一時的に無料開放した。他にも後部座席に座っている子供が驚いてしまう、という消費者からのフィードバックを反映し、社内のチャイム音量を引き下げる「ジョー・モード」もソフトウェアアップデートを通じて取り入れた。このようなアップデートはマイナーなものも含めると頻繁に実施されている。

以上のような購入方法の大胆な変革や、フィードバックの素早い反映は市場から評価され、テスラ社の時価総額8,000億ドルを超え（2021年1月時点）、2020年の販売台数は約50万台と昨年比プラス36%を記録した。

テスラ社の成功の秘訣の一つは、消費者からのフィードバック情報を、戦略的意思決定の一助としていることである。CEOであるイーロン・マスク氏および同社の公式ツイッターアカウントは、それぞれ4,000万人以上、600万人以上のフォロワーを持っており、消費者からの問い合わせの約65%に回答しているという。そうしたフィードバックは、イーロン・マスク氏を交えた毎週の全社ミーティングで議論され、意思決定の質の向上に寄与している。また、フロントラインのスタッフからCEOまでわずか4階層という、ヒエラルキーが少ないフラットな組織も、素早い意思決定を支えていると言えるだろう。

### 自社でオンラインでの消費者接点を構築した企業例③　中国平安保険

中国平安保険は、中国深圳で1988年に創業された世界最大の保険会社の一つである。同社はオンラインで展開する保険事業を基本サービスとしつつ、同社のアカウントを持つ約1億5000万人以上もの消費者に対し、健康管理、自動車関連、不動産管理、家計管理、食事宅配等のサービスを提供している。消費者は1つのアカウントを持つだけで、生活のあらゆる部分におけるサービスを享受できる。

例えば、同社の「オートホーム」（Autohome）という自動車関連のサービスでは、単に自動車に関する情報を取得するだけでなく、ワンストップで欲しい自動車を選択し、ローンの支払いオプションを選択した上で、ローンの申請および承認まで実店舗に一度も訪れることなく完了できる。自動車関連のサービスだけで1,000万人ものアクティブユーザーを抱え、20,000ものディーラーが登録している。

また、同社の「平安グッドドクター」(Ping An Good Doctor) は、利用者の健康・運動管理をするだけでなく、症状に基づいて最適な医者にオンライン診療が受けられ、その診療結果を踏まえた医薬品の配送まで一気通貫で実施している。新型コロナの感染拡大時期には、それまで自社が持っていたオンライン診療プラットフォームを発展させる形で、対新型コロナ緊急オンライン診療プラットフォームを短期間で構築し、オンライン相談や軽症者の在宅指導を進めた。このように、オンラインで消費者との接点を持つことで、消費者ニーズに基づく迅速な対応ができるのである。

これを可能としているのは、自社で保有している保険データに加えて、10,000以上の金融機関との提携によるデータの収集・管理だ。収集したデータは統合された顧客情報管理システムに保管され、約200人ものデータサイエンティストが分析することで、消費者体験 (UX) 強化に活用されている。また、自社開発に多額の投資をすると同時に、多くの企業とパートナーシップ関係を構築することでエコシステムを構築し、幅広い分野でのサービス展開が可能になっている。

中国平安保険は12億ドル以上を投入して新たなデジタルビジネスモデルの構築およびテクノロジーの開発を行い、様々な事業領域において新たなユースケースを構築しては試験を繰り返している。その結果として、グッドカー (Good Car) のようにモビリティを含む様々な分野で、スタートアップの立ち上げに成功した。グッドカー以外にも、金融サービスのLufax、ヘルスのグッドドクター (Good Doctor)、ブロックチェーンのワン・コネクト (One Connect)、平安クラウド (Ping An Cloud) 等の立ち上げに成功している。

また、中国平安保険は平安ベンチャー (Ping An Ventures) と平安グローバル・ヴォイジャー・ファンド (Ping An Global Voyager Fund) の2つのCVC (コーポレート・ベンチャー・キャピタル) を立ち上げて投資を実施している。平安ベンチャーは比較的成熟した企業をターゲットとし、ノウハウと新規技術の獲得を目的として、平安グローバル・ヴォイジャー・ファンドは、起業直後のアーリーステージのスタートアップに特化して、フィンテック、デジタルヘルス、モビリティの分野に約12億ドルの資金規模の投資をしている。その結果として築いた車両販売プラットフォームでは、新車販売、中古車販売、ディーラー向け新車販売、スペア部品の販売、保険販売、ファイナンシングが可能となった。

さらに、中国平安保険はオンラインプラットフォームに、標準的で柔軟なITアーキテクチャーを採用することで、パートナーシップを組みやすくしている。例えば、ディディ社とパートナーシップを構築し、リーシングなどのサービスを展開している。

中国平安保険のような、消費者が1つのアカウントを持つだけで、生活のあらゆる部分でそのアカウントからサービスを享受できる事業モデルは、ほかにも、マレーシアで創業したグラブ社やインドネシアのゴジェック社が展開している。グラブ社は企業価値が約4兆2700億円（2021年4月時点）と、2020年の2倍を上回った。

## 好事例3社から導出される日本企業の学びは何か

ここで紹介した3社はいずれもオンラインを通じた消費者接点を活用することで、新型コロナによる負の影響を受けることなく、高成長を享受している。オンラインで消費者接点を持っているだけでなく、消費者に積極的に使ってもらえるようにデータや消費者からのフィードバックを生かした消費者体験（UX）の向上を重視しているのが特徴だ。また、自社でサービスを完結させる必要はなく、買収やパートナーシップを上手に活用して、エコシステムを構築して、消費者体験を向上させていることもわかった。そして、最も重要なのは、データやフィードバックを迅速に反映する開発体制や企業風土、優秀な人材の囲い込み、デジタル変革の実現に取り組む強いリーダーシップである。

# まとめ

新型コロナは消費者の購買行動に大きな変化を与え、多くの企業はこれまでと戦い方を大きく変えることを余儀なくされている。中国では、以前から日本より進んでいたオンラインチャネルへの移行がより一層加速し、新型コロナ禍でも成長を実現している企業も存在する。また、経済の見通しが不透明な中、商品に対して価格と価値を見極める消費者の目は厳しくなっており、買い物のチャネルや購入する商品のスイッチも起き、新チャネルと新ブランドに顧客は満足している。また、新型コロナに伴いオンラインサービスの拡大が見られたが、新型コロナ終息後も残るかは終息までの期間に顧客を満足させて定着させられるかによる（前述の通り、既に残ると思われるものも存在している）。

日本企業がネクスト・ノーマルで戦うためには、オンラインを通じて消費者との接点を増やし、そこで得られたデータを活用して、戦略の展開や意思決定をしていく必要がある。

このCHAPTERでは、ウォルマート社、テスラ社、中国平安保険の事例を紹介し、オンラインを通じた絶え間ない消費者体験向上の重要性、それを実現するための組織体制も紹介した。新型コロナは、日本企業にとって従来の事業モデルからオンラインを活かした事業モデルに転換する恰好の契機となるだろう。

◇出典

1. WHO, Health Emergency Dashboard, May 2021

・各種メディア（CNBC等）
・各社ホームページ（Tesla社、Walmart社等）

CHAPTER 2

# ネクスト・ノーマルの消費をけん引するZ世代

新型コロナは人々の消費行動を大きく変容させた。外出制限などの感染症対策によって、いわゆる「巣ごもり消費」が広がり、オンラインショッピング、フードデリバリー、ビデオストリーミングサービス（例：ネットフリックス）など、デジタルを活用したサービスの活用が世界的に流行した。

こうした新しい消費行動への変化を先頭に立って牽引したのが、デジタルネイティブのZ世代（1996年〜2012年生まれの世代）である。Z世代は、金融危機・経済不安の時代に育ち、幼い頃からインターネットが身近にあり、ソーシャルメディアとともに成長してきた。

世界全体でのZ世代の人口比率は、既にミレニアル世代（1980年〜1995年産まれ）を抜いて32%を占め、アジアでもZ世代が25%を占めるようになった。既に15兆円もの購買力を持つ[1]と言われるこの世代は、今後年齢が上がるに伴い、収入・支出も増えていくだろう。またZ世代は、新たな消費行動を生むだけでなく、流行を創り出し、発信する力もあるため、他の全ての世代の思想・消費に影響を与えている。そんなZ世代の消費者は、新型コロナの渦中にある現在、成人期に達して社会に出てきており、大人としての消費行動の最初のパターンが規定される時期を在宅勤務や自粛の中で過ごしている。

そのため、この若き世代がどのような価値観を持ち、どのような消費行動を取るのか、また新型コロナのパンデミックを経験することで、どのように行動が変化していったのかを理解することは、ネクスト・ノーマルの企業経営にとって重要なテーマである。

# SECTION 2-1 Z世代の持つ価値観と消費行動における特徴について

## 調査方法の紹介

マッキンゼーでは、Z世代が消費をするにあたり、どのように事前に調査し、検討するのかを理解すべく、新型コロナ以前の2019年下半期にオーストラリア、中国、インドネシア、日本、韓国およびタイの6カ国に暮らすZ世代、ミレニアル世代およびX世代（1960～1979年生まれ）に属する16,000名以上の消費者を対象にアンケート調査を実施した。

## 情報過多の中で、「正しい情報」を追い求めるZ世代

各世代の行動や消費のパターンは、出生時の時代背景に強く影響を受けている。第二次世界大戦中または戦後まもない時代に生まれた（**図表2-1**）[2]ベビーブーマー（1940年～1959年生まれ）にとって、消費はイデオロギーの表現であった。資本主義・能力主義の全盛期に育ったX世代（1960年～1979年生まれ）にとって、消費は社会的地位を表現するものであった。また、グローバル化と社会的な安定の中で生まれたミレニアル世代（1980年～1995年生まれ）にとって消費は、まさに消費経験であった。そして、Z世代の行動の特徴を一言で表現するなら、「多面性」ではないか。Z世代は一見矛盾する「複数の顔」や「多面性」を受け入れて、デジタルとリアルを組み合わせ、そうした複数の側面が矛盾しないようバランスをとっている。具体的には、「複数のアイデンティティの使い分け」「バーチャルを含む複数のコミュニティへの帰属意識」「多様な価値観に対する理解」「理想と現実のバランス」という4つの特徴を持っている（**図表2-2**）。

### ◉複数アイデンティティの使い分け

一人の個人が、SNS上やリアル上で様々な人格やイメージを持ち、管理

### 図表2-1　各世代の行動や消費は、時代背景によって形成される

| |  ベビーブーマー 1940-59 |  X世代 1960-79 |  Y世代（ミレニアル） 1980-95 |  Z世代 1996-2012 |
|---|---|---|---|---|
| 時代背景 | ・第二次世界大戦後の復興期 | ・高度成長と資本主義・能力主義の全盛期 | ・グローバル化と社会経済の安定期 | ・デジタル化、イノベーションと格差／分断の時代 |
| 考え方 | ・理想主義<br>・集団主義 | ・個人主義<br>・競争社会<br>・楽観的 | ・懐疑的<br>・ワークライフバランス<br>・ミニマリズム | ・複数のアイデンティティ<br>・多様な価値観<br>・理想と現実のバランス |
| 消費行動 | ・消費はイデオロギー（消費者運動、不買運動など）<br>・三種の神器など、時代性を実感する消費 | ・消費は社会的地位<br>・高級品やブランドなどステータスを表現する消費 | ・消費は、「モノ消費」より「コト消費」<br>・学び、旅行等、豊かな人生につながる消費 | ・消費は個性の主張<br>・倫理的<br>・所有にこだわらない<br>・徹底的なリサーチ |

### 図表2-2　Z世代を知るキーワードは多面性

| 未定義のアイデンティティ | バーチャル含む多種多様なコミュニティへの関与 | 対話的 | 現実的 |
|---|---|---|---|
| “一つの考えで私を定義しないでください” | “徹底的に包括的” | “衝突を避け異なる意見や対話を重んじる” | “現実的に生きる” |
|  |  |  |  |
| 個の真実の主張 | 異なる真実とも繋がる | 異なる真実への理解 | 背景にある真実を明らかにする |

する。それぞれのアイデンティティは各場面において「真実」であり、重要な個人の側面となる

**◉バーチャルを含む複数のコミュニティへの帰属意識**

アイデンティティごとに、所属するコミュニティが異なる。リアル（学校・会社）の友達とは別に、（時としてあったこともない）バーチャルなコミュニティが同じくらいの深さのつながりを持つ

**◉多様な価値観への理解**

異なるコミュニティに属する人は違う考えを持っていると理解している。一方で、フェイクニュースなどが多く発生した時代に育っているため、情報に流されやすい自覚を持った上で、「正しい情報がどこにあるか」ということを意識しながら情報を摂取し、真実を見抜くリテラシーを持とうとしている

**◉理想と現実のバランス**

情報を多く手に入れられる術を持つZ世代は、その分、世の中の現実の一次情報（たとえばツイッターで知る世界情勢の現場の様子など）を摂取しており、生々しい情報に触れている現実感を持っている。一方で、ソーシャルメディアを通した発信力を持っている身近なインフルエンサーの影響も含め、個人として発信することに対する壁が少なく、サステナビリティ（持続可能性）や環境破壊、あるいは政治に対して一部のZ世代が発言をしている（一方で、「炎上」を避けたい、または関心が少ない層も同じくらい強く存在しており、発信ツールが一般化したことにより二極化が発生している）

## 調査から見える消費活動におけるZ世代の特徴

Z世代の消費行動は、Z世代の持つ多面性やデジタルネイティブとして育った時代背景によって、以下の5つの特徴が見られた。

①個性を主張できる人気ブランドを好む

②消費においてはサステナビリティ、倫理観を重視する
③ブランド選びで動画コンテンツの影響を大きく受けている
④商品を“所有”することにはこだわらない
⑤購入前に徹底的なリサーチを実施する

### ①個性を主張できる人気ブランドを好む

Z世代はブランドに対して、人気と個性の両方を求める。世間的に人気の高いブランドを好む傾向は、X世代より高い。アジアで行ったアンケートでは、「人気の高いブランドの商品を探す」と回答した人は、X世代の34%に対し、Z世代では40%にのぼった。また、人気の高いブランドを好む一方で、Z世代は「他人と差別化できるブランド」を求める傾向も強く、X世代に対して1.3倍、ミレニアル世代に対しては1.5倍高い割合で差別化を求めている。また、パーソナライゼーション（個々人に合わせて製品・サービスをカスタマイズすること）、限定商品、他ブランドとのコラボレーションなど、様々な付加価値や付帯サービスを期待する傾向が強い[3]。

### ②消費においてはサステナビリティ、倫理観を重視する

Z世代は、消費活動においてサステナビリティや倫理観を意識しており、ブランドとその背景にある現実についてよく理解している。

ブラジルにおける調査では、Z世代の70%は「倫理的である」と考えられる企業から製品を購入したいと考えており、80%は不祥事を起こした企業の製品の購入は控えたいと回答している。アジアにおいても環境に優しい商品、オーガニック食品、エシカルな（人々や地域、社会、そして地球環境に配慮した）ファッションを好むと回答している。例えば中国では、Z世代とミレニアル世代双方ともに60%が、食習慣による環境への負の影響を最小限に抑えたいと回答し、両世代の約半数の回答者が地産の食品を常に買い求めると回答した。日本でもこうした考え方が顕著であり、Z世代の54%がサステナブルな形で生産された衣料品を探しており、また46%が古着を好むと回答している。

**図表2-3　アジア太平洋地域の中で、特に日本と韓国ではZ世代の多くが動画を参考にして購入するブランドや商品を決定している**

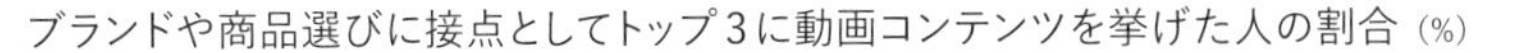


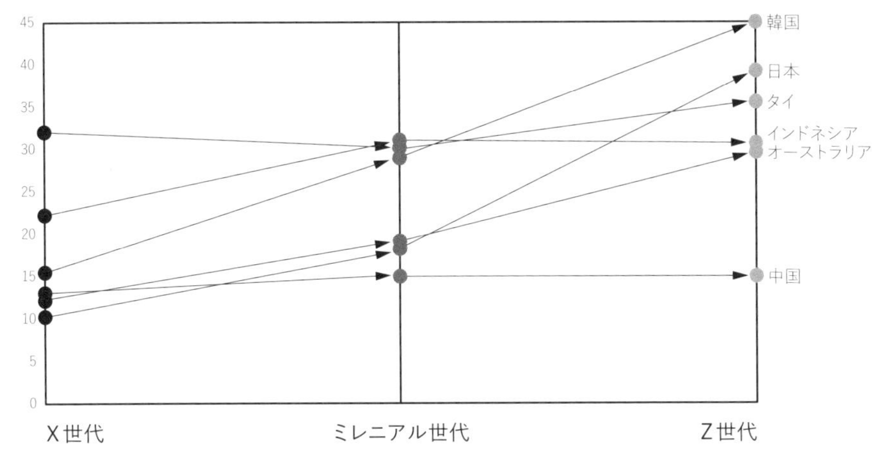


資料：マッキンゼーによるアジア太平洋のZ世代向けサーベイ（n=16,000：2019年11月）

### ③ブランド選びで動画コンテンツの影響を大きく受けている

アジアでの調査では、Z世代は他の世代群と比べても、買う商品を決定する上で影響を受ける要素トップ3に「動画」を挙げる割合が圧倒的に高かった（**図表2-3**）。特に日本は他のアジアの国と比較しても、2番目に動画の影響が高いため、企業も動画活用を避けては通れないだろう。

Z世代は他の世代に比べ、YouTubeやTikTokなどの動画プラットフォームの視聴量が圧倒的に多く、このことはブランドや商品の選び方にも影響する。調査した6カ国の全てで、Z世代の約70%前後が、少なくとも月に1回以上は動画ベースのソーシャルメディアで新しいブランドを知る機会があると回答しており、ミレニアル世代（58%）やX世代（46%）と比べると大幅に高かった。

### ④商品を“所有”することにはこだわらない

Z世代にとって“消費”の定義は“所有すること”ではなく“利用する権利を得る”ことに変化しつつある。この考え方は車のシェアサービス、ネットフリックスなどの動画のストリーミングサービスなどのサブスクリプションサービス（一定期間の利用権を得るために、利用者が定期的に支払いをするサービス）に代表されるように、我々の生活に浸透しつつある。

**⑤購入前に徹底的なリサーチを実施する**

Z世代はその約3分の1が1日6時間以上スマートフォンを使用しており、この長時間ユーザーの割合はミレニアル世代（22%）やX世代（10%）よりはるかに多かった。常日頃スマートフォンに触れているZ世代は、購入前にリサーチをすることが常態化しており、割引価格を見つけだして買い物をすることに対して関心が高い。この世代はミレニアル世代やX世代に比べて、「常に」または「ほぼいつも割引情報を探す」と回答した割合が高い。例として、オーストラリアではZ世代の回答者のうち66%が、「購入前に必ず割引情報をチェックする」と回答した。中国でも同様の回答が50%を占めており、これはミレニアル世代に比べ10%も高かった。

## 認識しておくべきZ世代の表層的な行動と深層心理での矛盾

Z世代を特徴づけるもう一つのポイントが、以下のような矛盾である。

①倫理・環境への意識は高いが、必ずしもそのためにお金を払うわけではない
②パーソナライゼーションを好むが個人情報は出したくない
③購入前にインターネットで沢山の情報を得るが、結局家族・友人の情報を一番信頼する

**①倫理・環境への意識は高いが、必ずしもそのためにお金を払うわけではない**

前述した通り、Z世代はサステナビリティや倫理観を消費活動において重視している一方で、環境責任を果たすブランドに対してプレミアムな価格を許容するわけではない（**図表2-4**）。オーストラリアを除くアジア地域の5カ国では、「多少高くても環境責任を果たすブランドを選ぶ」と回答したZ

**図表2-4　オーストラリア以外のZ世代では、サステナビリティと引き換えに高価格を許容する割合が、他世代と比べて高くなかった**

多少価格が高くても環境責任を果たすブランドを選ぶ、と回答した人の割合（%）

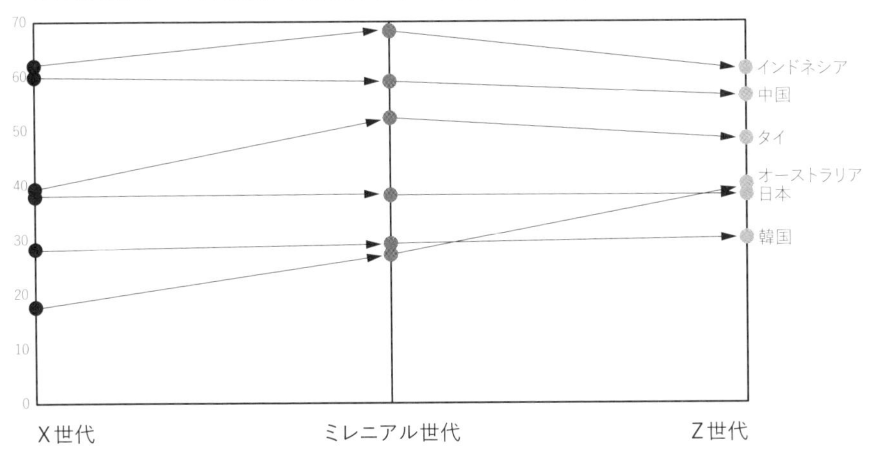


資料：マッキンゼーによるアジア太平洋のZ世代向けサーベイ（n=16,000：2019年11月）

世代の割合は、他の世代と比較して高くはなかった。日本においてはX世代、ミレニアル世代、Z世代において大きな違いは見られず、倫理・環境へ配慮をした商品にプレミアムな価格を支払う割合は40%以下であった。

こうした消費行動やブランドに対する志向を分析していくと、サステナブルな消費と「流行に乗りたい」欲求との間に強い相関性があることがわかった。さらに、価格が高くても環境に優しい製品を購入すると答えた人は、概してブランドへの意識もより強い。つまり、環境に優しい商品を購入・使用することや環境意識の高さが、Z世代の思考における社会的ステータスに影響していると見ることができる。企業は、エシカル思考の消費者が、サステナビリティへの努力を支持してくれる存在だが、だからといって高くても買ってくれるとは限らないことを認識する必要がある。

### ②パーソナライゼーションを好むが個人情報は出したくない

また、Z世代はパーソナライズされた商品を好む一方で、個人情報を出すことには抵抗がある。アジアで調査に参加したZ世代の実に半数以上、特に日本では回答者の75%以上が、現代の社会が必要以上に情報共有をしていると考えており、また49%は自分の個人データがどう利用されているかについて懸念があると回答した。

デジタルネイティブであるこの世代は、個人情報が流出することの怖さもよく理解していて、その点でも現実的なのである。

### ③購入前にインターネットで沢山の情報を得るが、結局家族・友人の情報を一番信頼する

Z世代は購入前にインターネットを活用して、他の世代よりも徹底してリサーチを行う。しかし、Z世代はこれだけデジタルに時間を費やしているにもかかわらず、家族や友人からの情報をほかの情報源より信頼しており、その傾向はミレニアル世代やZ世代に比べても高かった。こうした矛盾は、Z世代の特性として興味深い。

一方でZ世代は、インターネットを駆使し、幅広い製品・サービスにアクセスし、情報も豊富に持っているが故に、「家族や友人からの情報を重視する」が「インターネットを駆使し徹底してリサーチを行う」という観点が矛盾ではなく、同居する形で消費を選択できていると言える。

つまり、エシカルでサステナビリティに配慮した製品を、価格プレミアムを払わずに買ったり、個人情報を不必要に出すことなく、自分たちにカスタマイズされた製品にアクセスできているのかもしれない。

NORMAL NEXT

## SECTION 2-2 新型コロナ禍における Z世代の消費行動

新型コロナの環境下で外出自粛や在宅勤務が一般化したことに伴い、商品やサービスを購入・体験する場所が変わり、消費者の行動変化につながった。これまで実店舗で購入していたものがオンラインに移行するなど、販売チャネルのシフトが起きた。マッキンゼーが世界で2020年9月に行った調査に

## 図表2-5　多くの人が新型コロナ以前よりオンラインでの購入を増加させた

### 消費者の新型コロナ前後でのオンライン購買の成長割合[1, 2, 3]

オンライン購買の成長率（%）　■-50以上　■-49～-30　■-29～-15　-14～-1　0～14　15～29　30～49　50+
←マイナス成長　ポジティブ成長→

| | | 米国 | メキシコ | ブラジル | 南アフリカ | 英国 | フランス | ドイツ | スペイン | イタリア | インド | 日本 | 中国 | インドネシア |
|---|---|---|---|---|---|---|---|---|---|---|---|---|---|---|
| 食料品・嗜好品 | 食料品 | 34 | 32 | 68 | 100 | 27 | 25 | 6 | 15 | 18 | 19 | 13 | 3 | 68 |
| | 菓子類 | 14 | 83 | 34 | 144 | 22 | 13 | 13 | 40 | 42 | 32 | 11 | 2 | 74 |
| | タバコ | 28 | 44 | 32 | 91 | 28 | 0 | 0 | 29 | 32 | 21 | 27 | 14 | 41 |
| | テイクアウト・デリバリー | 25 | 30 | 11 | 37 | 9 | 14 | 0 | 7 | 15 | 11 | 20 | 6 | 32 |
| | アルコール | 26 | 83 | 71 | 145 | 19 | 11 | 18 | 36 | 20 | 32 | 11 | 8 | 44 |
| アパレル | 靴 | 22 | 55 | 27 | 57 | 11 | 9 | 5 | 17 | 7 | 18 | 18 | -1 | 38 |
| | 洋服 | 14 | 42 | 24 | 45 | 7 | 9 | 0 | 17 | 8 | 15 | 15 | 2 | 23 |
| | ジュエリー | 29 | 25 | 38 | 28 | 20 | 4 | 2 | 13 | 21 | 11 | 0 | 11 | 27 |
| | アクセサリー | 30 | 47 | 31 | 42 | 29 | 16 | 5 | 13 | 20 | 7 | 7 | 2 | 25 |
| 家庭内用品 | 子供用品 | 26 | 44 | 33 | 63 | 24 | 22 | 22 | 23 | 28 | 24 | 20 | -1 | 20 |
| | 家庭用品 | 50 | 40 | 58 | 83 | 26 | 10 | 0 | 45 | 26 | 15 | 30 | 12 | 58 |
| | パーソナルケア用品 | 28 | 94 | 35 | 123 | 26 | 17 | 18 | 25 | 38 | 23 | 19 | 8 | 39 |
| | 一般用薬品 | 40 | 65 | 46 | 92 | 48 | 33 | 8 | 37 | 7 | 38 | 17 | 6 | 83 |
| | ビタミン・サプリメント | 24 | 88 | 54 | 78 | 22 | 7 | 12 | 19 | 18 | 16 | 4 | 2 | 55 |
| | スキンケア・化粧品 | 31 | 54 | 29 | 70 | 25 | 11 | 6 | 24 | 13 | 23 | 15 | -1 | 38 |
| | 家具・家電 | 23 | 48 | 20 | 62 | 16 | 8 | 11 | 15 | 12 | 11 | 11 | 1 | 61 |
| 娯楽 | 家での娯楽・映画など | 9 | 9 | 5 | 18 | 4 | -3 | 2 | 2 | 1 | 8 | 2 | NA | 13 |
| | 本・雑誌・新聞 | 15 | 41 | 16 | 46 | 9 | 14 | 8 | 10 | 9 | 34 | 11 | 9 | 63 |
| | 電気製品 | 10 | 24 | 26 | 50 | 6 | 7 | 5 | 7 | 4 | 16 | 8 | 6 | 35 |
| | フィットネス・ウェルネス | 16 | 74 | 30 | 69 | 25 | 7 | 13 | 27 | 26 | 22 | 15 | 0 | 25 |

**穏やかな成長は新型コロナ前のデジタルの活用度を反映**

1. 質問1：新型コロナ以前、それぞれの商品を購入した時のオンラインと実際の店舗の割合を教えてください
2. 質問2：新型コロナが落ち着いた後、それぞれの商品を購入する際にオンラインを活用すると思う割合と、実際の店舗を使うと思う割合を教えてください
3. 一部オンライン、ほとんどオンライン、全てオンラインと回答した回答者を含む。それぞれの商品をオンラインで買ったことがない、今後2週間以内に買う予定がないと回答した回答者を指す

資料：新型コロナ Consumer Pulse Surveys, conducted globally between Sep16 –Sep30

## 図表2-6　新型コロナによって世界的に消費行動の変化が見られた

新型コロナ発生後に新しい買い物を経験したと回答した人の割合

(%)

| | 異なる消費行動 | 新たな購買方法 | 異なるブランド | 小売/店舗/ウェブサイト | 継続意思 |
|---|---|---|---|---|---|
| インド | 96 | 45 | 50 | 57 | 69-78 |
| インドネシア | 92 | 48 | 33 | 32 | 77-88 |
| 中国 | 86 | 32 | 26 | 26 | 72-81 |
| ブラジル | 84 | 33 | 41 | 47 | 76-80 |
| メキシコ | 81 | 29 | 36 | 37 | 79-87 |
| 南アフリカ | 79 | 35 | 42 | 46 | 76-89 |
| 米国 | 73 | 34 | 34 | 29 | 75-83 |
| イタリア | 69 | 18 | 37 | 29 | 72-83 |
| スペイン | 66 | 21 | 31 | 38 | 76-88 |
| 英国 | 63 | 15 | 30 | 32 | 81-88 |
| フランス | 56 | 20 | 18 | 25 | 67-78 |
| ドイツ | 50 | 15 | 22 | 22 | 65-82 |
| 日本 | 30　日本はロックダウンを未経験 | 13 | 8 | 13 | 83-92 |

資料：新型コロナ Consumer Pulse Surveys, conducted globally between Sep16 –Sep30

## 図表2-7　新型コロナによる消費行動の変化は世代により異なり、Z世代とミレニアル世代が他の世代と比べて新しい消費行動を経験した

新型コロナ発生後に新しい買い物を経験したと回答した人の割合[1]

(%)

| | | 米国 | メキシコ | ブラジル | 南アフリカ | 英国 | フランス | ドイツ | スペイン | イタリア | インド | 日本 | 中国 | インドネシア |
|---|---|---|---|---|---|---|---|---|---|---|---|---|---|---|
| 新しい購買方法を経験した | | 73 | 81 | 84 | 79 | 63 | 56 | 50 | 66 | 69 | 96 | 30 | 86 | 92 |
| 性別ごとのインデックス | 男性 | +2 | 0 | -1 | -2 | -5 | -2 | -2 | -6 | -3 | -1 | -2 | +2 | 0 |
| | 女性 | -2 | 0 | +1 | +2 | +5 | +2 | +1 | +6 | +3 | +1 | +2 | -2 | 0 |
| 世代ごとのインデックス | Z世代 | +10 | -5 | +1 | +6 | +22 | +26 | +28 | +19 | +13 | -2 | +21 | +5 | -1 |
| | ミレニアル世代 | +16 | +9 | +3 | +7 | +12 | +10 | +11 | +9 | +13 | +1 | +9 | +3 | 0 |
| | X世代 | -1 | -3 | -5 | -4 | -5 | -5 | -8 | -2 | +3 | +1 | 0 | -9 | -1 |
| | ベビーブーマー | -17 | -13 | -14 | -22 | -12 | -12 | -16 | -16 | -18 | -4 | -13 | -3 | 1 |
| 収入ごとのインデックス | 低 | -7 | -26 | -8 | -4 | -5 | -3 | -7 | -3 | -3 | -8 | -4 | -5 | -7 |
| | 中 | +5 | +1 | +1 | +1 | -1 | -1 | 0 | +1 | -1 | 0 | -2 | -3 | +3 |
| | 高 | +4 | +10 | +6 | +1 | +10 | +6 | +7 | +6 | +7 | +1 | +10 | +1 | +4 |

1. 新型コロナ禍が始まってからどのような消費行動を行ったか、選択式でサーベイを取った結果
資料：新型コロナ Consumer Pulse Surveys, conducted globally between Sep16 –Sep30

よると、オンラインチャネルを活用した食料品の購入、フードデリバリーサービスの活用など「オンラインでの購買」は各国で増加が見られた(**図表2-5**)[4]。

またオンライン購買に加えて、異なるブランドや異なる店舗を試すという「新たな購買行動」を実践する割合は、新型コロナを経て各国で高くなった(**図表2-6**)。購買がオンラインチャネルに移行する一方で、ブランドや特定の店舗へのロイヤルティ[5]が各世代において低下しているといえる。

この新たな購買行動を牽引したのは、デジタルネイティブ世代であるZ世代とミレニアル世代であった。**図表2-7**にもある通り、調査対象のほとんどの地域において、特にZ世代の人々に、新しい消費行動(新しい買い方、新しいブランド、新しいショップ)を試したという人が多く、Z世代が消費者行動の変化の先頭に立っていることが見える。Z世代は他の世代と同様に家庭にいる時間が長くなり、豊富な情報を活かして、フードデリバリーの活用やネットフリックスなどのビデオストリーミングサービスの家族契約を提案するなど、コロナ禍においてのオンライン消費を牽引したのである。

**図表2-8　Z世代・ミレニアル世代は新しいブランドを試す理由として、質と価値と健康を挙げている**

新しいブランドを試す際の理由として挙げた項目に対する割合　■1番　■2番　3番

(%)

| | 米国 | メキシコ | ブラジル | 南アフリカ | 英国 | フランス | ドイツ | スペイン | イタリア | インド | 日本 | 中国 | インドネシア |
|---|---|---|---|---|---|---|---|---|---|---|---|---|---|
| 入手可能 | 31 | 18 | 10 | 25 | 24 | 23 | 33 | 15 | 25 | 20 | 17 | 20 | 30 |
| 利便性 | 31 | 18 | 21 | 26 | 23 | 28 | 25 | 24 | 21 | 24 | 24 | 11 | 22 |
| 価値／費用対効果 | 69 | 77 | 83 | 82 | 77 | 63 | 67 | 75 | 75 | 73 | 83 | 68 | 85 |
| 質／オーガニック | 46 | 21 | 31 | 28 | 36 | 37 | 36 | 34 | 37 | 61 | 44 | 37 | 44 |
| 目的重視(パーパス・ドリブン) | 21 | 30 | 20 | 30 | 25 | 37 | 20 | 25 | 17 | 29 | 17 | 24 | 25 |
| 健康／清潔 | 16 | 11 | 7 | 15 | 24 | 14 | 14 | 17 | 14 | 30 | 32 | 26 | 24 |

1. 新しい／今までと違うブランドを購入したと回答した回答者に対し、その主要因を聞いた結果
資料：新型コロナConsumer Pulse Surveys, conducted globally between Sep16 –Sep30

**図表2-9　各国のZ世代は友人や家族との集会、コンサートへの参加や外食などの活動を切望している**

Z世代が切望している活動[1, 2]

■1番　■2番　■3番

活動が上位3つの選択肢に入っている割合（%）

| | 米国 | メキシコ | ブラジル | 南アフリカ | 英国 | フランス | ドイツ | スペイン | イタリア | インド | 日本 | 中国 | インドネシア |
|---|---|---|---|---|---|---|---|---|---|---|---|---|---|
| 対面での同僚との交流 | 15 | 21 | 14 | 11 | 11 | 18 | 25 | 23 | 14 | 13 | 8 | 19 | 30 |
| 非必需品の買い物 | 19 | 14 | 16 | 18 | 18 | 19 | 15 | 5 | 14 | 23 | 28 | 21 | 24 |
| レストランやバー店内での食事 | 32 | 18 | 20 | 28 | 22 | 33 | 33 | 21 | 30 | 25 | 26 | 17 | 21 |
| ジムやフィットネススタジオ | 24 | 18 | 17 | 27 | 19 | 20 | 13 | 21 | 11 | 22 | 10 | 19 | 8 |
| 美容室やネイルサロンに行く | 16 | 9 | 15 | 14 | 16 | 8 | 12 | 7 | 14 | 16 | 10 | 10 | 7 |
| 友人との会合 | 39 | 48 | 44 | 38 | 48 | 43 | 39 | 47 | 36 | 39 | 51 | 24 | 47 |
| 家族との会合 | 32 | 42 | 31 | 35 | 37 | 40 | 20 | 28 | 21 | 34 | 18 | 16 | 25 |
| コンサート、スポーツイベント、映画等 | 25 | 19 | 35 | 40 | 23 | 27 | 51 | 39 | 40 | 26 | 46 | 21 | 27 |
| 飛行機を用いた旅行 | 9 | 7 | 8 | 13 | 18 | 14 | 32 | 18 | 34 | 17 | 26 | 12 | 7 |
| 家族での外出 | 29 | 18 | 22 | 21 | 22 | 10 | 20 | 18 | 15 | 27 | 23 | 26 | 23 |
| 混雑した公共の場所への訪問 | 22 | 30 | 27 | 30 | 24 | 23 | 22 | 27 | 29 | 19 | 8 | 27 | 40 |

1.「現在どの活動を行いたいか」という質問に対し、上位3つまで選択式で回答者が回答を行った結果
2. Z世代のみの結果
資料：新型コロナConsumer Pulse Surveys, conducted globally between Sep16 –Sep30

また、新型コロナによって、消費者全体が費用対効果をより強く意識するようになったが、その傾向もZ世代とミレニアル世代において顕著であった(**図表2-8**)。Z世代は、その時々の状況によって、柔軟に消費行動を変えられるのである。

オンライン消費を牽引しつつ、Z世代などの若い世代は“外出したい・リアルで会いたい欲求”が高い（**図表2-9**）。実際に日本で行われた調査においても、重症化のリスクが低い15～19歳のZ世代では、自粛期間中であっても各世代の中で最も顕著に実店舗で買い物をしており、オンラインの消費と同様に実店舗での買い物もこの世代が牽引した。

# SECTION 2-3 ネクスト・ノーマルにおいてZ世代の消費を獲得するために企業が認識すべきこと

## 環境・倫理へのさらなる配慮と品質・価格のバランス追求

Z世代は前述した通りサステナビリティや倫理観を消費活動において意識している。Z世代の支持を拡大するには、サステナビリティや環境面での価値を実証するとともに、そのことを視覚的に説得力のあるストーリーを通じて伝える必要がある。また、この世代はデジタルリテラシー（デジタル技術の習熟度）が高く、情報に容易にアクセスできるため、購入する商品の候補から本当に欲しいものを選び、さらにそれを最適な価格で購入するスキルを持っている。そのため、新型コロナ終息後には、費用対効果の高い新たなブランドを試す消費者が増え、ブランドロイヤルティの維持・獲得がますます困難になっていくだろう。Z世代から支持を得るには、サステナビリティや倫理観を訴えるだけでなく、品質・価格の両面で競争力を持つことが必要である。

ただし、サプライヤーに無理強いをして、自社だけを良く見せるような環境配慮は、情報に精通したこの世代には見破られてしまう可能性が高く、注意が必要である。

## デジタルを活用した新たなビジネスモデルへの移行・さらなる強化

Z世代は生まれた時からインターネットが身近にあり、ソーシャルメディアとともに成長してきた。新型コロナで人々が3密を避け、外出が自粛される中、フードデリバリーサービスやビデオストリーミングなど、オンラインでの消費への移行を牽引し他の世代を牽引した。また、Z世代は「所有」にこだわりを持たないため、サブスクリプションなどで「利用する権利を与える」ことが重要であり、「モノ売り」という形態のみで消費者にアクセスしている企業は、ビジネスモデルを変革する必要がある。例えば、米ペロトン社は、家庭内で使うエクササイズバイクを販売するとともに、オンラインで受講できるエクササイズをサブスクリプションサービスとして提供することで急成長している。リアルとネットを融合させた成功事例であろう。

## ソーシャルメディアマーケティングにおける動画の重要性の再認識

Z世代は他の世代群に比べ、YouTubeやTikTokなどのプラットフォームでの動画視聴量が圧倒的に多い。それだけでなく、こうしたメディアがブランドや商品の選び方にも強く影響している。特に新型コロナ禍においてソーシャルメディアを活用する時間が増えたと回答するZ世代も多い。楽しくてためになり、想像力を掻き立てるようなメッセージをZ世代に発信すれば、Z世代に拡散してもらえるチャンスも増え、情報過多の時代において広く消費者の目に留まる機会が大きく拡大する。

現状では、ブランドの多くが動画の重要性を理解しているものの、ソーシャルメディアをうまく活用できていないなど、実際には成功よりも失敗のほうが多い。そのため、リアルタイムの速報動画であっても、あるいは入念に編集された動画であっても、タイムリーにソーシャルメディアで発信できるよう、消費者へのアプローチを変える必要がある。

NORMAL
NEXT

# まとめ

Z世代は全人口の30%を占め、既に15兆円もの購買力を持つ上に、今後成長するにつれてさらに購買力を持つため、企業経営にとってますます重要性を増してきている。メディアで語られるZ世代の特徴にとどまらず、Z世代は豊富な情報を通じて選択する力を持った洗練された消費者であることを理解すべきである。

このCHAPTERで見てきた通り「倫理・環境は意識するがプレミアムな価格を必ずしも払う意思はない」「パーソナライゼーションを好むが、個人情報は出したくない」「インターネットで購入前に検索をするが、家族・友人の情報を一番信頼する」といった矛盾する特性を理解して、その両面を満足させる商品・サービスを提供する必要がある。具体的には、Z世代の特徴をしっかり理解した上で、動画を活用したソーシャルマーケティングやオンラインチャネルの活用、デジタルを活用した新しいビジネスモデルへの移行、バリューチェーンにおける環境・倫理への配慮および情報発信などの施策を実施すべきである。そうすることで、ネクスト・ノーマルの消費をけん引するZ世代からの支持を得て、さらには、他の世代にも効果が波及することだろう。

◇出典


1. Forbes "世界人口の3分の1、「Z世代」について知っておくべき事柄" 2020年9月
2. Mckinsey："True Gen : Gerneration Z and its implication for companies," 2018年11月
3. Mckinsey：アジア太平洋地域のZ世代は他の世代とどう違うのか, 2020年6月
4. McKinsey & Company 新型コロナ Consumer Pulse Surveys, conducted globally between Sep 16 – Sep 30
5. 消費者の忠誠心

# CHAPTER 3
# モビリティの在り方の変化

新型コロナが最も大きな影響を与えた領域の一つが移動の在り方だろう。新型コロナの感染拡大中にはロックダウンによって移動が制限された。在宅勤務やオンライン授業などの広がりによって通勤、通学といった基本的な移動の需要が減少し、また利用者が交通手段を選択する際の優先順位が変化するとともに、企業や政府、自治体などの関与の仕方や役割の変化もみられる。

長距離の移動を見ても、レジャー、ビジネスのいずれの面でも、過去に類を見ない大幅な減少が続き、2020年度の国際移動は6～8割近い大規模な減少になった。

都市間、長距離双方の交通が変容を迫られ、出張や通勤の一部は今後も完全には戻らないことが考えられる一方で、自然を満喫しながらの休暇やワーケーションなど新たなトレンドも見られ、ネクスト・ノーマルでも残る不可逆的な変化も多いと考えられる。

こうした状況の中で、運輸・旅行に関連する業界は、再編を含む大きな変化を余儀なくされるだろう。CHAPTER 3では移動に関わる域内、広域双方の重要なトレンドを示し、その結果として各業界が受けた影響の大きさを振り返り、加えて、今後、業界全体としてこの危機を乗り越え、かつ同様の危機に備えてよりレジリエントになっていく（強靭性を高める）ために何を行う必要があるのかを見ていきたい。

NEXT NORMAL

# SECTION 3-1 都市内の移動における利用者の選好の変化と政策影響の増大

## 利用者の移動手段選択における優先順位の変化

都市内の移動は、日々の通勤、通学、様々な用事など、なくてはならないものである。そして日常的に使うものであるからこそ、従来人々が移動手段

**図表3-1　大半の人が感染リスクを考慮して移動手段を決めている**

移動手段を選ぶ主な理由[1]、順位

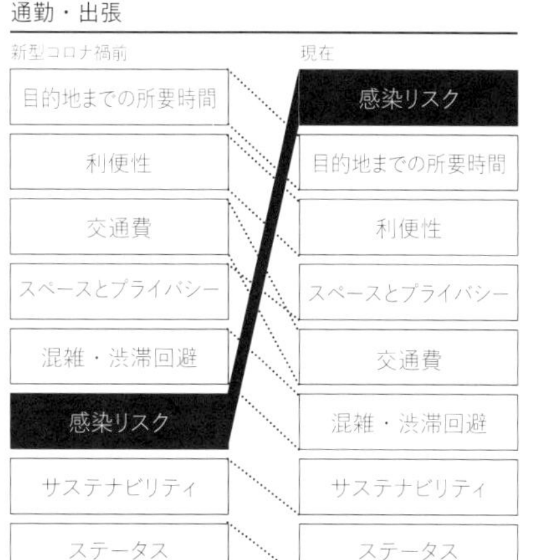


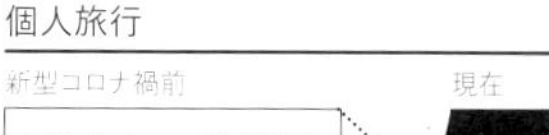

1. 設問：移動手段を選ぶ際の主な理由は何ですか。中国、フランス、ドイツ、イタリア、日本、英国、米国の集計結果。回答者数に基づいて順位付け

資料：McKinsey Center for Future Mobility

を選択する際には、価格と利便性が重要な決定要因となってきた。しかしながら、コロナ禍の状況では、感染症のリスクを軽減することが、移動手段を選択する最大の理由となっている（**図表3-1**）。ウィズコロナの状況下では、ビジネス目的、プライベートの双方で、目的地までの移動時間をも上回るほど、感染症リスク軽減の重要性が増しており、それに伴ってプライベートにおいては価格の重要性が大きく低下している。

新型コロナの感染拡大によって健康への配慮がより重要になった結果、ソーシャルディスタンスが担保される交通手段の選択肢が他の選択肢に勝ることになる。このようなコロナ禍での変化が、ネクスト・ノーマルにおいても持続する可能性があり、自家用車や自転車、徒歩、シェア型マイクロモビリティ（電動スクーターや電動自転車）の利用が伸びると予想される（**図表3-2**）。日本を含む世界の主要7カ国を対象にマッキンゼーが実施した調査によると、ネクスト・ノーマルにおいても70%が徒歩や自転車での移動を少なくとも週1回以上行いたいと述べ、また自家用車の比率も1%ポイント増加し、マイクロモビリティやカーシェアなども僅かながら増加傾向が見られる。

### 図表3-2　ネクスト・ノーマルでは移動手段として徒歩と自転車を選ぶ人が増える可能性

定期的に利用している移動手段[1,2]

少なくとも週1回は利用しているとした回答者の割合（%）

▒新型コロナ禍下で利用した移動手段

Wave 1（2020年5月9～18日）、Wave 2（5月27～29日）、Wave 3（6月16～18日）、Wave 4（7月15～17日）、Wave 5（9月2～4日）の結果

| | 自家用車 | 公共交通機関 | 徒歩または所有する自転車 | マイクロモビリティ（電動スクーター、電動自転車など） | カーシェアリング（ShareNowなど） | タクシー配車サービス（Uber、Lyftなど） |
|---|---|---|---|---|---|---|
| 新型コロナ危機前 | 78 | 37 | 61 | 13 | 10 | 13 |
| Wave 1 | 64 | 19 | 57 | 11 | 9 | 10 |
| Wave 2 | 69 | 23 | 60 | 12 | 10 | 12 |
| Wave 3 | 72 | 23 | 60 | 12 | 9 | 11 |
| Wave 4 | 75 | 25 | 60 | 12 | 8 | 10 |
| Wave 5 | 76 | 27 | 60 | 13 | 9 | 10 |
| ネクストノーマル | 79 | 37 | 66 | 15 | 12 | 14 |
| 新型コロナ禍前と危機後の移動手段の利用状況の変化 | → | → | ↑ | ↑ | ↑ | → |
| ネクスト・ノーマルで想定されること | 自家用車の利用抑制施策（都心部への自家用車の乗り入れ禁止、渋滞税の導入など）に伴い、都心部における自家用車の利用が減少 | 移動制限措置の緩和に伴い、利用が概ね回復する見込みだが、徹底した衛生対策の必要 | ロックダウン解除以降も、交通量と大気汚染を減らすための措置が継続される場合、継続的な影響が出る可能性 | | 配車サービス側が物理的な感染対策（防護シールドなど）をとることで需要の回復が見込まれる | |

**回答者はネクスト・ノーマル下では、徒歩・自転車やマイクロモビリティの利用が増えるとしている**
**徒歩・自転車と自家用車の利用については、新型コロナ禍前の水準に2020年9月時点でほぼ戻りつつある**

1. 設問：新型コロナ禍以前／現在／ネクスト・ノーマル下において、次の移動手段をどのくらいの頻度で利用していましたか／利用していますか／利用すると思いますか
2. 米国、英国、ドイツ、イタリア、フランス、中国、日本の回答の集計結果

資料：McKinsey Center for Future Mobility

この結果を見ると、利用者の「移動したい」という欲求の総量自体には、大きな変化はないようである。在宅勤務者数が大幅に増加しても、総移動量に大きな影響を与えない可能性が高い。例えばドイツでは、週1回の在宅勤務者数が2.5倍に増えたとしても、マッキンゼーの分析によると、移動回数は2%、移動距離（km）は4%の減少にとどまる。

新型コロナ以前から伸びつつあった移動手段を少し深掘りしよう。iPhoneのデータを分析したところ、欧州と米国では、自家用車やシェア型のマイクロモビリティで移動した距離（輸送人キロ）が2020年1～5月時点、推定60～70%減少していたが、同じデータソースでは既に2020年夏前の時点でU字型に回復している。この傾向が続くとすると、2021～22年までには危機以前のレベルまで回復することが予想される。マッキンゼーが2020年5月に行った消費者調査によると、ネクスト・ノーマルにおいて定期的にマイクロモビリティを利用すると回答した人は、新型コロナ以前と比較して、個人型のマイクロモビリティで9%、シェア型のマイクロモビリティでは12%増加することが示された[1]。これらの傾向を踏まえると、個人型

**図表3-3　新型コロナ禍後も各移動手段の利用者の年齢構成は変わらないと考えられる**

所有する自転車およびシェア型マイクロモビリティ[1]利用者[2]の年齢構成

回答者全体に占める割合（%）

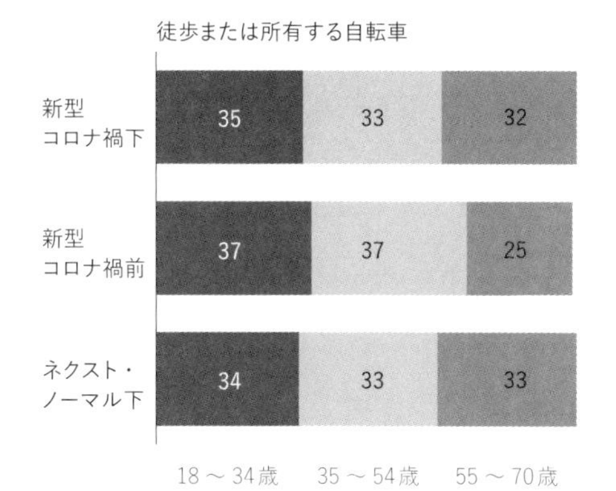


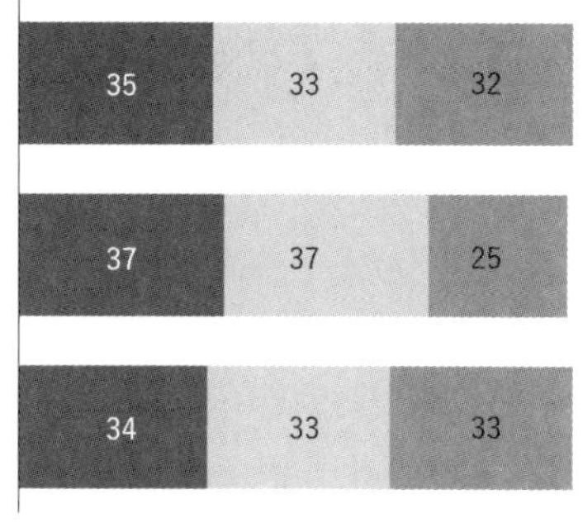


1. 電動スクーター、電動自転車等
2. 設問：次の移動手段を定期的に利用していますか、あるいは利用する予定はありますか
注：端数は四捨五入のため必ずしも合計が100にならない。

およびシェア型のマイクロモビリティは、新型コロナ以前の水準から大きな低下はなく、完全に回復すると考えられる。

また、消費者の懸念事項は変化しているものの、年齢別の交通手段選択の嗜好は大きくは変化しづらい。例えばマイクロモビリティを見ると、新型コロナ以前と以後とで、利用者の年齢構成はほとんど変わらず、34歳未満が約半数を占め、55歳以上の利用者が最も少ない。この構図がネクスト・ノーマルにおいて変化するとは考えにくい（**図表3-3**）。

ウーバーやリフトに代表される配車サービスは売上減少の進む地域が多い。両社とも利用者数が7～8割の大幅な減少を記録し、ウーバーは2020年第二四半期において180億ドルの損失が生じた。そのため、ウーバーは14%、リフトは17%、グラブは5%というスタッフの大幅削減に踏み切った。ただし、2020年夏になっても50～85%の売上減少が続いた米国に比べ、欧州は35%程度の減少にとどまり、さらに香港やニュージーランドでは売上が新型コロナ以前と比較して増加するなど影響は一様ではない。加えて、多くの会社で並行して行っているデリバリー事業の拡大で、一部は売上減少分を相殺している。

## 移動手段の在り方に対する政策の影響が拡大

各国政府による移動手段（モビリティ）やライフスタイルの制限は、新型コロナ禍で多く生じている。アフターコロナの世界においても、政府は移動手段に対する影響力を高め、技術革新やサービス拡大の加速あるいは抑制に大きな役割を果たすだろう。

各国政府による経済対策では、特定の移動手段や技術が優位になるように誘導する可能性が高い。中国政府は新エネルギー車（電気自動車、プラグインハイブリッド車、燃料電池車）の購入税を10％免除し、中国ブランドの電気自動車への補助金を2022年まで維持することで、新エネルギー自動車への支援を拡大した。結果として電気自動車の販売台数は2019年の120万台から2022年には240万～350万台に順調に伸びると予想され、新型コロナ以前に作成されたシナリオに比べても、通常シナリオで30万台程度予想が上方修正され

**図表3-4　2022年の中国と欧州における電気自動車のシェアは、新型コロナ禍以前の予測値を若干上回る見込みだが、米国には当てはまらない**

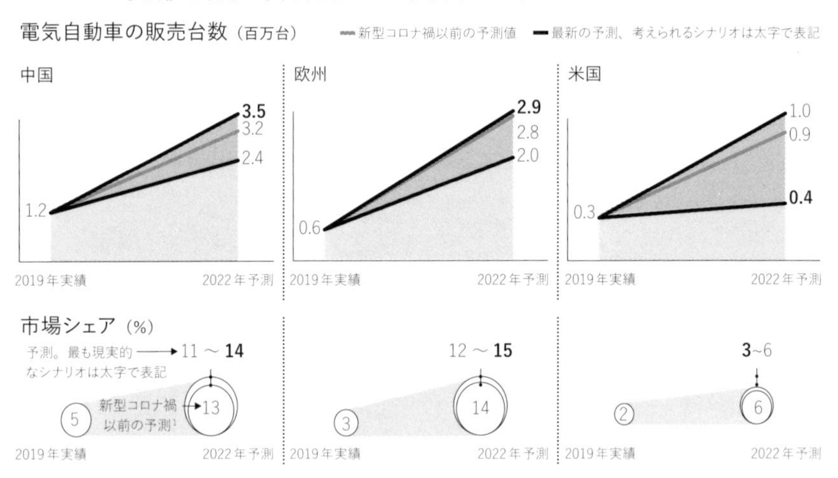


1. 2020年1月時点のIHS Markit Alternative Propulsion Forecast
注：初期的な見通し（2020年6月5日時点）、バッテリー式EVおよびプラグインハイブリッド車を含む（乗用車市場）
資料：IHS Markit

ている。反対に米国はガソリン車への税率が低く、新型コロナ禍での原油価格低下やトランプ政権時の排出ガス基準の緩和が相まって、ガソリン車の競争力が他地域より相対的に強い。こうした事情もあり、2020年6月時点の予測では、ガソリン価格の低下により、電気自動車の普及はコロナ禍以前の予測より遅れると考えられていた（**図表3-4**）。バイデン政権となり、状況は一変した。バイデン大統領は2021年3月に発表した「米国雇用プラン」にて、電気自動車市場における勝者となり雇用を創出するため、国内のサプライチェーン構築や、充電設備の設置に1740億米ドルの投資を提案している。当然のことながら、石油・ガス業界の反対もあり、議会承認も得られていないため、今後注視していく必要があるが、政策の影響は極めて大きい。

政策の影響は自動車に限らない。イタリアでは自転車購入時に市民に500ユーロのボーナスを支給し、自転車が売り切れになるほどの影響があった。国によっては、苦境に立つ企業に対して、政府が株主となることで運輸分野での影響力を拡大している例もあり、航空業界ではその度合いが高まっている。

自治体や中央政府は、車線の設計、歩行者専用通路やEV充電インフラの設置など、常に地域の移動手段に関する意思決定を行っている。感染拡大の中で消費者の行動が変化すると同時に、新型コロナの状況や対応は都市ごとの差異が大きいため、移動手段の在り方は都市単位での設計がより重要視されるようになっている。そのため、移動手段の将来に関心や投資が集まるにつれ、変化を促すための都市の役割は一層大きくなると予想される。各都市の先進的な取り組みをいくつか見てみよう。

- **ミラノ**：これまで自動車が使用していた35kmの道路を封鎖し、徒歩やサイクリング用のレーンに改造すると発表
- **パリ**：自動車用の車線50kmを自転車に割り当てる予定で、自転車ネットワークの更新に3億2500万ドルを投資する計画
- **ブリュッセル**：40kmに及ぶ自動車の車線を自転車道に変更
- **シアトル**：5月末に30キロの道路において大半の車両を通行禁止とし、封鎖後は徒歩、自転車用のスペースとして提供
- **モントリオール**：市内全域に320km以上の歩行者・自転車道を新設する

と発表
- **ベルリン**：日曜日に一部の住宅地の道路を、集いや遊びの場として転用し、他の曜日にも拡大する可能性を検討

このような活動は、都市（自治体）が移動手段の将来を形作る主役になる可能性を示している。例えば、地方自治体が交通事業者に営業許可証を発行し、有益と考える交通手段を奨励できる。米国のポートランド市では、マイクロモビリティ事業者と提携し、同社の割引運賃の提供と引き換えに、電動スクーターの道路使用料を一時的に免除すると決定した。同様に、ローマ市でもマイクロモビリティ事業者と提携し、市内で電動スクーターサービスを開始し、持続可能で革新的なモビリティソリューションとして宣伝している。

NORMAL NEXT

## SECTION 3-2 長距離移動への影響：短期的には6～8割の大幅な落ち込み

長距離の移動や宿泊、予約手配などを業務とする旅行業界は、2019年に世界のGDPの10%を占め、その市場規模は農業の3倍近い約9兆ドルに達する一大産業である[2]。金融危機や過去のパンデミックが世界経済に影を落とした時期も含め、これまで数十年にわたり旅行業界は順調に成長してきた。

この旅行業界に対しても新型コロナは未曽有の危機をもたらした。国連世界観光機関（UNWTO）が描いたシナリオでは、2020年の国際移動は年間で58～78%減少した（**図表3-5**）[3]。国内旅行も影響を受けており、自動車による国内旅行の増加により旅行者数が増加する国もあるが、米国を例に取ると国内旅行の予約数は新型コロナ禍以前の水準に遠く及ばない[4]。

このSECTIONでは、ネクスト・ノーマルにおける長距離での移動における主要なトレンドを、レジャーとビジネスに分けて追っていく。

**図表3-5　今回の危機までは旅行者数は増え続けてきた**

2020年シナリオにおける世界全体の国際観光客数

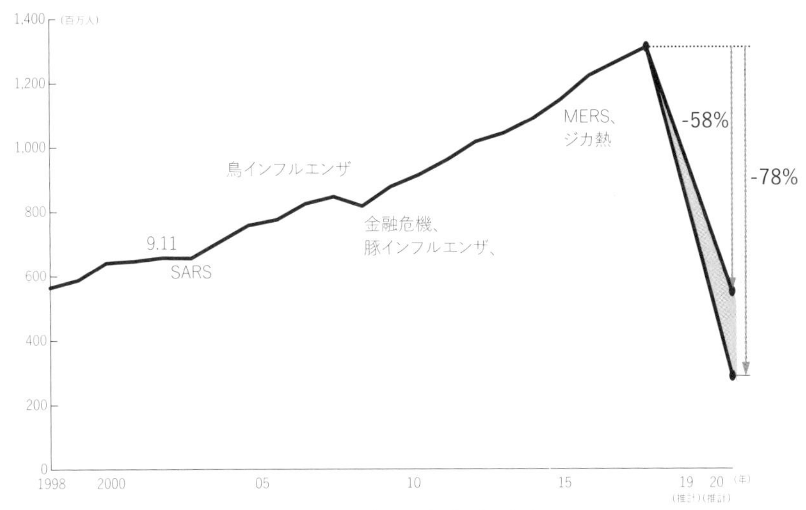


資料：世界銀行、国連世界観光機関（UNWTO）、Skift Research推計2020年8月時点のデータ

## 観光旅行の質的変容

2008年に発生した世界金融危機の後、出張需要の回復は遅れ、レジャーが先行して回復した。例えば2009年後半、マリオットでは週末の稼働率が平日の稼働率より大幅に高かった[5]。大方の予測では今回もこの傾向が現れる。

「新型コロナ終息後に、消費者の旅行が根本的に変化していると思うか」と旅行業界の幹部に尋ねたところ、「長期的に大きな変化はなさそうだ」と全員が口を揃えた。例えばインターコンチネンタルホテルズグループ（IHG）のキース・バーCEOは、次のように話す。

「人々は従来の行動に戻ると思う。ウイルスとの闘いが長期化して4、5年も続けば別だが、そうでない限り、根本的変化はないと考える」

さらに、トリップアドバイザーのスティーブ・カウファーCEOはこう断言する。

「根本的に変わるかというと、全く変わらない。新型コロナによって変わることはない」

ただし短期的には、人々が旅行をするかどうか、またどのように旅行するかは、安全面の懸念、移動制限、政府の政策に応じて変化するだろう。そのため、消費者の短期的な行動の変化を注視し、関連する需要を捉えることは、ビジネスの長期的回復に備えるために極めて重要である。以下、ネクスト・ノーマルにおける主要な観光旅行への影響を見ていく。

### ①近場での休暇が主要要因

米国人における長距離移動をした人の割合は、2020年4月に19%で底を打った後、8月は36%にまで増加した。これは、年初の8割程度の数字ではあるが大幅な回復である。8月に行われた旅行のうち82%が私的目的、19%がビジネス目的であった。

目的地別に見ると、自宅に近い場所への旅行が最初に回復すると考えられる。米国では、新型コロナの感染拡大以前から海外よりも国内への旅行意欲が高く、検索数の平均70～80%に達していたが、6月以降は90%超にまで上昇した。加えて、自分が住んでいる州内を旅行する米国人が増えている。

海外旅行の予約でさえ、近場が人気を集めている。例えば、米国で最も関心の高い行き先は、以前は欧州だったが[6]、現在はメキシコ、カナダ、ドミニカ共和国、プエルトリコ、キューバが取って代わっている。これら5カ国に対する検索数は、2019年1月から7月にかけて全体の約7%だったが、2020年4月から7月の期間で見ると13%にほぼ倍増している。

### ②自家用車による移動も回復を牽引

観光旅行が再開された直後も、安全への懸念から飛行機の代わりに自家用車で移動する人が多かった。新型コロナが米国で拡大する前の2月、個人旅行の3割で飛行機を1回以上使っていたが、その割合は4月に9%にまで低下している。その後も同程度で推移しており（**図表3-6**）、航空業界ではこの危機が過酷かつ長引くことを示唆する。

マッキンゼーの消費者調査では、ネクスト・ノーマルでは以前より飛行機での移動が少なくなると答えた人は全世界で40%いたのに対し、飛行機で

**図表3-6　1回以上のフライトを伴う個人旅行の割合は、4月に9%に急減したが、その後は安定的に推移**

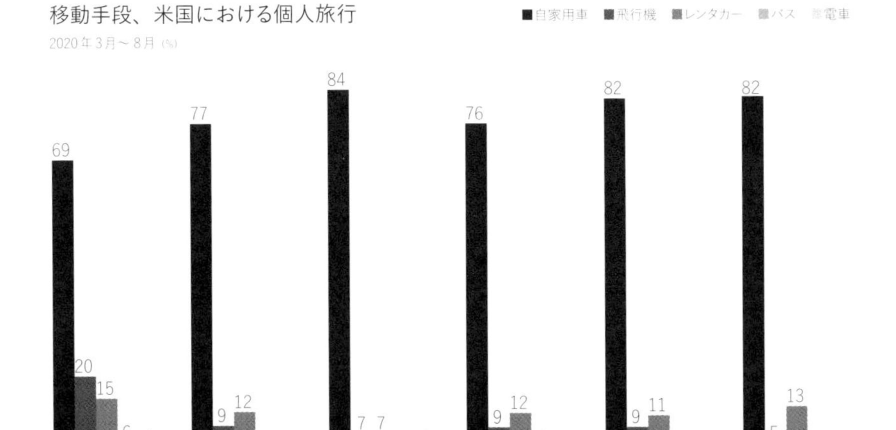


資料：Skift Research、2020年9月、n=1,002

の移動が多くなると答えたのはわずか16%であった。また、32%の人が電車での移動頻度を減らすと答えている。対照的に、自家用車での旅行の頻度が高くなると答えた人は32%と多く、車の移動が減少すると答えた人は13%にとどまる。プライベートな空間である安心感から自動車旅行が増加し、短距離旅行を好む傾向と符合している。このため、新型コロナの余波が残る中では、道路での走行距離が大幅に増加する可能性がある。

### ③アウトドア旅行が増加

ホテル予約サイトのトリバゴのデータでは、米国国内の旅行先の上位10都市は、国内旅行者の関心を失いつつある。検索数において2020年1～3月では22%あったものが、4月になると15%に低下し、他の旅行先が検討される傾向が見られた。

アウトドア旅行は社会的距離の確保が容易なため、おそらく世界各地で回復が比較的早く、新型コロナ以後に成長を続けると予想される。米国の民泊管理事業者バカサのマシュー・ロバートCEOは次のように予想する。

**図表3-7　欧州を中心にアドベンチャー関連の旅行に対する関心が再度高まっている**

観光関連の特定のセグメントに関する検索件数　■全体　■アドベンチャー関連の旅行　■ビーチリゾート

2020年7月、2019年7月からの変化（%）

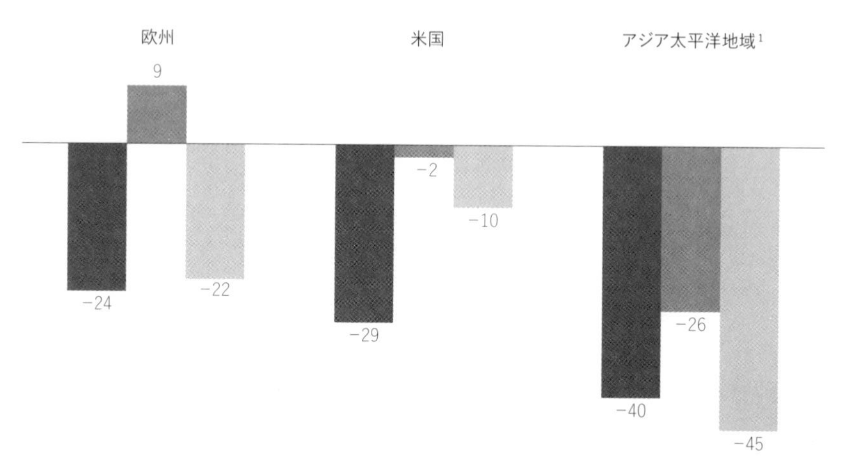


1. 中国を除く

資料：WTTC Travel Demand Recovery Dashboard

「他人との距離を保つ意識は、今後も持続する。人々はアウトドアの良さを再発見し、旅行に取り入れるようになるだろう」

世界旅行ツーリズム協議会（WTTC）がマッキンゼーの支援により行った分析の結果[7]、アドベンチャー旅行が最も回復が早く、他の旅行形態に取って代わると考えられる。あらゆる旅行関連分野が世界規模で縮小する一方で、2020年夏時点で特に欧州で都市などの観光ではなく、自然を楽しむようなアドベンチャー関連の旅行が回復し、関心も2019年の水準を上回るほどになっている。米国でも同様に、距離を確保する意識が働いて、ビーチリゾートがアドベンチャー旅行と似た傾向を示している（**図表3-7**）。

### ④情報収集から出発までの期間の短縮

旅行情報の収集開始から出発日までの期間が大幅に短くなったのも注目される。ドイツにおいては新型コロナ以前の2020年1～2月頃は60～80日だったのに対し、2020年夏ごろには30日を下回る水準となっている（**図表3-8**）。健康に関する情報や渡航制限が日々変化する状況下で、人々は長期

## 図表3-8　新型コロナ禍による不確実性の高まりと移動制限に伴い、情報を検索してから出発するまでの間隔が狭まっている

情報を検索してから出発するまでの平均日数

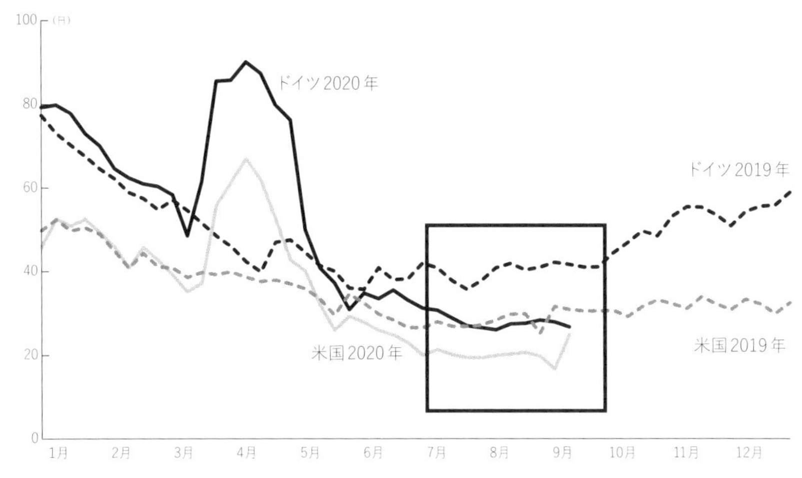


資料：trivagoデータ

## 図表3-9　旅行先の選択においては価格以外の要素の重要性が増している

判断基準のシェア（米国のみ）
前年比、ppt

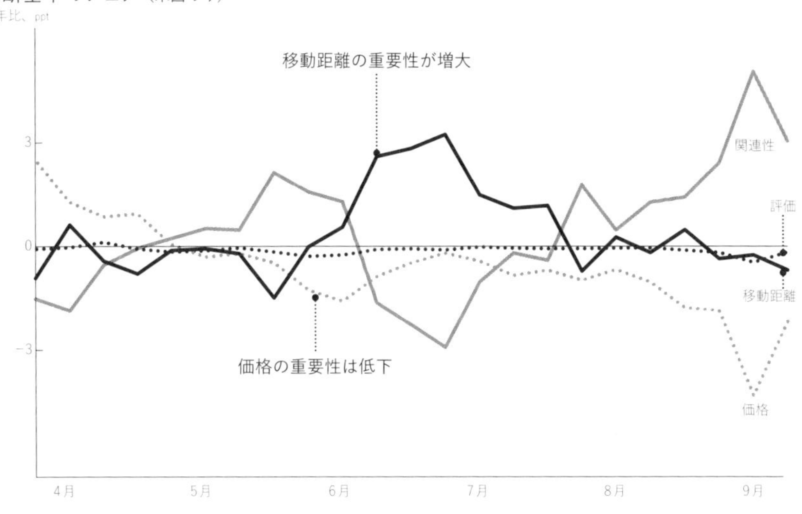


資料：trivagoデータ

的な計画が立てにくくなっているためだろう。また、自家用車で近場へ行って休暇を過ごす人が増えたため、早くから予約する必要は少なくなった。

**⑤旅行の決定における価格以外の要素の重要性の増大**

上記のような消費者行動の変化に対応するために、旅行会社は様々な価格設定を試しており、コロナ禍では前年同期間よりも価格変動が著しく大きい。しかし都市内での移動と同様に、現在、価格は最重要要素ではない。2020年4月には価格が最も重要な検索条件であったが、7月には逆に最も重要性の低い要素となり、代わりに自宅からの距離がはるかに重要になった（**図表3-9**）。

## 出張需要の今後数年の縮小と勤務場所の自由選択による新規需要

会議やMICE（社員旅行、展示会などの国際的なビジネスイベント）のための移動が広い意味での出張に含まれる。これを合わせた出張支出は2018年に1.4兆ドルを超え、世界の旅行売上の21.4%を占める。主要航空会社にとって出張需要は利益への寄与度が高く、利益の55～75%を生み出してきた。人数としては10%に過ぎないが、上級クラスや割引が少ない価格の座席を積極的に購入するためだ。同様に、会議などの利用の多いホテルは、稼働のほとんどを出張需要に依存する。

歴史的に、出張需要は観光旅行と比べると経済不況等の混乱後に大きく減少し、回復も遅い（**図表3-10**）。2008～2009年の世界的不況の間、米国から他国への観光旅行は7%の減少だったのに対して、出張は13%以上減少した。海外観光旅行は2年で完全に回復したが、海外出張が不況前の水準に戻るまでは5年を要している。

過去のパターンから見る出張需要の回復の鈍さに加え、近年の遠隔コミュニケーション技術の発達やサービスの広がりを考えると、新型コロナによる経済混乱は今後の出張需要の回復の長い道のりを示唆する。

新型コロナの感染拡大で世界中の経済が停滞すると、大企業のほとんどは

**図表3-10　不況後のビジネストラベルの需要は観光旅行に比べて変動が大きく、回復が鈍い**

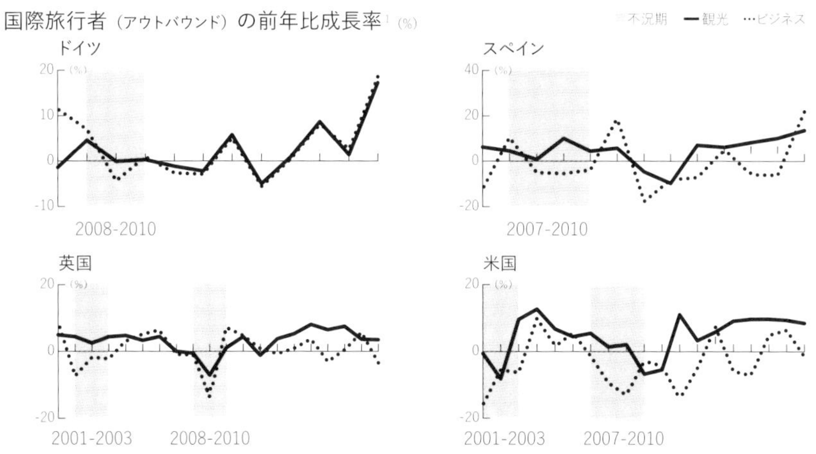


1. 数字は全て各地の公式統計データに基づいたもの。ただし、ドイツのアウトバウンドについては、Euromonitorの出張旅行者数と観光旅行者数の数字を採用

資料：UNWTO、Euromonitor、英国国民統計局、米国旅行観光業担当部局、Subdirección General de Conocimiento y Estudios Turísticos、Tourspain、OECD

全面的な出張制限を設けた。2020年4月までに米国の航空輸送量は2019年より約70%減少し、その減少幅は2001年同時多発テロ後の約4倍、2008～2009年金融危機後の6倍に達した。

加えて、移動の制限が常態化するにつれて、企業は出張の再開に対して一層慎重になってきている。2020年6月に実施されたIATA（国際航空運送協会）コーポレートトラベルの調査によれば、回答者の92%が今後6カ月以内に出張を開始すると予想したが、8月にはむしろ62%に減少している。

特に、グローバルな大企業においては、新型コロナにより旅費を大きく削減しており、かつ移動再開まで長くかかると考えられる。ある世界的消費財メーカーの担当役員は、「比較的大きな会社は従業員を守るために、徹底したガバナンス体制を整える必要がある」と指摘する。安全・衛生面の懸念が何倍にも膨れる中で、移動を再開するには、万全なプロセスが必要であり、長い時間を要する。様々な分野の企業のトラベル担当者への聞き取りによると、多くのグローバル企業によるトラベル支出は2020年末時点でも新型コロナ禍以前の水準の20～25%に留まる可能性が高く、2021年末においても

2019年の水準の最大50%程度との見立てが多い。

今後、どの分野や職種における出張が最初に回復するかは、期間、目的、業界によって異なる。さらに、新型コロナの終息状況、運航再開に向けた政府の準備態勢など、状況によっては回復が遅れうる。

移動目的で見ると、対面での商談会議が最初に回復すると考えられる。ある営業力に優れた会社は、対面での会議を復活させることが急務である。別の会社は、同業他社が商談やセールスピッチのための移動を始めた場合、自社も移動を再開しなければというプレッシャーが増すだろうと述べる。ただし、対面での商談は2021年でも限定的かもしれない。マッキンゼーが米国のB2B企業600社を対象に2020年7月下旬に調査した結果、回答者の48%が対面での商談を2021年に再開することを予想していたが、回答者の62%はたとえ対面の会議を再開できるようになっても、それは半数に満たないだろうと予想している。

社内の対面会議のための移動はさらに遅れ、技術的に代替不可能な場合に限られるだろう。現地に赴いて資材やリソースに物理的に触れる必要のあるケースは優先度が高い一方で、経営への打撃の深い業界では、予算削減の必要性から社内移動が激減すると考えられる。社内のオフサイト会合は2021年には回復しないことも想定され、一部は恒久的にリモート会議などに置き換えられるだろう。

国際会議を目的とする出張は、公衆衛生に対して高い信用が求められるため、回復が最後になる可能性が高い。カンファレンスや見本市は重要な情報交換や人脈開拓の機会であるが、オンラインでの実施が難しい。だが、数百人から10万人以上にまで及ぶ来場者数を考えるとリスクも高い。従って、イベントが再開されたとしても様相は変わると考えられる。オンラインを交えて複数拠点で行われるなどの混合型となり、対面のスケジュールは短縮されると考えられる。また、会議のためにリゾートに集合するのではなく、それぞれの地域にある業界のハブでの実施などに移行するだろう。

業界間の差異も大きい。出張の目的は業界によって様々で、技術的にオンラインで代替できるかどうかも業界ごとに異なる。エネルギー、小売業など、新型コロナの影響が深刻な一部の業界では、他業界よりも予算的制約に直面すると考えられ、出張需要の回復が遅れる可能性がある。

**図表3-11　出張の需要回復の傾向は業種によって異なる**

中国における出張支出の推移、業種別[1]、2019年3月～2020年3月

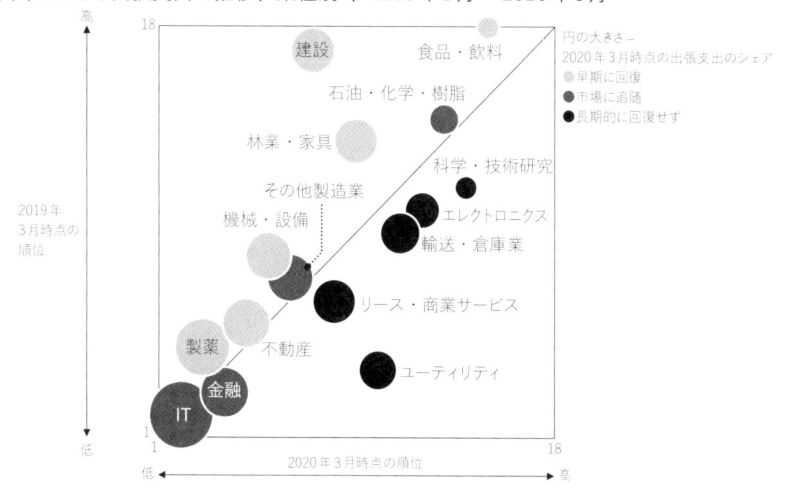


1. 2020年3月時点の順位に基づいた主な業種、非包括的

資料：Ctrip社「2019-2020 Business Travel Management Market White paper（2020年4月23日）」

**図表3-12　業種間のシェアの差異によって、欧米は他の地域に比べて出張の需要回復が遅い可能性**

世界の主要出張・ビジネス旅行市場トップ10、2018年の業種別支出構成比（%）

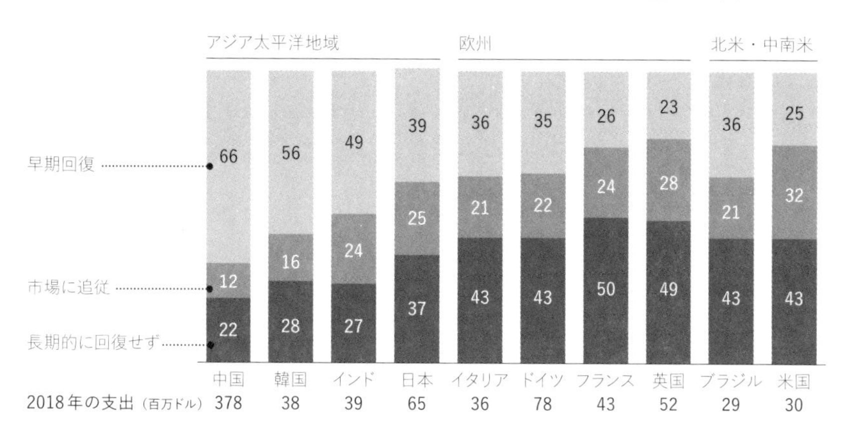

| | アジア太平洋地域 | | | | 欧州 | | | | 北米・中南米 | |
|---|---|---|---|---|---|---|---|---|---|---|
| | 中国 | 韓国 | インド | 日本 | イタリア | ドイツ | フランス | 英国 | ブラジル | 米国 |
| 早期回復 | 66 | 56 | 49 | 39 | 36 | 35 | 26 | 23 | 36 | 25 |
| 市場に追従 | 12 | 16 | 24 | 25 | 21 | 22 | 24 | 28 | 21 | 32 |
| 長期的に回復せず | 22 | 28 | 27 | 37 | 43 | 43 | 50 | 49 | 43 | 43 |
| 2018年の支出（百万ドル） | 378 | 38 | 39 | 65 | 36 | 78 | 43 | 52 | 29 | 30 |

注：端数は四捨五入のため必ずしも合計が100にならない。

資料：Ctrip社「2019-2020 Business Travel Management Market White paper（2020年4月23日）」、GBTA BTI outlook annual global report & forecast：Prospects for global business travel 2019-2023（2019年8月）、hub.gbta.org52 29 30

中国の各業界における出張需要の回復度合いを、新型コロナ以前と旅行需要回復初期とで比較すると、建設、不動産、機械装置メーカー、医薬品などの製造業で出張の回復が先行すると考えられる。一方、サービス業などは出張の回復が遅れ、移動の代替となる通信技術の活用の余地が高いことがわかる（**図表3-11、3-12**）。

中国での出張の回復状況を参考にするならば、他地域ではそれぞれの産業構成によって回復がさらに遅れる可能性がある。例えば日本や欧米の場合、出張支出の割合の高い専門職とサービス業の比率が大きく、中国で早期の回復を見せた製造業の比率が小さいため回復の度合いは遅いだろう。

一方で、「長期的に見た場合、出張需要は2019年の水準までは二度と戻らないかもしれないが、いずれ本格的に回復するだろう」と多くの旅行会社の幹部や法人契約担当者は語る。このような前向きな見方をする理由は、観光旅行再開の理由と同様で、人々が根本的に他者との交流を必要としている。一部の出張はオンラインで代替されるかもしれないが、それが根本的な変化とはなりづらいと考えるからである。

加えて、経済成長が出張の新たな需要を創出する可能性がある。ヒルトンのクリス・ナセッタCEOは将来展望を説明する中で次のように強調した。「社内会議は、飛行機に乗ってホテルに滞在する代わりに、オンラインで行われるようになるだろう。ただし、これまでは移動の理由にはならなかった新しいニーズが現れるに違いない。2、3年も経てば、結局のところ、実質的な結果は似たものになると考えられる」

新しいニーズの代表的なものとしては、デジタルノマドやワーケーションの需要がある。コスト削減のために、または豊かな自然を求めて、専門職の人が高コストの都会を離れて移住を検討、あるいは実現している。ロックダウン中に平均滞在期間が急増したことを示すデータは、人々が滞在や仕事のための新たな場所探しをしていることを示す（**図表3-13**）。これらは新型コロナ以前から存在していたが、感染拡大によるリモートワークの増加が、デジタルノマドの拡大を加速させていると考えられ、出張と観光旅行の境界は曖昧になりつつある。

「在宅勤務」（work from home）の概念は、「勤務場所の自由選択」（working from anywhere）に変わっていくと考えられ、各社のトラベル担当はそれに備える必

**図表3-13　パンデミック下において平均滞在期間が長期化**

平均滞在期間の推移

アクセス数に基づく、年初をベースに指数化（1月5日=100）

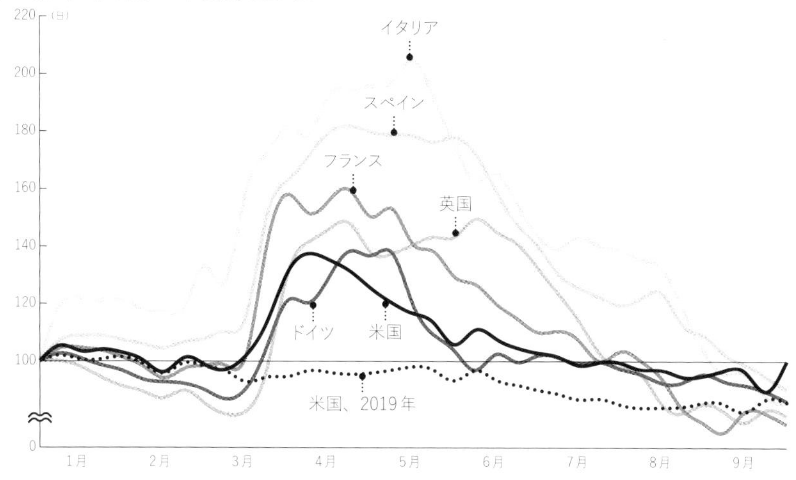


資料：trivagoデータ

要がある。出張に関する企業の規定や、旅行代理店の態勢は、過去数年間増加してきたワーケーションに対して準備不足であったが、勤務場所の自由選択への進展に対しては新たな形で柔軟に対処していく必要がある。

観光収入の減少によって衰退した観光地は今、魅力的なワーケーションの場を目指している。西カリブ海にあるバルバドス政府がリモートワーカーを歓迎する計画を発表したのに続き、ジョージア、バミューダ、エストニアなど数多くの国が追随した。この動きは、ホテル、特に稼働率が出張需要に強く依存するホテルに新たな機会を提供しうる。ホテルは一等地の不動産を持つことが多いため、リモートワーカーにも適している。アコーホテルズなど、数々のホテルが客室をデイオフィスとしてリモートワーカーに提供しはじめており、ハイアットは「ワーク・フロム・ハイアット」のパッケージ販売を促進している。

デジタルノマド、特に長期リモートワーカーの需要に対しては、短期レンタル型や長期滞在型の施設の競争優位性が高まるだろう。それに対して、ホテルは多様な設備を活用しつつ、競合他社にはない独自のサービスやアメニティの提供ができる。例えば、デイケアサービスや育児・教育サービスの提供、財務的支援、ホテルインフラの利用、ワークスペースの提供などをパッケージで行うスタートアップ支援などが考えられ、後者はマリオットが既に行っている。

NEXT NORMAL

## SECTION 3-3 各業界への影響：航空やホテルへの打撃と民泊やオンライン旅行代理店などの堅調さ

運輸・旅行業界全体が新型コロナで大打撃を受けたが、その度合いは業界によって異なる。航空・クルーズ業界が最も大きな影響を受ける一方、オンライン旅行代理店（OTA）は影響が比較的少ない。ここでは主な運輸・旅行業界である航空、鉄道、ホテル、オンライン旅行代理店について、それぞれの健全性、リスク、強みを考察する。

### 航空

航空業界は、政府支援にもかかわらず最も深刻な打撃を受けた業界の一つである。大半の航空会社は一貫して損失を計上し、数カ月の間に18社の航空会社が破産申請した[8]。全航空会社の2019年の年間営業利益が440億ドルであったのに対し、2020年第二四半期だけで約600億ドルのキャッシュを失い、同四半期に黒字を確保したのは、貨物への依存度が高いチャイナエアライン、大韓航空、アシアナ航空の3社だけであった。その他の航空会社は深刻な業績不振に陥り、欧米日の主要航空事業者は2020年第二四半期に軒並み70%を超える空前の減収となった（全日空72%、日本航空74%、エールフランス82%、ルフトハンザ航空89%、デルタ航空91%など）。

マッキンゼーが作成した世界航空需要シナリオでも、その回復は遅く、基本シナリオでは2019年と比較した需要が2020年に66%、2021年に47%減少と見込んでいる。最新のIATAの予測によれば、航空需要が世界的に2019

年の水準まで回復するのは2024年以降になると考えられる[9]。2023年には、アジア太平洋が回復を牽引すると予想される一方で、北米内と欧州内の移動が危機以前の水準に達するのはその翌年になるだろう。

新型コロナウイルスが効果的に封じ込まれ、経済政策が中程度に効果を示すという楽観的なシナリオでさえ、航空需要の完全回復は2022年以降の見込みである。小型の航空機中心で国際線が比較的少ない航空会社は早い段階で恩恵を受けやすく、また、特に米国では主要空港ハブの回復は早いと考えられる。一方で大陸間の移動制限が続いた場合、完全な回復は主要ハブで最も遅くなる可能性がある。

当初は、航空会社が空席を埋めようと安い航空運賃を提供する傾向にあり、実際に中国では航空券がコーヒー1杯の値段で売られていた。これは、短期的には消費者にとってメリットとなるが、長期的には競争の減少、政府融資返済の負担、および運用上の衛生関連対策が価格を押し上げる可能性があり、やがては消費者の負担増になりうる。

世界各国の政府は航空会社の破綻回避のため、航空業界に計1,230億ドルの支援を提供した[10]。これは極めて重要な支援ではあるが、2019年の収益の約5分の1に過ぎない。また、支援額の約半分の670億ドルは、融資その他の債務の形で提供され、最終的に利子を付けての返済が必要で[11]、航空業界は今なお返済が必要であるため経済的負担は大きい。

## 鉄道

鉄道も飛行機同様に苦境に立っている。マッキンゼーの消費者調査では32%の人が電車での移動頻度を減らすと答えており、対照的に、自家用車での旅行の頻度が高くなると答えた人は32%と多くなっている。

日本で見ると、鉄道の需要は2020年後半に他の交通手段同様に回復傾向にあるが、依然として自動車や貨物などに比べても、利用の回復は遅れている（**図表3-14**）。2020年上半期は、JR上場4社および主要私鉄16社が全て赤字という史上初めての事態となった。四半期で分けても、わずかに南海一社が第二四半期に連結経常黒字を達成したのみで、他の19社は赤字が続く厳しい状況が続いている。

**図表3-14　移動手段別の需要回復率（日本）[1]**

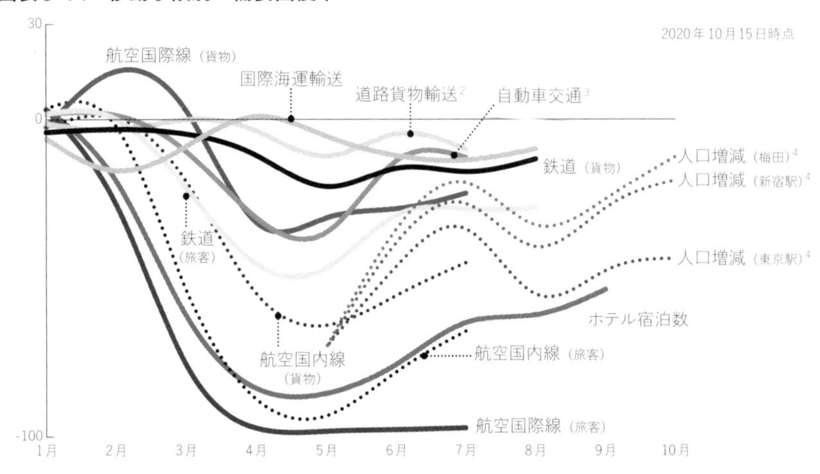


1. 日本における旅客・貨物輸送別の需要回復率（2020年の前年比回復率、%）
2. 一般貨物自動車の月次貨物輸送量
3. 東日本の高速道路の月平均日交通量
4. 月初時点の各地の人口を推計
資料：国土交通省、官公庁、NEXCO東日本、STR、NTTドコモ

経営状況の悪化はそれぞれの事業環境によって異なっている。第一に、定期利用者が多い路線は相対的に売上を維持しており、長距離の非定期客の利用に依存する事業者、特に新幹線の比重が大きいJR東日本やJR東海などは収益の落ち込みが大きい。また、定期利用者に関しては、利用者数自体は減少しているものの、状況が不透明なことから短期の定期券を購入する人が増えているため、単価としては上昇している。

第二に、鉄道路線の利用者の特徴も顕著に影響している。京成や京急など空港路線を持つ事業者は乗客数の落ち込みが激しく、全体の収益の悪化も大きい。空港路線は、新型コロナ以前のしばらくの間、利用者の増加が続き、成長の重要なドライバーとなっていたが感染拡大の状況では一転して回復の足かせとなってしまっている。また、観光地と繋ぐ特急列車への依存度が高い近鉄や小田急なども利用者の落ち込みが比較的大きい。

第三に、事業の多角化の影響は様々である。不動産や生活密着型の事業展開を行っていて運輸部門の事業比率の低い事業者は、売上の落ち込みが相対的に小さい。例えば、東急グループは鉄道輸送人数の落ち込みは38.5%減と私鉄の中でも大きかったが、運輸部門の比率が17%と小さく、生活サービス事業が58%、不動産事業が17%と新型コロナの影響を比較的受けづらい事業構成となっていたため、赤字の幅が小さかった。一方で多角化した事業がレジャーに寄っていた西武グループや近鉄グループは赤字の幅が特に大きくなっており、事業の多角化はリスク軽減に重要とはいえ、その設計の難しさもうかがえる。

## ホテル

航空会社と同様、ホテルは新型コロナで大きな打撃を受けた。2020年を通して米国の利用可能な1室当たりの収益は、マッキンゼーの米国ホテル需要シナリオで44～47%低下すると予想する[12]。この数値を客室収益に換算すると、米国のホテル業界は2020年に950億ドルを失うことになる。今回の危機は観光業界にとって同時多発テロと世界金融危機を合わせたものより深刻であるとよく言われるが、米国のホテル業界にとってはそれ以上の打撃となっている。950億ドルという損失は、同時多発テロの影響による2000～2002年の40億ドルの損失、世界金融危機による2009年の150億ドルの計190億ドルの4倍を超えている。ホテル産業データ事業者のSTRによると、需要が新型コロナ以前の水準に戻るのは2023年以降であり、収益が2019年の水準に達するのは早くて2024年の見込みである。

ただし、状況は宿泊施設の種類によっても異なる。例えばレジャーリゾートは中国で既に需要が大幅に伸び、クラブメッドは2020年8月前半で既に稼働率が88%に達した[13]。同様に、米国では移動制限があっても比較的安定していたトラック運転手、長期滞在客向けの格安ホテルやエコノミーホテルが高級ホテルよりも好調で[14]、自家用車での旅行者が増加する中で、当面の間これらのホテルは恩恵を受け続けるだろう。

また、地方の民泊・貸別荘は好調に推移している。短期レンタル施設のデータを集計したトランスペアレント社によると、フランス、ドイツ、米国をはじめとする国々で6月末までに稼働率が新型コロナ以前に近い水準に戻っている（**図表3-15**）。健康に関する不安がさらに長引けば、貸別荘市場はホテルをしのぐ勢いを継続することだろう。

**図表3-15　民泊は、2020年7月以降、需要が大幅に回復している**

民泊施設の稼働率の推移

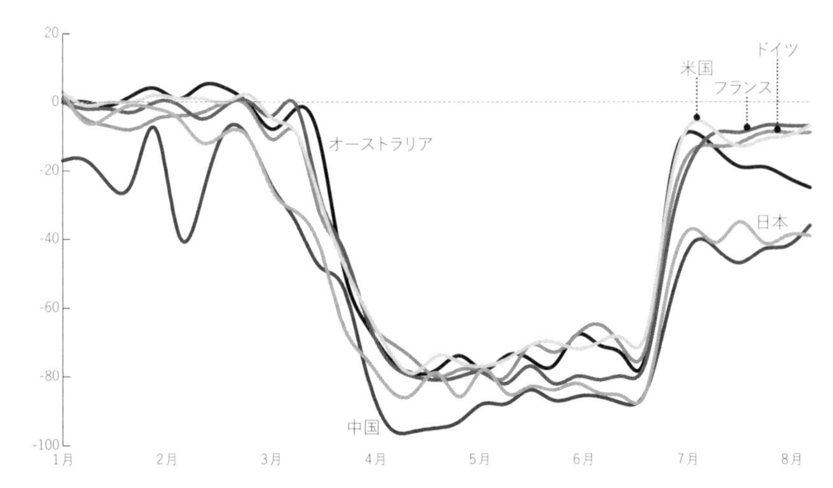


資料：Transparent

## オンライン旅行代理店

オンライン旅行代理店は、過去にインターネットバブル崩壊と世界金融危機に耐えたが、新型コロナほどの規模の打撃は初めての経験となる。上場している世界上位20社のオンライン予約サイトおよび流通仲介業者の2020年第二四半期の収益は全体で約140億ドル減少し、対前年比82%減となった。直近のデータに基づくスキフトリサーチの試算では、オンライン旅行代理店は2020年全体で1,900億ドルもの売上を失うことになる。

しかしながら、主要なオンライン旅行代理店の業績見通しは楽観的である。第一にオンライン旅行代理店のコスト構造は極めて変動費率が高く、そのため景気後退に迅速に反応でき、他業界よりも収益性を維持しやすい。例えば、ブッキング・ホールディングスでは、2019年の営業・広告宣伝費がコストの61%を占め、人件費は4分の1に過ぎない。エクスペディアは2020年第二四半期の収益が対前年比82%減となった時、この大部分のコストを同じ

**図表3-16　オンライン旅行予約サイトは、世界的な金融危機の影響下においても順調に販売額を伸ばしてきた**

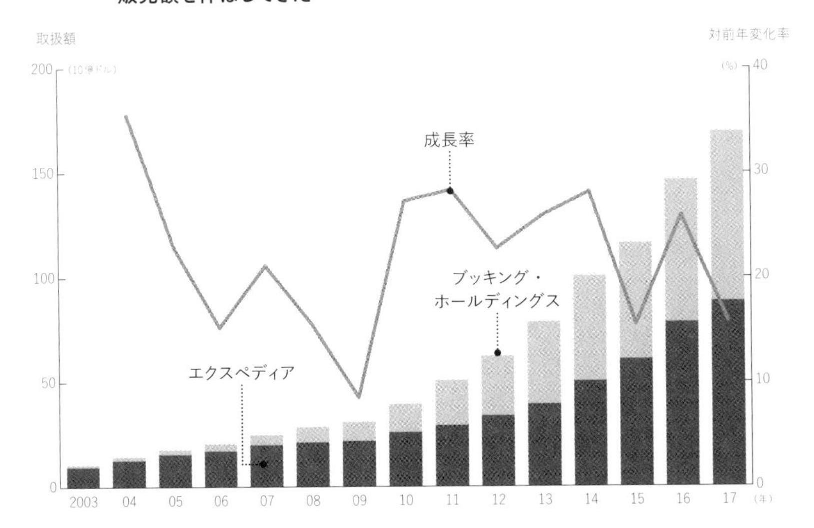


資料：Skift Research、企業資料に基づく（2020年5月）

く82%削減して対応した。同様に、ブッキング・ホールディングスは収益の84%減少に対して営業・広告宣伝費を79%削減し、影響を軽微に抑えることができた。対照的に、デルタ航空では2019年の広告宣伝費用は全コストの5%に満たない。

第二に、オンライン旅行代理店はあらゆる業界の中で世界金融危機の間に成長した数少ない業種であった。エクスペディアとブッキング・ホールディングスは危機前に250億ドルであった全世界の取り扱い額を、不況のまっただ中で2009年までに310億ドルに拡大している（**図表3-16**）。2007年には21%の成長率を記録し、2009年には減速しつつも9%成長している。以来、両社は旅行業界全体で最も価値の高い2社に成長した。オンライン旅行代理店は、流通規模、顧客ロイヤルティ、広告宣伝、仕入れの点で優位性を持つ。そのコスト構造と規模により、ほかの業種よりも損失が少なく成長軌道に戻るのが早いと考えられる。

# SECTION 3-4 運輸・旅行業界の直面する課題

新型コロナによる移動の減少は、旅行業界全体に深刻な影響を与えている。多種多様な旅行会社が従業員を一時解雇したため失業率が急上昇し、1.2億人もの雇用が危うくなっている。航空会社の中には、運行だけでなく全ての営業を一時的に停止した会社もあれば、破産宣告を受けた会社もある。また、多くのホテルも、ロックダウンをはじめとする対策が世界中で実施されるのに伴って休業した。閉鎖されたままの施設は無数にあり、二度と営業されないであろう施設も多い。このSECTIONではここまで見てきたネクスト・ノーマルにおける主要な課題を整理しよう。

第一に、運輸・旅行業界にとって新型コロナによる影響は他業界と比べて

**図表3-17　世界の観光業の回復シナリオには緩やかな回復ペースを想定**

世界の観光業について想定されるシナリオ、国内・国外旅行の支出（上位10カ国）、兆ドル

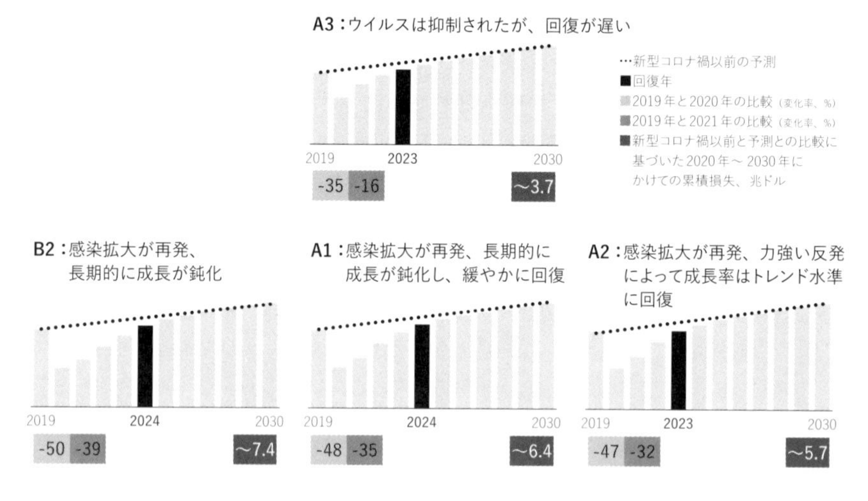


資料：McKinsey COVID-19 Global Tourism Recovery Scenarios（2020年9月）

も甚大であり、かつその回復も大きく遅れると考えられるため、当然ながらネクスト・ノーマルまでをどのように持ちこたえるかが重要なテーマとなる。

マッキンゼーでは、旅行という行為に対する新型コロナの影響を、マクロ経済と旅行固有の指標を総合してシナリオ別に分析した。それによると、旅行業界における膨大な損失が示唆され、観光支出が2019年の水準まで回復するのは2023年以降と予想される（**図表3-17**）。世界中で最も起こり得ると現時点で予想されるシナリオでは、収益の喪失は6.4兆ドルに達する可能性がある。この基本シナリオの前提は、ウイルス感染の再拡大による移動制限が継続すること、および、政府による渡航禁止が長引くことである。また、多数の旅行者が長期間にわたり移動に抵抗感を抱き続けるとともに、オンライン会議などによって出張の一部が置き換えられるという変化が恒久化することを前提としている。一定の政策介入は、新型コロナによる経済的な打撃からの回復にある程度寄与するものの、マクロ経済の回復はやはり遅く、U字型になるだろう。

日本国内に目を向けてみると、国内旅行の回復は早いが、海外旅行は長距離の国際線に依存せざるを得ないため回復は遅れるだろう。インバウンドも、日本が海外観光客の受け入れに慎重な上、国境再開に慎重な中国に依存する比率が高いために回復が遅いと考えられ、全体として今後10年で1200～2300億ドルの損失と見込まれる。

日本は国内市場の強固なファンダメンタルズを土台としているものの、新型コロナ以前の旅行支出水準に戻るのは2024～2025年ごろと考えられる。現状では相対的には感染率が低く抑えられており[15]、豊かな文化遺産、天然資源の多様性、高度な陸上交通インフラなど、国内ならではの魅力もあり、国内旅行は急速に回復するはずである。一方で、日本では伝統的に団体旅行が好まれるが、感染が終息するまでは団体旅行がしにくい状況である。

第二に、非常に厳しい状況の中で、運輸・旅行業界の固定費の高さが大きな課題となる。既存の運輸事業者の場合は線路などのインフラ、機体や車両、ホテルの場合は土地や建物などの資産の多くを自社で保有、運営しているケースが多く、売上が大きく減少する新型コロナのような状況においては、これらの業態は致命的な影響を受けやすい。

その結果、業界の再編やパワーバランスの変化が進む可能性が高い。新型コロナ以前から、既に業界横断での統合は進んでおり、レンタカー会社やライドシェア事業者、自動車企業やテック企業などの事業者間でのパートナーシップは、新型コロナの影響でさらに加速している。

また、業界内での再編も予測される。ホテルに例をとると、大手チェーンは新型コロナ終息後に強さを増す可能性が高い。本社の人員削減は余儀なくされたものの、ビジネスモデルの合理化が進んでいる点に強みがある。フランチャイズと管理手数料に依存しており、ホテルの建物を所有していないため、設備投資がほとんどなく、またホテル従業員の賃金も生じない。一方で独立系ホテルは、2008年の金融危機の時と同様に廃業が相次ぐと予想される。今回の危機によって安全面の懸念などが広がる中、質への逃避という現象が起こり、オンライン旅行代理店にさらに市場シェアを奪われるか、大手チェーンに属するほかないかもしれない。経済危機下で大企業がますます大きくなることは歴史が証明済みである。ヒルトンのクリス・ナセッタCEOは、新型コロナのような危機に耐えるには規模が重要であると明言する。

「いつの時代にも様々な規模の事業者がいた。しかし、顧客が求める価格、サービス、立地を多様に用意するには、規模が大きいことならではの優位性があり、それがネットワーク効果を生み出してシェアの拡大を可能にすると私は確信している」。

第三に、新型コロナは、業界の変化を加速させる可能性が高い。例えば、航空業界における環境、サステナビリティ対応が挙げられる。航空業界への政府支援には環境負荷軽減などの特定の条件が付けられ、それによって今後数年、数十年の間に航空業界の様相が変わる可能性がある。

スカンジナビアで生まれたフライトシェイム運動が、新型コロナ以前から拡大していたことは記憶に新しく、化石燃料を使う飛行機旅行に対して、気候変動の視点から注目が高まっている。新型コロナ以前から環境施策の取り組みに力を入れている航空会社もあり、KLMオランダ航空は、旅行者に対して短距離の旅行には別の移動手段を使うことを提案している。米国の格安航空会社（LCC）のジェットブルーは、2020年末までに全ての国内線についてジェット燃料による二酸化炭素排出をカーボンオフセットすると発表した[16]。

ただ、航空会社にとってはカーボンオフセットだけではもはや足りないだろう。例えばフランス政府は、エアバス、エールフランス、および複数の国内大手部品サプライヤーに150億ユーロの支援を行った際、それらの企業が炭素低排出航空機（水素、電気などを活用した航空機）への投資を増やすことを条件とした。そのような条件なしで政府から直接的な投資、融資、借入保証を受けた航空会社もあるが、新型コロナが航空分野でのイノベーションを促すことになるかもしれない。

第四に、変容する移動手段の在り方への対応も求められる。各都市の交通手段の最適配分は、新型コロナ以前からそれぞれに特徴があったが、新型コロナが経済に与えた状況が地域によって大きく異なることから、既存の地域差をさらに増幅させている。こうした地域差の多くは、今後も残ることになりそうである。

マッキンゼーが世界の主要6地域の移動手段を分析した結果によれば、

**図表3-18　大規模グローバル都市を比較すると、2030年までに予想される移動手段のシェアの変化は地域によって大きく異なることがわかる**

地域の乗客の移動距離、兆マイル（%）
選択した都市の類型での地域のモーダルシェアの変化
政策主導の相乗り自動運転車と交通への変化のシナリオ

■その他[1]　■共有マイクロモビリティ　■公共交通機関—鉄道
■公共交通機関—バス　■新しいモード[2]　■タクシー・オンライン配車
■自家用車　●2018年乗客移動距離（PMT）の比率

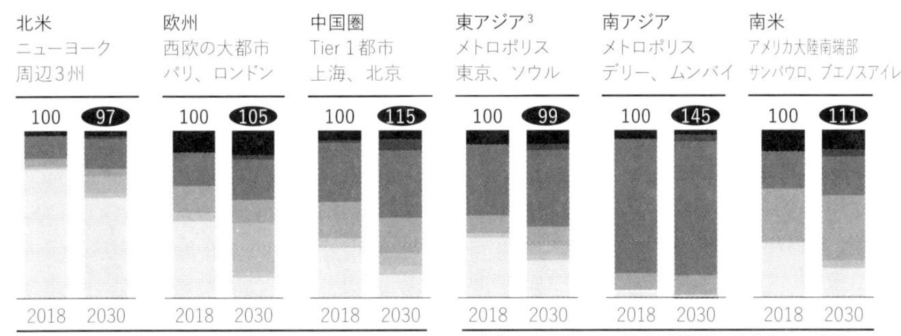


ドライバーの例　新しいモードが自家用車とバスからシェアを獲得、最も変化が予想されるのは自家用車のシェア　廉価であるため公共交通機関は依然として主流、新しいモードの影響は限定的

1.「その他」には徒歩、自転車、私有のマイクロモビリティ、2/3輪車を含む
2. 新しいモードにはロボシャトル、ロボタクシー（相乗り）、ロボタクシー（非相乗り）が含まれる
3. 東京では日本の都市の類型を使用
資料：McKinsey Center for Future Mobility

2030年までに世界の移動手段が劇的に変化することが予想される（**図表3-18**）。例えば、欧州の一部の主要都市では、今後10年間で自家用車の利用が激減すると予測しているが、北米では自家用車の利用は微減にとどまると予測される。中国では公共交通機関や鉄道への依存度が高まり、南アジアの主要都市、特に既に公共交通機関への依存度が高い都市では、2030年までに大きな変化は見られないと予測している。

その結果、感染の広がりの度合いによって、政府や自治体関係者が移動手段の在り方をどのように編成するかは、世界各地で、さらには国の中でも大きく異なる。例えば、感染が拡大している都市では、移動を厳しく制限する措置を実施する必要があるかもしれないが、同じ地域や国の他の都市では、危機前と同様の活動を行っているかもしれない。

これらの違いは、顧客の需要と利用可能な移動手段に大きな影響を与え、移動手段は地域特性に合わせたものになるだろう。運輸事業者は新しいモビリティの在り方に対して地域的な視点を持ち、これらの変化を早い段階で把握し、サービスを設計していかなければならない。

NEXT NORMAL

## SECTION 3-5 運輸・旅行業界に求められる対応

以上見てきたように、新型コロナは運輸・旅行業界に対して2020年の売上の35～48%という大幅な減少や2019年水準への回復が2023～24年ごろと見込まれるなど、過去に例を見ないほど大きな影響を与えている。さらに、ビジネス需要のオンライン会議への置き換えなど不可逆的な影響も大きい。運輸・旅行業界の中には、従来通りの対応では済まされない抜本的な変革が必要な業種もあるだろう。

このような状況に対して、どのような教訓を得ることができ、どのような備えが必要なのか。

## 固定比率の圧縮による体制強化

大きな意味では、今後もまたパンデミックのような甚大な危機が繰り返し起こる可能性もあり、かつその状況が目まぐるしく変化する事態に備え、運輸・旅行業界はボラティリティ（変動性）が高まる前提で対応する必要がある。短期的には新型コロナの感染拡大が第二波、第三波と波動的に生じ、一方でその間でGo Toキャンペーンに代表されるような景気刺激策も行われる中で、運輸・旅行業界の需要の変動は大きくなりやすい。長期的に見ても、同時多発テロ、金融危機と大幅な需要減少が生じており、その影響を正面から受けるという事業の特性がある。今後も市場全体が突然麻痺し、数十パーセントに及ぶ需要が消失する事態が定期的に訪れうることを想定し、どのように臨機応変にマネジメントしていくかが重要となる。

今回の新型コロナにおいては、運輸・旅行業界の中でも固定資産をあまり持たず、小回りの利くオンライン旅行代理店が強さを改めて示した。このように、固定費の比率の高い運輸・旅行業界において、いかにその比率を下げて危機に強い体制を構築していくのかは重要な課題となる。

もちろん、ホテル、鉄道、航空など、固定資産を持たざるを得ない企業の多い業界であり、オンライン旅行代理店のような運営は難しいが、その中でもこの課題にうまく対応している事例は存在する。ホテルにおいてはIHGなどのグローバルチェーンがフランチャイズに基づいた運営を行い、固定資産の少ない小回りの利く事業モデルに転換することで本社の業績の強靱性（レジリエンス）は上がっている。また日本でも、星野リゾートはいち早く業態をホテル経営自体からコンサルティングとマネジメントに移行しており、危機の対応力という意味では参考になる。危機の特性として、強いものがより強くなる傾向も見られる。一方でターゲットを都市のビジネスユーザーに絞り、施設の仕様・運営を最適化・効率化することで高利益率のビジネスモデルを確立したアパホテルは、コロナ禍において出店攻勢を強めていった。

鉄道についていえば、海外では上下分離が進み、インフラ部分の重い固定資産を持たず、また鉄道貨物業界でも貨車をリースにすることで固定費負担を軽減化するなど、固定資産の切り離しは海外で進んでいる。航空業界においても、LCCの事業モデルは飛行機をリースすることによる変動費化が進んでおり、また観光利用の比率も高いため、回復は早いだろう。日本において、鉄道は公共交通としての重要な位置づけを築いており、かつ上下分離を進めなくても、経営的に多くの地域で成立する条件を整えてきたことは誇るべきことと言える。一方で、新型コロナ以前でも、特に地方において維持困難なほどの赤字を抱える路線が増えていることは厳然たる事実である。地方において持続的な交通を維持・形成するには、固定費の高い交通手段から、収益状況に合致した移動手段への転換が重要となる。特に北海道や四国など、状況が厳しくなっている地域においては、国などの第三者がインフラ部分を負担する上下分離のモデルを真剣に検討する必要があるのではないか。

これらに見られるように、変動費率を上げ、大きな変化が生じても対応できる強靭なオペレーションモデルを構築していくことは、今後もたびたび大きな需要変動に見舞われるリスクを想定した場合、極めて重要な要素となりうる。

## 回復期の需要の取り込みと事業の新規需要の創出

出張需要の回復の道のりは長く、特に出張に依存する事業者はこの難局を乗り切るための早急な行動が求められる。旅行・移動に関する世界の状況はかつてない速さで変化しており、顧客のニーズを正確に理解し、素早く訴求することが求められる。

その際の重要な第一歩は、顧客となる業種がいつ回復するかを正確に予測することである。それには、詳細かつデータに裏づけられた柔軟な視点が必要になる。この際、マイクロセグメンテーション（きめ細やかなセグメント化）によるパーソナライゼーション（個々人にカスタマイズしたサービス）も重要となる。マイクロセグメンテーション、すなわち、消費者を小さなセグメントまたは特定の個人レベルにまで分けて捉え、行動パターンとニーズに基づいてそれらの消費者に対してより高精度のメッセージを届けることは、新しい概念ではない。しかし、旅行業界ではまだ十分に根付いておらず、トリップアドバイザーのスティーブ・カウファーCEOが述べるように、「旅行に関する個々人の指向の把握は難しい。誰かにとって刺激的なことも、私にとってはつま

## 図表3-19　旅行会社が危機を乗り越え、再成長するためにすべき4つのこと

**1　顧客の声に耳を傾ける**

行動や選好の変化をマイクロセグメントレベルで把握し、パーソナライズされた顧客体験を提供

**2　安全性の追求に加え、品質の向上も目指す**

既存およびコロナ禍で顕在化した問題点の双方を解決するために、考え抜かれた顧客体験を設計

**3　自社の守備範囲を広げる**

旅行者の信頼を回復し、より強固な観光エコシステムを確立するためのパートナーシップを構築

**4　危機が去った後も機敏に行動できるようにする**

危機を乗り越えるために発揮した機敏さを維持し、主な機能の体制見直し、意思決定、日常業務や人材配置に活用

## 図表3-20　限られたデータからでも機械学習モデルにより有意義な顧客セグメントを導出できる

機械学習モデルを活用した顧客セグメンテーションの例

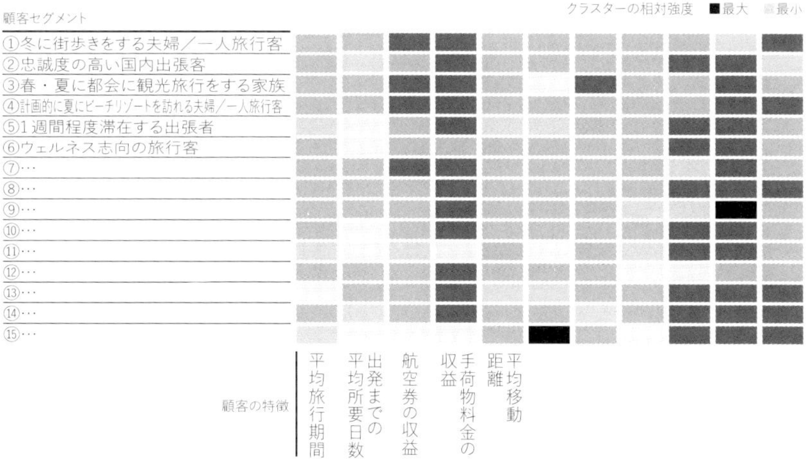

クラスターの相対強度　■最大　■最小

顧客セグメント

①冬に街歩きをする夫婦／一人旅行客
②忠誠度の高い国内出張客
③春・夏に都会に観光旅行をする家族
④計画的に夏にビーチリゾートを訪れる夫婦／一人旅行客
⑤1週間程度滞在する出張者
⑥ウェルネス志向の旅行客
⑦…
⑧…
⑨…
⑩…
⑪…
⑫…
⑬…
⑭…
⑮…

顧客の特徴：平均旅行期間、出発までの平均所要日数、航空券の収益、手荷物料金の収益、平均移動距離

資料：マッキンゼー旅行・交通・インフラ研究グループ

らないかもしれないからだ」。一方で、だからこそ差異化の余地があり、個別のニーズに合致した経験を提供できることで顧客との関係性をより強固にしていける。

例えば、ある欧州の航空会社は、機械学習を用いて過去3年間のデータを分析する中で、顧客の購買パターンを差異化する21の要素とそれを基にした15のセグメントを特定した（**図表3-19、3-20**）。このモデルは常に更新されており、セグメントごとに詳細に顧客の行動パターンを追うことにより、次に回復するだろう需要を精緻に捉えることができる。もちろんマクロな指標が回復を導く主要因ではあるが、セグメントの精度を上げて顧客のニーズを見ることで対応力を向上できる。

第二に、需要回復のかすかな兆しが見える中で、小さな需要をできるだけ効果的に刺激し、捕捉することが重要である。その際、プロモーションオファー（プロモーションの提示）がこれまで以上に顧客の心に響くことが必要であり、顧客体験を革新的に向上させなければならない。マッキンゼーのアンケート調査によれば、優れた顧客体験は顧客の満足度を20%改善し、対応コストを20%低減し、顧客の獲得と維持を通して収益を15%向上させ、従業員のエンゲージメントを30%増加させる[17]。加えて、顧客体験に優れた企業は、これらのような不況期における損失が少なく回復が力強い（**図表3-21**）。

例えば、航空業界においては、出張需要を取り込むためにロイヤリティプログラムの内容は今後変化していくと考えられ、チケットのキャンセルや変更への柔軟性の向上、保安検査の優先レーン利用、間隔の広い座席配置などのサービスが効果的と考えられている（**図表3-22**）。また、新型コロナ以前、顧客は返金処理の手間や難易度をさほど気にしなかったが、今では返金処理の簡略化が競合会社との新たな戦場と化している。そして、顧客の期待と関心が変化する時、顧客ロイヤルティも変化することを忘れてはならない。

最後に、デジタル化の潮流に対応しようと思うなら、自社の事業モデル自体を変更すべきである。コロナ禍でデジタルチャネルを初めて利用した人の75%が、今後も活用することを示唆しているためだ。顧客がデジタル手段で旅行商品やサービスを検索して購入する方法は、かなり以前から大きく変化している。IHGのキース・バーCEOは「顧客は、この半年でかつてないほどデジタルに精通した」と述べ、あらゆる手続きをアナログで行っていた中

## 図表3-21　優れた顧客体験を提供している企業は不況に強く、回復期には力強い回復を見せている

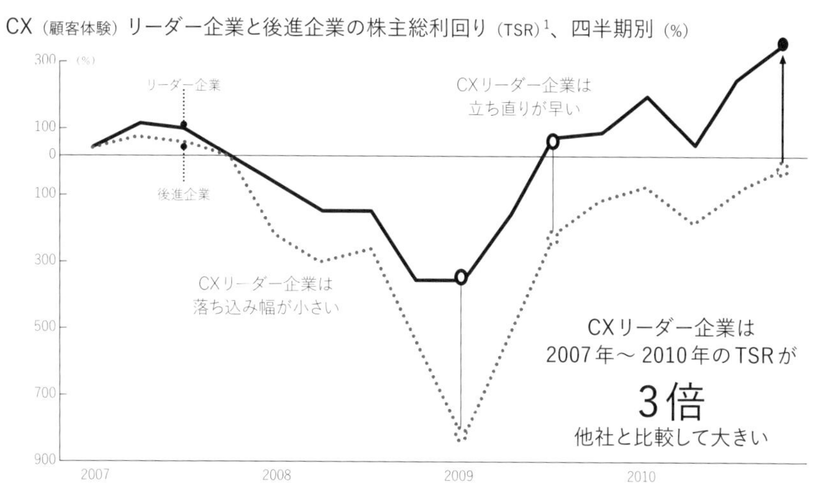


1. ForresterのCX Performance Indexのトップ10にランクインする上場企業の2007年～2010年のTSRを比較
資料：Forrester Customer Experience Performance Index（2007–2009年）

## 図表3-22　出張の判断に影響を与える要因のリストは出張需要の回復に依然時間を要することを示唆している

最も重視しているとした回答者の割合（%）

新型コロナ禍後に飛行機の利用が認められた場合、航空会社を選ぶ際に最も重視する要素

出張再開時に最も価値があると思われる航空会社の付加サービス

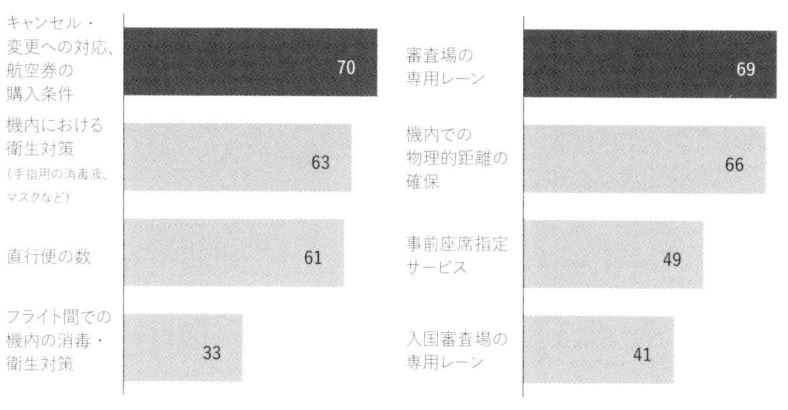


資料：IATA COVID-19 relief：Corporate Travel Management Survey（2020年8月）、n=70

高年層が、ロックダウン下でデジタル処理に適応せざるを得なくなったことを挙げた。「私たちはテクノロジーへの投資を加速し続け、会社としてテクノロジーの活用を一段と高める必要がある」

最近のスキフトリサーチのアンケート調査によれば、回答者の80％近くは新型コロナを踏まえたデジタル変革活動の推進が、なによりも重要であると答えた。例えば、ある中南米の航空会社は、エンド・ツー・エンドの乗客体験に主眼を置いたテクノロジー変革を2019年後半に開始したが、新型コロナ発生から半年が経ち、過去に実施された多数の戦略的イノベーションのうち、デジタル変革活動が唯一、際立った成功事例として残っているという。

## 地域に即したモビリティサービスの作りこみ

モビリティサービスについては、新型コロナ以前からマイクロモビリティ、配車サービス、自動運転などの多くの新しいサービスが生まれ、一方で既存のサービスが立ちいかなくなる地域が出てくるなど、大きな変曲点に差し掛かっていた。その中で先述のように都市ごとの移動手段の在り方が政策課題として改めて注目を集め、地元に密着した交通手段の最適化が今後さらに進む。

各地域にとっては、多様なステークホルダーを巻き込んで、その地域に適したソリューションを選択し、作りこんでいくことが重要となる。例えばシカゴ市はタスクフォースチームを組んで包括的なモビリティ計画を作った。その過程においては、限定された既存の関係者にとどまらず、スタートアップ企業、各地の大学・教育機関、NGOなどを巻き込んで多角的な専門家の視点を入れた上で、シミュレーションを活用しつつデータに基づいた意思決定を行っている。

日本においては、地域のモビリティ計画の動きは歴史が浅く、幅広い新しいサービスの視点を織り込んだり、シミュレーションを活用した意思決定を行ったりすることが必ずしも十分に広がってはいない。今後、モビリティが都市の特徴を決める重要な要素として差異化につなげるには、多様なステークホルダーを巻き込み、様々なデータを用いて地域に適した意思決定をしていくことがより重要となるだろう。

# まとめ

ここまで見てきたように、運輸・旅行業界は新型コロナの影響を真正面から受け、荒波にさらされている。特に影響が深刻な航空業界において2020年度の利用者数が60～80%減少することに代表されるように、年間での売上が突然半減するほどのインパクトは、各業界の過去の危機時と比べてもかなりの深刻度となっている。従って、今後数年をこのままでは持ち堪えられない事業者も少なからず発生するだろうと考えられ、業界の再編、淘汰が進むことは避けがたい。

しかしながら、悲観的な話ばかりではない。多くの識者は長期的には需要は戻ると予測している。航空業界では需要が完全に回復するのは2024年ごろという予測となっており、決してたやすく耐え忍べる期間ではないが、人が移動し、新しい経験をし、または対面で人と会うということへの根源的な欲求は容易には変化しない。コミュニケーションがオンライン化して特定の需要が消えたとしても、オンライン化が進んだからこそ勤務場所の自由が拡大して移動の需要が増すというように、新しい需要が創出され、人々は再び活発に移動することになるだろう。

運輸・旅行業界の企業には現状をしっかりと耐え抜くために、顧客の新たなニーズを掴み、デジタル化、顧客体験の向上、サステナビリティなど、ネクスト・ノーマルでより重要性を増すと考えられるテーマに取り組み、変革を迅速に行う必要がある。加えて、今後も繰り返されるであろう様々な危機に対応するために、固定比率を下げ、より強靭な（レジリエントな）事業作りを行っていくことが求められる。厳しい状況に晒されているからこそ、生き残った企業はより強靭となり、競争環境の変化したネクスト・ノーマルの市場の中で大きな発展が遂げられるチャンスを手にできるだろう。

◇出典


1. 日本を含む主要7カ国を対象とする
2. "Economic Impact Reports," World Travel & Tourism Council (WTTC), wttc.org.
3. UN World Tourism Organization, "International tourist numbers could fall 60–80% in 2020, UNWTO Reports," May 7, 2020
4. Based on ADARA reservation data
5. Global economic impact & trends 2020, World Travel & Tourism Council, June 2020, wttc.org.
6. マッキンゼーによるトリバゴ提供のデータ（レジャートラベル中心）の分析に基づく
7. 世界旅行ツーリズム協議会（WTTC）がマッキンゼーの支援により旅行の心理と需要を追跡するTravel Demand Recovery Dashboardを開発し、そのデータに基づく
8. "Impact of COVID-19: Data updates," Airlines for America
9. "Recovery Delayed as International Travel Remains Locked Down," IATA, July 28, 2020
10. Brian Pearce, "COVID-19: Government financial aid for airlines," IATA Economics, May 26, 2020
11. As a reference, STR forecasted -52% in RevPAR. "STR, TE slightly downgrade U.S. hotel forecast," HospitalityNet, August 14, 2020
12. 11と同じ
13. Fosun International, 2020 interim results report, August 2020
14. Vik Krishnan, Ryan Mann, Nathan Seitzman, and Nina Wittkamp, "Hospitality and COVID-19: How long until 'no vacancy' for US hotels?" McKinsey & Company, June 10, 2020
15. "COVID-19 Dashboard", Center for Systems Science and Engineering (CSSE) at Johns Hopkins University, Johns Hopkins Coronavirus Resource Center
16. Madhu Unnikrishnan, "JetBlue CEO warns flight shaming is coming to the U.S.," Skift, January 23, 2020
17. McKinsey Customer Experience Executive Leadership Survey (survey of 260 customer experience leaders across 14 industries, completed in 2020).

・各種メディア（The New York Times、Washington Post等）
・各社ホームページ（Uber社、AWS社等）

# PART 2

# ネクスト・ノーマルを形作るテクノロジー

# CHAPTER 4
# デジタル化の未来

人口増加が期待できず、生産性の向上を最大の成長の梃子(てこ)とすべき日本経済において、デジタル化は新型コロナ以前より日本企業にとって大きく注目されていた。新型コロナにより、オンラインサービスが広く普及し、消費者や働き手はオンラインによる購買やリモートワークに慣れてくるなど、生活習慣に変化が見られた。このような情勢の中で、グローバルでの市場環境はより一層激しく変化することが予想され、日本企業はブラックスワン(事前の予想は困難なものの、起きた際の衝撃が大きい事象)に未然に対応していくために、これまで以上に“アジャイルな意思決定”(「アジャイル」については項を改めて詳しく説明する)が求められており、そのためにはデジタル化が必須であるといえる。

**図表4-1**のように、日本は欧米諸国と比べて、これまでICT投資(デジタル関連投資)が増えておらず、大きく水をあけられている。日本企業にとって、市場構造が大きく変化しうるこのタイミングこそが、デジタル化に取り組む最後のチャンスであるといってよい。ただ日本でのデジタル化について議論する際は、クラウド後進国、デジタル人材のITプロバイダへの集中など、

**図表4-1　国別のICT投資の状況**

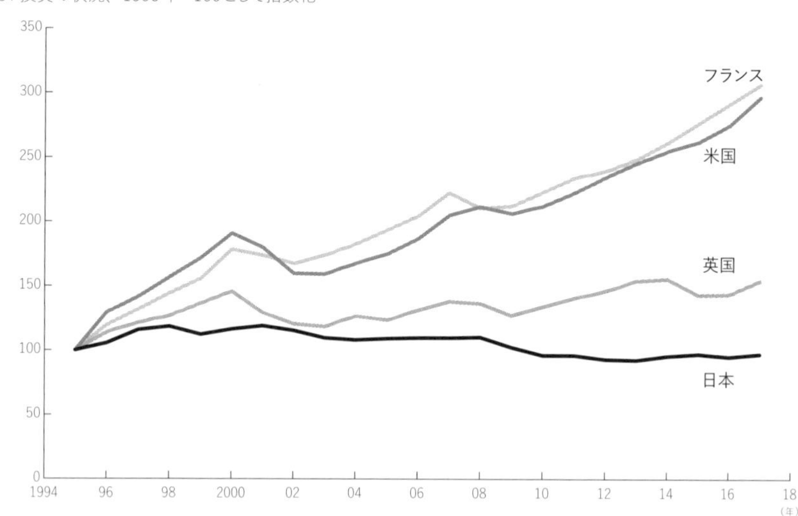


資料:OECD統計

諸外国とは異なる日本特有の事情を認識する必要がある。

CHAPTER 4では、まず新型コロナにより、なぜ日本企業にとって一層“アジャイルな意思決定”が重要になったかを紐解く。その上で、“アジャイルな意思決定”にはなぜデジタル化が必須かを分析し、デジタル化に成功している企業の事例を紹介する。その上で、デジタル化するにあたって日本企業特有の論点を整理し、それらを解消する方法とその実行について解説していく。

NORMAL
NEXT

## SECTION 4-1 デジタル化の潮流は加速し、企業は“アジャイルな意思決定”が求められている

### 新型コロナにより、企業と消費者の接点はオンラインに移行している

新型コロナにより、消費者は購買時に実際に店舗に赴く代わりにオンラインチャネルを選択するようになり、人々は出勤する代わりにリモートワークを選択するようになるなど、人々の生活様式が大幅に変化している。企業もまた、そのような消費者や働き手の変化に対応する形で、提供する製品やサービスを全てまたは部分的にオンラインに対応した形へと移行しており、今後もその傾向は加速していくと考えられる。全世界で見ると、2020年7月時点での企業と顧客の接点の58%（2019年12月比プラス22%ポイント）がオンラインになり、アジアでは53%（2019年12月比プラス21%ポイント）となっている（**図表4-2**）。また、提供されている製品/サービスが全てまたは部分的にオンラインになっている企業の割合は、全世界で見ると55%（2019年12月比プラス20%ポイント）、アジアで見ると54%（2019年12月比プラス21%ポイント）となっている（**図表4-3**）。

**図表 4-2　新型コロナ前後で顧客との接点がオンラインになっている割合**

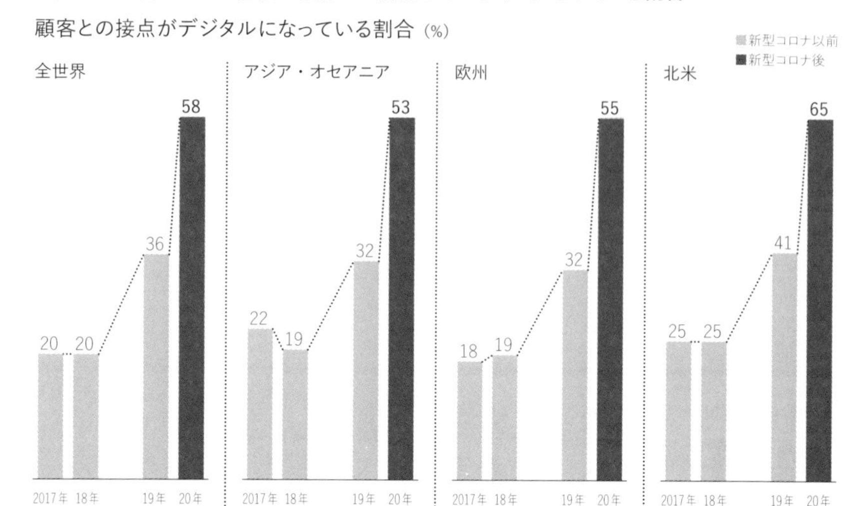


**図表 4-3　新型コロナ前後で、全て、または一部がオンラインになっている商品・サービスの割合**

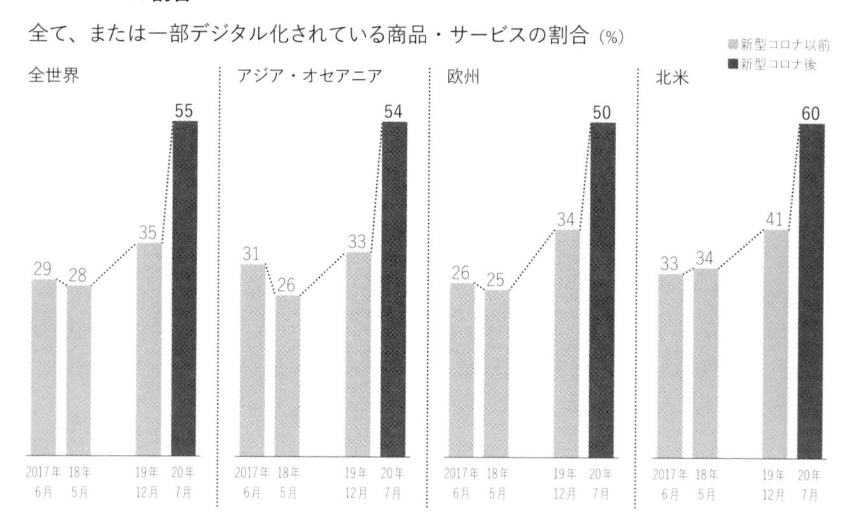

## 社会のニーズに迅速に応えていくためには、“アジャイルな意思決定”が企業に求められるようになる

このように顧客との接点がオンラインに移行していく中、企業は新型コロナによって目まぐるしく変化していく社会のニーズに迅速に応えるために、オンライン経由で獲得した顧客データとこれまで蓄積してきた知見を組み合わせて、サプライチェーン全体にわたってこれまで以上にアジャイルな意思決定をしていく必要がある。“アジャイルな意思決定”とは、単に素早く意思決定をするのではなく、これまで以上に組織としての意思決定を迅速化させることに加え、次の意思決定に生かすためのフィードバックを組織として蓄積していくことである。

**図表4-4**では過去3年間で25%以上の成長を遂げている成長企業（トップ・パフォーマー企業）とそうでない企業を比較し、それぞれが主要な意思決定に要する期間、そして新型コロナに伴い変化した市場で求めている判断のペース

**図表4-4　新型コロナにより企業が判断を求められるペース**

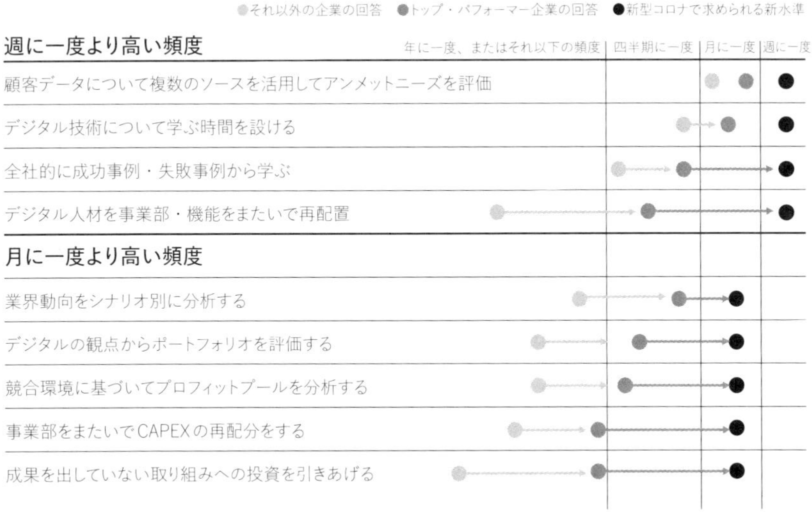

●それ以外の企業の回答　●トップ・パフォーマー企業の回答　●新型コロナで求められる新水準

年に一度、またはそれ以下の頻度｜四半期に一度｜月に一度｜週に一度

**週に一度より高い頻度**

顧客データについて複数のソースを活用してアンメットニーズを評価

デジタル技術について学ぶ時間を設ける

全社的に成功事例・失敗事例から学ぶ

デジタル人材を事業部・機能をまたいで再配置

**月に一度より高い頻度**

業界動向をシナリオ別に分析する

デジタルの観点からポートフォリオを評価する

競合環境に基づいてプロフィットプールを分析する

事業部をまたいでCAPEXの再配分をする

成果を出していない取り組みへの投資を引きあげる

を示している。アンメットニーズ（見えざる需要）の評価に対して、従来までは成長企業は月次、そうでない企業は四半期に一度実施していたが、今後は週次で行う必要がある。また社内の取り組みを的確に評価し、効果がないものについては資金や人的資源を割かないようにするといった判断も、従来まで成長企業は月次、そうでない企業は四半期に一度実施していたが、新型コロナに伴い月次で実施していく必要があると考えられる。

このような“アジャイルな意思決定”によって、企業は顧客のニーズに迅速に対応できるだけでなく、新興企業の勃興・参入などの環境変化に柔軟に対応できるようになる。

NORMAL
E
X
T

# SECTION 4-2 “本質的なデジタル化”を実現できない企業が取り残される

## “本質的なデジタル化”している企業とそうでない企業にはパフォーマンスで大きな差がある

それでは、“アジャイルな意思決定”をしていくには、企業はどのように変わるべきなのか。ここで重要となってくるのが、“本質的なデジタル化”である。“本質的なデジタル化”を実現した企業は、そうでない企業よりも株式市場からの評価とEBITDAが伸びていることが実証されている。マッキンゼーが2017年次に行ったデジタルストラテジーサーベイの結果、売上で見ると、年平均売上高成長率が10%以上を記録した企業が47%存在し、3年間の株主総利回りの年平均成長率で見ると、デジタル化の評価において上位20%に入っている企業は18%を記録しているのに対して、そうでない企業は7%であった。同様にEBITDAの3年間の年平均成長率は6%に対して1.5%と、パフォーマンスに3～4倍の差が生まれている。

では、具体的に“本質的なデジタル化”とはどのようなことなのだろうか。それは、次の5つの要件が満たされることである。

## 図表4-5　日本事例：「攻めのIT経営」に取り組む企業

経済産業省・東京証券取引所による「攻めのIT経営銘柄2020」選定企業

**「攻めのIT経営銘柄」**
経済産業省、東京証券取引所が共同で、経営革新、収益水準・生産性の向上をもたらす積極的なIT利活用に取り組んでいる企業を、「攻めのIT経営銘柄」として選定（攻めのIT経営銘柄35社、IT経営注目企業21社）

**「攻めのIT経営銘柄2020」選定基準**
上場企業3,700社の内、DX成功の定義「企業がビジネス環境の激しい変化に対応し、データとデジタル技術を活用して、顧客や社会のニーズを基に、製品やサービス、ビジネスモデルを変革するとともに、業務そのものや、組織、プロセス、企業文化・風土を変革し、競争上の優位性を確立すること」にて選定

攻めのIT経営銘柄2020（35社、太字はグランプリ）

| 証券コード | 企業名 | 業種 |
|---|---|---|
| 1812 | 鹿島建設株式会社 | 建設業 |
| 1980 | ダイダン株式会社 | 建設業 |
| 2502 | アサヒグループホールディングス株式会社 | 食料品 |
| 2897 | 日清食品ホールディングス株式会社 | 食料品 |
| 3402 | 東レ株式会社 | 繊維製品 |
| 4901 | 富士フイルムホールディングス株式会社 | 化学 |
| 8113 | ユニ・チャーム株式会社 | 化学 |
| 4519 | 中外製薬株式会社 | 医薬品 |
| 5020 | ENEOSホールディングス株式会社 | 石油・石炭製品 |
| 5108 | 株式会社ブリヂストン | ゴム製品 |
| 5201 | AGC株式会社 | ガラス・土石製品 |
| 5411 | JFEホールディングス株式会社 | 鉄鋼 |
| 6301 | **株式会社小松製作所** | 機械 |
| 6367 | ダイキン工業株式会社 | 機械 |
| 4902 | コニカミノルタ株式会社 | 電気機器 |
| 6702 | 富士通株式会社 | 電気機器 |
| 7272 | ヤマハ発動機株式会社 | 輸送用機器 |
| 7732 | 株式会社トプコン | 精密機器 |
| 7912 | 大日本印刷株式会社 | その他製品 |
| 9531 | 東京ガス株式会社 | 電気・ガス業 |
| 9020 | 東日本旅客鉄道株式会社 | 陸運業 |
| 4689 | Zホールディングス株式会社 | 情報・通信業 |
| 9613 | 株式会社エヌ・ティ・ティ・データ | 情報・通信業 |
| 8053 | 住友商事株式会社 | 卸売業 |
| 9830 | **トラスコ中山株式会社** | 卸売業 |
| 3134 | Hamee株式会社 | 小売業 |
| 8174 | 日本瓦斯株式会社 | 小売業 |
| 8308 | 株式会社りそなホールディングス | 銀行業 |
| 8601 | 株式会社大和証券グループ本社 | 証券、商品先物取引業 |
| 8630 | SOMPOホールディングス株式会社 | 保険業 |
| 8439 | 東京センチュリー株式会社 | その他金融業 |
| 3491 | 株式会社GA technologies | 不動産業 |
| 8802 | 三菱地所株式会社 | 不動産業 |
| 2432 | 株式会社ディー・エヌ・エー | サービス業 |
| 9735 | セコム株式会社 | サービス業 |

資料：経済産業省ウェブサイト

①サプライチェーンが、上流から下流まで一貫してデジタル化すること
②ビジネスモデルを変革すること
③トップダウンの全体戦略と、従業員一人一人からのボトムアップの施策創出の両面からアプローチすること
④ビジネスケースの精査、成果予測、意思決定など、ガバナンスが変革されること
⑤失敗しながら学ぶ文化が浸透すること

## “本質的なデジタル化”は日本でも注目されてきている

このような“本質的なデジタル化”が注目されているのは、日本も例外でない。経済産業省と東京証券取引所は、「攻めのIT経営銘柄2020」に35社を選定したが、これは、「企業がビジネス環境の激しい変化に対応し、データとデジタル技術を活用して、顧客や社会のニーズを基に、製品やサービス、ビジネスモデルを変革するとともに、業務そのものや、組織、プロセス、企業文化・風土を変革し、競争上の優位性を確立すること」に成功している企業を選定したものだ（**図表4-5**）。

また、2018年に経済産業省が出した『DXレポート～ITシステム「2025年の崖」克服とDXの本格的な展開～』も記憶に新しい。このレポートでは、日本企業は多くは老朽化したレガシーシステムにいまだに依存しており、その結果「2025年の崖」問題に直面していると指摘している。「2025年の崖」問題とは、このまま日本企業がデジタル化を進めていかないと、2025年には日本全体で年間12兆円もの経済損失が発生しうるというものである。

新型コロナを奇貨として“本質的なデジタル化”を実現することは、日本企業が国際的に生き残っていくために不可欠な要件であると言える。

## しかしデジタル化に向けて日本特有の課題がいくつか存在する

デジタル化にあたって、日本企業が諸外国企業の取り組みを真似するだけでは失敗する可能性が高い。なぜなら日本を取り巻く現状では、いくつかの

前提条件が諸外国とは大きく異なるからだ。

まず人材という側面においては、日本ではほとんどのITエンジニアがITプロバイダに雇用されており、企業側にデジタルやアナリティクスに長けた人材が不足しているという点が挙げられる。ITエンジニアのうち企業側に雇われているのは、日本が28%であるのに対し、米国は65%、ドイツでは61%と大きく差をあけられている。

また、デジタルインフラという側面でも大きく遅れをとっている。85%の企業はたとえ部分的であっても、いまだレガシーシステムを活用しており、約7割の企業はそのレガシーシステムが“本質的なデジタル化”の足かせになっていると考えている。さらに、デジタル関連支出に占めるクラウドへの投資割合も、米国の約3分の1（米国の15%に対して日本は5%）に過ぎない。

NORMAL
NEXT

# SECTION 4-3 “本質的なデジタル化”の成功事例と成功要件

ここからは、日本企業がいかにデジタル化を進めるべきかを検証していく。まず本SECTIONでは、“本質的なデジタル化”に成功している具体的な企業の事例を3つ紹介しながら、“本質的なデジタル化”をすることのイメージを明らかにしていく。その上で日本企業特有の論点を整理し、次のSECTIONからそれぞれの論点に対する解の方向性を検証していく。

## 事例①　ウエスタンデジタル社

ウエスタンデジタル社は米国に本社を置く、HDD（ハードディスクドライブ）とフラッシュメモリー製品を製造する企業である。2020年度の売上は167億ドル、EBITDAは19億ドル（EBITDAマージン11.4%）を記録している企業である。事業の特徴として大量の部品や部材を必要とすることから、一般的にはサプライチェーンは煩雑になりやすい。しかし、同社はサプライチェーンを上流から下流まで全てデジタル化することで、最終完成品の在庫をほぼ抱えない形で、顧客から注文を受けて配送するまでの所要時間を従来の5日以上から原則2日に短縮できた。

まず、顧客の注文を受けると、サンノゼ本社で自動的に顧客の優先順位に基づいて生産枠の割り当てが行われる。万が一、2日以内に配送できない場合は、この段階で把握できる。サンノゼ本社では、常に各地域の各工場から情報を集めており、集積されたデータを基に各工場での生産計画、サプライヤーの納入状況、運送業者の受け入れ能力が把握できる。この情報を駆使し、どのような意思決定をすれば納期に間に合うかを、分析エンジンが即座に計算して各工場に生産・発送計画を伝える。これらの生産・発送計画は各工場に伝えられた後、生産計画、原材料発注計画、生産オペレーション、配送計画の4つが工場で全て同時に行われ、最終化されていく。デジタル化が進んだことで、生産工程が短期間になったのに加えて、生産計画が自動で立てられ、同時並行でローカルの分析エンジンが自動でサプライヤーに材料の発注をかける。また、サプライヤーを近隣に集約することで1日に3回の配送が受けられ、届いた部品や部材は自動でラインのそばに保管される。各ラインへの原材料の配置は、ロボットによって的確に設計されており、最終製品は最も効率的な導線をたどって倉庫に自動的に運ばれる。製品が完成に向かう間に、配送手段の手配などの準備も自動で進められ、製品が完成した瞬間に発送できるように輸送業者の手配も済んでいる。

では、一般的に本質的なデジタル化が難しいと言われている事業形態において、同社はどのようにして、このようなデジタル改革が実現できたのだろうか。

### ●データ活用における工夫

ウエスタンデジタル社はデータを活用した意思決定を迅速化させるために、データを加工し、利用頻度に応じて仕分けをした。具体的には、転送時にかかるデータの通信時間（レイテンシー）が1秒以内の製造工程に関連するものと、そうでないものに仕分けをした。転送時の通信時間が重要になってくるデータほど、そのデータを分析する機能を、実際にデータが生成されるそばに置いた。また、データが継続的に正しい形式で蓄積されるように、デジタルチーム内にデータの品質に対する責任を負う専属チームを設けた。このデータ管理チームは、各事例に応じてどのようなツールを使うか、蓄積したデータをどのような構造で構築するかに対しての責任を負った。また、ビジネス側に自発的にデータを活用してもらうために、開発チームはクラウド技術を活用したPaaS（プラットフォーム・アズ・ア・サービス）を配備した。

データを効果的に使うためにも、同社はデータの可視化、アドホック・クエリ（容易なインターフェイスでユーザーが独自で特定のクエリを作成できるように設計されたプログラム）、AIによる経営判断や意思決定（ビジネス・インテリジェンス）、AIによる機械学習の4つの機能を強化し、誰でもそれらが使えるように、それぞれの目的に沿った形でツールを開発したのである。

### ◉アジャイルに試行錯誤を繰り返すことでより大きなインパクトを創出する

ウエスタンデジタル社は「小さな成功体験がさらなる改善機会を生む」という考え方を基に動いており、長期間かけて1つの改革を成功させるというよりは、アジャイルに試行錯誤を繰り返すことを優先させた。

例えば、同社はハードディスク・ドライブの表面の失敗パターンを特定するという事例に対応するために、ディフェクトネット（DefectNet）という機械学習アプリケーションを開発した。初期的な検証結果としては、表面の画像に基づいて失敗パターンを特定できることがわかった。その分析結果に基づき、技術者は製造工程の上流にさかのぼって分析が可能となった。その結果生まれた最終的なソリューションは、当初の想定よりも応用範囲が広く、現在では複数の工場で活用されている。

### ◉シチズンデータサイエンティストの育成

ウエスタンデジタル社は、分析能力を向上させるために、必要な技術や知識を洗い出し、外部パートナーなどと協同で、「シチズンデータサイエンティスト」の教育に注力した。シチズンデータサイエンティストとは、データサイエンティストほど特化した能力は持たずとも、分析ツールを使用することで、一定程度の分析が行える人材のことである。同社はグーグル社とアマゾン社の自動機械学習を活用することで、ビジネス側の人材が、自らデータサイエンスを活用して改善業務が行えるようにした。

## 事例②　フォルクスワーゲン社

フォルクスワーゲン社はドイツに拠点を置き、2019年までの4年連続で全世界で1,000万台の販売台数を記録した世界最大規模の自動車メーカーである。新型コロナによる影響が長引く欧州が主要市場のため、2020年の全世界での販売台数は2位に落ちたものの、同社は2016年に発表した“トランスフォーム（Transform）2025+”という10年間にわたる大規模な全社改革の最中であり、全世界における各車種のブランド価値の明確化、e-モビリティ（移動手段の電動化）やコネクティビティ（周辺機器との接続）の分野における大規模投資を実施している。この全社改革を通じ、同社は2025年には業界全体の変革の中心にいること、2030年には電気自動車（EV）が普及した世界においてのリーダー的役割を担うことを目指している。“トランスフォーム2025+”の成果は既に現れており、年間コスト削減目標の30億ユーロのうち、27億ユーロを予定より早く2019年末までに達成できた。

そうした状況の中で2019年に発表された「デジタル・トランスフォーメーション・ロードマップ」は、全社改革をより一層推進させる“本質的なデジタル化”を目指したものとして注目を浴びている。それでは、そのデジタル・トランスフォーメーション・ロードマップはどのようなものなのだろうか。

### ●カー・ソフトウェア部門の新設

フォルクスワーゲン社は「自動車向けソフトウェアとデジタルエコシステムのためのソフトウェアの開発」を専門とする社内スタートアップとして、カー・ソフトウェア（Car.Software）部門を新設した。同部門の狙いとしては、10%にとどまっているソフトウェアの内製化比率を2025年までに60%に引き上げることである。現在200社のサプライヤーから最大70種類のコントロールユニットと制御用ソフトウェアが提供されているが、いずれはグループ内で同じ基本機能を備えたOSを開発して煩雑さを解消し、中期的にはグループ全体でスケールメリットの恩恵を受けることが狙いだ。

これを実現するために、同社はソフトウェア開発、電動・電子開発、コネクティビティ、自動運転、顧客体験（UX）、クラウドアーキテクチャー、電子商取引といった分野における5,000人以上の専門家を2025年までに配属することを目指している。人材を確保するために、新たに外部からの専門職の雇用や、他企業へ出資を行うとしている。

**◉既存人材の教育**

もっとも、5,000人もの人材プールを、僅か5年あまりで外部の力のみに頼って確保することは困難である。そのため、フォルクスワーゲン社は人材の「リスキリング」を目指したトレーニングを提供している。リスキリングとは、直訳すると「スキルを改めて身につける」ことであり、そのための人材教育を指す。この人材教育は、カー・ソフトウェア部門を念頭に入れただけでなく、全社としてデジタル化することを見越して導入したものである。具体的には、「ファカルティ73」（Faculty73）と呼ばれるデジタル関連のエキスパートになることを目指した職業訓練やオンライン教育を充実させていくこととしている。

## 事例③　ニトリホールディングス

日本においても、本質的なデジタル化によって、新型コロナ禍でも成果を残した企業がある。

ニトリホールディングスは、提携先との共同管理が可能なブロックチェーンを活用して、他社と荷物を共同配送することで積載率を高めたり、積極的にロボットを物流工場に取り入れたりなど、様々なデジタル化を進めている。

その結果、2020年の1年間で株価を約28%上昇させた（参考までに、同期間での日経平均の上昇は約19%）。同社では、デジタル化を進めるために、下記の4つの取り組みを実施していた。

**①内製化**：デジタル関連スキルに加え、ビジネスに対する洞察力も有する人材を350人育成し、約20年前からシステムを内製化
**②アジャイル開発**：1日に約10件のリリースという開発スピードを実現
**③経営者の意識と信念**：デジタル部門は事業部からの要望を請負うのではな

く、顧客満足・業務改善を主導

**④インパクト主義**：開発着手時のみならず、リリース後もメリット、ROI（投資利益率）で徹底的に評価

また、この4つの取り組みの徹底とは別に、2032年には、3,000店舗、売上高3兆円を達成するという目標を掲げ、あらゆる最新技術を試行し、国内外のパートナーとの提携を進めている。例えば、広告のROIを高めるためにグーグル・アナリティクスと協働することで顧客属性ごとに配信広告を1,128パターン作成することで、クリック率を2倍に増加させた。それ以外にも、ブロックチェーン・テクノロジー関連事業を展開するレイヤーX社（LayerX社）と提携することで紙ベースの伝票を撤廃し、トラックの現在地情報や積荷情報を管理するなどをしている（**図表4-6**）。

このように、ウエスタンデジタル社、フォルクスワーゲン社、ニトリホールディングスはいずれも、事業戦略に沿った形でデジタル投資戦略を策定し、それを実現するための人材確保の工夫と組織改革、および臨機応変な試行錯

**図表4-6　ニトリホールディングスの国内外のパートナーとの提携事例**

| | |
|---|---|
| アナリティクス | ・Googleと共同で配信広告を顧客属性ごとに1,128パターン作成<br>・クリック率が2倍に |
| ロボット | ・ノルウェーの「オートストア」を日本初導入し、商品仕分けを自動化<br>・シンガポールのグレイオレンジ社の「バトラー」で棚移動を自動化 |
| 教育 | ・GLOBISと共同でニトリ社員向けのMBAなどの教育教材を提供<br>・Workday HCMで社員のスキルを管理 |
| RPA<br>Cloud | ・NTTデータのRPAを用いた業務自動化を実施<br>・Azureを使った仮想PCを採用することでリモートワークを推進 |
| AI | ・人工知能（AI）による配送ルートの決定や在庫管理の高度化など約500の機能を開発<br>・アリババの画像検索エンジンを日本で初めて導入し、撮影した写真から類似商品検索 |
| ブロックチェーン | ・LayerXと協業し、ブロックチェーンを用いて紙ベースでの伝票を撤廃、トラックの現在地や積荷情報を管理<br>・他社との共同配送なども検討し、物流事業やコンサル事業を外販することで数百億円の売上を計画 |

資料：企業ホームページ、記事検索

誤を可能とするデジタルインフラの整備をしていることが、本質的なデジタル化を実行している他社に勝っている理由と言えるだろう。

### 日本企業の“本質的なデジタル化”を推進するには

ここまで具体的な事例を紹介したが、日本企業が実際に“本質的なデジタル化”を果たしていくにあたっては、そもそも乗り越えなければならないハードルが多く存在する。現在、日本企業の多くは、色々な先端技術をパイロット活動を試しては結局適用しない、いわゆる「パイロット地獄」に陥っており、効率的に“本質的なデジタル化”を目指せていない。日本企業が「パイロット地獄」から抜け出し、最短距離で“本質的なデジタル化”を目指すにあたっては、特に下記の3つの論点について検討すべきである。

①投資領域をどのように見定めて、限られたリソース配分に優先順位をつけていくべきか
②デジタル人材の多くを外部に依存している中、どのように効率的に人材を育成し、スケールアップすべきか
③クラウド後進国でレガシーシステムによる縛りがある中で、いかにスピード感をもって実行していくべきか

次項以降、上記の論点一つ一つにおいて、日本企業はどのようにすべきかの見解を示していく。

NORMAL
NEXT

## SECTION 4-4 論点①　投資領域を見定め、リソース配分に優先順位をつける

デジタル化は全社の「ありたき姿」と一貫している必要があり、まず変革を通じて達成したい姿を定義する必要がある。日本企業の多くでは、各事業

部からボトムアップにデジタル化のアイデアを集めた上で、明確な基準なく投資をしている傾向にある。その結果として、製造業においては、もともとのモノづくりの強みをさらに強化するため、発言力が強い生産部門のデジタル化は進んでいるが、営業や開発・購買などの部門ではデジタル化がほとんど進んでいないという事例が散見される。企業にとって、生産コストが全体に占める割合は数%程度なので、生産部門のデジタル化は全体の業績向上への寄与度が高くない。

従って、実際に「ありたき姿」に沿ったデジタル化を実施したいならば、社内の業務機能の一つ一つに対して、次に示す5つの視点が、どれほど損益計算書に対してよい影響を創出するかを診断して、注力投資領域を決定すべきである。

①**ビジネスモデル変革**：デジタル技術を活用した新たなビジネスモデルの構築ができるか
② **AI**（**データ分析**）：大量・複雑なデータの新たな分析による価値最大化ができるか
③**ロボティクスと自動化**：AIによる機械学習による業務効率化ができるか
④**プロセスのデジタル化**：ビジネスプロセスをデジタル化できるか
⑤ **AR**（**拡張現実**）：モノとヒトの相互接続によるコスト削減ができるか（**図表4-7**）

診断結果に基づいて、それぞれの寄与度を考慮に入れつつ、デジタル化投資の優先順位を付けることでロードマップを築いていくというのが理想的なプロセスである。こうすることで、限られたリソースを有効に投資でき、デジタル化を通じて会社としての「ありたき姿」に近づくことが可能となる（**図表4-8**）。

### 図表 4-7　デジタル診断結果のイメージ

□インパクト最低　■インパクト低　■インパクト中　■インパクト大

| 業務機能 | 診断範囲 | ビジネスモデル変革 | AI（データ分析） | ロボティクスと自動化 | プロセスのデジタル化 | AR（拡張現実） | 合計 |
|---|---|---|---|---|---|---|---|
| 生産 | 材料費以外の製造原価項目（労務費、動力費等） | XX | XX | XX | XX | XX | XX |
| 調達 | 材料費<br>間接資材 | XX | XX | XX | XX | XX | XX |
| SCM | 倉庫・物流費を除く物流費<br>物流関連人件費 | XX | XX | XX | XX | XX | XX |
| 営業・サービス | 営業人件費<br>倉庫・物流費 | XX | XX | XX | XX | XX | XX |
| 間接業務 | 本社費・管理部費（人事・経理・法務等） | XX | XX | XX | XX | XX | XX |
|  | 合計 | XX | XX | XX | XX | XX | XX |

### 図表 4-8　デジタル化投資のロードマップのイメージ

ビジネス分野ごとのユースケースから期待されるEBITインパクト、年換算効果；ベースライン=2018年

主なユースケースの例

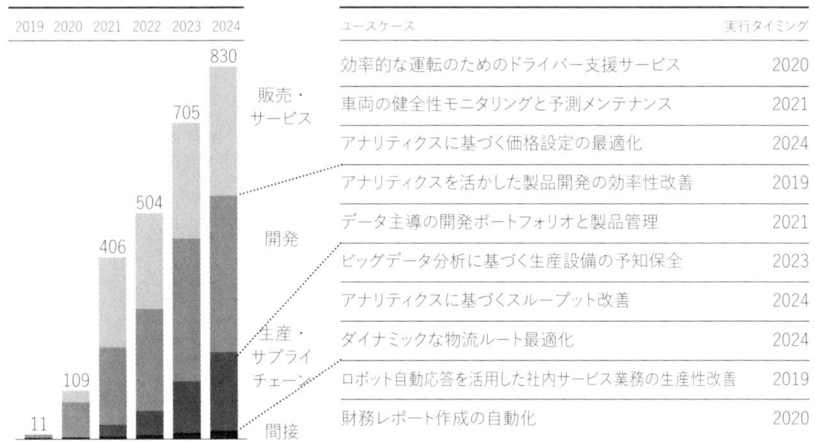

# SECTION 4-5 論点② 効率的に人材を育成し、スケールアップする

## 経営陣の強いコミットが重要

では、上記で判断した投資領域でのデジタル化をどのように進めていくべきか。

まず重要となるのは、デジタル変革に対する経営者の意識と信念である。**図表4-9**を見てほしい。マッキンゼーが2020年に1,256社を対象に実施した調査では、デジタル変革が失速・停止した企業は62%にのぼっている。その主な要因としては、21%が経営陣の理解不足や不明瞭なデジタル戦略、20%が組織能力不足、18%が意識改革・組織風土変革の不足による現場の抵抗であった。

**図表4-9　デジタル変革が失速・停止するタイミングとその主な理由**

マッキンゼーによるグローバル企業1,256社の調査（2020年）

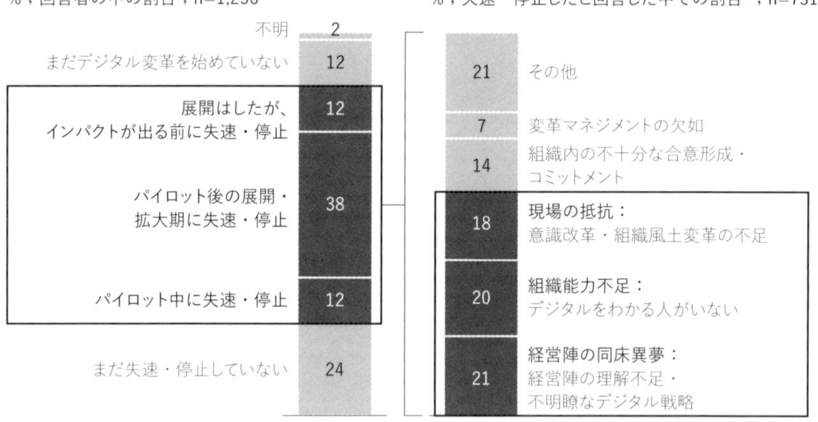


1. 失速・停止した主な理由は不明とした回答（回答のうちの6%）を除いてから算出；n=731

**図表4-10　デジタル変革において求められる経営陣の役割**

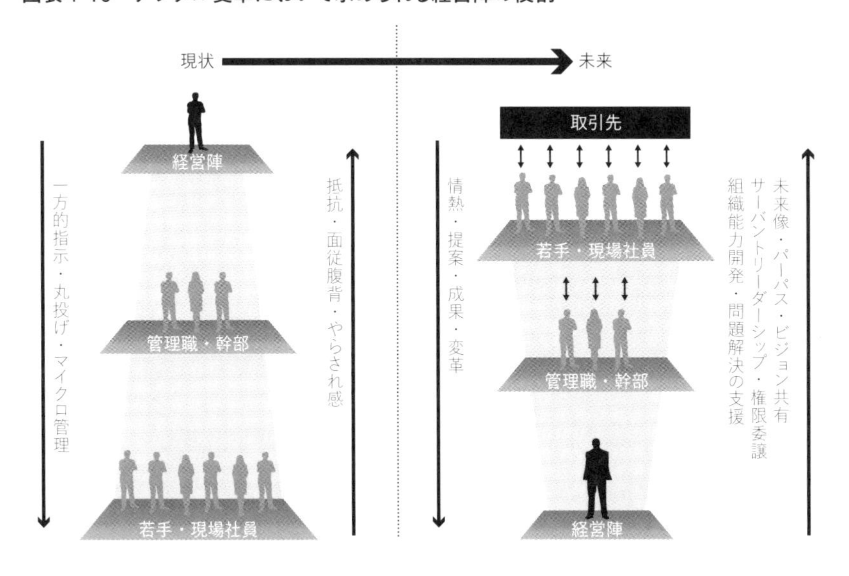


変革とは、従来の組織に対して一種「異物」を混入するようなものであり、現場に多くの負荷をかけるため、その過程で反発が起きることは必至である。それを乗り越えるための鍵が経営陣の携わり方である。決してトップダウンで指示するだけではなく、ビジョンを示し、現場の実行を全力で助けることが経営陣に求められる。ここでいう経営陣とは、デジタル部門に限らず各事業部門のトップも含んでいる。なぜなら、デジタル化をデジタル部門だけで進めても、「本質的なデジタル化」は実現されない。デジタル部門が各事業部門の状況を正確に把握できないままトップダウンで決定するのではなく、各事業部門の実際のビジネスニーズに沿ってデジタル化を進めていかなければ、せっかくのデジタル化が現場に浸透せず、かえって工数が増えてしまう可能性が大きい（**図表4-10**）。

## トランスレーターの育成が成功の要件

また、デジタル変革には多くの関係者の関与が不可欠であり、それらをうまく束ねることも変革の成功に欠かせない。一般にデジタル化というと、高い専門性を持つ社内のデータエンジニア、または外部ベンダーに頼る傾向にあるが、実際はそれだけでは不十分である。現実には、様々な役割と強みを持つ人材が有機的に連携しながらデジタル化を進めていく必要がある。

特に重要となってくるのが、「トランスレーター」（翻訳者）と呼ばれる人材である。トランスレーターは、現場のデジタル機会を特定でき、ビジネス側とデータサイエンティストの間の意思疎通が図れるビジネス側の人材のことを指す。ビジネス課題を理解し、データサイエンティストなど専門性を持つエキスパートたちの間に入り、コミュニケーションを活性化させ、必要なデータや分析、機能を特定し、協力して問題解決を行う役割、スキルを持つ人材である。

それでは、企業はデジタル変革を進めるための人材を、どのように揃えればよいのだろうか。まず思いつくのは、外部の人材市場から雇い入れることだが、大規模にそれを実施することは日本では現実的に難しい。北米の調査ではあるが、1名をリスキリングするのには最大でも2万ドルしか要さないのに対し、外部の人材市場から1名採用するのには3万ドル要し、なおかつ入社後のトレーニング費用がかかり、辞職するリスクも高い。大規模な改革のためだからといって、外部の人材市場だけに依存することは現実的でない。

次のSECTIONで詳しく「既存人材のデジタル人材へのリスキリング」という考え方を紹介する。リスキリングとは、前述したように、従業員が新しい役割に適応するために、企業として新しい役割に必要となるスキルを組織立てて育成することである。

COLUMN

## 「外部の人材市場からの雇い入れ」にあたっての留意事項

### ◉量より質を重視する

多くの企業は、ニーズの大きさに惑わされ、人材の質より量を優先しがちである。しかし、デジタルにおいては1人のエキスパートはその専門性の高さゆえ、若手から中堅まで何名分もの業務をこなす。そのため、そのエキスパート1人を確保するには、企業は競合相手よりも高い報奨を支払うことをためらってはならない。

### ◉学習意欲の高さを重視する

デジタル技術は日々進歩しており、ある段階で仕入れた知見は、数年も経たないうちに陳腐化してしまう。それに対応するため、学習意欲の高さは重要であり、同時に企業側もそれに応えるためのインフラ構築が重要となる。自社でトレーニングを提供できない場合においても、他社と協働したり、従業員が外部のイベントに参加して知見を得るなどの工夫が必要である。

### ◉デジタル人材がデジタル人材を採用する

デジタル人材の採用においては、デジタルの知識が乏しい人事担当よりは、知識が豊富にあるデジタル人材が採用担当となることが望ましい。また、デジタル人材の採用ルートは、他の職種とは大きく異なり、ソフトウェア関連のイベントや専門性の高いカンファレンスなども駆使していく必要がある。

# SECTION 4-6 既存人材のデジタル人材へのリスキリング

デジタル人材へのリスキリングは、既に海外の一部の企業で取り組まれている。例えばAT&T社は、2013年に従来の「ハードウェア中心の電話会社」から、「ソフトウェアを中心とした通信・テクノロジー・メディア企業へと転換」する戦略を立案した際、45%の社員（10万人規模）が、戦略実現に必要とされる科学・技術・工学・数学系のスキル能力を満たしていないことが明確となった。そして、既存の能力と求められる能力のギャップを特定し、そのギャップを埋めるためのプロジェクト「ワークフォース2020」を立ち上げた。「ワークフォース2020」では、各部門の将来的な見通しや、それぞれが必要とする人材のスキル・賃金の範囲を見える化した。また、各従業員の所属や経歴から、各自の能力を把握するためのキャリアプロファイルを作成した。その上で、年約250億円もの投資をして各種トレーニング機会を整備した。具体的には、オンラインでの個別講座の提供、新しいテクノロジー関連でも需要の高い技術をトレーニングし、修了した者に認定書を発行する「ナノ学位」プログラムや外部大学と協力して設置した「コンピュータサイエンスのオンライン修士号プログラム」を導入した。そしてこれらに積極的に取り組んでもらうために、各自に年間8,000ドルまでの費用補助をした。これにより、現在社内の技術職の81%が社内異動によって充足されている。また、リスキリングのプログラムに参加した従業員は、そうでない従業員と比べ、年度末に1.1倍高い評価を受け、1.3倍多く表彰を受賞し、1.7倍昇進しており、離職率は1.6倍低くなっている。

その他にも、ウォルマート社は4年間で約40億ドルの資金を投じて、北米での全140万人の店舗従業員を対象に、基本の小売技術とAI時代において重要な「感情」のスキルを育成し、認証するプログラムを提供した。リスキリングのコースは全てで14,000にもおよび、IBMなどの企業と連携して開発した。また、アマゾン社においても「アップ・スキリング2025」プログラムの一環として、特にデータサイエンスやセキュリティ管理、ビジネスアナリストなどのプログラムに着目して7億ドルの資金を投じて、10万人以上のスキルを今後6年で向上させるプログラムを設計した。世界経済フォーラムで発表された試算によると、全世界の企業の従業員の54%は何かしらのデジタルに関するリスキリングを必要とし、35%は6カ月間、9%は6カ月間から1年間、10%は1年間以上の期間を要するとしている。

リスキリングはやみくもに最新テクノロジーなどのデジタル化に関する知識を詰め込めば良い、というわけではなく、下記の3つステップを踏むのが望ましいとされている。

## ステップ① リスキリング戦略の策定

デジタル化は事業戦略と一貫している必要があり、やみくもに最新トレンドに精通している人材を揃えるのではなく、3～5年先の経営戦略に沿う形で人材をリスキリングしていく必要がある。そのため、3～5年先の経営戦略を達成するために必要な人材構成表を作成し、それと既存の人材と比較することで、リスキリングの対象とする従業員、伸ばすべきスキルを特定する必要がある。その上で、リスキリングのロードマップを描く必要がある。

**図表4-11**は、あるテクノロジー企業の事例である。デジタルを活用した学習、グループでの学習、OJT（オン・ザ・ジョブ・トレーニング）を組み合わせた上で、段階によって習熟するスキルを分け、技術系のプロジェクト・オーナーからデジタル・プラットフォーム・オーナーに変化していく様子がわかる。

ステップ1で特に重要となってくるのは、将来の戦略を見据える必要があるため、人事部主導ではなく、事業部主導で実施することである。また、日本は欧米と異なり、ジョブ型雇用になっていないため、既存人材のスキルの見える化に時間を要するということも加味しなければならない。

また、リスキリングの対象をシニア人材に限定してしまい、20～30代を対象としていない事例も日本では散見される。しかし、現在の20～30代はデジタルへの抵抗がないため、当然リスキリングが成功しやすいと言える。実際に上述のAT&T社の例では、電話回線の監視や機器のテストをしていた30代のネットワークエンジニアからデータサイエンティストへ転身した

図表4-11　ある企業のリスキリングロードマップの事例

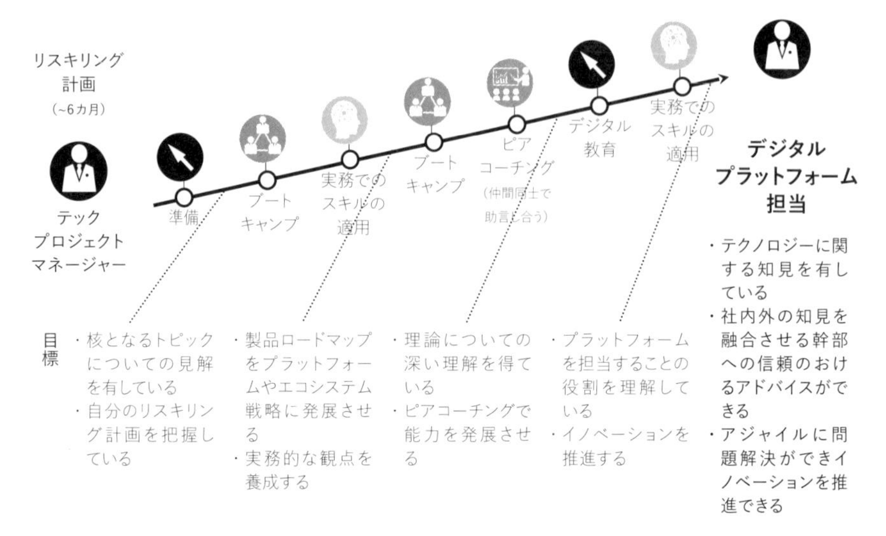


事例もある。年齢を理由にリスキリングの対象を限定してはいけない。

## ステップ②　リスキリングプログラムの詳細設計

次に、具体的に対象となる人員や具体的なトレーニング項目を設計する。また、リスキリングを一度限りのものでなく、事業環境や技術潮流をとらえつつ継続的な実施のために、組織風土やインフラを整えることも重要である。

ステップ2で特に重要となってくるのは、昇給や昇進などのインセンティブを十分に保証することである。さもないと、リスキリング＝負担と受け取られかねず、モチベーションが低下して十分な人員確保ができないことがある。上述のAT&T社の事例では、市場価値や全社への貢献度を加味した人事評価指標の修正をすることで、この点を克服した。また、トレーニングにおいても、日本企業の多くは自前主義にとらわれすぎて、効果的なトレーニング設計ができなくなりがちなのも注意すべきである。

## ステップ③　リスキリングの実施

ステップ3では、実際にリスキリングを実施していく。「デジタルテクノロジーに関する知識」に加えて、全てのスキルの土台となる「高度な認知能力」「社会的および感情的能力」「適応性と強靭性（レジリエンス）」の4つをバランスよくリスキリングしていくことが重要となってくる。

### ◉デジタルテクノロジーに関する知識

企業が属するエコシステム（例：顧客、サプライヤー、関係する規制機関）内で生産性を高めるために、鍵となるテクノロジーやデータ処理方法（例：データの見える化、応用機械学習、アドバンスド・アナリティクス）についての基本理解が重要となる。欧米を対象にした調査ではあるが、2030年にはこれらの能力を用いた勤務での従事時間は、対2016年比でプラス55%になると考えられている。

### ◉高度な認知能力

今後は市場の変化がこれまで以上に早まるため、問題解決能力、創造力などが重要となってくる。特にリモートワークの浸透により、従業員一人一人の自主性が強く求められるようになったため、自分で考え抜く力やプロジェクトマネジメント能力の重要性はより一層高まった。同調査では、2030年にはこれらの能力を用いた勤務での従事時間は、対2016年比でプラス24%になると考えられている。

### ◉社会的および感情的能力

リモートワークの浸透により、企業はこれまで以上に従業員とのコネクションを強化した上で、変革を推進する必要がでてきた。同調査では、2030年にはこれらの能力を用いた勤務での従事時間は、対2016年比でプラス8%になると考えられている。

### ◉適応性と強靭性（レジリエンス）

変革にあたっては新規の学びが大きく生まれるため、このような機会に従業員の内省を促し、自信や自己認識を高める必要がある。

ここで重要となってくるのは、PDCAのサイクルを整備することであり、対象者の学習状況を見ながら、プログラムや実施方法を随時軌道修正していくというアプローチをとることだ。こうしたスタートアップ式のアプローチは、特に大企業にとって忘れてはならない。一般に、大企業のほうが多くの資金や人的資源、人材育成ノウハウを抱えているため、リスキリングに成功しやすいと思われているにもかかわらず、実際は1,000人以下の組織のほうが1,000人以上の組織よりリスキリングの成功確率は高いという事実がある。1,000人以下の組織のほうが、トップの戦略が一般従業員まで浸透しやすく、かつ意思決定プロセスがより簡潔であることから、試行錯誤を前提にしながら新しい取り組みを実行する体制が整備されているからである。大企業がリスキリングを実施する際は、既存の組織の枠内で取り組もうとせず、スタートアップのように臨機応変かつ迅速にPDCAを回すことを意識するのが良い。

しかし、現実的に欧米で行われている規模で日本企業がリスキリングを実行していくことは非常に難しい。冒頭でも述べたが、特に日本企業の多くはITプロバイダへ依存しており、デジタル化に関する知見が社内に蓄積されていないケースが多い。そのため、日本企業においては既にノウハウを蓄積している企業とパートナーシップを結ぶことでリスキリングを可能な限り進めつつ、外部のITプロバイダを上手に活用していくことが重要といえる。

NEXT NORMAL

## SECTION 4-7 論点③ レガシーシステムによる縛りの中でいかにスピード感をもって実行していくべきか

人材以外にも、どのようにデジタル化のための原資を確保するかも重要なポイントである。ここで重要となってくるのは“ツー・スピード（Two Speed）”という考え方である。

“ツー・スピード”の基本的な考え方としては、フロントエンド（利用者に近い部分）で迅速に対応していくITと、バックエンド（利用者から見えない部分）でレガシーベースの基幹システム的役割を果たすITを分けて持つことである。こうすることで、企業は既存の大規模な基幹システムとの統合に手間取ることなく、新規のソフトウェアを試しつつ、基幹システムを安定的に稼働できる。

“ツー・スピード”を導入することで、短期的にはレガシーベースの基幹システムを適切な規模へ最適化しつつ、その結果削減したデジタル投資コストを元手に、さらなるコスト削減や最新化のための再投資をし、長期的にITのモダナイズが可能になる。再投資先としては、新たなデジタル＆アナリティクスソリューションの提供を加速させるためのクラウド、新規ソリューションの導入の加速化、人材、セキュリティなどの分野に幅広く存在する。

その他にも“ツー・スピード”を導入するメリットとして、企業のリスクを最小化できることが挙げられる。既存のプラットフォームを長期間活用してきたような企業では、従業員は既存のプラットフォームでの業務に慣れており、それを前提とした仕事の仕方が染みついている。その点、“ツー・スピード”を導入すれば、既存のやり方を一定程度維持しつつも、新しいテクノロジーやデジタル技術を用いた働き方が試せる。もしそこで課題が生じれば、既存業務への影響を抑えながら従業員の育成ができ、必要なら外部に協力を求めつつ、段階を踏んで新しい働き方へのシフトを実現できる。

“ツー・スピード”を進めていくにあたっては、自社で複雑なシステムを内製化して所有・運営していくよりは、クラウドを活用していくことが重要となる。クラウドを活用していく中でも特に重要となってくるのが、“ベスト・オブ・ブリード（best of breed）”という考え方である。“ベスト・オブ・ブリード”とは、ベンダーなどの違いにこだわらず、各ソリューションに沿ったアプリケーションを最適な製品で組み合わせるという考え方である。近年では、これらのソリューションの多くは、直感的にわかりやすいユーザ・インターフェース（UI）と顧客体験（UX）を採用しているため、デジタルネイティブの人材でなくても取り扱えるようになっている。このように既存のシステムの枠にとらわれず、外部のクラウドソリューションを適材適所に組み合わせることで、アジャイルな意思決定が可能となるのである。

# まとめ

新型コロナ以前より進められてきたデジタル化だが、デジタル化した企業とそうでない企業の間で、市場のニーズに応えるスピードの差が、新型コロナによってこれまで以上に広がった。日本企業が“本質的なデジタル化”を果たしていく重要性はより一層高まったといえるだろう。“本質的なデジタル化”を果たしていくにあたって日本企業は、まずデジタル化を通じて達成したい「ありたき姿を」定義した上で、注力すべき投資領域を決定する必要がある。また、経営陣自らが関わって、デジタル部門だけでなく事業部を巻き込む形で、各部門における必要な人材をリスキリングする体制を構築していくべきである。その上で外部プロバイダと協力しながら、改革の加速化に向けて“ツー・スピード化”を進めていく必要があるといえる。

全てを同時並行で実施していくのは困難に見えるかもしれないが、変革とは多くの場合痛みが生じるものである。“本質的なデジタル化”を既に推進している企業との差がこれ以上広がる前に、日本企業は“本質的なデジタル化”に向けての取り組みを開始すべきである。

◇出典

・経済産業省“DXレポート”, Sept 7th, 2018
・SPEEDAによる財務データリサーチ
・各種メディア
・各社ホームページ（フォルクスワーゲン社等）

# CHAPTER 5

# 次なるブラックスワンに備えた<br>サプライチェーン改革

新型コロナによるグローバル・サプライチェーンの寸断は、サプライチェーンに従来から潜んでいた脆弱性を浮き彫りにし、世界のサプライチェーン・リーダーたちの間に変革の機運を高めた。しかしながら、日本企業としては、問題の表面だけを捉えて、対症療法的な施策に安易にまた場当たり的に飛びつくべきではない。むしろ、今回の混乱を契機として、より広い視野からサプライチェーンを見つめなおし、種々のブラックスワンリスク（予測可能性が低く損害が大きいリスク）を含む包括的・長期的観点から、効率性と強靭性を両立する最適な形で、抜本的なサプライチェーン改革を行うことが重要である。

そのような抜本的改革を行うには、直面する危機のきっかけとなる出来事の性質や自社サプライチェーンの脆弱さを企業ごとに把握した上で、効率性と強靭性というトレードオフ（二律背反）を同時に追求するためのシミュレーションを行いつつ、最小限のコストで最大の成果を上げるために、デジタルを活用した対策を打つことが肝要である。

これまでの歴史を振り返ると、サプライチェーンの危機が顕在化したのをきっかけにとして、散発的に脆弱性対策を実施したものの、危機が過ぎ去るともとの効率性を重視したサプライチェーンへ逆戻りするという事例が多く見られた。だが、今回の新型コロナ禍においては、自社サプライチェーンに潜む脆弱性を把握し、デジタルを用いて変革に成功した企業は、長期的に変わることのない競争優位性を保つ可能性が高い。したがって、この改革の成否が今後の長期的な企業の優勝劣敗を規定することになる。

NORMAL
E
X
T

# SECTION 5-1 多種多様な危機がグローバル・サプライチェーンを待ち受けている

## 新型コロナはサプライチェーンに大規模な寸断をもたらし、改革の機運を醸成した

新型コロナは人類の誰もが予期しない形と規模で、グローバル・サプライチェーンに多大な被害を与えた点で、まさしく「ブラックスワン」[1]であった。(**図表5-1**)[2]。例えば、中国では都市封鎖(ロックダウン)により、自動車業界や電子機器業界が必要とする原材料や部品の供給が滞った。EU(ヨーロッパ連合)では国境通過の所要時間の増大によって、物流の遅延や移民の停滞による労働力の不足が様々な業界に影響を及ぼした。このように、新型コロナを原因として世界的規模でのサプライチェーンの寸断がみられた。

**図表5-1 新型コロナはグローバル・サプライチェーンに大規模な寸断をもたらした**

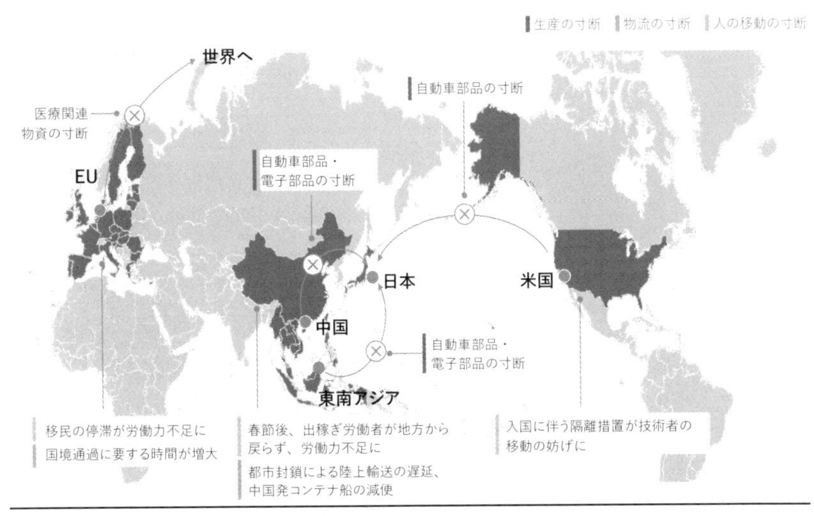


資料：経済産業省

今回の新型コロナを契機としたサプライチェーンの寸断は、各業界、各企業のあらゆるサプライチェーン・リーダーたちに、変革の必要性を痛感させた。2020年5月にマッキンゼーがサプライチェーン・マネジメントのリーダー60社を対象に行った調査によると、それらの60社が今回の危機をサプライチェーン変革の契機と捉えていることがわかる。具体的には、それらの60社の93%がサプライチェーンの脆弱性改善が必要だと回答し、そのうち20%が脆弱性の大幅な改善が必要だと回答した。

また同調査によると、サプライチェーンの脆弱性改善の重要な手法として挙げられていたのが、調達先の複数化、在庫水準の引き上げ、ニアショア化（開発業務の部分的もしくは全部を、比較的近い距離の場所にある企業に外注すること）である（**図表5-2**）[3]。脆弱性解消を通じて、予測不可能な事態にも柔軟に対応できるサプライチェーンへの転換を目指す動きは、今後のグローバル・サプライチェーンの趨勢となるだろう。

しかしながら、日本企業がこうした海外の潮流にのり、調達先の複数化、ニアショア化、在庫水準の引き上げといった施策を導入すれば万事解決する

**図表5-2　世界のサプライチェーン先進企業の93%は脆弱性の改善を目指しており、その主な手法は調達先の二重化、在庫水準の引き上げ、ニアショア化**

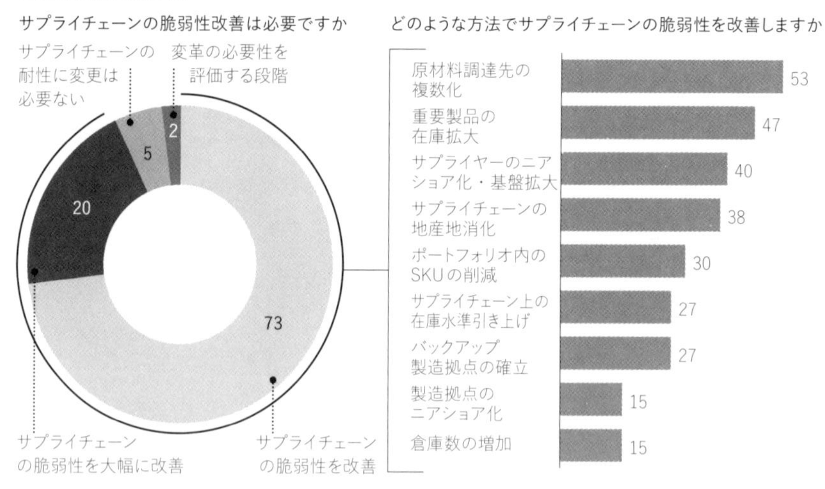


資料：マッキンゼーのグローバルサプライチェーンリーダー調査（2020年5月15~22日；n=60）

というわけではない。施策に飛びつく前に、考えるべきことがある。重要なことは、「新型コロナ対応」という狭い領域から視野を広げ、自社の直面する危機の可能性を正しく包括的に把握した上で、自社のサプライチェーンを見つめなおすことである。

## 多種多様な危機の性質を正しく理解する必要がある

新型コロナ以外のサプライチェーンのリスクに目を向けると、企業は多様な危機の可能性に直面している。

【具体例】

**・不可抗力による危機**

ハリケーン・洪水・地震・山火事・火山噴火・疫病などの災害は局所的に発生するものが多い一方で、それが波及してグローバルな生産・物流ネットワークのボトルネックを生み出しうる。事例数は少ないものの、新型コロナのようにグローバルに発生し、グローバル・サプライチェーン全体に多大な影響を与える例もある

**・マクロ政治による危機**

金融危機・貿易紛争・規制の変化・不況・武力紛争・テロリズムなど

**・犯罪・反社会的行動による危機**

サイバー攻撃・窃盗・偽造など

**・それぞれの企業特有の危機**

産業事故・労使紛争・ITシステムダウン・サプライヤーの破綻など。少数の企業に関連する出来事が、広い範囲に波及することがある

サプライチェーンを待ち受けているこうした様々な危機は、「損害の大きさ」と「予測可能性」の2軸によって分類できる。損害の大きさは、その持続時間、地域的広がりの大きさ、業界を跨いだ広がりの大きさで評価でき、予測可能性は危機の発生頻度、兆候から発現までの所要時間から評価できる。損害の大きさは対策の優先順位付けに、予測可能性は対策のアプローチ・方法に影響を与える。

【危機の性質】

- リスクの性質＝損害の大きさ×予測可能性
- 損害の大きさ＝持続時間×地域的広がりの大きさ×業界を跨いだ広がりの大きさ
- 予測可能性＝危機の発生頻度×兆候から発現までの所要時間

企業は、損害が小さく予測可能性が高い危機への対応に注力はするものの、予測可能性が低くかつ損害が大きい「ブラックスワン」と呼ばれる危機への対策は進んでいないことが多い（**図表5-3**）。このことは今回の新型コロナというブラックスワンによって鮮明になった。今後は、ブラックスワンを前提としたリスク管理が求められる。

まず損害について検討する。**図表5-4**[4]は損害の持続時間、地域的広がり、業界を跨いだ広がりから13種類の危機の損害について評価したものである。その特徴としては、危機の種類によって、ある程度その損害の持続期間、損害の広がりや発現領域が決まっているという点である。最も損害が大きいも

**図表5-3　企業は、予測可能性が低くかつインパクトが大きい「ブラックスワン」と呼ばれる危機への対策は進んでいないことが多い**

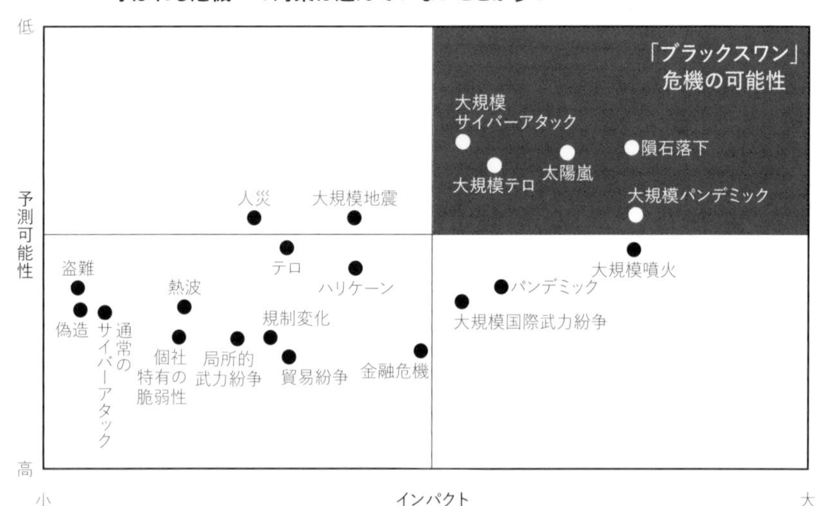

## 図表5-4　危機の類型によって、そのインパクトの持続期間、インパクトの広がり、影響の発現領域がある程度決まっている

インパクト：小さい ■■■■ 大きい

| | 例 | コストインパクト（十億ドル） | インパクトの性質：総合的な深刻度 | 期間 | 初期的ショックの地理的範囲[1] | 地理を跨いだ伝播可能性 | 初期的ショックの産業的範囲[1] | 産業を跨いだ伝播可能性 | インパクトの発現する領域：需要 | 労働力 | インフラ | 知的財産 |
|---|---|---|---|---|---|---|---|---|---|---|---|---|
| 世界的な軍事衝突 | 仮説的な第三次世界大戦シナリオ[2] | 15,000 | | | | | | | | | | |
| パンデミック | 新型コロナ、2020~ | 30,000[3] | | | | | | | | | | |
| 経済危機 | リーマンショックによる不況、2009年 | 10,000 | | | | | | | | | | |
| 大規模なサイバーアタック | 仮説的なeコマースディスラプション | 1,000[4] | | | | | | | | | | |
| 地震・噴火等 | 東日本大震災、2011年 | 235 | | | | | | | | | | |
| 異常気象 | ハリケーン・カトリーナ、2005年 | 160 | | | | | | | | | | |
| テロ | 2001年9月11日 | 160[5] | | | | | | | | | | |
| 貿易紛争 | 米中貿易紛争、2017~20年 | 200[6] | | | | | | | | | | |
| 人災 | メキシコ湾原油流出事故、2010年 | 65 | | | | | | | | | | |
| 軍事衝突 | ダルフール紛争 | 30 | | | | | | | | | | |
| 個社特有のショック[7] | 韓進海運の破綻、2016年 | 10 | | | | | | | | | | |
| サイバーアタック | WannaCryランサムウェア、2017年 | 4 | | | | | | | | | | |

1. 危機がもたらすショックの初期的な効果であり波及効果やノックオン効果を含まない
2. 世界経済フォーラムによる世界の紛争の年間コストの現在の合計額に基づく
3. オックスフォード・エコノミクスおよびマッキンゼーによる世界のGDP損失予測および経営者サーベイに基づく
4. Ponemon Institute推計によれば、DDoS攻撃を通じたインターネットのダウンが企業にもたらす毎分の平均損失額は22千ドルであり、中には毎分の損失額100千ドルにのぼる企業も存在する。5,000社以上のコミュニケーション途絶をもたらす1日間のダウンによる損失額は160十億ドルにのぼり、7日間のダウンでは1兆ドルに達する
5. The New York Timesの推計による物理的損害と経済への直接の打撃の合計額。国家安全保障や戦争に関するコストを含まない
6. 直接コストのみ
7. サプライヤーの破綻、労働紛争、ITシステムダウン等を含む

資料：IMF、The New York Times、オックスフォード・エコノミクス、Ponemon Institute、世界経済フォーラム

のとしては、大規模なパンデミックや大規模武力紛争が挙げられる。こうした危機が顕在化すると、数兆ドルの被害をもたらしうる。次に大きなものとしては自然災害が挙げられる。自然災害は歴史的に設備の破壊と物流の途絶を通じて数千億ドルの被害をもたらしてきたが、その損害は近年ますます増大する傾向にある。それに続くのが規制変化や局所的武力紛争であり、数百億ドルほどの被害が生じうる。

そして、業界ごとに、それぞれの危機に対する損害可能性が異なる（**図表5-5**）[5]。例えば半導体業界は高度なデジタル化、巨大な研究開発、高い資本集約性、膨大なデジタルデータ量といった性質ゆえに、サイバー攻撃や貿易紛争に対しての損害可能性が高い一方で、熱波や洪水といった気候関係の危機に対しての損害可能性は比較的低い。対照的なのが農業・繊維・アパレル・食料・飲料といった労働集約的な業界であり、熱波や洪水などへの損害可能性が高くなっている。この傾向をまとめると以下のようになる

- 貿易への依存度が高い業界（電子通信機器、半導体など）は、そうでない業界（セメント・食品・ゴム・プラスチック業界など）に比べて、様々な危機に対する損害可能性が大きい
- 労働集約的な業界（農業、アパレルなど）は、パンデミック・熱波・洪水に対する損害可能性が大きい
- 知識集約的な業界（医療機器など）は、そうでない業界に比べ、全体として損害可能性が小さい傾向にあるが、サイバー攻撃に対する損害可能性は大きい

次に、予測可能性についてみると、発生頻度が低く、兆候から発現までの所要時間が短いほど予測可能性は低くなる。

まず「危機の発生頻度」については、企業は頻度の高いものに集中して対策する傾向があるが、頻度が低いものについても情報網を駆使して捕捉する必要がある。例えば、現在ではほとんどの企業で、高頻度のリスクであるサイバー攻撃を全社的リスク管理の一環として組み込んでいるものの、低頻度のリスクであるパンデミックへの備えは十分ではない。まさに今般の新型コ

## 図表5-5　危機に対する産業ごとの損害可能性は、展開地域と生産要素によって決まる

露出：小さい ■■■■ 大きい

総合的な露出の危機ごとの損害可能性のランク（1=最も高い）

| バリューチェーン | | 総合的な露出の大きさランキング | パンデミック[1] | 大規模サイバーアタック[2] | 地震等[3] | 熱波[4] | 洪水[5] | 貿易紛争[6] |
|---|---|---|---|---|---|---|---|---|
| グローバルイノベーション | 化学 | 11 | 16 | 4 | 6 | 19 | 16 | 8 |
| | 製薬 | 19 | 23 | 2 | 17 | 23 | 19 | 4 |
| | 航空宇宙 | 8 | 2 | 1 | 18 | 20 | 21 | 5 |
| | 自動車 | 14 | 6 | 9 | 12 | 21 | 18 | 6 |
| | 運搬装置 | 4 | 5 | 12 | 7 | 13 | 5 | 15 |
| | 電気設備 | 16 | 17 | 11 | 9 | 15 | 15 | 10 |
| | 機械装置 | 18 | 9 | 10 | 20 | 17 | 20 | 7 |
| | コンピュータと電子機器 | 6 | 15 | 5 | 4 | 14 | 14 | 9 |
| | 通信機器 | 1 | 13 | 3 | 2 | 16 | 7 | 2 |
| | 半導体および部品 | 9 | 19 | 6 | 1 | 18 | 23 | 1 |
| | 医療機器 | 23 | 22 | 8 | 22 | 22 | 22 | 3 |
| 労働集約型 | 家具 | 13 | 3 | 21 | 14 | 4 | 12 | 17 |
| | 繊維 | 7 | 7 | 22 | 11 | 3 | 2 | 21 |
| | アパレル | 2 | 1 | 20 | 15 | 2 | 1 | 11 |
| 地域集約型 | 組立金属製品 | 21 | 14 | 18 | 19 | 6 | 17 | 15 |
| | ゴム・樹脂 | 15 | 8 | 17 | 16 | 8 | 13 | 13 |
| | 食品・飲料 | 19 | 21 | 14 | 13 | 12 | 6 | 22 |
| | ガラス・セメントおよびセラミクス | 10 | 11 | 16 | 5 | 5 | 11 | 20 |
| リソース集約型 | 農業 | 17 | 20 | 19 | 23 | 1 | 4 | 14 |
| | 石油製品 | 3 | 4 | 7 | 10 | 7 | 10 | 18 |
| | 金属（貴金属以外） | 12 | 18 | 13 | 8 | 11 | 8 | 12 |
| | 鉱業 | 5 | 10 | 15 | 3 | 10 | 3 | 19 |
| | 木製品 | 22 | 12 | 23 | 21 | 9 | 9 | 23 |

1. 感染および人々の流入が激しい地域における地理的プレゼンスに基づき、労働集約性と需要への影響も加味している。INFORM、UN Comtrade、UN World Tourism Organization、米国BEA、World Input-Output Database（WIOD）のデータを使用
2. 知識集約性、資本集約性、デジタル化の程度、クロスボーダーデータフローの活発な地域におけるプレゼンスに基づく。MGI Digitization Index、MGI Labor Cube、Telegeography、米国BLSのデータを使用
3. 資本集約性および自然災害に対して脆弱な地域における地理的プレゼンスに基づく。INFORM、UN Comtrade、WIODのデータを使用
4. 熱波および湿度に対して脆弱な地域における地理的プレゼンス、労働集約性、相対的な屋外労働割合に基づく。MGI Workability Index、O*Net、UN Comtrade、米国BLSのデータを使用
5. 洪水に対して脆弱な地域における地理的プレゼンスに基づく。UN Comtrade、World Resources Instituteのデータを使用
6. 貿易依存度、製品の複雑性、国家安全保障との関連性に基づく。Observatory of Economic Complexity、UN Comtradeのデータを使用

**図表5-6　サプライチェーンに1カ月以上の途絶をもたらす危機は平均して3.7年に1回生じている**

専門家インタビューに基づくサプライチェーン途絶の予想発生周期

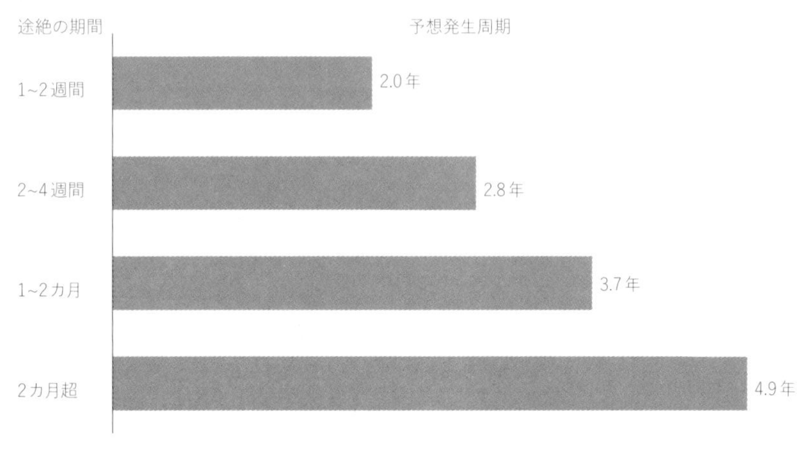


資料：McKinsey & Company

ロナは、低頻度のリスクについても企業が備えることが必要であると認識させることになった。実際にサプライチェーンに危機をもたらすリスクの発現頻度について、マッキンゼーが自動車・製薬・航空・コンピュータ機器の4業界を対象に行った調査の結果、サプライチェーンに1カ月以上の途絶をもたらす危機は平均して3.7年に1回発現していることがわかっている（**図表5-6**）[6]。

また、「兆候から発生、被害までの所要時間」についていうと、長い時間がかかるリスクに関しては、早期警戒システムを活用した予防的な措置が可能である。その一例が貿易紛争だ。近年、貿易紛争の兆候となるような情報がニュースのヘッドラインを騒がせるにつれ、企業は貿易紛争をサプライチェーン・リスク管理計画に織り込んできた。一方で、自然災害やパンデミックなど、兆候から発生・被害までの時間が短い危機に関しては、いざそれらが発生したときに備えて対応できる態勢を整えることが必要である。

# SECTION 5-2 サプライチェーンの脆弱性に関する2つの「鍵となる問い」

以上のように、企業が多種多様な危機の可能性に直面しているという現状認識をもとに、抜本的なサプライチェーン改革が必要になるという結論が導かれる。それは、新型コロナのようなブラックスワンを含む種々のリスクをも念頭に置き、包括的・長期的観点から効率性と強靭性を両立する最適の改革ではなくてはならない。

そのためには、次の2つの「鍵となる問い」に答える必要がある。

【鍵となる問い】
①危機に対する自社サプライチェーンの脆弱性はどのようなものか？
②最適な効率性と強靭性のバランスはどのようなものか？

## 鍵となる問い①
## 危機に対する自社サプライチェーンの脆弱性はどのようなものか？

グローバル・サプライチェーンには、過去数十年にわたる進化を通じて脆弱性が蓄積されており、今回の新型コロナはそうした脆弱性を厳しく突いたものとなった。現在のグローバル・サプライチェーンに内在する脆弱性のうち、主要なものを以下に示す。

【サプライチェーンに関する戦略的意思決定に起因するもの】
Ⓐ重要な原材料・部品の供給を特定地域に依存すること
Ⓑジャストインタイム方式[7]に頼って需要予測や在庫管理を過度に効率化すること

【上記を補完するべきインフラの未整備に起因するもの】

Ⓒ複雑な階層構造をもつサプライヤーネットワークの不透明性
Ⓓ危機対応体制の不備

このような脆弱性を生み出してきたここ数十年のグローバル・サプライチェーンの変遷を振り返ると、業界や品目によってグローバル化とローカル化の双方が進み、かつデータ取引などの新たな要因などにより、全体として大きく複雑化してきたことが注目に値する。

2010年代前半までは、サプライチェーンの効率性を追求する観点から、地域間の労働賃金格差、輸送手段の発達を背景としたサプライチェーンのグローバル化が進んだ。遠方の低価格な原材料や部品を低賃金国に輸送し、そこで生産するといった具合にサプライチェーンを世界的に複雑化していったのである。こうした効率的でグローバルなサプライチェーンを構築することができた企業は、生産・流通の低コスト化、所要時間の短縮・在庫水準の低下といった果実を享受できた。一方でこのようなサプライチェーンにおいては、代替調達先や安全在庫といった冗長性を削減していった結果、特定地域

**図表5-7　近年ではモノの取引がローカル化する動きがみられる**

貿易全体（輸出+輸入）に占める地域内貿易の比率の推移

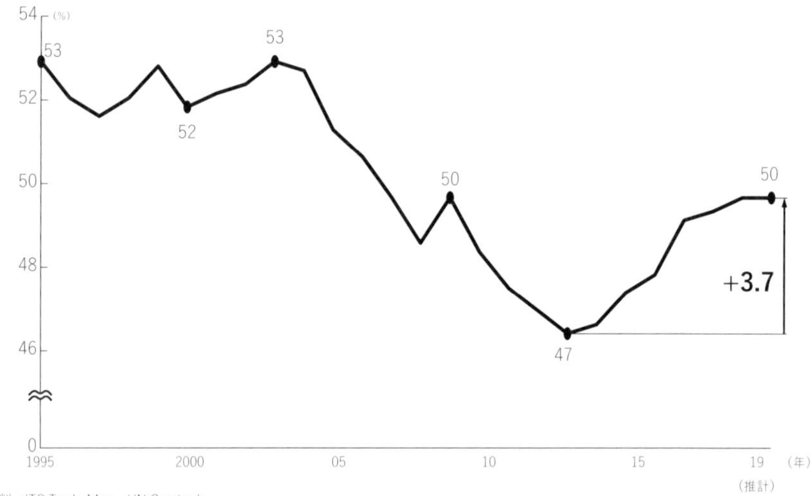


資料：ITC Trade Map、UN Comtrade

への依存を高め、危機発生時の余裕や融通性を低下させていった。また、サプライヤーネットワークの多階層化を通じてサプライチェーンの不透明性が高まり、サプライチェーン上のちょっとした出来事が、想像を超える範囲にまで影響を及ぼすようになった。

一方で、近年ではモノの取引がローカル化する動きも出てきた。グローバルな貿易の総体は依然として増加しているものの、そのうち地域内取引の比率が増えている（**図表5-7**）。その背景の一つに、生産技術の向上を受けて低賃金国を生産拠点とする必要性が低下したことで、立地戦略としてむしろ人件費以外の要因、例えば高スキル人材へのアクセス、良質なビジネス環境やインフラ、知的財産保護の度合い、顧客への近さなどが優先されるようになったことが挙げられる[8]。また、中国をはじめとした新興国の発展が次のステージに進んだことも、モノの取引のローカル化に拍車をかけている。新興国は当初、輸入財を最終製品へ組み立てる役割を担ってきたが、現在では新興国内でも洗練された製品の需要が高まるとともに、国内サプライチェーンの整備に伴って、そうした製品の国内生産が可能になった。そのため、輸入財への依存が低下するとともに、かつて輸出品であった製品の国内消費が進み、グローバル化とは異なった形での地域集中が進んでいる。

このようにグローバル化とローカル化の流れが混在するようになったために、企業の立地戦略によってリスクの現れ方が異なるようになり、どの企業にもあてはまる「万能な」解決策が無くなってきたことも特筆に値する。

加えて、IoT[9]、クラウド、アナリティクス技術の普及を通じて自社でグローバルオペレーションを行う企業はもちろん、海外サプライヤー・海外顧客とのコミュニケーションや取引を行う企業ではデータ通信量が膨大になった[10]。このような変化によって、サイバーセキュリティなど新たなリスクに対応する重要性が高まるとともに、膨大なデータを瞬時に収集・整理・分析して危機対応に活かすという危機対応体制の重要性も高まっていった。

これらは一般的な傾向であり、サプライチェーンに存在する脆弱性の種類や程度は企業によって異なる。そのため、自社サプライチェーンの脆弱性については、個別に改めて検討する必要がある。

以降では、先にも示した次の代表的な4つの脆弱性について、それぞれ順に深掘りしていく。

Ⓐ重要な原材料・部品の供給を特定地域に依存すること
Ⓑジャストインタイム方式に頼って需要予測・在庫管理を過度に効率化すること
Ⓒ複雑な階層構造をもつサプライヤーネットワークの不透明性
Ⓓ危機対応体制の不備

### Ⓐ重要な原材料・部品の供給を特定地域に依存すること

過去20年にわたるグローバリゼーションの流れの中で、サプライヤーの世界的な分散を進めた業界がある一方で、サプライヤーの地域集中を進めた業界もあった（**図表5-8**）。後者の業界では規模の経済および特定技能の集中のために、特定の製品の生産を特定の地域に特化することを進め、その結果、地域産業クラスターが形成されたのである[11]。また、たとえ前者のようにサプライヤーが世界的に分散されている業界でも、中核となる部品の生産が、特定地域に集中していることもある。例えば、航空業界は全般的には生産を世界的に分散させているが、エンジン・ターボプロペラ・大型機体の

**図表5-8　グローバリゼーションにより、製造拠点を地域分散させたセクターがある一方で、特定地域に集中させた業界も存在する**

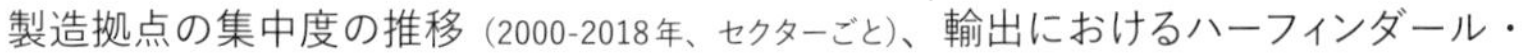
製造拠点の集中度の推移（2000-2018年、セクターごと）、輸出におけるハーフィンダール・ハーシュマン指数（HHI）[1]で計測

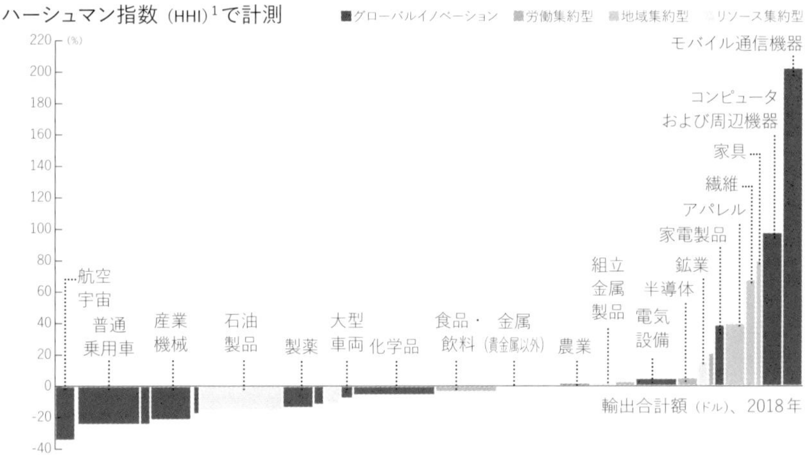


1. 集中度の指標であり、各国の輸出シェアの2乗の合計
資料：UN Comtrade

**図表5-9　製品によっては輸出元が特定地域に集中しており、脆弱性の源となる可能性**

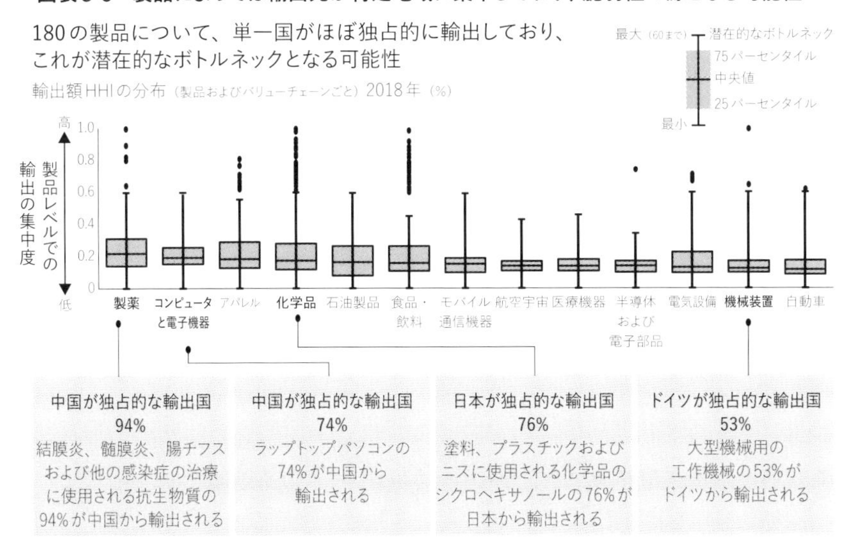


資料：UN Comtrade

生産は特定地域に集中している。製薬業界も生産の地域分散を進めているが、低付加価値材料、基礎的材料は中国、インドでの生産に大きく依存している[12]。マッキンゼーの試算によると、全体として180の製品（2018年時点で1,340億ドル相当）がほぼ単一国から輸出されていることがわかった[13]（**図表5-9**）[14]。このようにサプライヤーが特定の地域に集中していると、局所的な自然災害、疫病、政治摩擦、紛争などがサプライチェーン・ネットワーク全体に波及しやすいという脆弱性が生じる。例えば新型コロナの流行初期には、重要な原材料の生産を武漢市のある中国湖北省に大きく依存していた消費財業界が、武漢市のロックダウンにより、サプライチェーン・マネジメントに大きな支障をきたしたことが知られている。

### Ⓑジャストインタイム方式に頼って需要予測・在庫管理を過度に効率化すること

リーン生産方式、在庫の最小化、サプライヤー集約といった効率性を重視するサプライチェーン・マネジメントは、サプライチェーンの強靭性とのバランスが考慮されていない限り、予期せぬ脆弱性を生むことがある。長年、ジャストインタイムが効率的なサプライチェーンのモデルだともてはやされてきたが、ジャストインタイム方式が完璧であればあるほど、サプライチェーン構成者に許される誤差が小さくなり、一つの工程で発生した問題が瞬時にサプライチェーン全体を脅かすボトルネックとなりうる。例えば2021年3月現在、世界で自動車需要の急激に回復する中で、自動車生産に不可欠な半導体の供給難が生じているため、増産が難しくなっているという状況が存在する。その中でも、余裕をもった半導体在庫を確保していた自動車会社とそうでない会社とで明暗が分かれた。在庫水準が低かった自動車会社が大きな影響を受けた一方で、重要部品に十分な在庫を確保した自動車会社は、比較的影響が軽かった。

**ⓒ複雑な階層構造を持つサプライヤーネットワークの不透明性**

巨大な多国籍企業は、数百〜数千の一次請けサプライヤーを有しているが、そのおのおのが数百の二次請けサプライヤーを有していることも珍しくない。つまり、一つの巨大多国籍企業に関連するサプライヤーのエコシステムは、その再深層まで見ると、世界中で何万ものサプライヤーから成り立っているのである（**図表5-10**[15]、**5-11**[16]）。例えば自動車・航空・電子機器業界は多数の部品を取り扱うという性質上、何層もの複雑なサプライチェーンを形成しているため、サプライチェーン全体が見通しにくいという脆弱性を抱えている。もちろん、複雑な構造のサプライチェーンであっても、柔軟性と冗長性を十分に備えている場合には、必ずしも脆弱にはならない。しかし、複雑なサプライヤーネットワークは、往々にして不透明であり、下層のサプライヤーへの依存度やサプライヤー相互の依存性を見えづらくし、企業が自社サプライチェーンの脆弱性を正しく理解する妨げとなる。例えば、企業は複数地域のサプライヤーに分散発注をしているつもりでも、サプライヤーが同一地域の下層サプライヤーに依存している場合、地球の裏側の狭い範囲で起こった自然災害が、企業のサプライチェーンを途絶させることもありうる。実際、マッキンゼーの調査においても、50%超の購買担当役員が「自社には一次請け以下のサプライヤーの状況を可視化する方法がない」と回答している[17]。こうしたサプライチェーンの不透明性が脆弱性を増幅しうる。

### 図表5-10　巨大な多国籍企業は数百～数千の一次請けサプライヤーを有している

MSCIインデックス企業が公開している一次請けサプライヤー数[1]

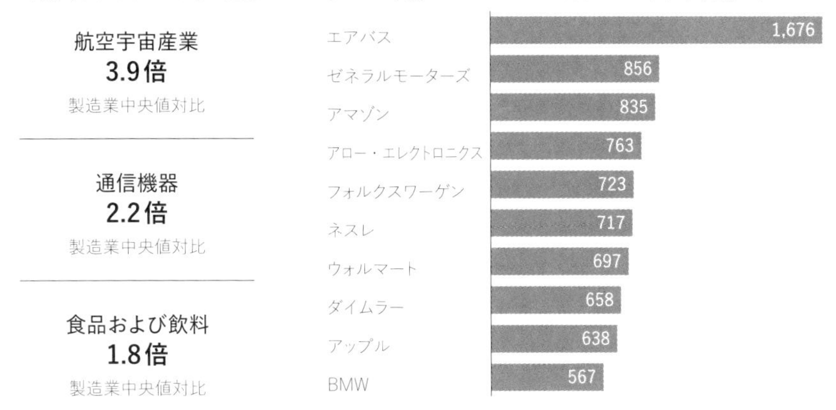


1. MSCIインデックスの1,371社中668社を対象に分析。一次請けサプライヤーに関する公開情報が入手できない57社およびサービス提供業者である645社を除き、顧客-サプライヤー関係に関する不完全な推計（公開情報に基づく）を含む。サプライヤーは中間財・サービス・光熱関係・ソフトウェア等を含む

資料：Bloomberg Supply Chain database

### 図表5-11　各々の一次請けサプライヤーが数百に上る二次請け以下のサプライヤーを有している結果として、巨大多国籍企業のは数千～数万のサプライヤーから構成される複雑な多階層エコシステムを形成している

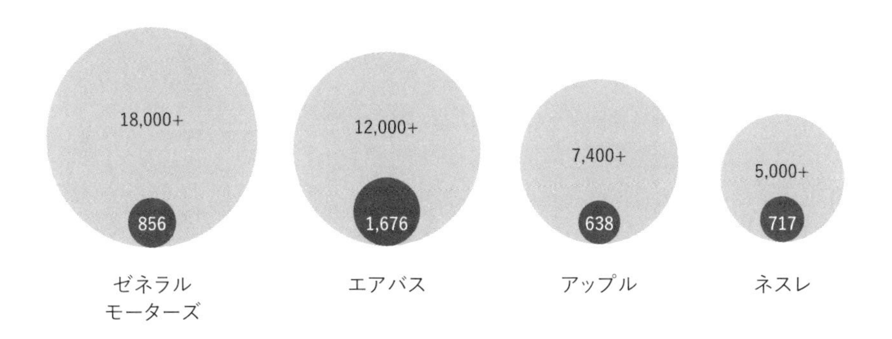


資料：Bloomberg Supply Chain database

先ほどの自動車業界における半導体の供給難の事例についても、自動車会社が自社サプライチェーンの下層における構造変化と、それによる脆弱性の変化に柔軟に対応できなかった事例の一つといえるだろう。従来、半導体メーカーは完成車メーカーを頂点とする垂直統合型のピラミッドの中の「下請け」として位置づけられ、完成車メーカーの指示通りに自動車向け半導体を生産していた。ところが、半導体メーカーがファブレス化[18]し、ファウンドリー[19]に生産を委託するようになると、状況は大きく変わってくる。もともと自動車を頂点とするピラミッドの枠外にいたファウンドリーにとって、自動車産業は大きな顧客ではない。そのため、完成車メーカーにとって、限られた半導体のパイをデータセンターやスマホ産業のような他業界と奪い合うという構図への変化が生じたのである。

**Ⓓ危機対応体制の不備**

新型コロナのような大きな危機が顕在化した際には、緊急性の高い意思決定を下す必要性がある。そのためには正確なデータの素早い入手、部門間の円滑な連携、システムに基づいた計画策定・伝達といった要素が重要になる。

しかしながら、今回の新型コロナ対応からの学びとして、これらの要素が必ずしも機能しなかったことが明らかになった。例えば、状況が刻一刻と変化する中で、素早く入手できる情報が限られていたり、情報の鮮度が低かったりした。また、部門横断でサプライチェーンを管理する組織や仕組みが存在せず、かつ重要部門の情報接点（コンタクトポイント）が不明確なため、様々な部門からのインプットや部門間のコミュニケーションが阻害されるという状況も生じていた。さらに、従来のプラニングシステムでは非常時の指示に対応できないというシステム面の問題点も浮き彫りになった。

たとえサプライチェーンにおける他の脆弱性を克服したとしても、危機対応体制に不備があれば、全社的な機能不全に陥る可能性は高い。

鍵となる問い②

## 最適な効率性と強靭性のバランスはどのようなものか？

サプライチェーン上の脆弱性を改善すればその強靭性を高められるが、そうした改善施策にはコストがかかるために、効率性は低下する。そこで、効率性と強靭性の最適なバランスを探求することが非常に重要となってくる。そのためには、対策によって軽減できる損害の大きさと、対策に必要な投資や割高になる操業コストとを定量的に比較することが重要である。

ここでは、具体的なシミュレーションを通じてバランス探求の手法を紹介したい。

まず前提として、脆弱性対策を行わなかった場合の損害を試算する。まず、13の業界を対象に、規模の大きい25社のデータを用いて仮想的な損益計算書と貸借対照表を構築した。その上で、2つのシナリオを設定して、サプライチェーンへの危機がどのような財務的影響を与えるかを試算した。

**・シナリオ1：生産を100日間途絶させる危機の発生**

このシナリオでは販売物流は機能を続け、企業は製品を市場に送り出すことができる。しかしながら、安全在庫が尽きた後は収益を稼得できなくなる。

**・シナリオ2：生産・販売を100日間途絶させる危機の発生**

上記シナリオに加え、販売物流も機能しなくなるケース。企業はたとえ安全在庫を有していたとしても、製品を市場に送り出すことができなくなる。

途絶期間を100日間としたのは、過去実績の詳細な検討[20]に基づくものである。100日間という期間は、在庫水準・固定費水準が業界ごとの差異を際立たせる。これより短い期間の危機では安全在庫の水準がより大きな役割を果たし、これより長い期間の危機では固定費水準の低さが大きな役割を果たす。

単年に1度このような危機が起こったと仮定してシミュレーションをした結果、シナリオ1ではほとんどの業界で年間EBITDA[21]の30～50%の減少が見られ、シナリオ2ではいくつかの業界でより急激な損失の拡大が見られた（**図表5-12**）。

続いて、時間の幅を10年に広げて、その間において生じる危機の頻度および期間を加味して、業界ごとの損失期待値の現在価値を算出した（**図表**

**図表5-12　単年シミュレーションの結果、シナリオ1ではほとんどの業界で年間EBITDAの30~50%の減少が見られ、シナリオ2ではいくつかの業界でより急激な損失の拡大が見られた**

100日に及ぶサプライチェーンの途絶は、一部産業にとっては半年分以上の年間利益が帳消しになることを意味する

| | 100日に及ぶSC途絶のインパクト %；EBITDAに占める割合（軽微→甚大） | | 主要な変数（危険性：低い→高い） | | |
|---|---|---|---|---|---|
| | シナリオ1：生産を100日間途絶させるショック | シナリオ2：生産・販売を100日間途絶させるショック | 通常の手元在庫水準[1] 日数 | 売上原価率[2] (%) | EBITDAマージン[2] (%) |
| 航空宇宙（民生） | -56 | -90 | 60 | 78 | 11 |
| 自動車 | -39 | -60 | 43 | 76 | 13 |
| 化学品 | -38 | -45 | 18 | 68 | 16 |
| コンピュータと電子機器 | -50 | -52 | 4 | 68 | 15 |
| 電気設備 | -50 | -61 | 30 | 69 | 13 |
| 食品・飲料 | -31 | -34 | 11 | 49 | 25 |
| ガラスとセメント | -48 | -53 | 11 | 66 | 15 |
| 機械装置 | -48 | -55 | 17 | 68 | 16 |
| 医療機器 | -32 | -53 | 59 | 43 | 23 |
| 鉱業 | -47 | -53 | 15 | 78 | 18 |
| 石油製品 | -52 | -54 | 8 | 75 | 19 |
| 製薬 | -12 | -38 | 75 | 29 | 25 |
| 繊維・アパレル | -43 | -52 | 22 | 39 | 20 |

1. 試算モデルはショックを受けた需要減退（保守的に見積もり）によりリスクに晒される収益額の産業による差異を考慮している（過去の経験に基づく）
2. 各産業における複数の代表的グローバル企業の標準化された財務諸表と、在庫の完成品・仕掛品比率に関するエキスパートインタビューに基づく

資料：S&P Capital IQ

**図表5-13　危機の発生確率を考慮すると、10年間のスパンでEBITDAの40%超の年間利益が帳消しになる事態を想定する必要がある**

| | 10年間の損失期待値の正味現在価値（NPV）[1] 年間EBITDAに占める（%） | 大手企業のNPV[2]（百万ドル） | 損失期待値のNPV[2] EBITDAマージン（パーセントポイント） |
|---|---|---|---|
| 航空宇宙（民生） | 66.8 | 1,564 | 7.4 |
| 自動車 | 56.1 | 6,412 | 7.3 |
| 鉱業 | 46.7 | 2,240 | 8.4 |
| 石油製品 | 45.5 | 6,327 | 8.9 |
| 電気設備 | 41.7 | 556 | 5.4 |
| ガラス・セメント | 40.5 | 805 | 6.2 |
| 機械・設備 | 39.9 | 1,084 | 6.5 |
| コンピュータ・電子機器 | 39.0 | 2,914 | 5.9 |
| 繊維・アパレル | 38.9 | 788 | 7.8 |
| 医療機器 | 37.9 | 431 | 8.7 |
| 化学品 | 34.9 | 1,018 | 5.7 |
| 食品・飲料 | 30.0 | 1,578 | 7.6 |
| 製薬 | 24.0 | 1,436 | 6.0 |

1. 10年間に2回の大規模途絶が発生するとの仮定（全産業共通）およびリスクに晒される収益額の割合（各産業で異なる）の仮定に基づく。金額は年間EBITDAに占める割合で示されるが10年間のスパンで毎年発生することを意味しない。10年間のスパンにおける生産のみへのショック、生産・販売へのショックによる損失金額を、各年において両シナリオが発生する確率を乗じて算出。割引率には各産業の加重平均資本コストの平均値を使用。
2. 各産業の時価総額上位25社の加重平均値を使用
資料：S&P Capital IQ

**5-13**）。その結果、平均して10年間で年間EBITDAの45%の損失が予想され、これはEBITDAマージン（EBITDAと売上高の比率）に7%ポイントの悪影響を及ぼすことがわかった。

算定結果からは、製薬・食品・飲料業界における財務的損失は低く、航空・自動車・鉱業における財務的損失は高水準であることが示唆される。

重要なのは、危機に対する損害可能性と自社サプライチェーンの脆弱性によって、それぞれの企業における財務的影響は、上記のモデルより上がることもあり下がることもあるという点である。また、競合他社が危機によって大きな影響を被っている一方で、自社は脆弱性を克服して危機の影響を最小限にとどめている場合には、危機がむしろ自社にとって市場シェア拡大のビジネスチャンスに転じるということも忘れてはならない。既にそうした兆候は見え始めている。

そこで次に、対策を行うことにより軽減できる損害を試算するため、対策を行った企業A社と対策を行わなかった企業B社を用いて、50日間にわたる製造および販売物流に対する危機を仮定したモデルを構築した[22]。

**製造拠点数**：A社は2つの工場を操業して50%ずつの収益を得ており、B社は1つの工場に100%の収益を依存している。その結果、危機によってA社は収益の25%を失い、B社は収益の50%を失う。さらにA社は、危機の影響を受けなかったほうの工場の生産能力を25%分拡大できる

**在庫水準**：B社は危機によって在庫の50%を失うが、A社は2つの工場に分散して在庫を保有しているため、危機による在庫の消失は25%にとどまる。さらに、A社はB社の3倍にのぼる当初在庫を有している

**保険適用**：A社は施設への損害を完全にカバーする保険に加入しているのに対し、B社は保険に加入していない。A社の保険料は製品コストに反映されるが、B社は被災した施設修復のためのキャッシュ支出が必要になる

**図表5-14　サプライチェーンの脆弱性を改善することで、サプライチェーンの途絶がEBITDAに与える打撃を低減させることができる**

50日間にわたる製造および販売物流に対する危機を仮定した場合の影響

本分析では、製造拠点数や在庫水準、保険適用等はそれぞれ異なることを前提とする

指数：収益を100とした場合

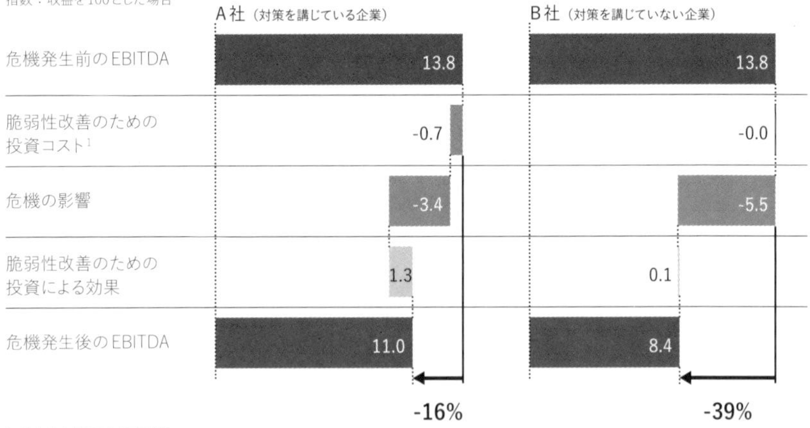


1. 追加的な原価や保険料等

シミュレーションの結果、A社への損害はB社への損害よりも23%ポイント低くなった（**図表5-14**）。

企業は自社の状況に即した形で、このようなシミュレーションを行い、リスクの財務的影響を定量化し、効果的な対策およびそのコスト・ベネフィット（費用便益）分析を行うべきである。そこで鍵となる要素の一つは、危機の継続期間や被災工場数のように、自社において損害可能性のある危機の性質であり、もう一つは、在庫水準、保険適用の可否、サプライヤー切替能力など、自社サプライチェーンの脆弱性である。既にリスクに優先順位を付けて、財務モデルを構築している企業もあるが、よく見ると危機を単発的な現象として捉えている場合が多い。現在では分析技術が発達しており、シナリオに基づいた広汎なリスク定量化が可能になっている。

NORMAL
NEXT

## SECTION 5-3 具体的施策の立案にあたってはデジタル技術の活用が重要となる

本SECTIONでは、これまでの議論を踏まえて、日本企業が効率性と強靭性とを両立するサプライチェーン改革を行うための具体的施策について考察する。ここで鍵となるのがデジタル技術の活用である。デジタルを通じて、強靭性を損なわない形での効率化が可能になるとともに、従来は高コストだと考えられていた強靭性向上施策が、デジタルの活用を通じて安価に実現できるようになりつつあるからだ。

それでは、前述した代表的な4つの脆弱性である「A：重要な原材料・部品の供給を特定地域に依存すること、B：ジャストインタイム方式に頼って需要予測・在庫管理を過度に効率化すること、C：複雑な階層構造をもつサプライヤーネットワークの不透明性、D：危機対応体制の不備」のそれぞれについて、デジタルを活用した施策を深掘りする。

## Ⓐデジタルを活用した立地戦略

新型コロナを契機とした日本企業の立地戦略は、さらなる地域分散化と日本回帰という2つの対照的な動きを見せている。地域分散化の流れについては、中国武漢市の都市封鎖（ロックダウン）により原材料の供給が途絶えたことから、中国依存の問題点がクローズアップされ、インドや東南アジアへと調達先を多様化する企業が増加している。一方の日本回帰は、地域分散を行っていた企業が、危機発生時に現地工場をコントロールすることが困難になったことから、国内製造の割合を増やそうという流れである。コントロールの困難さの背景にあるのが、エンジニアに対する越境移動の制限である。国際航空便が激減したことにより、経験のあるエンジニアを日本から現地工場に派遣することが難しくなったのだ。なお、経済産業省も「サプライチェーン対策のための国内投資促進事業費補助金」を通じて、生産の国内回帰を促進しようとしている。

どちらも中国依存を脱却して安全性を追求する施策のように見えるが、日本企業がとるべき道の判断基準となるのが、コントロール可能性と国内人件費とのトレードオフ（二律背反）である。海外分散は危機発生時のコントロール可能性がネックとなり、国内生産は高額な人件費がネックになる。

しかしながら、近年ではデジタル技術の発達により、コントロール可能性を高めると同時に、国内人件費を抑えることが可能になっている。例えば、リモートエンジニアリングの技術は、エンジニアの海外派遣に取って代わる可能性を秘めており、国内工場の無人化・オートメーション化は国内人件費というボトルネックを解消する打ち手となりうる。日本企業は、これらのデジタル施策を考慮した上で、コントロール可能性と人件費とのトレードオフを最適化すべきである。

例えば、工場の無人化については、「デジタル・マニュファクチュアリング」の事例が参考になる（**図表5-15**）。大手飲料メーカー工場の試験的な事例では、デジタルを用いた従業員の機械への置き換え、臨機応変なスケジュール管理、設備総合効率の業績管理を通じて、効率性改善が成し遂げられた。また、「デジタル・ロジスティクス」の分野でも大手鉱業企業がデジタルを

### 図表5-15　「デジタル・マニュファクチュアリング」のケース事例

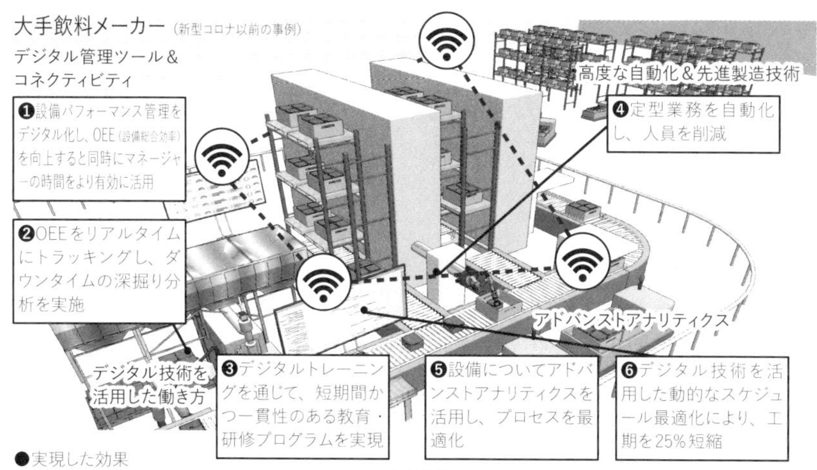


●実現した効果

「未来の工場」パイロット拠点の生産性が**40％**以上向上

**50**以上のユースケースとロードマップを策定し、全面的に展開

資料：McKinsey & Company

### 図表5-16　デジタル・ロジスティクスの事例

導入されたユースケース

❶輸送所要時間の動向に基づいて運搬作業員を配置
❷運搬作業員に到着予定時間を通知
❸トラックの位置情報をリアルタイムにトラッキング
❹車両の遅延状況を自動的に検出
❺呼び出しリストを表示したディスプレイの設置
❻リアルタイムダッシュボードでKPIをトラッキング

実現した効果[1]

**-10%**
輸送費

**-35%**
所要時間が35％短縮

**-20%**
移動時間が20％短縮

1. インパクトの数値は全て新型コロナ以前のシナリオ下のもので、新型コロナ禍においては変わってくる可能性がある

用いた資材の到着時間予測やリアルタイムのKPI（重要業績指標）[23] ダッシュボードの表示により輸送コスト削減、所要時間削減を実現した（**図表5-16**）。

## Ⓑデジタルを活用した「ジャストインタイム」と「ジャストインケース」の両立

新型コロナを契機として、世界的に在庫水準を高める動きが加速している。しかしながら、どの程度の在庫水準を目指すべきかは、それぞれの企業の状況によって異なるため、自社にとって適切な需要予測にもとづく在庫戦略が重要である。

ここでも活躍するのがデジタル技術である。デジタルを活用した需要予測・在庫戦略策定を行うことで、サプライチェーンの全領域にわたって、安全性と効率性とのトレードオフを最適化することが可能である。単なる効率化の観点からみても、デジタル施策は従来手法より効果が高いことが実証されている。

まず需要予測の領域については、「自律的計画」機能を備えたソフトウェアの活用が検討に値する。具体的には、AI（人工知能）・機械学習を活用した先進的な分析（アドバンスト・アナリティクス）により、最小管理単位（SKU）[24] での予測モデルが構築できる。それによって、従来の需要予測手法を大幅に改善した予測が可能になる。事実、予測精度を大幅に向上させることで、生産計画の効率を改善し、売上増加を実現した大手メーカーの事例がある。

## Ⓒ複雑な階層構造をもつサプライヤーネットワークの不透明性：デジタルを用いてサプライチェーン・ネットワークを可視化することが可能

デジタルを用いたネットワーク分析により、サプライチェーンの深層に潜むリスクが可視化できる。**図表5-17**は可視化されたサプライチェーンマップの例であり、ここからサプライヤーの脆弱性やサプライヤーの損害可能性

**図表5-17　デジタルを用いたネットワーク分析により、サプライチェーンに潜むリスクを可視化**

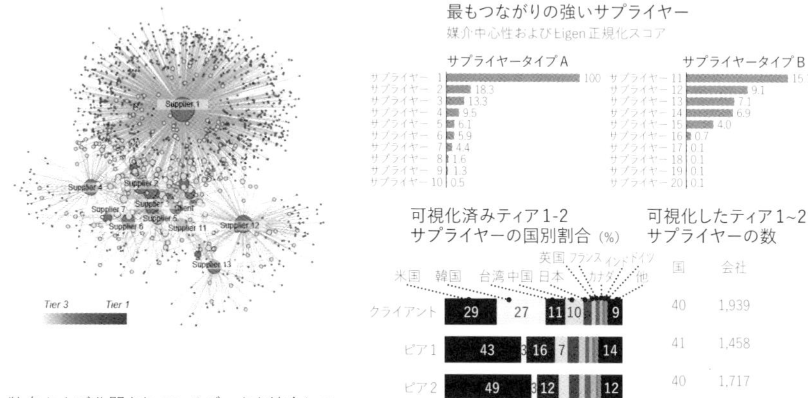


独自および公開されているデータを統合して
顧客とサプライヤーの関係性をリスト化し、深いティアまでサプライチェーンを可視化
独自のアナリティクス機能が搭載されており、以下のようなネットワークの評価を行う
・ネットワークの構造（例：最もつながりの強いサプライヤー）　・地域データ　・視認性評価
追加の分析を重ねることで以下のような知見を引き出すことができる
・カテゴリーセグメンテーション　・サプライヤーの脆弱性　・サプライヤーのリスクへの露出度

に関する情報を読み取ることができる。

サプライヤーマッピングから得られた情報を基にして、サプライヤーネットワークにおける脆弱性を左右する6つの要素を優先順位付けすることで、改善を図ることができる（**図表5-18**）。

①**サプライヤー集中度**：特定地域あるいは特定のトップサプライヤーに支出が集中している度合い。集中度が低いほど、サプライヤーに生じた危機が自社のボトルネックとなる可能性が低い

②**サプライヤーの代替可能性**：特定サプライヤーに部品・材料を依存している度合い。多くの代替サプライヤーが存在するほど、リスクを低下させることができる

③**サプライヤーの相互関連性**：サプライヤー同士が相互に取引を行っている度合い。相互関連性が低いほど、特定サプライヤーへの危機がネットワーク内の他のサプライヤーへ影響を及ぼす可能性が低い

④**サプライヤー階層の深さ**：サプライヤーネットワークが持っている階層の

**図表5-18　サプライチェーンの脆弱性は、そのネットワーク構造によって決まる**

| | 強靭な体制 | 脆弱な体制 |
|---|---|---|
| **集中度**<br>上位サプライヤー<br>または特定の地域への集中 | 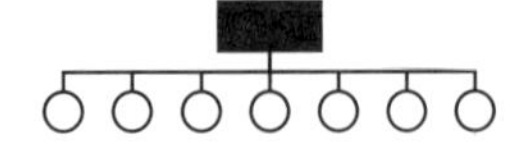<br>・サプライヤーの障害により<br>ボトルネックが発生する確率は低い | 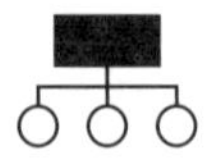<br>・特定のサプライヤーへの<br>依存度が高い |
| **代替可能性**<br>ある部品や原材料について<br>単一のサプライヤーに<br>依存している程度 | <br>・多くの代替候補が存在<br>・特定のサプライヤーによる<br>ディスラプションのリスクを提言 | 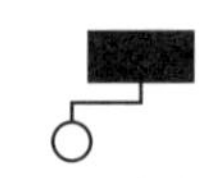<br>・代替候補が存在しない<br>・サプライヤーのディスラプション<br>によりボトルネックが発生する<br>確率は高い |
| **相互関連性**<br>サプライヤー間の<br>相互関連性 | 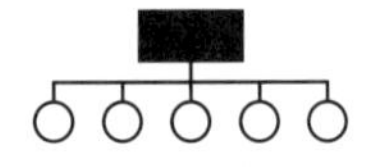<br>・サプライヤーのディスラプション<br>によりネットワーク全体が影響を<br>受ける確率は低い | <br>・サプライヤーのディスラプション<br>によりネットワーク全体が影響を<br>受ける確率は高い |
| **サプライヤー階層の<br>深度**<br>サプライヤーネットワークの<br>階層構造の深度 | 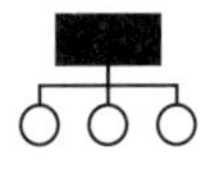<br>・下位層におけるリスクを<br>発見しやすい | 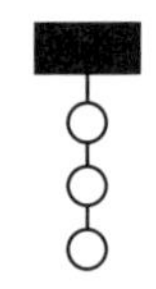<br>・下位層におけるリスクを<br>発見しにくい |
| **サプライヤー<br>ネットワークの可視性**<br>サプライヤー階層を辿って<br>支出を追跡できる度合い | 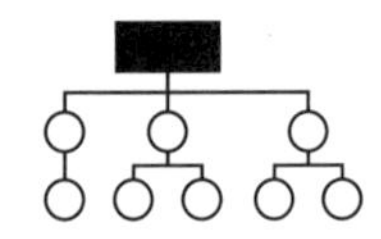<br>・下位層のサプライヤーを<br>多く把握している<br>・透明性が確保されている | 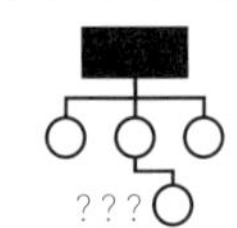<br>・下位層のサプライヤーを<br>あまり把握していない<br>・透明性が確保されていない |
| **サプライヤーの<br>顧客依存度**<br>単一企業またはSMEに<br>集中的に依存している |  |  |

数。階層が浅いほど、サプライヤーによるリスクが見通しやすい

⑤**サプライヤーネットワークの可視性**：自社がサプライヤー階層をたどって支出を追跡できる度合い。下層のサプライヤーが認知されていればいるほど透明性が高まり、リスクは低下する

⑥**サプライヤーの顧客依存度**：下層サプライヤーの顧客が単一顧客に依存している割合。顧客依存度が低いほど、下層サプライヤーの脆弱性が小さくなる

## Ⓓデジタルを活用した危機管理体制の構築

危機管理体制における脆弱性の改善には、情報中枢機能（Nerve Center）を通じた有事の迅速な意思決定が有効である。情報中枢機能の導入により、以下の4つのDを実施することで、それぞれの要素が改善できる。

- 様々なソースから情報を得るために情報収集拠点を設け、現在の状況を的確にDiscover（把握）し、将来の展望を正しい情報に基づき予測し、組織にとっての意味合いを特定する
- 事実に基づいた判断と機敏な対応を可能にするオペレーティングモデルを導入することで、行動計画をDesign（作成）し、それに基づいて組織全体が行動する
- 適切なタイミングで、取るべき戦略的なアクションをDecide（決定）する。アクションの前提となる仮説や代替案については、十分なストレステストを行い、企業の使命や社会的価値観に反していないことを確認する
- 規律的・効率的な方法でDeliver（実行）しつつも、柔軟な対応をとれるよう余裕を残す

こうした情報中枢機能の導入にあたっては、デジタルの活用が不可欠である。例えば、組織の全レベルが使えるリアルタイムのデータ表示画面や、リアルタイムにチームの取り組みを記載・更新するリスク記録は、デジタルの力を用いてはじめて実装可能である。

# まとめ

新型コロナは人類の誰もが予期しない形と規模で、グローバル・サプライチェーンに多大な被害を与えた点で、まぎれもなく「ブラックスワン」であった。ただし、それほどの被害をもたらしたのは、新型コロナに特有の性質というよりは、効率化を求めて複雑化してきたグローバル・サプライチェーンに内在する脆弱性であった。新型コロナはそれらを大規模に顕在化させたにすぎない。企業は新型コロナ以外にも多種多様な危機の可能性に直面しているという現状を、正しく認識する必要がある。

したがって、今後の対応を考えると、単なる新型コロナ対策にとどまらず、それを超えた抜本的なサプライチェーン改革とする必要がある。具体的には、新型コロナのようなブラックスワンを含む種々のリスクを念頭に置き、包括的・長期的観点から効率性と強靭性を両立することが重要である。そのためには、次の2つの「鍵となる問い」に答える必要がある。

【鍵となる問い】
- 多種多様な危機に対して、自社サプライチェーンのどの部分に脆弱性が存在するのか？
- 自社のサプライチェーンにとって最適な効率性と強靭性のバランスはどのようなものか？

上記の「鍵となる問い」に基づき、自社のサプライチェーンの脆弱性解消のために、最小限のコストで最大の効果を得るための具体的な施策を考案する際には、デジタル技術の活用が重要になる。デジタルを通じて、強靭性を損なわない形での効率化が可能になりつつあり、かつ従来は高コストだと考えられていた強靭性向上施策であっても、デジタルの活用を通じて安価に達成できるようになってきたからである。

これまでもサプライチェーンの危機を契機に、脆弱性対策を導入したケースはあったが、危機が過ぎ去ると脆弱性対策のコストを嫌って、効率性を重視したサプライチェーンへ逆戻りするという事例が見られた。2011年のタイの洪水を契機とした事業継続計画（BCP）ブームが、その典型的な例である。しかし、今回の新型コロナを契機として自社サプライチェーンに潜む脆弱性を把握し、デジタルを用いて最小限のコストで効率性と強靭性とを両立する変革に成功した企業は、長期的な競争優位性を手に入れる可能性が高い。したがって、この改革の成否が、今後の長期的な企業の優勝劣敗を左右するといっても過言ではないのである。

◇出典

1. 元ヘッジファンド運用者でもある研究者、ナシーム・ニコラス・タレブが2007年に刊行した著書『ブラック・スワン（The Black Swan）』で言及した概念。従来、全てのスワン（白鳥）は白色と信じられていたが、オーストラリアで黒いスワンが発見されたことにより、鳥類学者の常識が大きく覆された故事にちなむ
2. 経済産業省「通商白書2020」よりマッキンゼー作成
3. マッキンゼーのグローバルサプライチェーンリーダー調査（2020年5月15-22日、N=60）
4. McKinsey “Risk, resilience, and rebalancing in global value chains,” Aug 6, 2020
5. McKinsey “Risk, resilience, and rebalancing in global value chains,” Aug 6, 2020
6. McKinsey “Risk, resilience, and rebalancing in global value chains,” Aug 6, 2020
7. 生産現場の各工程において「必要な物を、必要な時に、必要な量だけ」供給することで効率的な生産活動を目指すシステム
8. 実際、2018年には低賃金国から高賃金国への輸出は13%を占めるに過ぎないほど縮小していった
9. Internet of Thingの略で、例えば自動車や家電のような「モノ」自体をインターネットに繋げ、より便利に活用するという試み
10. その結果、地域間でのデータフローは2005年比で320倍になった
11. 例えば電子機器業界では、電子集積回路の43%は台湾から輸出されており、半導体メモリ製品の50%は韓国から輸出されている。中国は個人用コンピュータの75%、携帯電話の3分の2を輸出している
12. 抗生剤の医薬品有効成分（API: active pharmaceutical ingredient）の42%（価格ベース）は中国とインドから輸出され、かつストレプトマイシンの75%、ペニシリンの52%は中国から輸出されている

13. McKinsey "Risk, resilience, and rebalancing in global value chains," Aug 6, 2020
14. McKinsey "Risk, resilience, and rebalancing in global value chains," Aug 6, 2020
15. McKinsey "Risk, resilience, and rebalancing in global value chains," Aug 6, 2020
16. McKinsey "Risk, resilience, and rebalancing in global value chains," Aug 6, 2020
17. McKinsey "Risk, resilience, and rebalancing in global value chains," Aug 6, 2020
18. 設計に特化し、生産工場をもたないメーカー
19. 製造だけを請け負う半導体メーカー
20. 2018年において最も破壊的であった上位5つのショックは世界中で2,000箇所以上に影響を与え、工場が再稼働するまでに22~29週間の時間を要した。代表的な例が台風22号マンクットであり、中国南東部の工業地帯において停電・洪水を引き起こした。同年の大雨と水質汚染に対する懸念から、ブラジルのアルミニウムプラントは数カ月にわたって生産能力を半減させ、アルミニウムの希少化と価格高騰を招いた
21. Earnings Before Interest Taxes Depreciation and Amortizationの略で、税引前利益に支払利息、減価償却費を加えて算出される利益を指す
22. なお、両社の財務状況は、製造業の中で輸出比重が高く、サプライチェーン・マネジメントのペースセッターである自動車産業の平均を用いたが、モデルから抽出される示唆は異なる業界にも当てはまる
23. Key Performance Indicatorの略で、「重要経営指標」「重要業績指標」を指す
24. Stock Keeping Unitの略で、受発注・在庫管理を行うときの最小の管理単位を指す

・各種メディア

CASE

# バイオテクノロジーの進化と経済効果、そして日本の遅れ

2020年12月2日、米ファイザー社と独バイオンテック社による最初の新型コロナワクチンが英国で緊急承認された。これはウイルスの同定から僅か1年以内という驚異的なスピードである。これまでで最速のワクチン開発は、1960年代のおたふく風邪ワクチンの4年であった[1]。

今回のワクチン開発は蓄積されたバイオテクノロジー分野の研究開発の成果であり、バイオテクノロジーが社会にもたらすインパクトの大きさを象徴する事例であった。ファイザー社を例にすると、ワクチン製造に対する補助金として、米国政府から19.5億ドルが提供され、バイオンテック社はドイツ政府から3.75億ユーロの補助金を受けるなど、巨額の開発・製造資金が投じられた。2021年には、新型コロナワクチンの売上は150億ドルに達するとファイザー社は予想している[2]。

一方、日本は新型コロナワクチン開発で出遅れている。その要因として、過去のワクチン導入が諸外国と比べて遅れていたことや、SARSなどの新興感染症が深刻化した経験が乏しいという歴史的経緯に加え、今回のワクチン研究開発・製造に投じられている資金が少ない（補助額が最も大きい塩野義製薬連合で約236億円）[3] ことのほか、海外の研究開発費を獲得してグローバルで製造・販売できる製薬企業、バイオベンチャーの不足といった現在進行形の課題も存在する。結果として、国産ワクチンの開発は海外から遅れを取っており、2020年度では、海外製のワクチン購入費として6,714億円が投じられている[4]。

今後、バイオテクノロジーは様々な分野で経済効果を生み出すことが期待され、マッキンゼー・グローバル・インスティテュート（マッキンゼーが運営するシンクタンク）の推計によれば、2兆～4兆ドルの経済効果が2030～40年の間に生み出されるとしている。

日本のバイオ産業の時価総額は、米欧のみならずアジア諸国に劣るなどの課題が指摘されており、このままでは今後のバイオ産業から生み出される経済効果を十分に享受できない可能性がある[5]。このコラムでは、今後のバイオ産業の事業横断的な広がり、およびその経済効果について、マッキンゼーの研究事例を基にご紹介する。読者の方々が、自らの事業のバイオ関連分野での広がりを検討していくための一助となれば幸いである。

## バイオ革命による経済効果は医療・健康分野に留まらず広範の分野にもたらされる

ワトソンとクリックによるDNA分子の二重らせん構造の発見から70年近くが経過した今、世界のバイオテクノロジー産業は次なる成長段階に入っている。優れた遺伝子編集技術であるクリスパー・キャス9や、細胞を他の細胞へと変換する幹細胞技術などのイノベーションが、新しい材料やツールを次々と生み出し、コストの低下を実現している。

例えば、ヒトの遺伝子全体を解読するコストは、ムーアの法則（半導体分野で知られる、18カ月で製造コストが半減する法則）を上回る速度で低下するとともに、驚異的なスピードで個人の遺伝子配列を解析することが可能となっている（**図表1**）。

こういったバイオテクノロジーの発展によりもたらされる経済効果は大きく、既存産業を大きく変える力を持っている。

例えば、スキンケア用品に用いられるスクアレンという成分は、これまで鮫の肝油から精製されていたが、今では遺伝子組み換えされた酵母を利用した発酵技術によって、よりサステナブルな形で生産していくことが可能になった。

また、生物由来でないプラスチックや燃料などの物質をバイオテクノロジーにより生産していくことも可能になっている。ナイロンは、既に石油からではなく、遺伝子組み換えされた微生物により生産することが技術的に可能となっている。

**図表1　コンピューティング、バイオインフォマティクス（生命情報科学）やAIの急速な発達によりオミックスデータ（生体情報）解析が可能になりつつある**

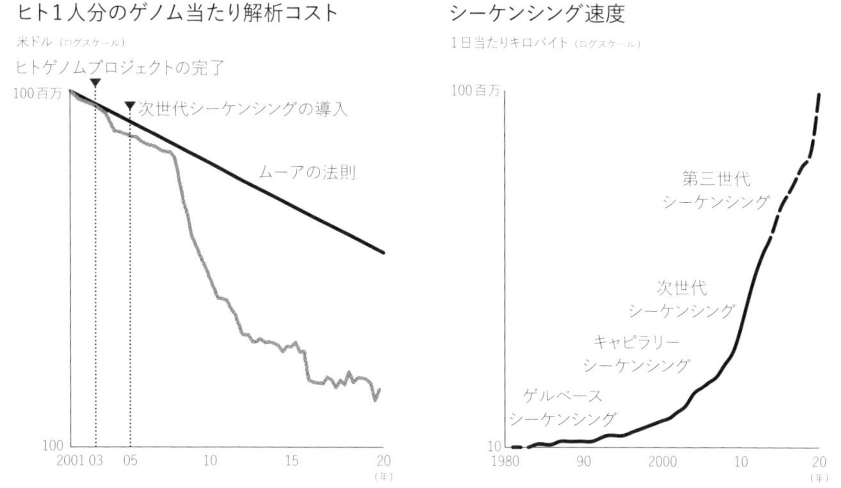


1.本データはゲノムシーケンシングの全ての関連コスト含むものではなく、生産関連コスト（人件費機器、インフォマティクス、データ送信）のみを含む。
資料：米国立ヒトゲノム研究所、www.yourgenome.org

これらのバイオテクノロジーを利用した経済活動の変革（本稿では「バイオ革命」と呼ぶ）は長期にわたって起こる事象であるものの、我々の世界、食べ物、衣類、身に着ける物を含めたあらゆるものを変革し、全世界経済の需要供給を変革していくと認識することが重要である。

マッキンゼーではバイオ革命がもたらす広範な応用分野について、実用化が想定されるものや、現在の科学技術により2050年までに実用化が想定されるもの400事例を検証し、それらの事例が生み出す経済効果を試算した。

今後10～20年にかけて、これらの事例が生み出す直接的な経済効果は2兆～4兆ドルと試算している。この経済効果は、「疾病負担の軽減」「品質の向上」「コスト生産性の向上」「環境への便益」という、付加価値をもたらす4つの要素による直接的な効果の試算であり、それらの波及効果までは含まれていない。また、科学的な実現可能性や、商業利用の在り方には不確実な点が多くあり、イノベーションの方向性によって、想定される経済効果の額や発現時期は大きく異なってくる。

2030～40年の経済効果を分野別に分析すると、半分以上の効果が健康・

**図表2　経済効果の半分以上は医療以外の農業、消費財等の分野に潜在**

年間の直接的な経済効果の部分的予測、ドメイン別、2030～2040年

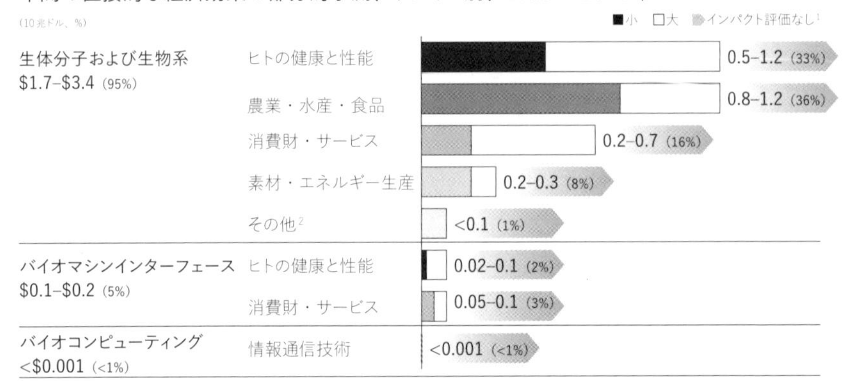


1. 評価した適用による間接的な経済効果および未評価の適用による経済効果を含むが、これらに限定されない
2. その他の適用には防衛・安全保障、環境影響の還元、教育・人材を含む
注：端数は四捨五入のため必ずしも合計が100にならない。これらの推定インパクトは全ての適用を網羅するものではない。特定し評価した適用の可視的パイプラインに潜在する直接的な経済効果のみを含む。推計はGDPまたは市場規模（売上高）ではなく、直接的な経済効果を示す。より広範な経済への波及効果は含まない。推計は2020年の経済に相対し、人口統計やインフレ等の変数の変動は含まない。総インパクトの割合は、年間における直接的な経済効果の予測レンジの中間点に基づく

医療分野以外の、農業、消費財、素材・エネルギーといった分野から生み出されることが期待され、バイオ革命は今後医療に留まらず広がっていくことがうかがえる（**図表2**）。

これら各分野において、想定される経済効果の具体的内容を紹介したい。

**◉健康・医療**

## 予防・治療・診断技術の発展により、世界の医療負担は1～3%減

細胞、遺伝子、RNA、ヒトに共生する微生物の総体分析、再生医療といった各種の分野で、治療や予防技術の発達、薬品開発、ドラッグデリバリー技術（薬物を適切に患部に送達する技術）の発達が想定される。さらに、鎌状赤血球貧血などの単一遺伝子疾患（一つの遺伝子の変異により生じる疾患）の治療や、循環器疾患などの多因子疾患（複数の遺伝子が要因となって発症する病気）の治療、マラリアなどの感染症治療の実現が期待される。

これらのイノベーションにより、5,000億〜1.3兆ドルの経済効果が創出され、世界の医療負担が1〜3%軽減されることが期待される。これは、世界から肺がん、乳がん、前立腺がんが撲滅されたと仮定したときの医療負担の軽減とほぼ同水準の規模である。

**◉農業・養殖・食品**

## 新手法の育種、遺伝子編集技術等の技術で 8,000億〜1.2兆ドルの経済効果

低コストの解析技術の発達により、動植物の遺伝子配列情報が爆発的に増加し、マーカー育種と呼ばれる、従来の品種改良手法よりも格段に速い育種法の発展が期待される。

さらに、ゲノム編集技術クリスパー（CRISPR）などの遺伝子工学技術の発展により、交雑可能な植物の遺伝子のみを高い精度で導入する技術（シスジェニック遺伝子改編）、ターゲット植物の遺伝子発現を制御する改編を行うイントラジェニック技術といった、高度な遺伝子改変技術による品種改良の発展も想定される[6]。

その他のイノベーションとしては、植物、土壌、動物、水に含まれる微生物の総体（マイクロバイオーム）を利用した農業生産の品質・生産性向上、代替たんぱく質の発展などが想定される。これら全ての応用事例による経済効果は、2030〜40年の間に8,000億〜1.2兆ドルに及ぶと推計される。

**◉消費財・サービス**

## 生物学的データを活用した個々人にフィットする消費財・サービスの普及により2,000億〜8,000億ドルの経済効果

生物学的データの増大により、個人の特性に合うように調整された製品やサービスを提供する機会が増大していくことが想定される。応用としては消費者向け遺伝子検査や、微生物を活用した美容製品、人やペット向けの健康やフィットネスが考えられ、その経済効果は、2,000億〜8,000億ドルと試算される。

微生物を活用した美容製品については想像しにくいと思うので、具体的な事例を紹介しよう。スタートアップ企業AOBiome社の消費者向け製品を担当するマザー・ダートは、生きたバクテリアを利用したケア製品を開発中である。

このバクテリアは泥や天然の水の中に存在し、汗の中に含まれるアンモニアや尿素を、皮膚に良い効果をもたらす物質に変えてくれる効果を持つ。ところが、近年の各種衛生用品やパーソナルケア用品の普及に伴い、人の皮膚での生息数が減少している[7]。そこで、このバクテリアを皮膚に戻してやることで、体臭の改善や皮膚の悩みの改善といった効果が期待できるのである。現在まで、生きた微生物を利用した美容品はまだ市場に出ていないが、一つの応用例として実現が期待される

### ◉素材・化学・エネルギー

## 生物を活用した新たな物質生産技術の発展により 2,000億～3,000億ドルの経済効果

生物を利用した新しい物質、化学、エネルギーの生産・加工方法の創出は、多くの産業や我々の生活を変革する力を持っているものの、経済性が課題となっている

既存の発酵プロセスの改善に加え、多くの物質や化合物、そして全く新規の素材の生物学的生産による創出が想定される。さらには、エネルギー分野には、バイオ燃料やエネルギー抽出、エネルギー貯蔵効率の改善が期待される

遺伝子編集した微生物を利用して、例えば自己修復機能を備えた新しい素材の開発やバイオ燃料の発展などによって、2,000億～3,000億ドルの経済効果が想定される。

これは控えめな試算であり、革新的な新規素材の開発があれば、経済効果はさらに大きなものになるだろう。

## バイオイノベーションの恩恵を享受するに当たって、利害関係者がリスクと利益とのバランスを保ちつつ推進していく必要がある

紹介してきたバイオイノベーションの実現に当たっては、利害関係者（各ステークホルダー）が、イノベーションによってもたらされる利益とリスクを認識し、バランスを持って推進していく必要がある。本稿の最後に利害関係者のそれぞれがバイオイノベーションに当たって果たすべき役割について紹介したい。

### 政府や市民社会

米国、英国、中国などの政府は、既にバイオイノベーションの利益獲得に向けた戦略や目標を練り上げているが、バイオイノベーションの恩恵を享受するためには、適正な使用と不適切な使用を管理するためのメカニズムが不可欠である。

マッキンゼーの分析で示された次の10年で生み出される経済効果のうち、50%のインパクトは消費者や社会、そして規制機関による承認が得られない限りは実現しない。

バイオイノベーションの実現に向けて、バイオテクノロジーに対する政府や社会による基準や規制の形成は欠かせない。

### イノベーター

科学者や研究者が生物学的なブレークスルーを切り開き、開発者やイノベーターがそれを商用化・製品化していくが、イノベーターは自らの仕事が持つチャンスとリスクについてしっかりと認識する必要がある。遺伝子組み換え技術に関する安全ガイドラインを定めたアシロマ会議に代表されるように、科学技術が適切に商業利用されるよう、監視していく必要がある[8]。

## 個人や消費者

バイオイノベーションに対する各個人の様々な意見や姿勢が、開かれた場での議論や社会規範を形作る。バイオイノベーションにまつわる難しい問題（受精胚に対する遺伝子操作など）に対して個人が貢献していくには、個々人がバイオイノベーションのもたらす利益とリスクの兼ね合いを理解していく必要がある。例えばDTC遺伝子検査は、個人に対して病気にかかる確率を教えてくれるという便益を与える一方で、プライバシーの侵害に繋がる可能性があることに留意すべきである。

## 企業

あらゆる企業が、バイオイノベーションの影響を直接的あるいは間接的に受ける可能性がある。そのために、どのようにバイオイノベーションの恩恵を受けるのかを検討することが求められる。デジタル技術の領域に起こったように、バイオ技術の発展は、既存プレイヤーを脅かす新たな競合相手を登場させ、様々な業界に影響を及ぼす可能性がある。

ヘルスケア領域を例にとって考えてみよう。莫大な量の解析・蓄積・共有がされた生物学的データは、AI（人工知能）のような情報技術、ビッグデータ活用、IoTといったIT関連のプレイヤーが参入してくる。また、電機産業のプレイヤーは最新のシーケンサーやウェアラブルデバイスなどの機器を製造する。医療業界と消費者との区別は曖昧となっていき、様々なイノベーションが分野横断的になされるようになるだろう。

次に、農業・水産・食料関係の産業を見てみよう。既に多くの食料品チェーンがベジタリアンやビーガン向けのメニュー開発に向けて、植物由来の代替肉の採用を表明している。例えばビヨンド・ミート（Beyond Meat）社やインポッシブル・フーズ（Impossible Foods）社は、過去2年以上にわたって、バーガーキング、ダンキンドーナツ、ケンタッキーフライドチキンと協業してきた。培養肉に関しては、今後5年間に専門レストラン向けの高価格帯市場において普及していくだろう[9]。

遺伝子工学を利用した作物栽培が広がっていけば、穀物に対する保険も変わっていく。もし、干ばつに強い作物が開発できれば、干ばつに備えた保険金は低減していくだろう。また、フードトレーサビリティの改善により、製造物責任保険の範囲も変わっていくだろう。既にクリアラブス（Clear Labs）社は、次世代ゲノムシーケンサーを活用した自働化テストプラットフォームの活用により、食中毒を撲滅できると発表している。

一般消費者へのバイオ技術の応用は、健康保険業界にも影響を及ぼすだろう。生物学的情報を基に、栄養状態や運動状態、健康状態を改善するように行動変容を促すサービスが登場すれば、保険事業者は顧客に対してそうしたサービスの利用を促すようになるだろう。職場環境での福祉という観点においても、これらのイノベーションを活用し、従業員の社会保険料の低減につなげることができる。

素材・化学・エネルギー領域においても、影響は大きいと想定される。アパレル業界においては、自然由来の資源消費をより少なくするような消費者ニーズが高まっていくだろう。例えば、消費者は動物福祉や環境保護の観点

**図表3　食肉バリューチェーンに大きな変化が起きている**

従来の食肉生産と培養肉・植物由来肉の生産の比較

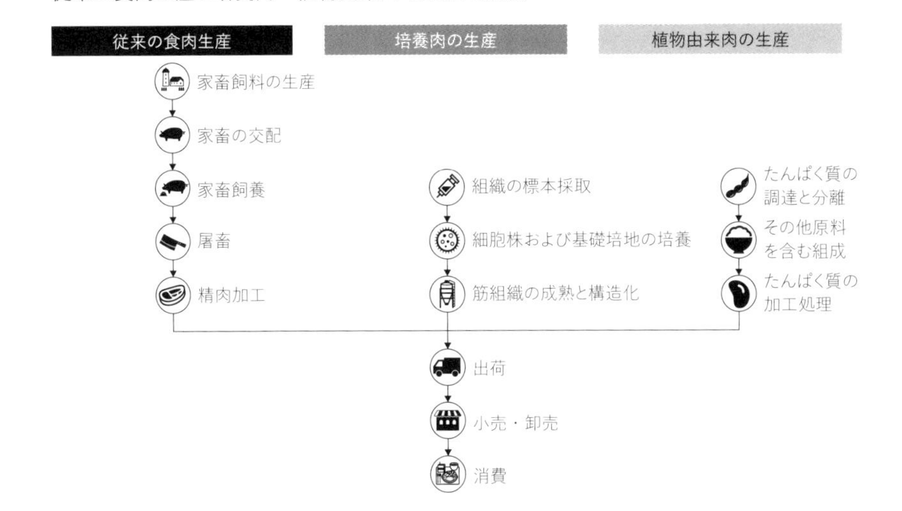

から、動物の皮革を利用しない製品を購買する方向に流れうる。またバイオ燃料の普及によって、航空やトラベル、ロジスティクスといった様々な業界が影響を受けるだろう。

生体情報を検知する機器（バイオマシンインターフェース）の普及も、産業横断的な影響を及ぼす可能性がある。神経系の情報を伝達するヘッドセットの開発により、人間のストレスレベルを検知できるようになれば、接客業、宿泊業、運輸業などのホスピタリティ産業において新たなサービス開発に貢献するだろう。また、人の定量分析能力を強化するバイオマシンインターフェースが開発されれば、金融業においてより効率的なトレーディングや財務分析手法の実現に貢献するだろう。

またバイオ革命は、ゆっくりとではあるが、バリューチェーンの変革を促していくだろう。食肉の事例でいえば、伝統的なバリューチェーンである流通前の育種、給餌、畜殺、加工は、培養肉になると細胞のサンプリング、培地の生産、培養というシンプルなバリューチェーンに置き換えられ、一つの企業で担うことが可能になる（**図表3**）。

さらに、バイオ革命はヘルスケアシステムにも影響を及ぼす。新しい診断や治療方法の開発により治療の提供場所も変わっていくだろう。例えば、難病に指定されている嚢胞性線維症は、遺伝子診断技術の発展により、専門集約化された治療体制が必要なくなり、地域病院での治療が可能になる。そして、治療から予防医療へのシフトが進めば、急性期治療の負担を減少させ、地域医療やかかりつけ医を中心にしたプライマリケアへと医療体制の変化を促すだろう。

多くの企業は、実現時期が不透明な、このバイオ革命に対応した事業戦略を立案することが求められており、事業ポートフォリオベースで、短期あるいは中長期的なバイオイノベーションの到来を想定した投資を行っていくことが必要となる。

バイオイノベーションは、生物科学のみならずコンピューティング、AI、データアナリティクス、工学を含んだ横断的な事象であることから、既存のビジネスがそのままで対応することは難しい。企業は自社の人材と他社との協業・提携との間での適切なバランスを見出すことが求められ、機動的なM&Aやパートナーシップを通じた能力構築がこれまで以上に重要になっていく。

既に、大規模な既存プレイヤーが、分野横断的なパートナーシップやM&A実行を実現している。例えばフェイスブック社は、2019年に5億〜10億ドルを投資し、筋肉からの神経信号を読み取ってソフトウェアへの入力情報に変換する技術を持つCTRL-labs社（米国に拠点を置く会社。遺伝子編集技術を使用し、よりクリーンで効率的な農業ソリューションを提供）を買収した[10]。その他、ノボザイムズ社（Novozymes）はInari Agriculture社とコラボレートし、保有する大規模な農業従事者とのネットワークを活用して、大規模なイノベーションの実証研究を主導している。

◇出典


1. The lightning-fast quest for COVID vaccines — and what it means for other diseases, *nature*, 18 December 2020
2. PFIZER REPORTS FOURTH-QUARTER AND FULL-YEAR 2020 RESULTS AND RELEASES 5-YEAR PIPELINE METRICS, Pfizer
3. 現在の国内でのワクチンの開発状況〈主なもの〉（3月22日更新）, 厚生労働省
4. 令和2年度一般会計新型コロナウイルス感染症対策予備費使用実績
5. バイオベンチャーの現状と課題、経済産業省バイオベンチャーと投資家の対話促進研究会事務局資料
6. National Academies of Sciences, Engineering, and Medicine, “Genetically Engineered Crops: Experiences and Prospects,” Washington, D.C.: The National Academies Press, 2016
7. What are AOB?, Mother Dirt
8. Recombinant DNA molecules are formed by combining genetic material from multiple sources to create sequences not found in the genome (molecular cloning, for instance). See Paul Berg et al., “Summary statement of the Asilomar Conference on recombinant DNA molecules,” *Proceedings of the National Academy of Sciences*, June 1975, Volume 72, Number 6
9. Zafer Bashi, Ryan McCullough, Liane Ong, and Miguel Ramirez, “Alternative proteins: The race for market share is on,” McKinsey & Company, August 2019
10. Kurt Wagner, “Facebook to buy startup for controlling computers with your mind, “ Bloomberg, September 24, 2019; and Nick Statt, Facebook acquires neural interface startup CRL-Labs for its mind-reading wristband, The Verge, September 23, 2019

・各種メディア（Bloomberg、The Financial Times等）

# PART 3

# ネクスト・ノーマルの経営・人のマネジメント

# CHAPTER 6

# 高まるダイバーシティ経営の必要性

近年、ダイバーシティ（多様性）の発想を企業経営に取り入れた「ダイバーシティ経営」の必要性が明確となり、多くの経営者の間で議論が続いている。それは、多様性を経営に取り入れることで、急激な環境変化に柔軟かつ能動的に対応し、より多くのイノベーションを起こすことで、競争力を高めていくべきではないかという議論である。

しかし、今回の新型コロナによる感染拡大（パンデミック）は経営者たちにとって大きな試練を与えることとなった。従業員や顧客の健康への配慮、オペレーションの抜本的な変革、サプライチェーンの再構築、変わりゆく消費動向に対応したビジネスモデルの変革など、今までと比べ物にならない不測の事態への対応を余儀なくされることとなった。その結果、これまでその重要性が認識され、取り組みが一定の成果を上げてきた「ダイバーシティ＆インクルージョン」（個々の違いを受け入れ、認め合い、活かしていく）の取り組みにブレーキがかかる可能性がある。

新型コロナは、仕事と生活の関係を激変させ、特に女性やマイノリティに大きな負担を強いている。マッキンゼーは過去6年間にわたり継続的にダイバーシティ＆インクルージョンに関する調査を行っており、新型コロナによって女性やマイノリティにおける仕事への不安感が如実に高まっていることが明らかとなった。仕事と家庭の垣根があいまいとなったことにより、10歳以下の子供がいる共働きの家庭では、母親の負担が父親に比べ約3倍に増え、家庭での作業時間が3～4時間増えている。約半数の女性が、仕事と家庭を両立することへのストレスを強く感じており、約1/3が解雇されるリスクを感じ、約4分の1が自発的に仕事を辞める、もしくは変えることを検討している。

企業はこうした状況に対応策を取るべきであるが、多くの企業でダイバーシティに関する取り組みは優先度を下げられている。2020年3月の調査では、27％の経営者がダイバーシティ＆インクルージョンに関連する施策を一旦停止し、業務変革の施策の優先順位を上げると回答している[1]。2009年に金融危機が発生した際も、ダイバーシティ＆インクルージョンの優先順位を下げるという同様の動きがみられた[2]。

しかしながら、ダイバーシティ＆インクルージョンを重要な経営課題ととらえて行動している企業は、そうでない企業と比べて、より高い業績を実現し、危機に強いことが科学的に証明され始めている。マッキンゼーでは、ダイバーシティ＆インクルージョンを高めることが、業績を持続的に高めていくためにやらなくてはいけない戦略的な必然性（Strategic Imperative）であると捉えている。

マッキンゼーでは、ダイバーシティ＆インクルージョンが高い企業とそうでない企業を業界別に分け、業績との相関性を分析した。ジェンダー・ダイバーシティにおいて上位トップ25％の企業と、下位25％を比較した場合、業績においては前者が、当該国・当該産業の平均より高くなる割合が9ポイント上回るという結果になっている[3]。

企業が新型コロナからの回復を図る中、改めてダイバーシティ＆インクルージョンに関して積極的に施策を打っていくことが、短期的な回復にとどまらず、中長期的にインパクトを創出し、より強靱性（レジリエンス）の高い社会を形成するチャンスである。特に日本においては、以前からこの領域への課題は根強く、2019年の世界経済フォーラムが毎年発表するジェンダー・ギャップ指数において、153カ国中121位と過去最低ランクに転落しており、先進国の中でも最低水準にとどまっている。新型コロナ禍によりこれまで在宅勤務をして引け目を感じていた女性がより仕事をしやすくなった、子供と過ごせる時間が増え仕事と家庭の両立がしやすくなったという声も聞こえてきている。新型コロナ禍は、女性へのインクルージョンを高めるチャンスでもある。

本CHAPTERでは、特に日本で大きな課題となっている女性へのインクルージョンに焦点をあてる。まず、ダイバーシティ＆インクルージョンが企業の業績に与える影響、特に日本の立ち位置および日本への影響について、定量的な分析を行った。次に、新型コロナが女性に与えた影響を、グローバルおよび日本で実施した分析に基づいて紹介し、日本が抱える課題に関して明確にした上で、最後に、政府、各企業、個人が取りうる具体的な施策を提唱する。

# SECTION 6-1 ダイバーシティ&インクルージョンが高い企業は業績も高い

## 調査手法の紹介——15カ国1000以上の企業を調査

ダイバーシティ&インクルージョンが企業の業績に与える影響を分析するため、マッキンゼーでは10年以上継続的にサーベイを実施し企業の多様性とその業績の相関性の分析を行ってきた。特に、2014年、2017年、2019年に、それぞれ"Why diversity matters"(なぜダイバーシティが重要か)、"Delivering through diversity"(ダイバーシティによりインパクトを創出する)、"Diversity Wins"(ダイバーシティは勝つ)という三つのレポートを作成しており、それぞれのレポートでダイバーシティと企業の財務業績との相関性を述べてきた。これらのレポートでは、徐々に対象とする国や企業数を増やしており、現在は15カ国、

**図表6-1 調査手法—15カ国、1000社以上の会社のデータを活用**

調査を行った国と産業の分布[1] (%)

| 2014 | 2017 | 2019 |
|---|---|---|
| ブラジル、メキシコ、英国、米国 | オーストラリア、フランス、ドイツ、インド、日本、ナイジェリア、シンガポール、南アフリカ | デンマーク、ノルウェー、スウェーデン |

地域の分布 (%)

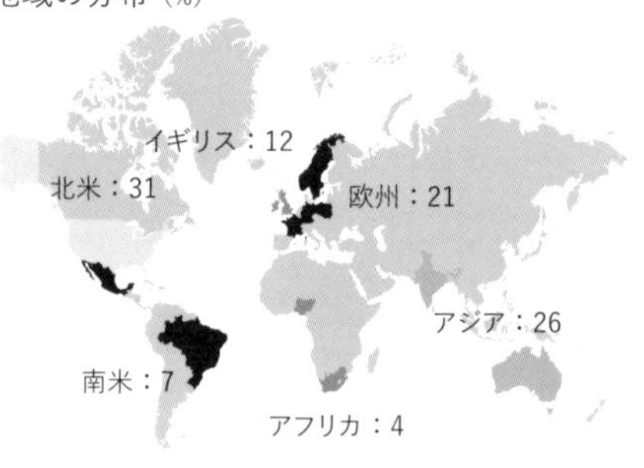


産業 (%)

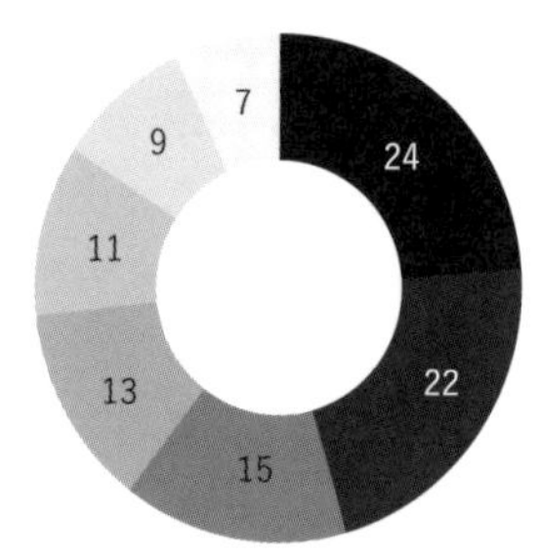


■コンシューマー、リテール ■エネルギー、素材
■重工業、製造業 ■テレコム、メディア、テクノロジー
■ファイナンス、プロフェッショナルサービス
■ヘルスケア、製薬、医療
トランスポーテーション、ロジスティックス、旅行業

1. n=1,039

資料：McKinsey Diversity Matters data set

1000以上の企業（売上150億ドル以上の企業）を対象に調査を実施している（**図表6-1**）。

## ダイバーシティの高い企業は54％の確率で業界平均を上回る業績を出す

この調査では、対象とする企業をダイバーシティの度合いの高い順に4つのグループに分け、特に最上位と最下位のグループを比較して、EBIT（税引き前利益）との相関性を分析している（**図表6-2**）。

2014年の調査では、最上位の企業の財務的業績は、その業界の平均利益率を54％の確率で上回ることがわかった。最下位の企業では、その確率は47％にとどまっており、その差は7％と大きい。3年後の2017年に実施した調査では、その差は55％対45％で、10％ポイントと差が広がっている。さらにその2年後、2019年に実施した調査では55％対44％で、差は11％ポイントとなっている。

**図表6-2　経営陣の女性割合が高い場合、その会社の業績が同産業内の平均利益率を超える確率が高くなる**

同産業内において、平均EBIT率よりも高いEBIT率を達成する可能性[1]（%）

1. 同国内において、中央値よりも高い業績を出す可能性、p値<0.05（2014年次のみ、p値<0.1）
2. n=383；米国、英国、ラテンアメリカ；EBITマージン2010-2013
3. n=991；米国、英国、ブラジル、メキシコ、オーストラリア、日本、インド、シンガポール、ドイツ、フランス、南アフリカ、ナイジェリア、EBITマージン2011-2015
4. n=1,039；2017年次の調査に加え、デンマーク、ノルウェー、スウェーデンEBITマージン2014-2018

**図表6-3　経営陣の女性の割合が30%を超える企業は、そうでない企業に比べ、圧倒的に高い確率で業界の平均利益率を超える業績を出している**

同産業内において、平均EBIT率よりも高いEBIT率を達成する可能性、2014[1] (%)

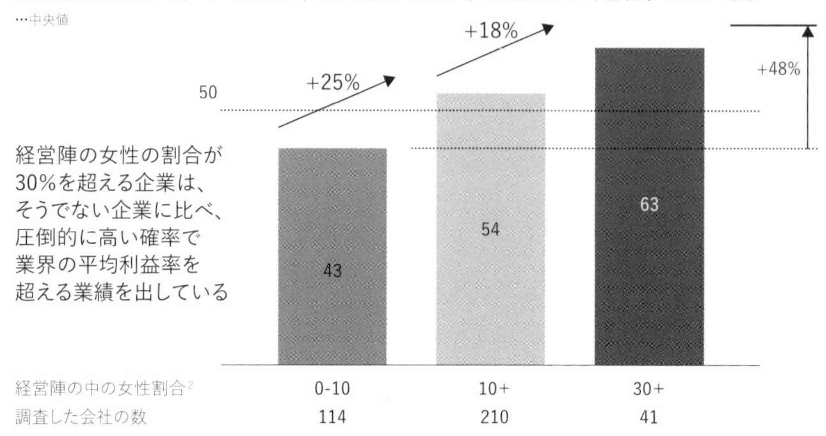


1. 同国内において、中央値よりも高い業績を出す可能性、p値<0.05 (2014年次のみ、p値<0.1)
2. n=365；米国と英国；EBIT2014-2018

**図表6-4　経営陣の中で、人種ミックスの割合が高い企業は、より高い確率で、同産業内の平均利益率を超える業績を出している**

同産業内において、平均EBIT率よりも高いEBIT率を達成する可能性[1] (%)

(人種ミックスの割合が経営陣の中で高い上位25%の企業と、下位25%の企業の比較)

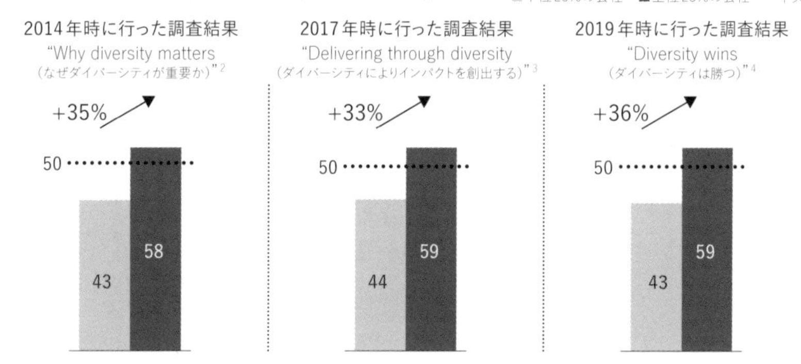


1. 同国内において、中央値よりも高い業績を出す可能性、p値<0.05 (2014年次のみ、p値<0.1)
2. n=383；米国、英国、ラテンアメリカ；EBITマージン2010-2013
3. n=991；米国、英国、ブラジル、メキシコ、オーストラリア、日本、インド、シンガポール、ドイツ、フランス、南アフリカ、ナイジェリア、EBITマージン2011-2015
4. n=1,039；2017年次の調査に加え、デンマーク、ノルウェー、スウェーデンEBITマージン2014-2018

次に、取締役会や経営陣の中にいる女性比率を使って、似たような分析を行った。経営チーム内の女性の比率が30%超の企業、10～30%の企業、10%以下の企業の3つのグループに分け、それぞれの会社が業界平均利益率を超す確率を試算した。その結果、女性比率が増すごとに、業界平均利益率を超す確率が高くなっていき、30%超の女性比率を持つ会社と10%以下の会社を比較すると、前者が63%の確率で平均を上回る利益率を実現し、後者の確率は43%にとどまる。その差は大きく、両者の間には20%ポイントの違いが出ている（**図表6-3**）。

本CHAPTERでは、特に女性の比率に対するダイバーシティ&インクルージョンの議論を進めているが、マッキンゼーでは人種によるダイバーシティの影響に関しても分析を実施している。こちらも結果としては同じく、人種のダイバーシティの度合いが高まるほど、財務的業績がよくなる傾向にある（**図表6-4**）。

## ダイバーシティの度合いの格差は広がっている

また、2014年から2019年まで、各企業のダイバーシティの度合いの変化を追っていくと、5つのタイプに分けることができる（**図表6-5**）。

①**先進グループ**：もともとダイバーシティの度合いが高く、近年さらに強化または維持してきた企業
②**急成長グループ**：もともとダイバーシティの度合いは低かったが近年強化してきた企業
③**停滞グループ**：もともとのダイバーシティは高かったが、近年低下してきている企業
④**緩慢成長グループ**：もともとダイバーシティの度合いが低く、近年少しずつ高めている企業
⑤**落ちこぼれグループ**：ダイバーシティの度合いがもともと低く、現在も何も取り組みがされていない企業

前述した分析結果と同様、こうした5つのグループがそれぞれ業界平均利

**図表6-5　ダイバーシティの度合いと、過去5年間のダイバーシティ度合いの拡大スピードに応じ、各企業を5つのタイプに分類**

調査対象会社の分布割合（%）

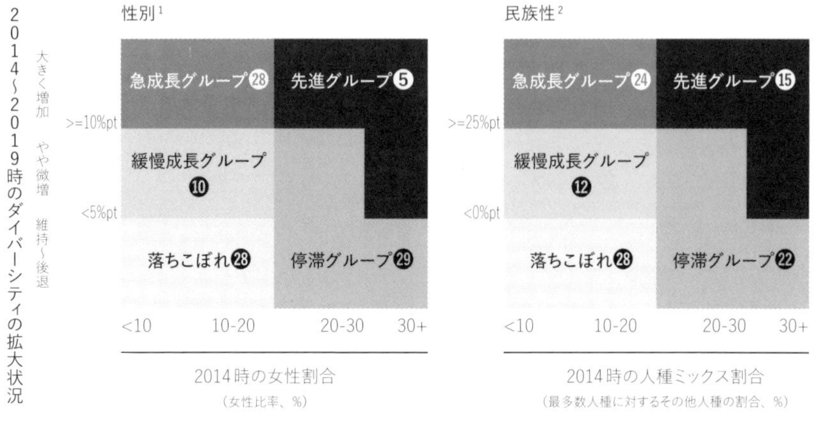


1.n=365；米国と英国
2.n=241；米国と英国

**図表6-6　もともとダイバーシティに対して感度の高いグループは女性比率を上げるが、感度が低いグループはさらに女性比率を落とす傾向が強い**

各グループの女性割合の推移（%）

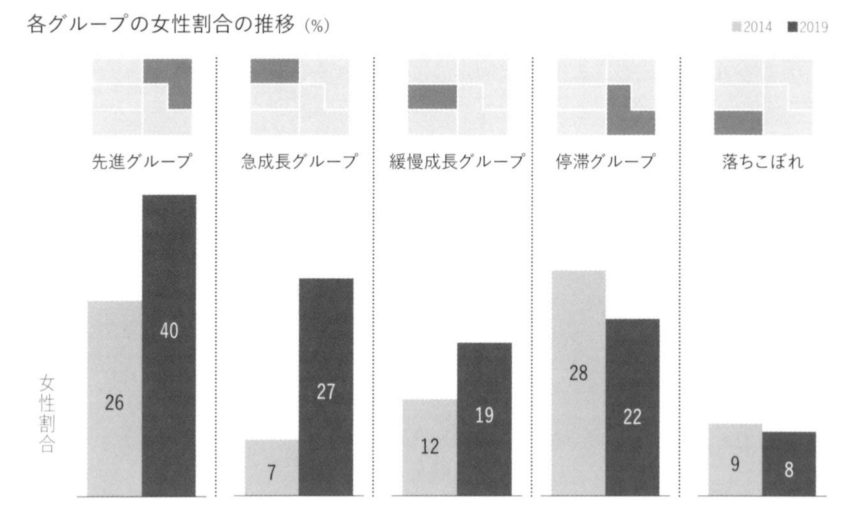

益率を超す確率は、①先進グループ、②急成長グループ、③停滞グループの3つが高く、52～62%の確率で業界平均を上回る利益率を創出している。一方、④緩慢成長グループ、⑤落ちこぼれグループでは多くの場合、業界平均を下回る確率が高い。また、それぞれのグループごとに女性比率の変遷を見ると、もともとダイバーシティに対して感度の高いグループは女性比率を上げているのに対し、感度が低いグループはさらに女性比率を落としている傾向が読み取れる。このようにダイバーシティに関する取り組みは企業間の格差が出やすく、さらにはその格差が拡大しやすい（**図表6-6**）。

## 日本はダイバーシティに関しては「落ちこぼれグループ」に属する

ダイバーシティに関する日本の位置づけも見ていきたい。**図表6-7**は、今回分析した1000社の中で、最低でも1名以上の女性が経営陣にいる割合と、経営陣における女性比率の平均値を表したものである。ノルウェー、オース

**図表6-7　日本における経営陣の女性比率は3%とグローバルにも最低水準**

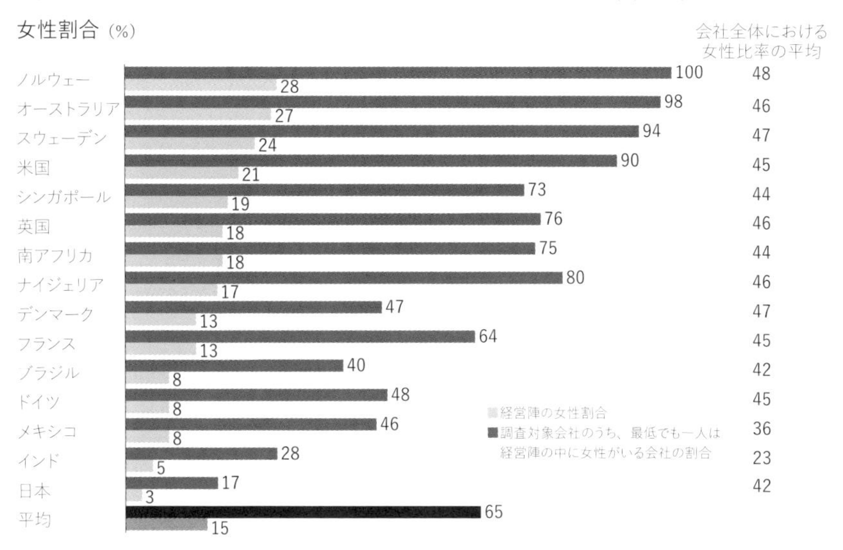


資料：World Bank (labor force participation rate, September 2019)

## 図表6-8 「なでしこ銘柄」選定企業の指数とTOPIXの比較

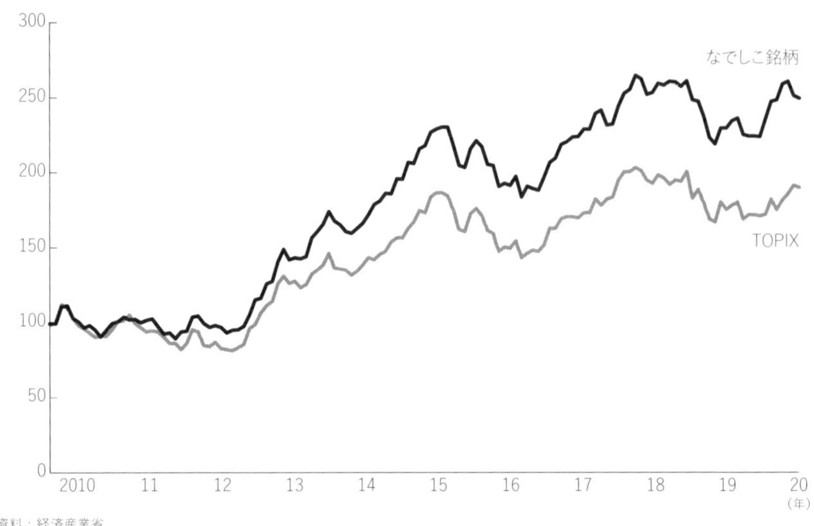


資料：経済産業省

## 図表6-9 2019年度選定「なでしこ銘柄」の売上高営業利益率と配当利回り

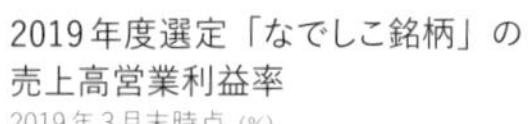


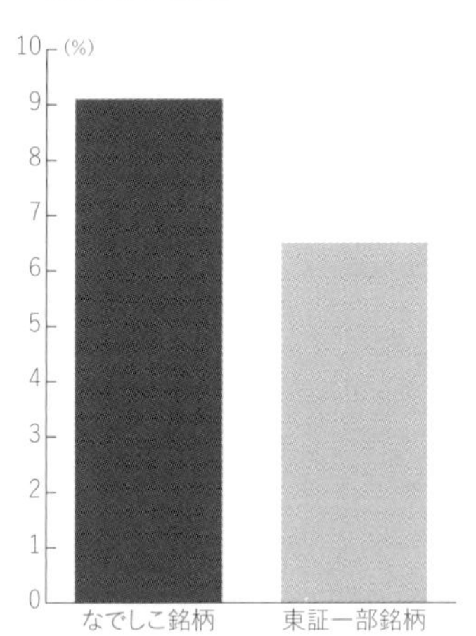


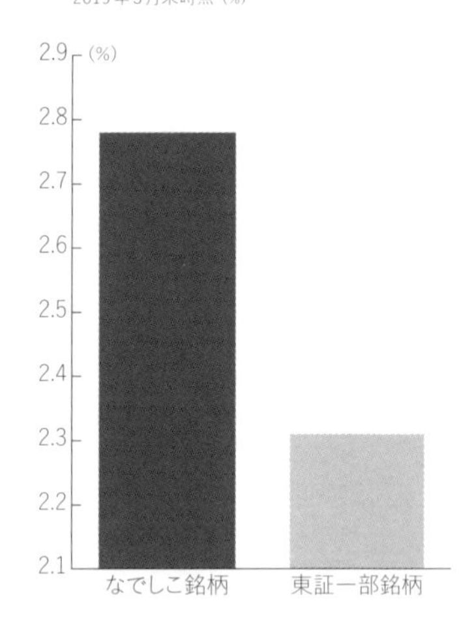


資料：経済産業省

トラリア、スウェーデン、米国などでは、90%以上の企業において必ず一人は経営チーム内に女性が在籍しており、平均的な女性割合も2割を超えている。一方、日本においては、女性が経営チームにいる割合は17%と低く、また、平均的な女性比率は3%にとどまっている。こうした状況から、日本の多くの企業は、世界の中で見ると⑤落ちこぼれグループに属し、今後もダイバーシティ格差が広がっていく可能性が非常に高い。

日本においてもダイバーシティと財務的業績の相関性は高いことが証明されている。経済産業省と株式会社東京証券取引所が共同で、女性が活躍する会社を選定した「なでしこ銘柄」の株価の推移を見ると、明らかにTOPIX指数を大きく上回っている（**図表6-8**）。また、財務的業績についても、東証一部銘柄の平均と比べて、高い売上高、営業利益率、配当利回りを実現している（**図表6-9**）。

だが、多くの日本企業は、前述した「落ちこぼれグループ」に属しており、今後はさらにダイバーシティの格差が広がる可能性が高い。

NORMAL
NEXT

## SECTION 6-2 ダイバーシティ&インクルージョンの日本へのインパクト――GDPの6%押し上げ

### 現在の日本における女性のGDP貢献度は33%

現在、世界のGDPの創出源を、男性による労働と女性による労働で分けると、女性のGDP貢献度は全体の36%を占める。日本に限って見ると、労働人口に占める女性の労働者数は43%と特段低くはないが、女性によるGDPの貢献度は33%となっており、世界平均およびアジア平均よりも低くなっている（**図表6-10**）。

その理由は、女性の各国における労働環境、社会環境に対する「ジェンダー平等性指標」（GPS／ジェンダーパリティスコア：男性と女性の機会へのアクセスの差を測定

**図表6-10　女性のGDPへの貢献割合は世界で約36%。アジア圏では約11～41%の割合で貢献しており、日本においては33%**

2016年時のGDP割合、%；(2014兆ドル)
■女性　■男性

| | 女性 | 男性 | (兆ドル) 100% = | 労働者における女性比率 (%) |
|---|---|---|---|---|
| パキスタン | 11 | 89 | 0.3 | 22 |
| インド | 18 | 82 | 2.4 | 25 |
| バングラデシュ | 19 | 81 | 0.2 | 29 |
| インドネシア | 29 | 71 | 1.0 | 38 |
| スリランカ | 29 | 71 | 0.1 | 34 |
| マレーシア | 32 | 68 | 0.4 | 38 |
| 日本 | 33 | 67 | 5.0 | 43 |
| フィリピン | 34 | 66 | 0.3 | 40 |
| 韓国 | 35 | 65 | 1.5 | 42 |
| アジア全体 | 36 | 64 | 25.8 | 37 |
| 世界全体 | 36 | 64 | 80.2 | 39 |
| オーストラリア | 36 | 64 | 1.5 | 46 |
| ミャンマー | 36 | 64 | 0.1 | 41 |
| ネパール | 36 | 64 | 0 | 52 |
| ニュージーランド | 37 | 63 | 0.2 | 47 |
| シンガポール | 39 | 61 | 0.3 | 45 |
| タイ | 40 | 60 | 0.4 | 46 |
| ベトナム | 40 | 60 | 0.2 | 48 |
| カンボジア | 41 | 59 | 0 | 50 |
| 中国 | 41 | 59 | 11.9 | 44 |

全世界でみた女性のGDPへの貢献割合　36

資料：World Bank (labor force participation rate, September 2019)

するために用いられる社会経済的指標）を分析するとわかりやすい。日本における性別の労働人口の割合は、男性を1とすると、女性は0.7ほどあり、アジアの各国と比べて平均的な数値となっている。また、プロフェッショナルジョブやテクニカルジョブと呼ばれる、特殊な技術やライセンスを必要とするような職に就いている比率や、労働対価（平均賃金）に関しても、それぞれ0.66、0.61であり、決して高くはないものの、アジア各国と同様な比率を保っている。一方で、リーダーシップ、経営チーム内にいる女性の比率は0.15、また、対価をもらわない労働（家事労働）に関しては0.21（男性の5倍多い）と、他国に比べても圧倒的にスコアが悪い（**図表6-11、6-12**）。

社会的な環境に関して見ると、興味深いことに、実は多くの要素において日本は比較的良いスコアを出している。妊婦に対する配慮、教育、財務サポート、犯罪率の低さ、子育て支援など政策面でのスコアは、基本的に各国の平均かそれ以上の数値となっている。一方、政界における女性リーダーの比率と法整備の2項目に関しては、他国よりも低い結果が出ている（**図表6-11、6-12**）。

### 図表6-11　アジアの国々における、ジェンダー平等性指標（Gender Parity Score - GPS）（1/2）

ジェンダーの不平等性　■とても高い　■高い　■平均的　■低い

| 地域 | 国名 | 女性の人口 2016年（百万人） | 一人当たりGDP、2016（$） | 労働におけるジェンダーの平等性 労働への参加率（男性に対する女性の比率） | 専門性の高い職業における就業率（男性に対する女性の比率） | 同作業における賃金格差（男性の賃金に対する女性の賃金の比率） | 経営層における割合（男性の経営陣に対する女性の経営陣の比率） | 介護・育児などの参加率（女性の参加時間に対する男性の参加時間の比率） |
|---|---|---|---|---|---|---|---|---|
| オセアニア | オーストラリア | 11.9 | 46,790 | 0.83 | 1.19 | 0.60 | 0.58 | 0.55 |
| | ニュージーランド | 2.3 | 39,059 | 0.85 | 1.25 | 0.71 | 0.67 | 0.58 |
| 東アジア | 中国 | 671.2 | 15,535 | 0.81 | 1.07 | 0.59 | 0.20 | 0.39 |
| | 日本 | 65.2 | 41,470 | 0.70 | 0.66 | 0.61 | 0.15 | 0.21 |
| | 韓国 | 24.9 | 35,751 | 0.70 | 0.93 | 0.45 | 0.12 | 0.19 |
| 東南アジア | インドネシア | 125.6 | 11,612 | 0.61 | 0.94 | 0.63 | 0.30 | No data |
| | フィリピン | 50.0 | 7,806 | 0.64 | 1.42 | 0.76 | 0.96 | No data |
| | ベトナム | 46.8 | 6,424 | 0.89 | 1.19 | 0.58 | 0.35 | No data |
| | タイ | 34.3 | 16, 917 | 0.79 | 1.31 | 0.73 | 0.48 | 0.56 |
| | ミャンマー | 27.6 | 5,773 | 0.93 | 1.12 | No data | 0.40 | No data |
| | マレーシア | 15.5 | 27,681 | 0.64 | 0.80 | 0.76 | 0.26 | No data |
| | カンボジア | 7.9 | 3,736 | 0.87 | 0.57 | 0.72 | 0.45 | 0.25 |
| | シンガポール | 2.8 | 87,856 | 0.76 | 0.91 | 0.78 | 0.52 | No data |
| 南アジア | インド | 612.2 | 6,572 | 0.34 | No data | 0.50 | No data | 0.10 |
| | パキスタン | 90.0 | 5,249 | 0.30 | 0.28 | 0.48 | 0.03 | 0.10 |
| | バングラディシュ | 78.4 | 3,581 | 0.53 | 0.39 | 0.46 | 0.13 | 0.27 |
| | ネパール | 14.5 | 2,468 | 0.92 | 0.43 | 0.52 | 0.22 | No data |
| | スリランカ | 11.0 | 12,316 | 0.40 | 0.97 | 0.63 | 0.33 | No data |
| アジア圏におけるベストスコア | | | | 0.93 | 1.42 | 0.78 | 0.96 | 0.58 |
| アジア圏の平均スコア | | | | 0.60 | 0.95 | 0.56 | 0.25 | 0.25 |
| 世界のベストスコア | | | | 1.00 | 2.66 | 0.86 | 1.13 | 0.85 |

## 図表6-12　アジアの国々における、ジェンダー平等性指標 (Gender Parity Score - GPS) (2/2)

国連の定義と合わせるべく一部英語表記にて記載

ジェンダーの不平等性　■とても高い　■高い　■平均的　■低い

| | | 労働におけるジェンダーの平等性 | | | | | | | | | |
|---|---|---|---|---|---|---|---|---|---|---|---|
| | | 経済的に平等な機会を担保する仕組み | | | | | 法的なプロテクション、政治力 | | | 身体的安全性 | |
| 地域 | 国名 | 家族計画に関して満たされないニーズに直面している割合 [illegible] | 妊婦死亡率（10万件の出産に対する数） | 教育レベル（男性に対する女性の比率） | ファイナンシャルインクルージョン [illegible] | デジタルインクルージョン | リーガルプロテクションインデックス | 政界の参加率（男性に対する女性の比率） | 出生時の性別の比率（女性に対する男性の比率） | 児童婚（若い女性に対する割合） | 女性に対する暴力（女性に対する割合） |
| オセアニア | オーストラリア | 11 | 6 | 1.00 | 1.00 | 1.00 | 1.00 | 0.36 | 1.06 | 1 | 25 |
| | ニュージーランド | 9 | 11 | 1.00 | 1.00 | 1.00 | 0.83 | 0.55 | 1.06 | 1 | 33 |
| 東アジア | 中国 | 4 | 27 | 0.97 | 0.87 | No data | 0.58 | 0.20 | 1.16 | 3 | 15 |
| | 日本 | 20 | 5 | 0.95 | 0.80 | 0.97 | 0.51 | 0.14 | 1.06 | 1 | 15 |
| | 韓国 | 6 | 11 | 0.86 | 0.81 | 0.93 | 0.58 | 0.15 | 1.07 | 0 | 23 |
| 東南アジア | インドネシア | 12 | 126 | 0.98 | 0.81 | 0.86 | 0.45 | 0.29 | 1.05 | 26 | No data |
| | フィリピン | 18 | 114 | 1.00 | 1.00 | No data | 0.70 | 0.37 | 1.06 | 2 | 18 |
| | ベトナム | 6 | 54 | 0.97 | 1.00 | No data | 0.47 | 0.19 | 1.10 | 8 | 34 |
| | タイ | 6 | 20 | 0.98 | 0.84 | 0.98 | 0.29 | 0.09 | 1.06 | 11 | 44 |
| | ミャンマー | 16 | 178 | 0.98 | 0.60 | No data | 0.39 | 0.08 | 1.03 | 12 | 38 |
| | マレーシア | 18 | 40 | 0.98 | 0.82 | 0.96 | 0.28 | 0.10 | 1.06 | 6 | No data |
| | カンボジア | 13 | 161 | 0.86 | 0.80 | 0.97 | 0.50 | 0.17 | 1.06 | 20 | 14 |
| | シンガポール | 11 | 10 | 0.96 | 1.00 | 0.96 | 0.64 | 0.17 | 1.07 | 0 | No data |
| 南アジア | インド | 13 | 174 | 0.87 | 0.66 | 0.72 | 0.40 | 0.18 | 1.11 | 21 | 37 |
| | パキスタン | 20 | 178 | 0.74 | 0.17 | 0.59 | 0.20 | 0.12 | 1.09 | 27 | 39 |
| | バングラデシュ | 12 | 176 | 0.84 | 0.83 | 0.73 | 0.39 | 0.16 | 1.05 | 34 | 53 |
| | ネパール | 23 | 258 | 0.84 | 0.74 | No data | 0.38 | 0.21 | 1.05 | 24 | 28 |
| | スリランカ | 7 | 30 | 0.99 | 0.96 | No data | 0.29 | 0.05 | 1.04 | 9 | 38 |
| アジア圏におけるベストスコア | | 4 | 5 | 1.00 | 1.00 | 1.00 | 1.00 | 0.55 | 1.03 | 0 | 14 |
| アジア圏の平均スコア | | 10 | 102 | 0.92 | 0.76 | 0.77 | 0.47 | 0.19 | 1.11 | 14 | 28 |
| 世界のベストスコア | | 4 | 3 | 1.00 | 1.00 | 1.00 | 1.00 | 0.93 | 1.02 | 0 | 6 |

労働環境と社会環境の両面で、特に管理職（リーダーシップポジション）における女性の比率の低さが目立つ。近年日本では政府も企業における女性の比率を高めることを目標に掲げるなど、ジェンダーに関する様々な取り組みが行われ、あらゆる方面において一定の成果を上げているものの、管理職に限っていえば、他国と比較してスコアの低さが目立っている。実際に、企業がどの段階で人材を失っているかを分析すると、人材確保の入り口における女性の比率は比較的高いものの、管理職以降、女性の比率が急激に減少していることがわかる（**図表6-13**）。

また、日本は進学率が高いと認識されることが多いが、実はアジアの他の国と比べて、大学など3次教育への女性の進学は高くない。これは、トップ大学進学率を見ても同じ傾向にある。ほぼ20年近く、東京大学への女子の入学者数は約20%で推移しており、その不均衡はトップ大学の多くに共通している。The New York Timesの報道によれば、国立大学7校における女子の学部生はわずか4分の1強であり、私学トップ校の慶応と早稲田でも3分の1強に過ぎない。それに対し、中国の北京大学では女子学生は半数近く、

**図表6-13　教育・昇進において、どの段階で女性人材を失っているか**

労働参加の各ファネルにおける女性割合（%）女性比率

推計値

■その国におけるボトルネックとなるファネル
（直前のファネルから~50%以上の落ち込みがみられるファネル）

| | 大学などの第3次教育への参加 | 大学などの第3次教育からの卒業 | 就業 | 管理職 | 部長などのシニア管理職 | 役員 |
|---|---|---|---|---|---|---|
| オーストラリア | 57 | 56 | 44 | 36 | 21 | 18 |
| 中国 | 52 | 53 | 51 | 22 | 11 | 10 |
| インド | 44 | 43 | 25 | 16 | 4 | 11 |
| インドネシア | 51 | 52 | 45 | n/a | 13 | 5 |
| 日本 | 47 | 46 | 49 | 9 | 1 | 3 |
| フィリピン | 55 | 53 | 43 | n/a | 33 | 15 |
| シンガポール | 51 | 53 | 49 | n/a | 25 | 8 |

資料：McKinsey proprietary database 2015；Women in Leadership Australia 2017；World Bank；published reports

**図表6-14　女性が労働力に占める割合**

2013~19 (%)　　■日本　■グローバル

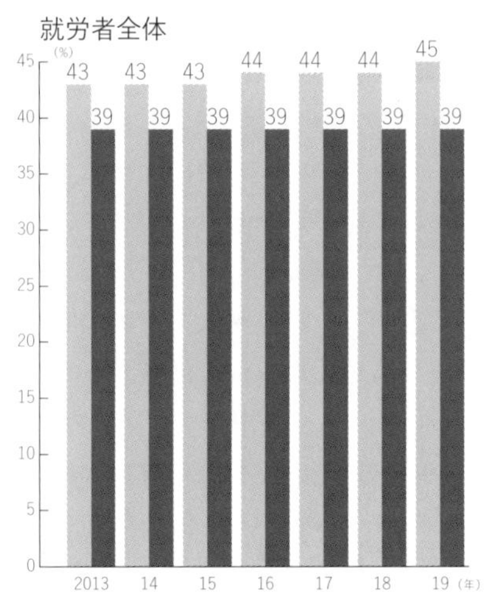


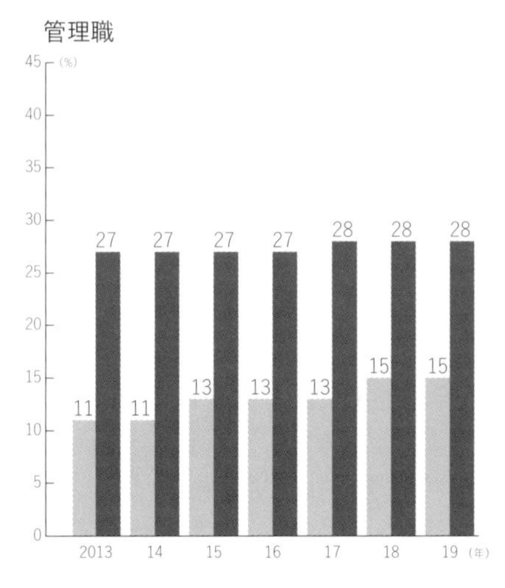


資料：ILOSTAT、内閣府男女共同参画局

韓国のソウル大学では40%、シンガポール国立大学では51%である。また、このファネルにある通り、日本は、管理職以降の地位における女性比率は15%以下にとどまるという現象が発生している（**図表6-14**）。

## ジェンダー平等性を是正することでGDPは6%押し上げられる可能性がある

次に、ダイバーシティ比率を上げた場合の効果を考えていきたい。**図表6-15**は、労働環境と社会環境の両面で、日本の現在の「ジェンダー平等性指標」をまとめたものである。日本のスコアの右には、アジア圏での最高位レベルのスコアを、さらにその右にはアジアの平均値を、一番右には世界の最高位のスコアを並べている。

日本の「ジェンダー平等性指標」が全て、アジアの最高位と同レベルまで上がった際のGDPの成長を考えてみよう。アジア圏における最高位を達成したと仮定して、女性の管理職比率が高まり、女性全体の労働人口における

## 図表6-15　日本はジェンダー平等性指標を測る15の指標のうち、7つ以上、ジェンダーの不平等性が高い領域がある

国連の定義と合わせるべく一部英語表記にて記載

ジェンダーの不平等性　■とても高い　■高い　■平均的　■低い

| | 日本 | アジア圏のベストスコア | アジア圏の平均スコア[1] | 世界のベストスコア |
|---|---|---|---|---|
| 労働におけるジェンダーの不平等性（全体指標） | 0.42 | 0.73 | 0.44 | 0.73 |
| 労働への参加率（男性に対する女性の比率） | 0.70 | 0.93 | 0.6 | 1.00 |
| 専門性の高い職業における就業率（男性に対する女性の比率） | 0.66 | 1.42 | 0.95 | 2.66 |
| 同作業における賃金格差（男性の賃金に対する女性の賃金の比率） | 0.61 | 0.78 | 0.56 | 0.86 |
| 経営層における割合（男性の経営陣に対する女性の比率） | 0.15 | 0.96 | 0.25 | 1.13 |
| 介護・育児などの参加率（女性の参加時間に対する男性の参加時間の比率） | 0.21 | 0.58 | 0.25 | 0.85 |
| 社会におけるジェンダーの不平等性（全体指標） | | | | |
| 経済的に平等な機会を担保する仕組み | 0.87 | 0.96 | 0.85 | 0.97 |
| 家族計画に関して満たされないニーズに直面している割合（男性に対する女性の比率） | 20 | 4 | 10 | 4 |
| 妊婦死亡率（10万件の出産に対する数） | 5 | 5 | 102 | 3 |
| 教育レベル（男性に対する女性の比率） | 0.95 | 1.00 | 0.92 | 1.00 |
| ファイナンシャルインクルージョン（男性に対する女性の比率） | 0.80 | 1.00 | 0.76 | 1.00 |
| デジタルインクルージョン（男性に対する女性の比率） | 0.97 | 1.00 | 0.77 | 1.00 |
| 法的なプロテクション、政治的な力 | 0.30 | 0.66 | 0.32 | 0.84 |
| リーガルプロテクションインデックス | 0.51 | 1.00 | 0.47 | 1.00 |
| 政界の参加率（男性に対する女性の比率） | 0.14 | 0.55 | 0.19 | 0.93 |
| 身体的安全性 | 0.91 | 0.96 | 0.82 | 0.97 |
| 出生児の性別の比率（女性に対する男性の比率） | 1.06 | 1.03 | 1.11 | 1.02 |
| 児童婚（若い女性に対する比率） | 1 | 0 | 14 | 0 |
| 女性に対する暴力（女性に対する割合） | 15 | 14 | 28 | 6 |

1. 2016年時の女性人口数により加重平均

**図表6-16　日本においては、女性の社会進出を推進することで、2025年までにGDPを6%、3250億ドル押し上げることが可能**（シミュレーションによる試算）

ジェンダーの平等性が世界の最高位まで改善されたと仮定した際の2025年時までのGDPへの影響（通常のGDP成長率に加え、さらに増加する効果の試算）

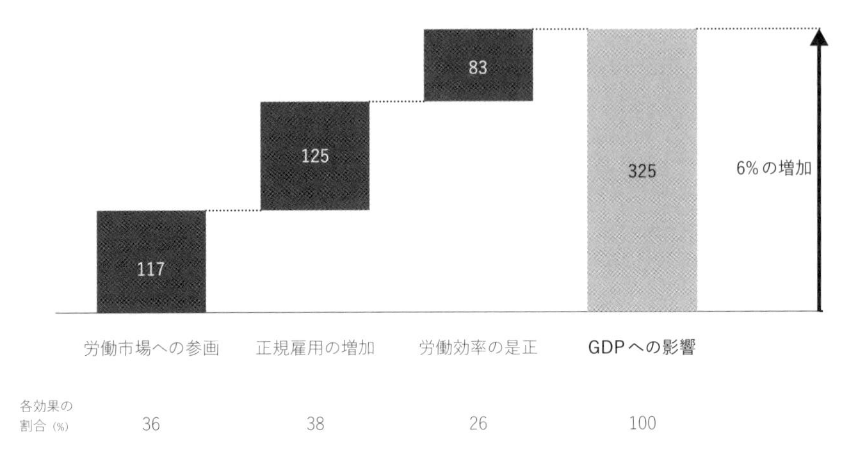


| 各効果の割合（%） | 36 | 38 | 26 | 100 |
|---|---|---|---|---|

比率が上がり（現在の49%から54%にまで増加）、正社員比率が上がり（76%から81%まで増加）、女性の効率性格差が是正される（現在一人当たり年間77,000ドルの効果から90,000ドルの効果）シナリオを考えてみる。マッキンゼーでは、こうしたシナリオの下で、女性の労働人口の増加により1170億ドル、正規雇用による労働時間の増加により1250億ドル、さらに労働効率性の増加により830億ドルのGDP押し上げ効果があると考えており、結果として、GDPが6%成長すると考えている（**図表6-16**）。

労働人口が減ってきており、外国からの人材の流入が限定的な日本においては、女性が労働市場に参画するだけではなく、非正規から正規雇用になり、賃金格差も是正され、まさにダイバーシティ&インクルージョンが向上する、各企業が必要な施策をとることで、日本のGDPの成長、ひいては日本の国力の向上へと導くことができうる。

# SECTION 6-3 新型コロナによる影響：ダイバーシティ&インクルージョンは後退する可能性がある

## 新型コロナ禍において、より女性への負担が強まる

ダイバーシティ&インクルージョンの重要性が高まり、日本を含めた多くの国でその重要性が説かれ、施策が展開されていた中、新型コロナによってその活動の重要性がさらに高まった。新型コロナにより、リモートワークが一気に普及したことで、ライフスタイルの自由度が拡大した一方、職場と家庭の境界線が失われ、女性にかかる負担が重くなった。過去十数年にわたって世界的に進化してきた職場におけるダイバーシティ向上の成果が、後退してしまう可能性が大きくなった。

2020年9月、マッキンゼーでは新型コロナにより女性の働く環境変化に関する調査を行い、そのレポートを「職場における女性2020」(Women in the Workplace 2020) というタイトルで出版した。この調査は米国を主に対象としたものであるが、新型コロナ禍での女性の働く環境への影響を考える上で非常に参考になる。その調査結果を見ると、会社の仕事を自宅でするようになったことで、仕事と家庭の時間の境界線があいまいになり、女性は仕事をしながら家事・育児をする状況である。特に、学校や保育施設なども一時的に休止する国が増えたこともあり、女性の仕事量の増加は顕著になってきている。

男女の家事・育児に対する認識については、次のような調査結果がある。それによると、女性のほうがより家事を担当する必要性を感じているケースが多い。しかも、興味深いことに、共働きの家庭においては、約70%以上の男性が家事・育児を等しく分担していると「思っている」のに対し、それに同意している女性は44%にとどまっている。また、51%の女性は、自分が家事の仕事のほとんど、あるいは全てを担当していると回答している（**図表6-17**）。

実際にどのくらい家庭内の仕事が増えたかという質問に対しては、平均して1日当たり約3時間で、今までの1.5倍に増えたという回答が多かった。

**図表6-17　母親は父親に比べ、約3倍以上家事・育児への時間を費やしている**

共働き家庭における時間分析調査の結果（%）

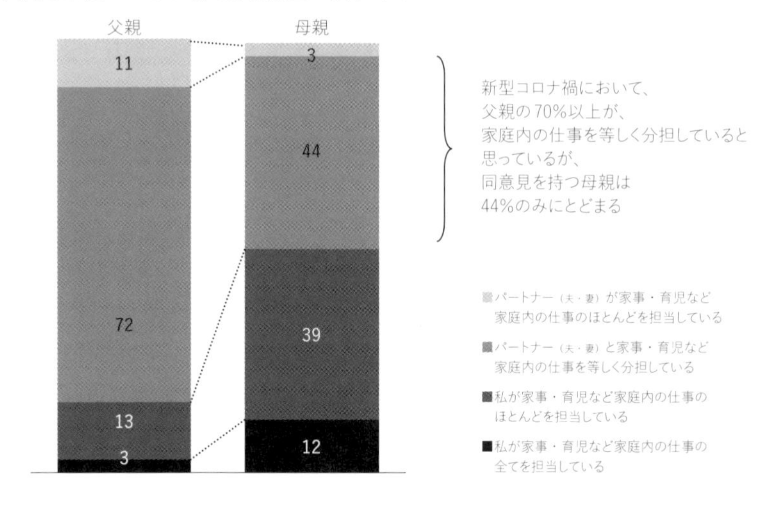


**図表6-18　新型コロナ禍の意識調査の結果、母親のほうが、父親に比べ、職場や周囲からの期待値に対する不安を感じる割合が高いことがわかった**（%）

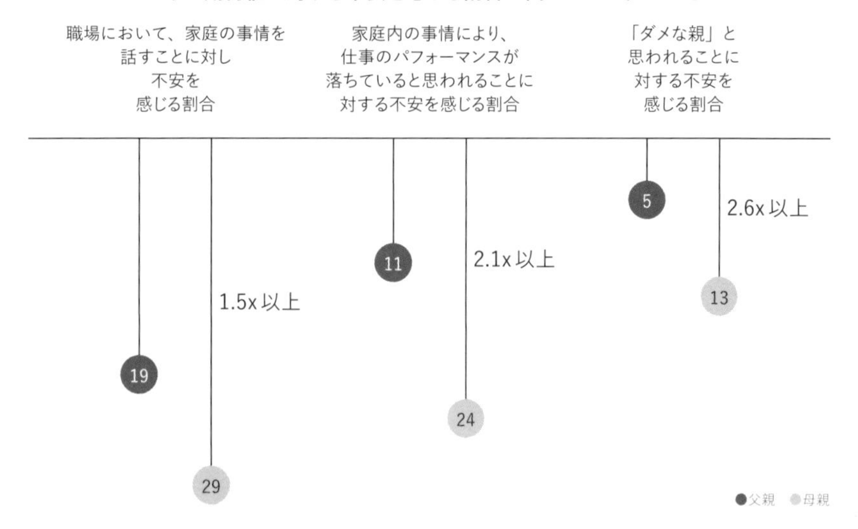

こうした中、明らかに家庭内の仕事が増えているものの、それを職場でオープンに相談するのは難しいという事情も調査からわかった。女性の多くは、女性が一定の地位につくには、より「強く」「自立している」と見られる必要性を感じており、そのため、家庭内の問題をオープンに相談することをためらうという声が上がっていた。**図表6-18**では、新型コロナ禍のもと、父親と母親のそれぞれが、どの程度家庭内での悩みをオープンに相談するかを示している。父親、母親とも、一定のためらいがあることがわかるが、特に女性のほうが1.5倍以上のためらいを感じており、さらに2倍以上が仕事に対しての評価を気にしており、2.6倍以上が子供に関する悩みを相談することにためらいを感じている。

こうした状況において、多くのワーキングマザーが仕事を辞める、もしくは時間を減らしたり役割を変えたりすることを検討していると答えた。**図表6-19**では、60%以上のワーキングマザーが仕事時間の低減や役割変更を考えたことがあり、うち7%は完全に仕事を辞めることを検討、8%が正規社員からパートタイマーになることを検討、15%が仕事の一時休止、16%が

**図表6-19　母親は父親と比べ、新型コロナ禍において仕事を辞める、もしくは仕事時間を減らすことを検討する傾向がより強い**（%）

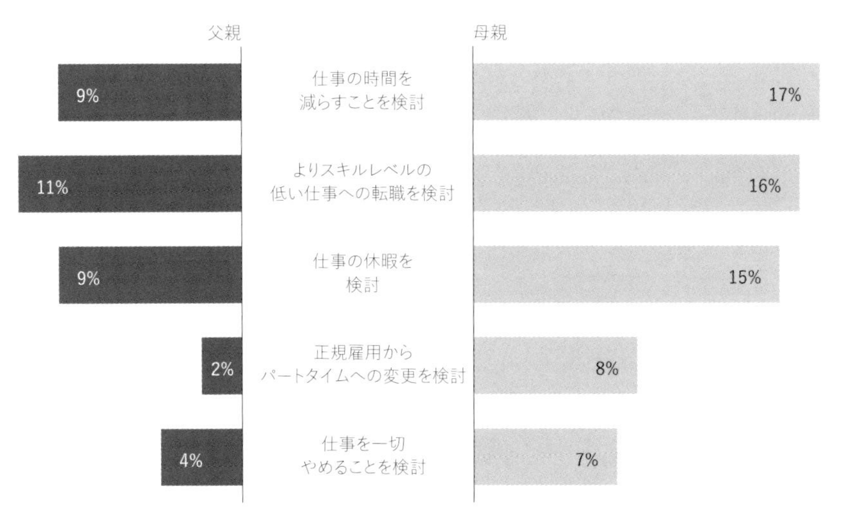

より軽い役割や仕事内容への変更、17%が仕事の時間を減らすことを考慮したと回答している。

## 日本においても、新型コロナによる女性への負担感は強い

日本においても、新型コロナの感染拡大は特に女性に対して強い負担感を与えている。特に、女性就業者数が多いサービス産業を中心に大きな打撃を受け、2020年4月には非正規雇用労働者の女性を中心に、就業者数は対前月で約70万人の減少（うち、女性が男性の約2倍）となった[4]。2020年10月の内閣府の発表によれば、新型コロナ感染拡大による外出自粛で在宅期間が長くなる中、生活不安やストレスなどが原因となり、DV（ドメスティック・バイオレンス／家庭内暴力・配偶者暴力）が増加・深刻化している。2020年7、8月には、前年同月比で1.4倍となる約1万6000件のDV相談件数を記録し、そのほとんどが女性による相談である。

さらにセンシティブな課題ではあるが、厚生労働省は2021年の1月22日、警察庁の統計に基づく2020年の自殺者数が、前年確定値より750人（3.7%）多い2万919人だったと発表した。特に男性の自殺者数は前年比135人減の1万3943人で11年連続で減っていたが、女性の自殺者数は2年ぶりの増加となり、885人増の6976人であった。

## 積極的に施策をとらなければ後退する可能性がある

このように、今まで一定の成果を上げてきた女性の社会進出が、新型コロナによって後退していく可能性が非常に高まっている。こうした中、各企業は一定の施策を素早く導入してきた。これまで以上に子育てをサポートするプログラムの導入、新型コロナにより従業員を守っていくというコミュニケーションの実施、精神面のサポートプログラム、新型コロナ前後による仕事の評価基準の変化、などである（**図表6-20**）。

こうした取り組みはどれも素晴らしく、各企業が積極的に取り組むべき施策ではあるものの、ダイバーシティを上げる施策として注力されているものではなく、男女に限らない離職防止の施策として取り組まれている。これら

## 図表6-20　多くの会社が新型コロナの影響を考慮し施策を打つとコミュニケーションをしているが、そのコミュニケーション内容が実現されていないケースも多い

2020年10月時点の調査結果；コミュニケーションを行った企業の割合 (%)、施策の検討、実施をした企業の割合 (%)

■実施済　■実施を検討

従業員が抱える各種の不安に対して各企業が行ったコミュニケーション

従業員が抱える各種の不安に対して各企業が実施した施策

### 育児やホームスクーリングに対する不安

会社の有給プログラムなどに関する再説明

育児サポートやホームスクーリングのサポートプログラム

### Burnout (燃え尽き症候群)

新型コロナ禍における仕事や成果に対する期待値

新型コロナによる業績ターゲットの変更

51

新型コロナを加味した評価制度の変更

### 精神・健康面への不安

従業員の精神的・身体的なサポートプログラムの見直し

現在会社が行っている精神的・身体的なサポートプログラムの再説明と告知

97

精神面のケアプログラム(カウンセリングなど)

健康に関するサポート、定期チェック

個々人にカスタマイズされた精神・健康ケア

グリーフケア(親族・友人などとの死別へのケア)

### 金銭・仕事への不安

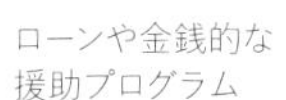

会社の財務状況のレビューと各従業員への伝達

86

ローンや金銭的な援助プログラム

新型コロナ禍における給与水準の変更

家庭からのリモートワークにかかるコスト負担

従業員の雇用を守るという宣言

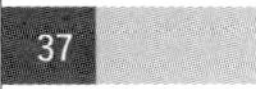


新しい仕事のトレーニングやリスキリングプログラム

を継続することにも一定の価値があるが、これらの施策を継続・改善しつつ、女性特有の障壁を取り払う取り組みも行う必要がある。新型コロナにより女性の進出に後退危機がある中、今一度、改めて女性の進出に対する障壁が何か、どういった対策が講じられるのかを考え直し、取り組みを加速化する必要性がある。

NEXT NORMAL

# SECTION 6-4 日本におけるダイバーシティの壁を理解する

## 働き方をサポートする制度は充実している

ダイバーシティを加速化していくことで、企業は高い財務的業績を実現して、結果としてGDP成長へ貢献することができる。一方、新型コロナによりこれまで進められてきたジェンダー・ダイバーシティの活動は後退するリスクも潜んでいる。そのため、本項では特に日本においてジェンダー・ダイバーシティを加速化する上で、何が必要なのかを議論していく。特に前項まで議論した日本の経営陣や管理職における女性比率の低さを焦点に、議論を展開していきたい。

マッキンゼーは、国内において女性がリーダーとして活躍するにあたり、何が障壁となっているかを分析する目的で、22～59歳の男女就労者2,000人に対してオンラインアンケート調査を実施した（期間：2020年7月14日～19日）。さらに、その結果をもとに、同年11月末、日本で活躍する約30名の女性エグゼクティブとの討議の場を設定した。テーマは、女性の活躍をさらに推進するために、福利厚生などの企業サポートといったハード面での施策に加え、人材育成・コミュニケーション、そして女性本人の意識などのソフト面をいかに改善すべきかというものである。詳しくは、マッキンゼーから出している「より多くの日本の女性リーダーの躍進を目指して」というレポートを参照いただきたい。

女性の管理職比率の低さを問題にする場合、育児休職やリモートワークなどの制度が充実していないことが、要因としてよく挙げられる。しかし、政府統計を見ると、制度面でのサポートは各企業が充実を図っていることが多い。厚生労働省の調査によると、従業員500人以上の事業所における育児休業制度の導入率は、2019年度で99%と高い水準にある。リモートワークの導入率も年々上昇しており、2019年度の総務省調査によると、従業員500人以上の企業で23%、従業員1,000人以上の企業で47%となっている。

また、今回実施した就労者向けオンラインアンケート調査においても、育児休職やリモートワークなどの福利厚生や働き方をサポートする制度の活用率は7割程度と回答されており、制度に対する満足度も「やや満足」「満足」「とても満足」と回答した人が男女ともに約9割であることがわかった。また、自分のキャリアを支えてくれ、新しい機会を与えてくれるような支援者がいるかという問いに対しても、「いる」と回答した比率は約6割と、男女間で大きな差はなかった。

**図表6-21　女性の働き方に関するアンケート**

働き方をサポートする制度の利用状況について
「企業が提供している制度を利用したことがあるか」[1]

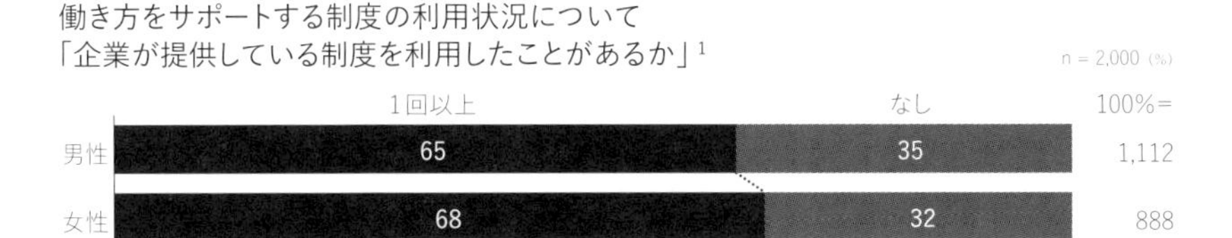


働き方をサポートする制度に対する満足度について「現在の勤務先の制度で利用したことのあるものについて満足しているか」[2]

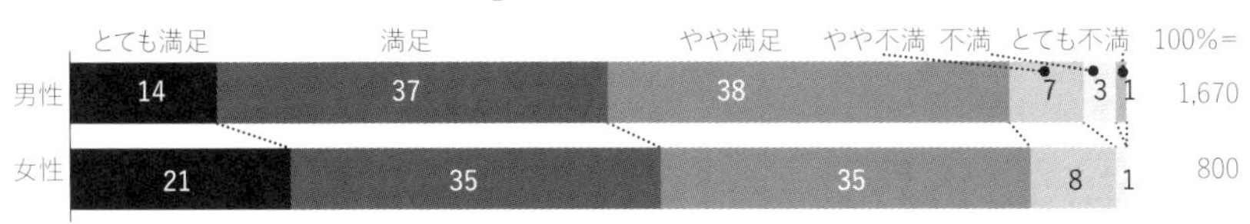


資料：2020/7/14〜7/19就労者に対するオンラインアンケート：1.「あなたの現在の勤務先が提供している・または実施している施策・制度のうち、ご自身が利用したことのあるものを選んでください」(複数回答) 2.「ご自身が利用されたことがある施策・制度について、どの程度満足ですか?」(単一回答)

**図表6-21**の結果から見る限り、働き方をサポートする制度に対する捉え方で男女間の差が少ないことから、企業によるサポートの不足が女性管理職の割合を低くとどめている要因であるとは考えにくい。

## 女性の昇進意向を上げづらい男性中心的な環境

では、女性の管理職比率の低さの原因は、どこにあるのか。それは「昇進意向」の違いであることが、本オンラインアンケート調査で明らかになった。「今後昇進を望んでいるか」という問いに対し、女性は男性より12ポイントも昇進意向が低く、また別の質問では、性別が昇進、昇給、新たな機会を得るためのハードルになると感じている割合は、女性が男性より13ポイント高かった（**図表6-22**）。さらに、「役職なし」「係長・主任クラス」のように、職位が低い層ほど、男女間で昇進意向のギャップが大きいという結果も得られた（**図表6-23**）。この男女間における昇進意向の差を生み出す原因の一つとして、「自己評価（自信）の差」が挙げられることがある。例えば、2019年

**図表6-22　女性の働き方に関するアンケート**

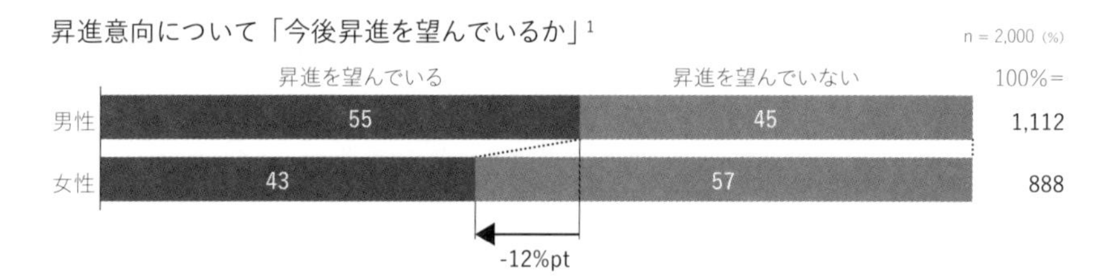


ジェンダーが昇進に影響するかについて「性別が今後の昇進・昇給・新たな機会を得るためのハードルになると感じているか」2

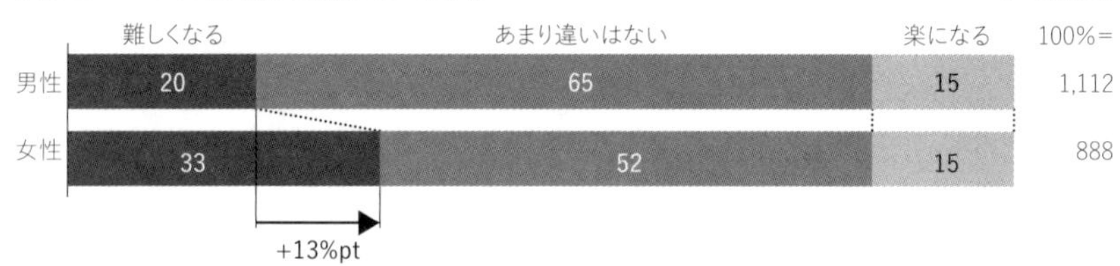


資料：2020/7/14～7/19就労者に対するオンラインアンケート：1.「現在の勤務先で今後昇進を望んでいますか。現在転職を考えている方も現在の勤務先に残ると想定してお答えください」（単一回答）2.「今後、あなたの性別によって現在の勤務先における昇進や昇給などを得ることがより難しくなる、または容易になると思いますか。分からない方も現状で最も想像し得る選択肢をお選びください」（単一回答）

## 図表6-23　女性の働き方に関するアンケート

「現在の勤務先で今後昇進を望んでいますか」[1]

n = 2,000；「はい」と回答した割合（%）

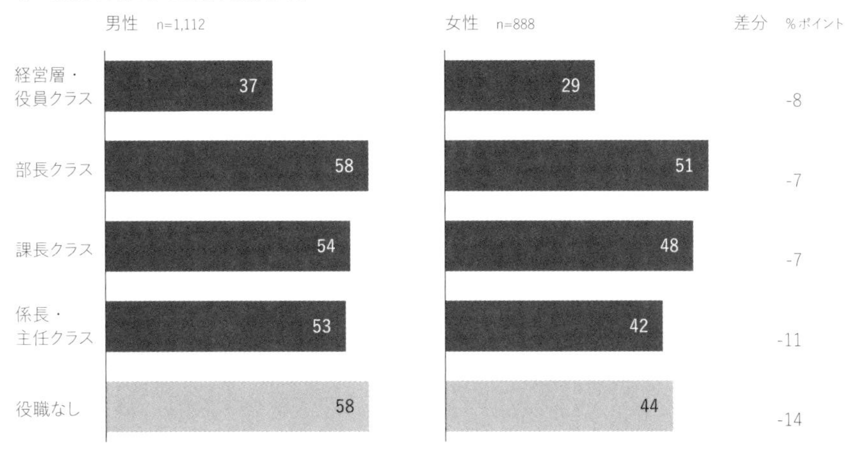


資料：2020/7/14〜7/19就労者に対するオンラインアンケート：1.「現在の勤務先で今後昇進を望んでいますか。現在転職を考えている方も現在の勤務先に残ると想定してお答えください」（単一回答）

## 図表6-24　女性の働き方に関するアンケート

「現在の勤務先で一つ上の職位への昇進を望まない理由を最大3つまで選んでください」

複数回答（%）

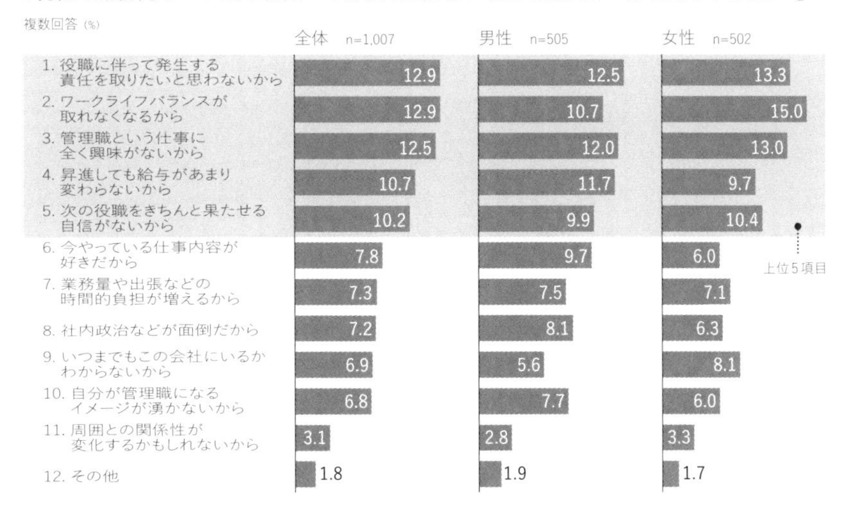


資料：2020/7/14〜7/19就労者に対するオンラインアンケート

の全米経済研究所の調査によると、女性は男性より自分のパフォーマンスを平均15%ほど低く評価する傾向にあり、この自己評価の差が昇進や給与の差に影響する。

しかし、今回行ったアンケートの結果を分析してみると、男女間の昇進意向の差が、自信の差だけに起因しているとは考えにくい。実際に「昇進したくない」と答えた回答者に対して、昇進を望まない理由をたずねたところ、上位5位までの理由は、男女ともに「役職に伴って発生する責任を取りたいと思わないから」「ワークライフバランスが取れなくなるから」「管理職という仕事に全く興味がないから」「昇進しても給与があまり変わらないから」「次の役職をきちんと果たせる自信がないから」となり、共通点の方が多くみられた（**図表6-24**）。

アンケート参加者に、管理職の男女比率を均等にする上での課題をたずねてみると、男性は「女性の人材がそもそも少なすぎる」が最も多く、2番目に多い回答は「管理職になりたいと自ら思っている女性が少ない」となっている。一方で女性の回答を見ると、トップの理由が「管理職になりたいと自ら思っている女性が少ない」となっており、2位以下の理由に大きく差をつけている（**図表6-25**）。

これは、特に女性リーダー像のロールモデルの少なさに起因すると考えられる。男性の指導層が圧倒的に多い中、女性のリーダー像は日本では作りづらい。男性の上司、男性中心的な会社経営のもと、評価されるのも男性から、ロールモデルとするのも男性の指導層から選ぶという環境では、女性リーダー像を作り上げるのは困難である。

なお、今回のアンケート調査では、昇進したくない理由の上位5位のうち、「ワークライフバランスが取れなくなるから」に関してのみ明らかな男女差が見られ、女性のほうが男性より4.3ポイント高かった（**図表6-24**）。このことから、企業が女性の活躍を後押しするのとは別の課題として、家庭内での負担改善や意識改革などが引き続き必要であると考えられる。現に、この調査結果を複数名の女性エグゼクティブと討議した際にも、自身の職場における女性社員は、家事育児も仕事も一人で抱え込み、夫からのサポートを得られないことが、昇進意向を持つことへの阻害要因の一つではないかという声が挙がっていた。

**図表6-25　女性の働き方に関するアンケート**

「あなたの現在の勤務先において、管理職の男女比率を均等にする上で課題となるものは何だと思いますか。最大3つまでお選びください」

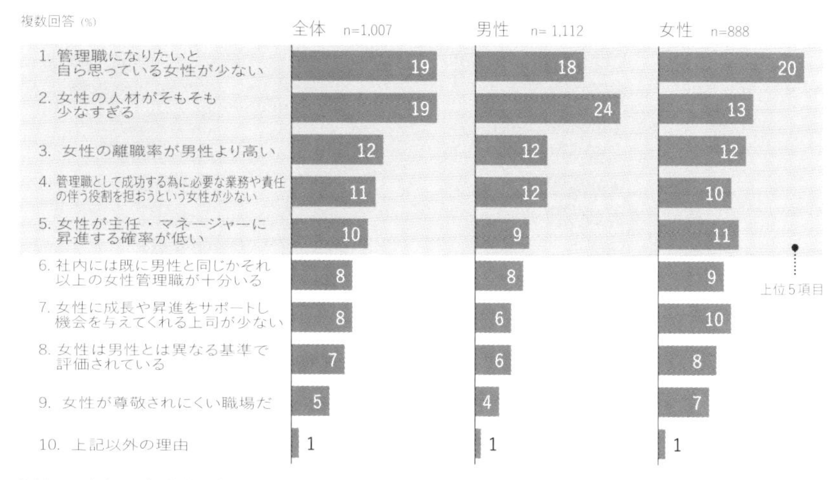


資料：2020/7/14～7/19就労者に対するオンラインアンケート

昇進を望まない理由に男女で大きな差がない一方で、昇進意向の点では男女間の差が数字に表れている。この根底にある要因をさらに深く理解するため、既に課長や部長などの管理職に昇進した男女470名に対して、昇進に興味を持った、または昇進を希望するきっかけとなったものは何であったのかをたずねた（就労者に対する追加オンラインアンケート（期間：2020年9月4日～9月7日））。すると、男女間で「昇進意向」のきっかけに違いがあることがわかった。

## 女性はやりたいことの実現、新しい挑戦を理由とする昇進意向性が高い

女性は、「新しい内容に挑戦したかった」「上司、同僚、人事から勧められた」「手本にしたいロールモデルに出会った」ことが昇進意向のきっかけであったと回答した人の割合が高かった。対して、男性は経済的メリットや社会的地位の向上、過去の努力に対する当然の報いとして、昇進意向を持つようになったと回答した人が多かった（**図表6-26**）。

## 図表6-26　女性の働き方に関するアンケート

「管理職になりたいと思ったきっかけは何ですか」[1]

複数回答 (%)

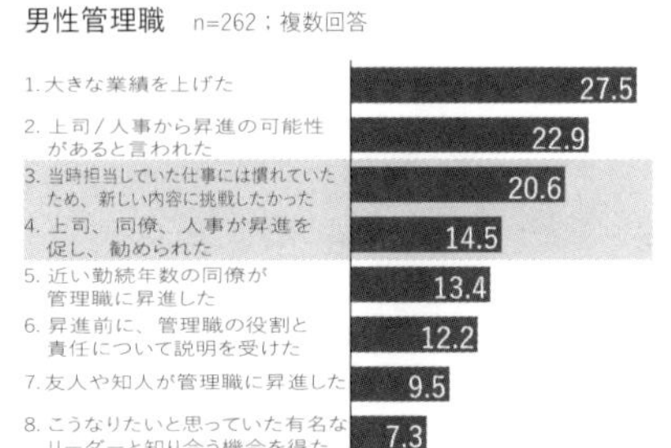


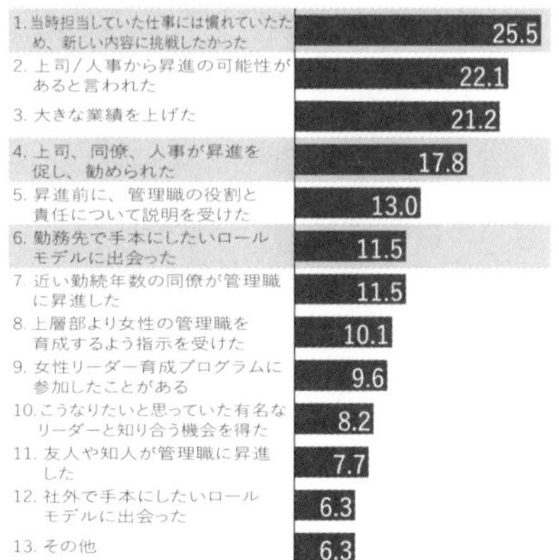


資料：2020/9/4〜9/7 就労者に対するオンラインアンケート：1.「現在ないしは過去の勤務先で昇進に興味を持つ、または希望するきっかけとなることが次の中からあった場合、選択してください」(複数回答)

具体的なコメントとして、女性は「憧れの先輩や上司に認めてもらい、期待に応えたいと思ったから」や「自分の可能性を試したくて」「自分が目指す目標が見つかったから」など、個々の強みや自己成長機会を明確に自覚できる言動が、きっかけとして重要だったというものが多かった。この調査と同時に実施した座談会で印象的だったのは、「若いころは昇進を考えていなくて、一般社員でいたかった。しかし、上司からの勧めで管理職に立候補した。マーケティング畑でやってきたが、セールスも動かしたいとなると、偉くならないといけないと思うようになった」というコメントである。

一方、男性は「成果に見合う地位や相応の立場・報酬が得られるから」「同期・同僚に遅れをとりたくないから」などの金銭、社会的立場や会社内での立ち位置を気にしたきっかけを挙げる回答者が多かった。

### 企業の取り組みの例　コミュニケーションプログラムの重要性

昇進意向のきっかけにおけるこのような男女の違いを理解し、女性の管理職比率向上に取り組む企業は少なくない。女性部下を持つ管理職向けのコーチングやコミュニケーション研修、女性が目指すべき目標とキャリアプランニングを実施する研修などは、前述の自己評価の構築改善や自己成長という、女性が重要と感じるきっかけに直接的に働きかけるものとなる。

『日経WOMAN』「日経ウーマノミクス・プロジェクト」(2020年6月号)が実施した「企業の女性活用度調査」で、2020年版「女性が活躍する会社BEST100」の総合ランキング1位、管理職登用度部門でも1位の日本IBMは、部下の個々の強みを引き出せるような管理職向けトレーニングに力を入れている企業の一つである。こうした調査結果を受け、マッキンゼーはいくつかの国内企業の人事担当者にインタビューをした。

「弊社内で調査を進めると、女性社員は本心では昇進意向がないわけではなく、『ちょっとした一押し』が必要であることがわかりました。ちょっとした一押しは、金銭的メリットなどよりは言葉での励ましが重要だったのですが、男性上司がそこに気づいていないケースが多かったのです。そこで、管理職になりたくない理由や効果的なコミュニケーション方法における男女それぞれの特性を理解してもらって、上長にその差の気づきを与えるような手を打っています。例えば、『私なんてとても務まりません』という部下に対して、女性の場合は同調が逆効果であり、個々人のどこが優れているのか、なぜ選ばれているのかを上長がきちんと声掛けすることにより、『自分の能力・スキルが認められている』と女性に実感してもらうことが重要です。このような『よくある面談でのQA集/NG集』を作り、女性部下を持つ管理職向けトレーニングを実施しています」

以前より女性活躍に取り組んでいる、人材系企業の人事担当者にもインタビューをしたところ、上司が女性管理職候補とコミュニケーションを取る際の心得について、次のように語っている。「昇進に関して、やりたいという意思を見せる男性社員と比較して、女性社員は、回数を重ねたやり取りが必要になる傾向があります。こういった違いを上司が理解し、かつ女性の管理職を増やすことが会社の業績向上につながるという点についても、腹落ちしてもらうことが重要です」

女性活躍に優れた上場企業を経済産業省が選定する「なでしこ銘柄・準なでしこ銘柄10」の対象となっている企業10社の中には、自己成長機会の提示に力点を置き、女性が目指す姿やそこにたどりつくキャリアプランに取り組む研修と、管理職向けトレーニングを同時に実施している例が見受けられる。協和エクシオでは、管理職登用を期待する女性とその上司に対して合同研修を行い、女性リーダー層に対するキャリアコースの一つとして、管理職になることの意識醸成と能力習得を実施している。似たような事例として、積水化学では女性とその直属上司を対象に、「女性キャリアディベロップメントプログラム」を実施している。

また、こうした昇進意向を理解し、それに沿ったコミュニケーションを行うと同時に、「女性だから」という見方を排除し、個人としての能力を評価して、それぞれの個性を理解する取り組みも必要である。

1970年代、米国の5大オーケストラにおける女性演奏者の割合は5%以下であった。しかし、1970～80年代にかけて、入団審査において演奏者の容姿がわからないようカーテンを導入すると、女性の演奏者の審査通過率が50%も増加し、最終的に女性が多く採用されることとなった。オーケストラ側も性別に関係なく優秀な演奏者を採用したいはずではあるが、「男性のほうが良いパフォーマンスを出す」という先入観があったのだ。こうした先入観を「アンコンシャス・バイアス」(無意識の思い込み)と呼ぶが、これは日常でも、そして企業経営の中でも頻繁に起こりうる。

三菱ケミカルでは、新卒採用に応募する学生に対して、性別の記入や顔写真の提出を求めないようにした。本田技研工業も、性別を記さなくていい仕組みをとっている。女性の基幹職(課長以上)の比率が9%以上と、業界平均よりも高い味の素では、社長以下全社員が「アンコンシャス・バイアス研修」を受けている。これは、まずは「無意識の思い込みがあることを知る」レベルから始まり、それが周囲にどう影響するかを知り、その上で自分の中でコントロールし、変えていくという気づきを得る研修である。こうした取り組みにより、無意識の思い込みを排除し、個人を個人として評価していく仕組みを確立することが大事である。

現状では、どうしても男性比率の高い会社が大半である。そのこめ、無意識のうちに男性の価値観、男性中心の評価・仕組み・コミュニケーションが会社内で確立してしまい、女性にとってのロールモデルを探しづらく、また女性特有の昇進意向性を無視したコミュニケーションが横行してしまいがちである。女性の管理職を増やすには、女性側の変化を期待するのではなく、経営者・会社側が率先して、仕組み、制度を確立していく必要がある。

NEXT NORMAL

## まとめ

新型コロナ禍での環境変化が見られる中、今まで以上にダイバーシティ&インクルージョンを推進させることが日本企業にとって重要となる。そのため、既に多くの企業で進展してきた育児休職やリモートワークなどの制度のインフラ整備のみならず、昇進意向を持ちやすくする環境を整備し、その変革を持続させる仕組みを構築し、そして実行していく必要がある。特に管理職層におけるダイバーシティの実現は、企業が取り組むべき大きな変革の一つである。本調査から導かれた重要なアクションを整理すると、大きく4つあると考える。

- **ジェンダー・ダイバーシティの重要性の周知徹底**：ジェンダーを含めたダイバーシティが企業の成長および業績向上につながることを、経営トップ層から明確に、そして繰り返し全社員への強いメッセージとして配信する。
- **経営管理の強化**：経営陣が2～3年先を見据え、各社で目指すべき現実的なジェンダー・ダイバーシティと管理職比率の数値目標を設定した上で、その数値目標を各部署に落とし込み、モニタリングを実施。目標に到達しない場合は、その説明責任を課す。
- **ロールモデルの強化**：役員に限らず、既に存在する女性リーダーをロールモデルとして見える化し、若手層が想像し得る未来の姿を提示する。
- **昇進意向を引き出すプログラムや現管理職層向けトレーニングの導入**：スポンサーシップ（機会を与え、昇進を後押しする「スポンサー」を設ける仕組み）やメンタリング（親密な関係から助言を与えること）など、女性が管理職としての自らの将来像を描けるようサポートする制度の強化。具体的には、例えば、昇進が自己成長の機会であることを実感でき、自己肯定感を醸成するトレーニングを実施する。あるいは、メンターとなる現管理職層向けに、女性社員の特色を理解し、モチベーション醸成の具体的な方法を学んでもらうトレーニングを実施する。

特に最後に挙げた取り組みについては、今回のアンケート調査でも明らかになったように、組織のリーダー層が、女性の管理職候補に対してその人ならではの強みや個人的なキャリア形成に力点を置いて説明することが、女性の昇進意向を上昇させる大きなインパクトをもたらす。「女性リーダーを組織として増やしたいから」「そろそろマネージャー・部長となるタイミングだから」といった外面や序列を意識した消極的な理由ではなく、それぞれの女性がリーダーとして十分な実力や実績を持っていること、自身の経験からも昇進が自身のやりたいことや成長を実現する手段であることを、はっきりと言葉にして伝える行為が重要となる。リーダーとして活躍できる根拠を言語化して明確に伝えることで、管理職候補者本人が自覚を持ち、新しいチャレンジや貢献ができると実感するきっかけが生まれる。将来の女性リーダーとの対話を実施するにあたり重要なことは、対話を昇進時の一時的なものとして終わらせるのではなく、中長期的なメンターとしての関係を構築し、継続的にサポートを実施することである。

前述の討議を行った約30名の女性エグゼクティブからも、自身が初めて昇進した際には、「推薦してくれた人からの継続的なサポートや、ともに責任を負うことへの決意表明があったことで決心がついた」との声が多く上がった。さらに、自分たちもまた、高い能力をもった女性に対して、「あなたならできる」と積極的に声掛けを続けているという意見も多かった。このような対話は、各現場のリーダーが個人の判断や感覚だけで行うのではなく、組織の取り組みとして企業全体でも推進できるようにしたい。具体的には、管理職トレーニングにおいて、女性部下を持った場合の面談の仕方やロールプレイなどの研修を、今後のジェンダー・ダイバーシティの枠組みの一つとして取り入れていくことが有効であると考える。

また、上記のモデルに加え、女性の管理職以上の割合を強制的に増加させる施策も有効と考える。これには、逆に女性の能力の軽視につながる、男性に対する逆差別につながるなど賛否両論があるのは確かである。だが、現代の男性中心社会で男性が管理職の評価を行い、女性は圧倒的にマイノリティとなっている状況で、女性の比率を自然に上げて、女性リーダーのロールモデルを作っていくことはやはり難しい。事実、ダイバーシティに関する議論は長年行われており、その意識も高まってきているが、日本は成果を出せていない現実がある。

世界を見ると、女性の経営者登用を義務付ける制度を確立している国が多い。ドイツ連立政権では2020年、上場企業に対して女性役員の任命を義務付けた。3人以上で構成される執行役会がある上場企業に対し、少なくとも1人の女性執行役の任命を義務付ける。EU加盟国ではベルギー、フランス、イタリア、オーストリア、ポルトガルの5カ国が、上場企業の役員に、性別に基づく割り当てを既に義務付けている。同じく2020年12月には、米国の証券取引所ナスダックが、全ての上場企業に対し、取締役に女性とマイノリティを選任することを義務付ける方針を発表した。上場企業およそ3000社全てに義務付け、選任できない理由を説明できない場合は上場廃止を行う方針である。また、企業単体の取り組みとしても、例えばゴールドマンサックスは2020年1月、ニュース専門放送局CNBCにおいて、同社が上場支援サービスを提供する企業に対して、少なくとも一人の「多様な」取締役を置くことを義務付けると発表した。ソロモンCEOは、「多様」の定義は明らかにしなかったが、実質的には女性が対象になると述べた。女性取締役が1人もいない場合は、新規株式公開（IPO）の引受業務を行わないという。同様に、英国の運用会社リーガル・アンド・ジェネラル・インベスト・マネジメントは、その国の主要企業100社について、女性取締役がゼロの場合に社長の選任に反対すると発表している。金融大手のステート・ストリート・グローバル・アドバイザーズも、2021年、女性取締役がゼロで、その理由が説明できない企業に対しては全ての取締役の選任に反対すると発言している。

日本でもこうした制度を積極的にとっていくべきである。自助努力で女性の経営者の比率を上げていくには時間がかかりすぎる。ダイバーシティに関しては、その重要性や経営パフォーマンスに対する相関性が高いと証明されているものの、今回のような未曾有の経済危機下では、短期的な業績の回復がまず必要となり、ダイバーシティの優先順位が下がってしまう可能性がある。その結果、中長期の取組みに本気で取り組む企業とそうでない企業に分かれ、結果として大きな差が出てしまう領域である。しかしながら、自社内の女性管理職候補者がその経験や実力をリーダーとして発揮していける環境を整備していくことで、日本企業のさらなる飛躍に大きく貢献するはずである。

◇出典

1. Carol Morrison, "Don't Let the Shift to Remote Work Sabotage Your Inclusion Initiatives," i4cp, March 31, 2020
2. McKinsey & Company, Women Matter 3: Women leaders, a competitive edge in and after the crisis, September 2009
3. McKinsey & Company, "Diversity Wins, How Inclusion Matters," May, 2020
4. 内閣府男女共同参画局"緊急提言　コロナ下の女性への影響と課題に関する研究会" November 19th 2020

・各種レポート
McKinsey & Company, "The power of parity: Advancing women's equity in Asia Pacific," April, 2018
McKinsey & Company, "Diversity still matters," May, 2020
McKinsey & Company, "Women in the Workplace," 2020 September, 2020
McKinsey & Company, "COVID-19: Investing in Black lives and livelihoods," April, 2020
McKinsey & Company, "Sustaining and strengthening inclusion in our new remote environment," July, 2020
McKinsey & Company, "Understanding organizational barriers to a more inclusive workplace," June, 2020
厚生労働省"雇用均等基本調査：結果の概要"
総務省"令和元年通信利用動向調査報告書（企業編）"
・各種メディア（The Wallstreet Journal、Harvard Business Review等）

CHAPTER 7

# 健康マネジメントによる経済の成長

今回の新型コロナによるパンデミックは、改めて健康が経済活動へ与える影響を浮き彫りにした。また、大規模なロックダウン（都市封鎖）、それに伴う経済活動の低下、失業率の上昇、労働人口の低下などが、大きな禍根をもたらした。特に新型コロナは高齢者および基礎疾患（慢性腎臓病、慢性閉塞性肺疾患、糖尿病、高血圧、心血管疾患、BMI30以上の肥満）のある患者が重症化するリスクが高く[1]、東京都が発表した2020年11月—12月7日の死亡者62人のうち、9割近くにあたる54人は基礎疾患があった。新型コロナの感染拡大は、個々人の健康を促進し、経済活動の停滞を減少させることがいかに重要かを、今一度、各国のリーダー、企業、個人に考えさせられる機会となった。

ただ、こうした経済への影響は今回のパンデミックに限ったことではない。健康被害により、GDP（国内総生産）は本来のあるべき額から、毎年15%程度の減少をしている[2]。毎年、世界では1700万人が健康問題によって寿命よりも早く亡くなっており、毎年800万人が本来避けられた、もしくは治療が可能であった感染症で亡くなっている。また、10億人が何かしらの精神疾患を抱えている。こうした健康被害は、将来の労働力の担い手を減少させ、また労働力の効率性を低下させている。

裏を返せば、健康度を上げることで労働力の確保、生産性の向上を促進し、経済成長を促すことも可能だということでもある。健康促進プログラムの多くは、低コストでありながら大きな効果をもたらす。マッキンゼーでは世界の病気のデータベースを構築しているIHME（Institute for Health Metrics and Evaluation／保健指標評価研究所）の協力を得て、今後20年間に健康を脅かすであろう病気と、とりうる策を分析してきた。その結果から、健康施策に投資した1ドルにつき、2〜4ドルの効果があると試算しており、GDP効果としては2040年までに全世界で12兆ドル、年間0.4%の促進効果があると考えている。

本CHAPTERでは、まず健康が与える経済活動への影響について論じていく。次に、病気に関する世界の実態とその対応策に関して、その効果とともに、施策に必要なコストを定量的なデータをもとに紹介していく。次に、施策を講じた際に、世界におけるその経済効果を示し、特に日本における意味合いを深掘りしていく。最後に、企業、個人が取りうる具体的な対策を提唱する。

NORMAL NEXT

# SECTION 7-1 健康は経済成長への触媒

## 健康的に生きることによる経済的な側面

国や企業が健康問題に適切に対処しない場合、経済成長が鈍化する。IHMEによれば、健康被害により一人当たり平均で年間43日間は生産性を失っている。また、毎年1700万人が心血管疾患と癌を主な理由に亡くなっており、将来の労働力を失っている。米国では労働者のうち6%が、鬱によって週のうち4時間は実際に生産性を発揮できていないことがわかっている。アフリカでは、労働人口の多くがHIVウイルス／エイズに感染しており、毎年多くの人の命を奪うだけでなく、鉱業などの基幹産業へ大きな影響を及ぼしている。一方、健康は、しっかりと対処し向上させることで、経済成長を大きく促すことが可能である。

健康は人権問題として、多くの国や団体によりその重要性が説かれてきたが、その経済効果に関する議論は近年まで少なかった。エコノミストが経済成長要因を分析する際は、通常、労働の質としての教育の効果や投資の効果などを論じている。しかし、健康は労働力の絶対数と、その生産性の双方に大きな影響を持ち、経済に対する影響度は非常に大きい。

過去50年間、衛生環境の改善、抗生物質の発見、ワクチンの接種の普及により、世界の健康度は飛躍的に向上した。近年の医療におけるイノベーションは癌、心臓病などの生存率に大きく貢献し、世界中で人々の平均寿命、労働の生産性を大きく上げてきた。平均寿命は1800年から2017年の30年間で2.5倍にも飛躍している（**図表7-1**）。こうした寿命の長さは、一人当たりGDPの高さと深い相関関係にある（**図表7-2**）。平均寿命が延びれば延びるほど、一人当たりのGDPは高くなる傾向にあり、また、その逆も成り立つ。

**図表7-1　20世紀以降、世界の健康は大きく飛躍し、世界の平均寿命は劇的に延び、労働人口も大きく伸びていった**

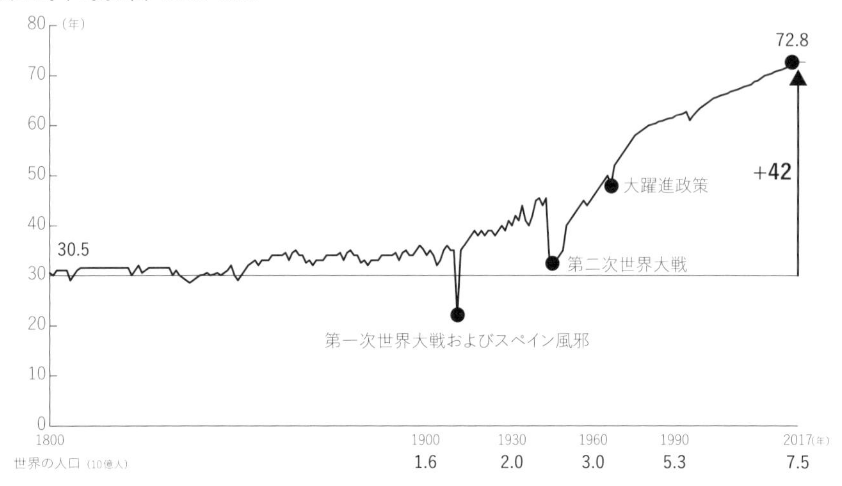


資料：Gapminder.org, McKinsey Global institute analysis

**図表7-2　平均寿命と一人当たりGDPの相関性**

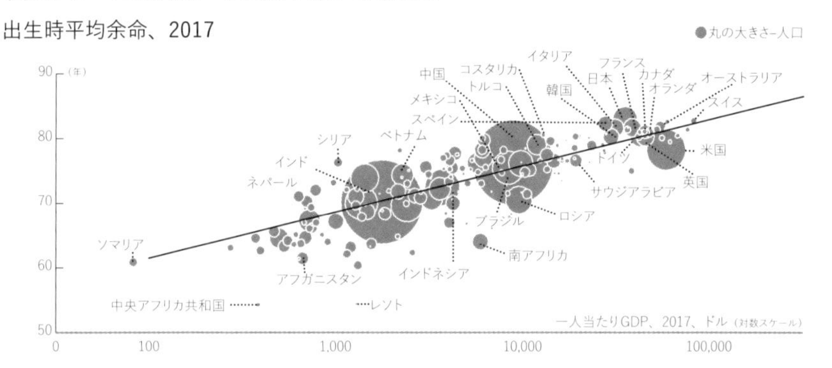


資料：Institute for Health Metrics and Evaluation, used with permission, all rights reserved, Oxford Economics

一人当たりのGDPが高い国は、より積極的に食事の質の向上へ投資し、より高い衛生環境の整備を行い、正のスパイラルを生み出すからである。

## 平均寿命だけではない「健康」

ただ寿命が長くなるだけでなく、いかに健康的に長生きするかも大きな論点となる。100年前に主要な死因であった結核、天然痘、ポリオなどの病気は今はほとんど姿を消し、今日の主要な死因は癌、心血管疾患、筋骨格疾患へと移行している。こうした病気はライフスタイルに起因することが多く、肥満やストレスにより引き起こされることが多い。結果として、平均寿命は上がっているものの、健康寿命（寿命のうち健康的に過ごせる年数）は残念ながら大きく上がっていない。**図表7-3**は2007年から2017年の間で延びた平均寿命のうち、健康的に生きている年数（健康寿命）と不健康に生きている年数（介護を受けている期間など）を分類したものである。シンガポール、フランスなど、健康に対して政府が積極的なキャンペーンを行い、運動や食生活の改善を促している国を例外とし、ほとんどの国では平均寿命（出生時平均余命）の増加に対し、健康的な年数は追いついていないことがわかる。平均寿命だけでなく

**図表7-3　寿命は延びてきているものの、健康的に生きている年数は必ずしも伸びていない**

2007年から2017年にかけた平均寿命と健康寿命の変化

■健康的に生きている年数
■不健康に生きている年数
■寿命よりも早くに亡くなる年数

| 増減した年数、GDP上位20カ国 | 健康的に生きている年数 | 不健康に生きている年数 | 合計 | 平均寿命、2017（年数） |
|---|---|---|---|---|
| 日本 | 0.9 | 0.7 | 1.6 | 83.0 |
| シンガポール | 2.3 | 0.2 | 2.5 | 82.9 |
| スイス | 1.5 | 0.3 | 1.8 | 82.7 |
| スペイン | 1.5 | 0.9 | 2.4 | 82.3 |
| オーストラリア | 0.6 | 0.6 | 1.2 | 81.8 |
| フランス | 1.4 | 0.1 | 1.5 | 81.7 |
| イタリア | 1.4 | 0.4 | 1.8 | 81.6 |
| カナダ | 0.9 | 0.8 | 1.7 | 81.1 |
| オランダ | 1.0 | 0.5 | 1.5 | 81.0 |
| 韓国 | 2.4 | 1.2 | 3.6 | 80.3 |
| 英国 | 0.8 | 0.9 | 1.7 | 80.3 |
| ドイツ | 0.3 | 1.1 | 1.4 | 80.3 |
| トルコ | 1.4 | 2.5 | 3.9 | 79.1 |
| 米国 | 0.1 | 0.5 | 0.6 | 78.2 |
| サウジアラビア | | | 1.4 | 76.6 |
| 中華人民共和国 | 1.3 | 1.6 | 2.9 | 76.3 |
| メキシコ | | | -0.3 | 76.1 |
| ブラジル | 1.7 | 1.1 | 2.8 | 75.5 |
| インドネシア | 2.1 | 1.1 | 3.2 | 72.4 |
| ロシア | 3.7 | 0.8 | 4.5 | 70.5 |
| インド | 2.7 | 1.1 | 3.8 | 70.2 |

資料：Institute for Health Metrics and Evaluation, used with permission, all rights reserved, World bank；McKinsey GlobalInstitute Analysis

健康寿命も上げ、労働力と生産性の双方を担保することは、重要な課題である。

こうした健康寿命の停滞による影響は、2017年では、約12兆ドルの経済損失と試算された。これは同年の中国の経済規模とほぼ同等である。例えば、2017年では、5億8000万人分の時間が、仕事からの休職、もしくは離職により失われている[3]。先進国では5人のうち1人が何かしらの慢性症状（腰痛、頭痛、ストレス、鬱など）を抱え、生産性を著しく減少させている[4]。

## 新型コロナからの回復は健康に目を向ける良い機会

新型コロナからの回復状況は、健康に目を向ける良い機会となっている。1918年にスペイン風邪（H1N1亜型インフルエンザ）が流行した際、公衆衛生により力を入れた国のほうがパンデミックからの回復が早かった[5]、このように健康促進に力を入れた国の回復は早く、また、回復後もさらに経済成長を促進させる可能性を持っている。

特に人口成長が頭打ちとなっている先進国では、その意味合いが大きい。過去50年間で先進国の労働人口は年平均1.8%で成長してきたが、今後50年ではそれが0.3%まで落ちる見込みである。米国では約14%の従業員が、健康を理由に定年退職前に労働市場からリタイヤしてしまっている[6]。ドイツ、日本では2040年までに70歳以上の人口がそれぞれ22%、27%と高齢化する。中国、韓国でもその数字は19%、25%と深刻なものになっている[7]。

高齢化社会では、高齢者の労働市場からの撤退だけではなく、そのケアを行う周辺の人々の労働生産性にも影響を及ぼす。OECD加盟国のうち、55歳以上の7%が家族の介護に日々時間を使っていると答えている[8]。健康を促すことで、こうした人々の労働市場への再参入と生産性の向上を図ることができる。

また、健康を促進させることは、次のパンデミックに備える意味合いを持つ。スペイン風邪、2002年のSARS、今回の新型コロナのようなパンデミックは、特に従来から別の疾患にかかっている患者への影響がより大きいことがわかっているからだ。健康状態を高めることは、次の予期せぬパンデミックに対する抵抗力を上げ、経済成長の鈍化を抑制する大きな手立ての一つになりうる。

NORMAL NEXT

# SECTION 7-2 2040年までに健康負担は40%に減らすことが可能

マッキンゼーでは、IHMEの協力も得て、今後20年間に健康を脅かす病気と、それに対して、とりうる策を分析してきた。この分析では、IHMEが定義しているDALY（Disability-adjusted life year／一人の生涯寿命の中で失われた健康的な年数）という指標を活用し、どの施策がどの程度DALYを減らせるかという試算を行っている。

## 2040年までに感染症などの病気は減るものの、加齢・ライフスタイルに伴う病気はなお増加

まず試算を行うために、IHMEの予想を基に、2040年時点で各病気がDALYに与える影響を整理した。

**図表7-4**にある通り、世界中で感染症による疾患、新生児の疾患、下痢・腸疾患、HIVウイルス/エイズによる死亡が減ると予想されている。これは発展途上国におけるインフラの整備、出産環境の整備、ワクチン接種の加速によるもので、特に発展途上国ではこういった疾患に起因するDALYは2040年までに18%下がると予想されている。

一方、所得の向上に伴うライフスタイルの変化などに伴い、心血管疾患や筋骨格疾患などが63%増えると予想されている。また、先進国では慢性疾患が増えると予想されており、特にアルツハイマー型認知症、癌、肥満からくる心血管疾患、糖尿病、腎臓疾患、メンタルヘルスの疾患が増えると予想されている。こうした背景のもと、世界全体でDALYは15%程度増える。

**図表7-4　2040年には多くの感染症による病気は減ると予想されるものの、加齢、ライフスタイルによる病気は増加すると予想される**

2020年から2040年における病気の変化（DALYに対する変化率）

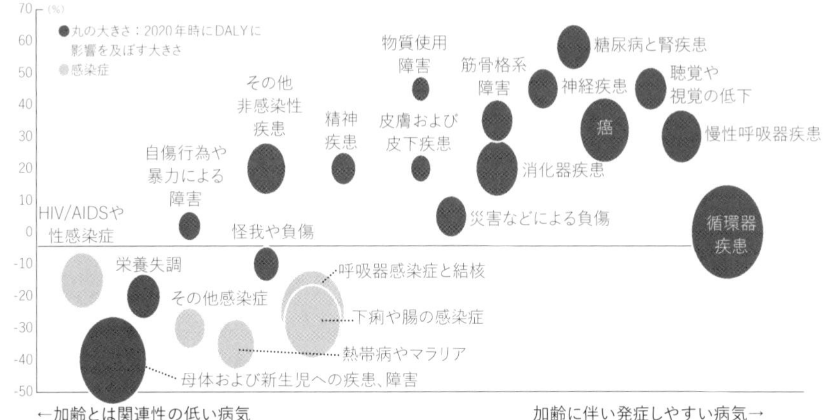


1. DALY=disability-adjusted life year（障害調整生命年）
資料：Global Burden of Disease Database 2016, Institute for Health Metrics and Evaluation, used with permission, all rights reserved ; McKinsey Global Institute

## 現在の治療・予防方法の活用、ライフスタイルや行動の変化により健康負担の40%が減少可能

こうした病気は、大きく3つのタイプに分けることができる。

1つ目は、現在の治療・予防方法によって次の20年間で根絶が可能である疾患である。例えば新生児疾患、下痢、幼少期の栄養失調、HIVウイルス/エイズ、マラリア、結核などの感染症である。多くの国が既にこれらに対する施策をとってきた。もちろん、発展途上国がこういった疾患の根絶を目指すには、ヘルスケアシステムの充実、政府の尽力、資金源の確保、そしてそれらの進捗状況の追跡を行うことで、施策を隅々まで浸透させていく必要がある。

2つ目のグループは、ライフスタイルや行動の変化により、予防もしくは緩和できる疾患である。糖尿病、多くの心血管疾患、慢性閉塞性肺疾患などがこれに当てはまる。こうした疾患は、ライフスタイルに関する教育、個人

### 図表7-5　2040年までに各病気の予防・対処により軽減できる負担

感染症健康促進シナリオにおける減る負担の割合

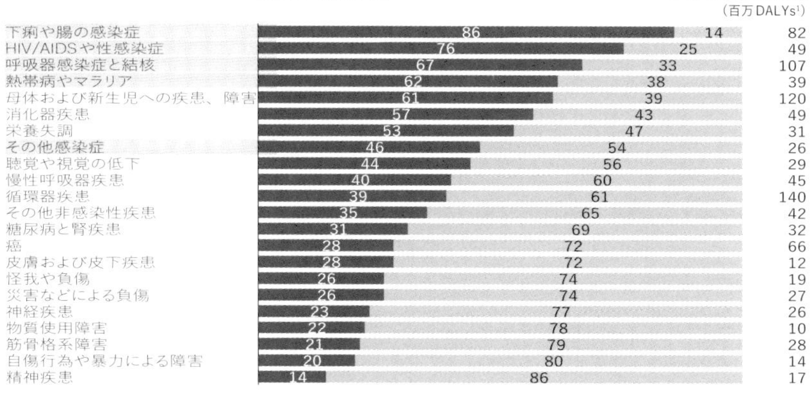


1. DALY=disability-adjusted life year（障害調整生命年）

資料：Global Burden of Disease Database 2017, Institute for Health Metrics and Evaluation, used with permission, all rights reserved；McKinsey Global Institute

の行動の変化のほか、政府による大規模な事業推進、生活習慣改善プログラムの導入、デジタルツールによる健康データのリアルタイム把握、アドバンスドアナリティクス（データを活用した半自動的により詳細な洞察を発見する分析）による生活指導や行動への介入などが効果的である。

3つ目のグループは、現在の科学では予防、対処、緩和しづらい疾患である。アルツハイマー型認知症、鬱、統合失調症、双極性障害など、多くの神経学的な疾患がこれに当てはまる。こういった疾患は現在の科学技術では減少させることが難しいものの、今後イノベーションが進むにつれ、改善されていく可能性がある。

それぞれのグループを試算した結果、全体として63%のDALYの減少が見込まれる（**図表7-5**）。今後20年間という時間軸の中では、そのうちの3分の2の約40%が減少可能だと考える。

また、DALYが減ることにより、労働人口が若返る可能性もある。多くの人がより健康的な人生を送ることができ、将来の65歳層は、現在の55歳層

**図表7-6　将来の65歳は現行の55歳と同等の健康度を有する可能性がある**

健康的な生存曲線、世界平均 (%)

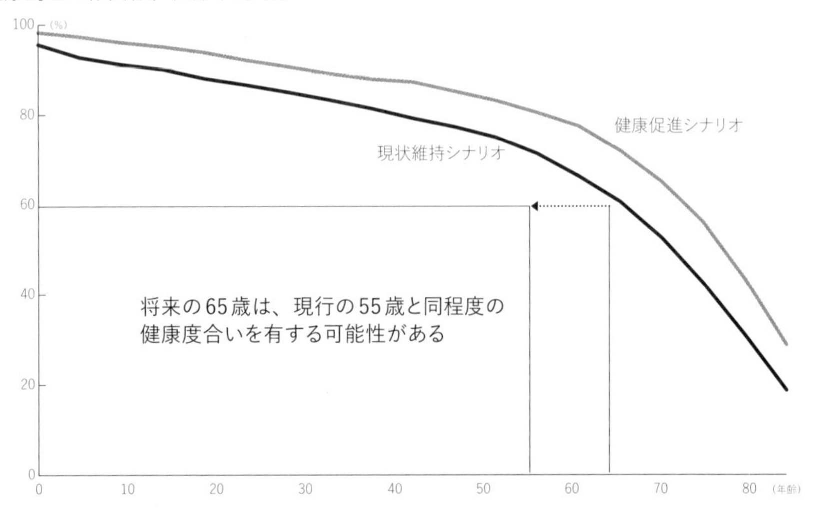


資料：Institute for Health Metrics and Evaluation, used with permission, all rights reserved；WHO；McKinsey Global Institute analysis

**図表7-7　70%以上の健康促進効果は、環境の整備、行動の変化、政府の介入など**
**すぐに取り組むことが可能な施策により実現されうる**

介入の手法により病気の負担が減る割合

100%=2040年までに減るとされる41%の負担

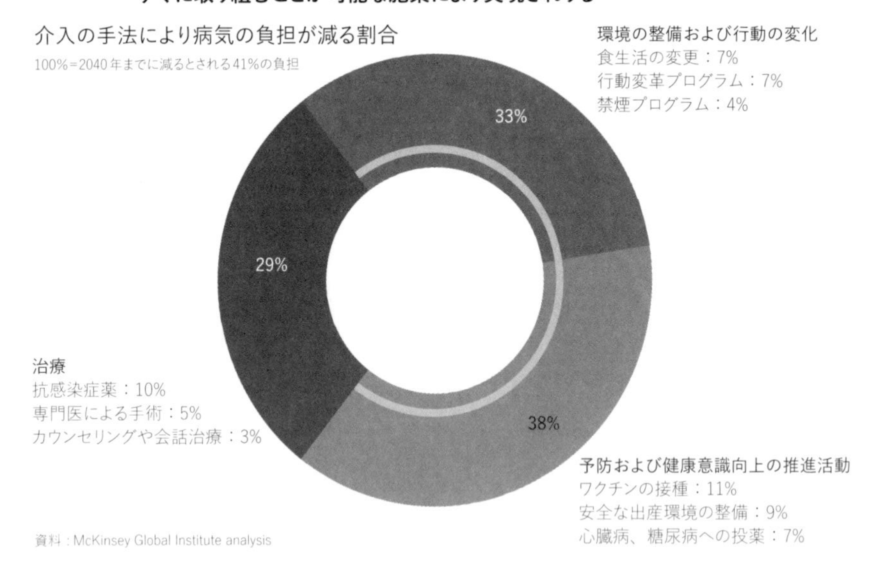


資料：McKinsey Global Institute analysis

と同じような健康度を享受できる（**図表7-6**）。もちろんこれは国や地域によって差はあるものの、どの地域でも約10年間の健康な人生が追加され、全ての人に、毎年約21日の健康的な日が加算される試算結果となっている。

また、これまで多くの医療機関、団体、政府が、健康促進における予防の重要性を説いてきたが、今回の我々の試算はそれを強く裏付ける結果となった。健康促進効果のうち、約70%は環境の整備、行動の変化、政府などの公共の施策により実現されうる。残りの30%は手術、抗生物質などの医薬の投入、呼吸器や神経活性剤の使用、理学療法、心理療法、カウンセリングなど、治療の介入が必要になる。予防医療には、食生活の改善、グループエクササイズ、喫煙の抑制プログラム、ワクチン接種の強制、出産環境の整備などが含まれる（**図表7-7**）。こうした予防医療がより重要性を増す中、それを実現するには今以上に、個々人の健康への意識改革、政府や社会の健康に対する大規模な事業推進やプログラムの実施が必要になってくる。

COLUMN

## トップ10のイノベーション

2040年までに減少できる疾患は約40%であり、残りの60%に関しては大きなイノベーションが起きない限り、その対応は難しい。その多くが、対応の難しい心血管疾患や癌、メンタルヘルス障害、精神障害に起因する（**図表A**）。

一方、現在既に研究され、実現性の高いイノベーションがいくつかあり、それらが実用化されればこういった疾患が2040年までに6～10%程度減少されると予想されるものがある。マッキンゼーでは、こうしたイノベーションの可能性のあるトップ10のテクノロジーを下記のように選定している（**図表B**）。

**図表A　心血管疾患や癌、メンタルヘルス障害、精神障害は今後も残る疾患の代表格**

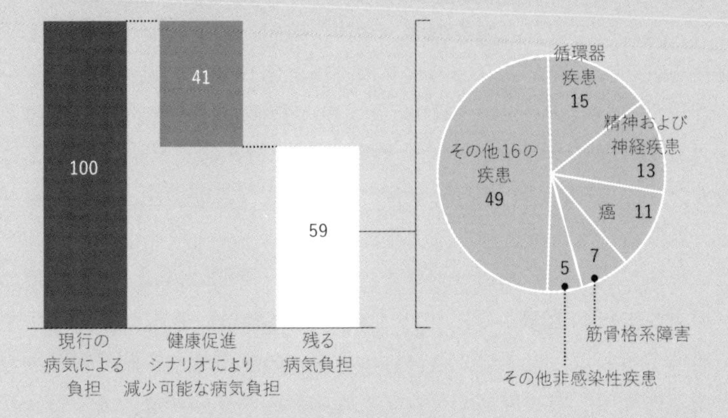


資料：Institute for Health Metrics and Evaluation, used with permission, all rights reserved；McKinsey Global Institute analysis

①オミックスと分子技術
②次世代の医薬品
③細胞療法と再生医療
④革新的なワクチン
⑤最先端手術
⑥接続された認知装置
⑦電気薬学
⑧ロボティクスおよびスマート義肢
⑨デジタル治療
⑩テクノロジーによる治療

図表B　イノベーションの可能性のあるトップ10のテクノロジー

## オミックスと分子技術

(DNA、RNA、たんぱく質など)細胞内の各種分子を利用する治療または診断。これには細胞内の要素の応用(ゲノム編集など)や分析(プロテオミクス、トランスクリプトミクスなど)が含まれる。例：CRISPRとマラリアの抑制

**現在の治療：**抗マラリア予防薬と医薬品以外の対策(屋内の残留噴霧、殺虫剤処理した蚊帳など)、および抗マラリア薬を含む

**イノベーション：**遺伝子編集技術(CRISPRなど)を用いてマラリアを媒介する蚊の遺伝子を組み替え、これにより蚊全体の遺伝子を組み替えてマラリアを大幅に減少できる可能性がある

## 次世代の医薬品

従来の化合物(小型分子)の新たな反復、およびできれば複数かつ同時のターゲット構造を持つ等級の分子を医薬品として使用。例：セノリティクス(ある等級の小型分子)と細胞老化の抑制

**現在の治療：**細胞の老化は生理学的に不可避のプロセスと見なされている。新薬開発に有効な領域とは考えられていない

**イノベーション：**セノリティクスが細胞の炎症、機能不全、組織へのダメージを起こす老化細胞を減少または除去する可能性。これは加齢に伴う疾患の発生を遅らせる意味合いがある

## 細胞療法と再生医療

細胞療法：損傷した細胞や組織を交換または修復する治療目的で使用される生きた細胞由来の生物学的製品。再生医療：病んだ、または損傷した組織や器官を修復する力がある治療であり、移植への依存度が低下する可能性がある。例：CART細胞療法と固体腫瘍の治療

**現在の治療：**不特定の放射線療法と化学療法、外科手術が主流であり、多くの場合に効果がない

**イノベーション：**CART細胞療法は患者のT細胞(免疫システム細胞)をプログラムし直して癌細胞を標的にする。患者に注入されるとT細胞が癌細胞の抗原に結合して癌細胞を攻撃し破壊する

## 革新的なワクチン

免疫システムを刺激してバクテリアやウイルスに反応し破壊する物質。歴史的に、ワクチンは世界中で感染症の撲滅や感染拡大を抑制してきた。将来的に、ワクチンが感染症以外の疾患(癌など)に使用される可能性。例：AT04Aワクチンとコレステロールの低下

**現在の治療：**スタチン(脂質抑制薬)を用いて血液内のコレステロールのレベルを制御または低下させる。心血管の病気を抱える患者は毎日服用しなくてはならないが、きちんと順守されないことが多い

**イノベーション：**AT04Aは血液コレステロールと結合して劣化させる分子で構成されたワクチンである。ワクチン接種は年に1回で済み、症状を改善する可能性がある

## 最先端手術

侵襲的切開を最小限に抑える、またはロボットによる手術を含めた小型装置での外傷や疾病の治療。手術室以外での手術関連のプロセスを改善するあらゆるテクニックも含まれる。例：重傷患者の仮死状態

**現在の方法：**患者が(事故などで)重傷を負った後、病院に到着して手術を受けるまでの時間がかかると生存率は大幅に低下する

**イノベーション：**冷たい生理食塩水を患者にまず注入して体温を10-15℃に下げ、正常な機能をストップさせる。この結果、外科医が手術する時間が生まれ蘇生できる

## 接続された認知装置

健康やフィットネス情報をモニターでき、患者と介護者コミュニティに働きかけ自律型治療を自動的に提供できる携帯用、ウェアラブル、摂取型、埋め込み型の装置
例：心臓診断用Eタトゥー

**現在の方法：**（電池式）ホルターモニターが心臓の継続的モニタリングに使用されている。電池は最長48時間持つが、この方法は患者に多大な苦痛を強いる場合がある

**イノベーション：**極薄のEタトゥーは長時間心臓をモニターし、患者の苦痛を和らげながら幅広いデータを提供して診断の意思決定を強化する

## 電気薬学

器官の神経回路を標的とする小型治療薬治療には、特定のターゲットに対し（埋め込み型装置による）神経インパルスでの神経回路のマッピングが含まれる。例：埋め込み型マイクロチップと慢性的な痛みの軽減

**現在の治療：**慢性的な痛みには（オピオイドを含む）複数の医薬品を用いた個別化されていない治療、および有効性が低い後期の手術が利用されている

**イノベーション：**脊髄の刺激によって、運動能力と睡眠の質を高め鎮痛薬の必要性を減らして患者の生活の質を高める

## ロボティクスおよびスマート義肢

電子、電気、機械部分と肉体の一部に対する人工代替物で構成される、プログラム可能な自己制御型の様々な装置。例：次世代の外骨格と運動のサポート

**現在の方法：**現在のモビリティエイド（体の動きをサポートする道具）は機械的で高齢者の動きを完全に回復せず、自立を妨げ事故による負傷のリスクを高める

**イノベーション：**小型モーターを電源とし人間の筋肉を模倣する次世代外骨格があれば、事故や転倒の可能性を抑えながら高齢の患者は自立を取り戻せる

## デジタル治療

幅広い肉体的、精神的、行動的症状に対しソフトウェアによる予防的、治療上の証拠に基づく介入。例：行動変容を可能にするAIによるアプリ

**現在の治療：**慢性的な症状を抱える患者が健康的なライフスタイルを採り入れるよう短い診断をするほかに、医師が利用できるツールは少ない

**イノベーション：**AI、患者のデータ、行動サイエンスによるデジタル診断により、ゲーミフィケーションその他のエンゲージメントを通じて患者が健康的な行動を採り入れ維持することが可能

## テクノロジーによる治療

新しい大規模なデータセットをまとめたテクノロジーによる治療は、新たなアナリティクスのケーパビリティを応用して知見を引き出し、知見を医療従事者と患者に提供して治療、経験、効率を向上させる。例：マルチチャネルの治療

**現在の方法：**非効率なデータ管理と患者、保険機関、医療従事者間のコミュニケーションの不備により、看護の継続が阻止され治療の効率が大幅に低下

**イノベーション：**オンラインプラットフォームを用いたマルチチャネルのケアはデータ共有を促進し治療効率を高める患者のブドウ糖のレベルその他のバイタルサインが継続的に医師と共有されることから、糖尿病のような慢性疾患に特に有用

# SECTION 7-3 健康の促進効果は1ドルの投資につき2～4ドルのリターン

前SECTIONで述べた通り、既にある介入手法により、疾患の40%は減少できる。特に、治療から予防医療へのシフトは、この40%のうち70%の効果を得られる大きな要因となっている。だが、その実現は容易ではない。それには、主に大きな3つの壁が存在する。

1つ目が、現行ヘルスケアシステムの報酬制度にある。既存のヘルスケアシステムでは、成果がわかりやすく短期的に効果が出る治療に対して大きな報酬を与えている。ヘルスケアシステムの多くが、治療の件数に重きを置き、国全体として健康度がどう推移したかという部分に焦点が当てられていない。

2つ目は、中長期的な取り組みが必要だという点である。予防医療は一過性の施策では効果がなく、中長期的に取り組んでいくことで効果を発揮する。その活動を継続するための資金の確保、効果の追跡、導入と遂行のロードマップが欠かせない。予防医療が有効な領域を見極め、その効果について可視化していく必要があるのだが、そのための研究や仕組みはなかなか導入されず、目先のわかりやすいシステム、例えば病院数の増加などに投資が行われがちである。

3つ目に、関係部署や企業、団体などの複雑性がある。予防医療では、環境整備のために政府のあらゆる部署が関わり、教育・プログラムの実行では地方政府や企業のサポートが必要になる。社会全体が一丸となって健康を促進するには、社会を形成する組織間の協力が必要不可欠である。

本SECTIONでは、こうした障壁を乗り越えるための第一ステップとして、疾患を40%削減させるために必要な施策の経済効果を明示していく。効果が明確になることで、診療報酬を治療から予防医療に振り向け、また中長期的な取り組みを行うための意識付けを強め、さらに、社会全体が一丸となって健康促進を目指すための議論を喚起できるはずである。

今回試算を行うにあたり、世界銀行の基準に沿って、各国を所得水準に合わせ4つのカテゴリー（高所得国、上位中所得国、下位中所得国、低所得国）に分けている。

## 図表7-8 高所得国では心血管疾患の予防と禁煙が健康増進につながる可能性が最も高い

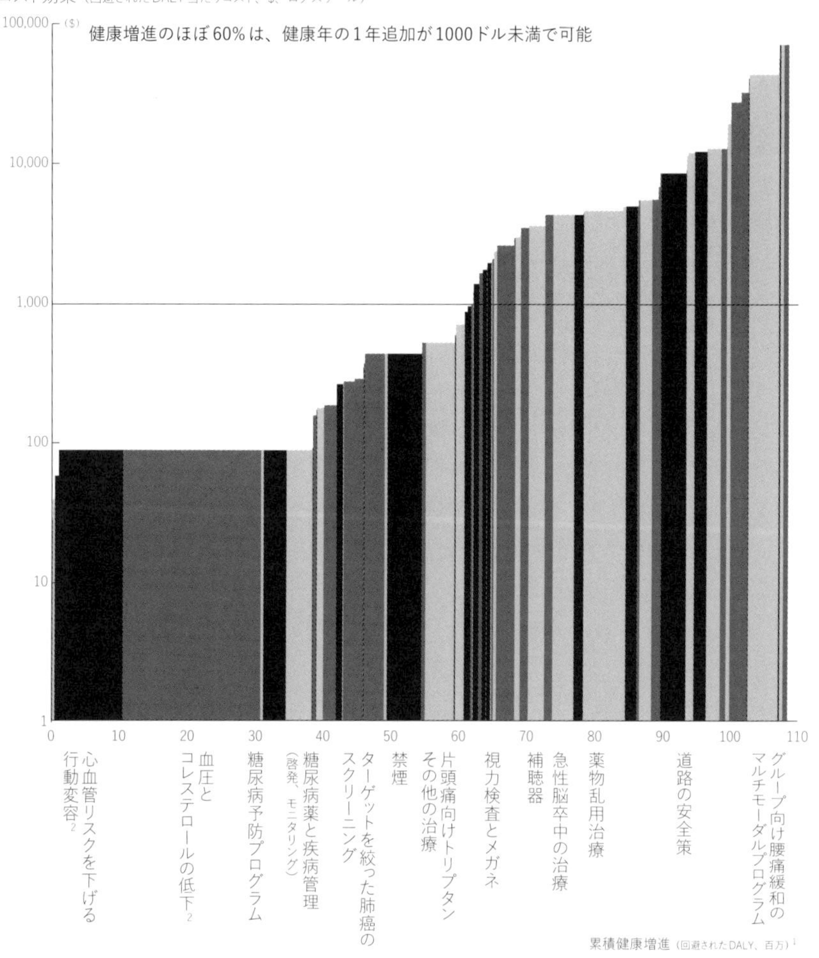


1. DALY=disability-adjusted life year（障害調整生命年）
2. 心血管疾患の薬理的予防には血圧降下剤とスタチン（その他のコレステロール降下薬）の使用が含まれる。心血管にまつわるライフスタイルについての啓発には運動、食事、禁煙、他のリスクの軽減が含まれる。これらの介入は組み合わせて実施される

注：健康な生命年に向けて、介入はコストの昇順で命じられる。疾病負担を軽減する可能性が高いほど、各介入の幅が大きくなる

資料：Institute for Health Metrics and Evaluation、許可を得て使用、all rights reserved；世界保健機関、Updated Appendix 3 of the WHO Global NCD action plan 2013–2020、2017年4月；"Disease Control Priorities 3（DCP-3）: Economic evaluation for health," ワシントン大学グローバルヘルス学部、2018；Tufts Cost-Effectiveness Analysis Registry

## 図表7-9　上位中所得国では心血管疾患の予防、進行した心臓病の治療、禁煙が健康増進につながる可能性が最も高いことが示されている

上位中所得国

■環境・社会・行動　■予防と健康増進　■治療

コスト効果（回避されたDALY当たりコスト、$、ログスケール）[1]

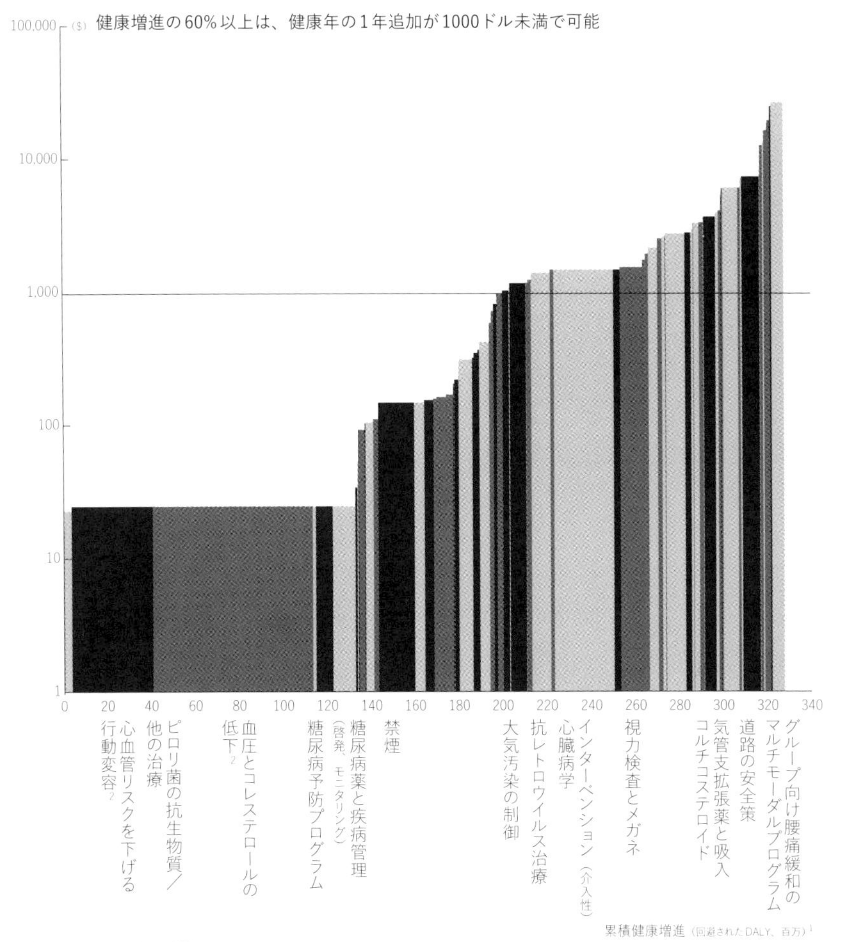


1. DALY=disability-adjusted life year（障害調整生命年）
2. 心血管疾患の薬理的予防には血圧降下剤とスタチン（その他のコレステロール降下薬）の使用が含まれる。心血管にまつわるライフスタイルについての啓発には運動、食事、禁煙、他のリスクの軽減が含まれる。これらの介入は組み合わせて実施される。介入性心臓学には経皮的冠動脈インターベンションと冠状動脈バイパス移植が含まれる

注：健康な生命年に向けて、介入はコストの昇順で命じられる。疾病負担を軽減する可能性が高いほど、各介入の幅が大きくなる

資料：Institute for Health Metrics and Evaluation、許可を得て使用、all rights reserved；世界保健機関、Updated Appendix 3 of the WHO Global NCD action plan 2013–2020、2017年4月；"Disease Control Priorities 3（DCP-3）：Economic evaluation for health," ワシントン大学グローバルヘルス学部、2018；Tufts Cost-Effectiveness Analysis Registry

それぞれのカテゴリーに対し、施策を打つコストとその効果を算出し、年間に減少できるDALY数当たりの必要コストと、それにより削減される総DALY数を表した「コストカーブ」を作成した。

## 高所得国および上位中所得国において1000ドル以下の施策で健康負担の60%を削減可能

高所得国および上位中所得国においては、1000ドル以下の施策を打つことで、疾患による負担の60%を減少できることがわかった（**図表7-8、7-9**）。特に、心血管疾患の予防医療、糖尿病の予防プログラム、積極的な禁煙プログラムや政策、薬物乱用抑止プログラム（薬物の徹底排除など）が大きな効果を発揮する。

## 下位中所得国および低所得国において100ドル以下の施策で50%以上の健康負担の減少が可能

下位中所得国および低所得国においては、100ドル以下の施策によって、50%以上の効果があることがわかった。特に効果が高いものとしては、助産師による出産、水や衛生環境の整備、結核のワクチン接種、手洗いの徹底などの教育が挙げられる（**図表7-10、7-11**）。

## 健康負担の減少によるGDPの増加効果は約12兆ドル

また、こうした施策が与える経済的な影響を、GDPの観点からも試算している。ここでは、健康が促進されることにより、4つの条件によってGDP成長率が増加すると考えている。1つ目が、平均余命の延びによる労働力の増加である。2つ目が、健康な状態が増すことによる労働時間の増加（健康理由による休職や退職の減少など）。3つ目が現在労働力に含まれていない層の労働への参画（例えば介護のために労働市場からリタイヤした人や、将来の70歳が現在の60歳並みの健康度を維持した際の69歳までの労働への参画）。そして4つ目が生産性の改善である（**図表7-12**）。

現行のまま世界経済が成長していった場合、2040年にはGDPが142兆ドルになると推定されている。仮にDALYが40%削減され、前述記載した4つの条件が満たされた場合、GDPは約12兆ドル増加（8%の増加）し、153.7兆ドルになると推定される。これは、2040年までに毎年GDPが3%成長する計算になる。現状では、2040年までの成長率は毎年2.6%と推定されているので、そこに0.4%が上乗せされることになる（**図表7-13**）。

増加する12兆ドルの内訳を見ると、まず平均余命の延びにより労働力が増加する効果で1.4兆ドルの効果がある。高所得国からは心臓と肺の疾患による死亡率の低下、低所得国からはマラリアやHIVウイルス/エイズなどによる死亡率の低下により、約6000万人分の労働力が確保できる。うち2/3は低所得国および下位中所得国からの増加分に起因する。

次に、健康な状態が増すことによる労働時間の増加で、これは約4.2兆ドルの効果がある。これまで健康状態の不調を理由に休職していた人々が働けるようになり、1億2000万人分の労働力が加算される。

また、これまで労働力に含まれなかった層が労働市場へ参画することによって、約4.1兆ドルの効果をもたらす。このうちの2.4兆ドルが、65～69歳までの年齢層の労働参画による効果であり、約1.2兆ドルが介護などの理由により労働市場からリタイヤしてしまった人々の再参入の効果である。OECD加盟国では、50歳以上の労働者のうち約7%が日々介護にあたっており、退職や仕事時間の短縮を余儀なくされている。健康が促進されることで、こういった人々の労働への再参入が可能となるわけだ。

最後に、約2兆ドルが生産性の向上から得られる効果となる。これは従業員の「疾病就業」（プレゼンティズム／Presenteeism）の改善によるものである。疾病就業とは、従業員が出社していても、何らかの不調のせいで頭や体が思うように働かず、本来発揮されるべき職務遂行能力が低下している状態を指す語である。

これは、特に労働力の増加が頭打ちとなっている高所得国にとって、非常に重要なテーマになりうる。2000年から2020年までの労働人口の増加は、世界の年平均で約1.3%、高所得国では0.9%の増加を実現してきた。一方、今後2020～2040年を見ると、世界で年平均0.9%、高所得国では0.1%の増加見込みにとどまる。仮に健康が促進され、40%のDALYが改善されると

## 図表7-10 下位中所得国では周産期医療、心血管疾患の予防、衛生対策が健康増進につながる可能性が最も高い

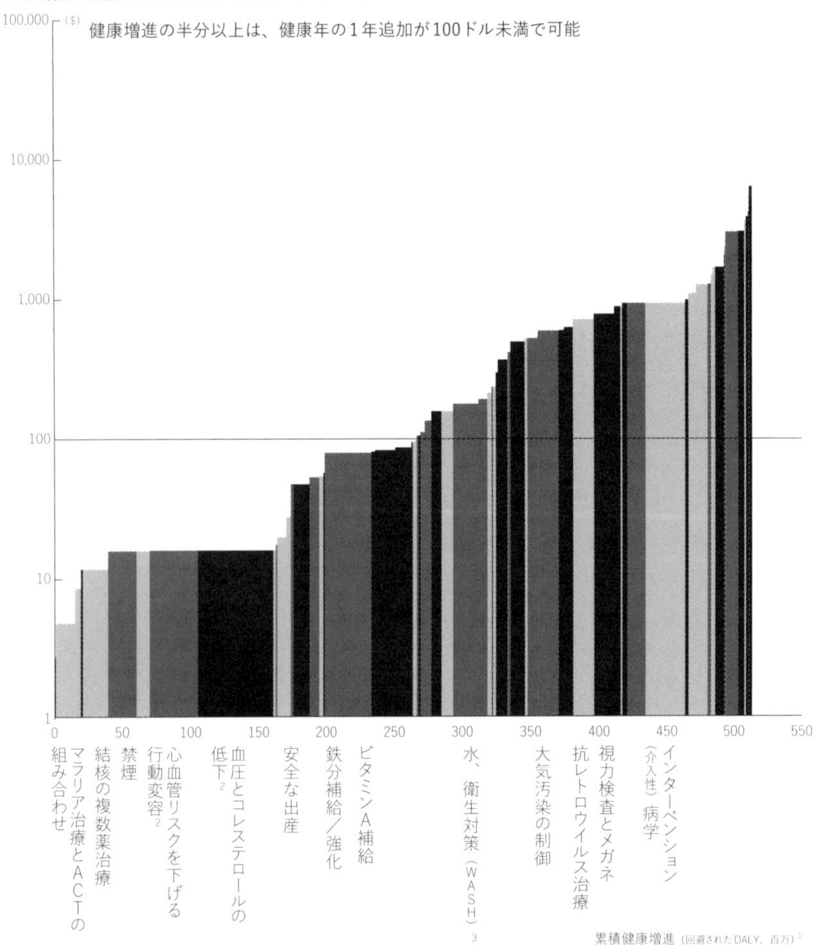


1. DALY=disability-adjusted life year（障害調整生命年）
2. 心血管疾患の薬理的予防には血圧降下剤とスタチン（その他のコレステロール降下薬）の使用が含まれる。心血管にまつわるライフスタイルについての啓発には運動、食事、禁煙、他のリスクの軽減が含まれる。これらの介入は組み合わせて実施される

注：健康な生命年に向けて、介入はコストの昇順で命じられる。疾病負担を軽減する可能性が高いほど、各介入の幅が大きくなる

資料：Institute for Health Metrics and Evaluation、許可を得て使用、all rights reserved；世界保健機関、Updated Appendix 3 of the WHO Global NCD action plan 2013–2020、2017年4月；"Disease Control Priorities 3（DCP-3）：Economic evaluation for health," ワシントン大学グローバルヘルス学部、2018；Tufts Cost-Effectiveness Analysis Registry

**図表7-11　低所得国では周産期医療、幼児期の予防注射、マラリアと結核治療、衛生対策が健康増進につながる可能性が最も高い**

低所得国

■環境・社会・行動　■予防と健康増進　■治療

コスト効果（回避されたDALY当たりコスト、$、ログスケール）[1]

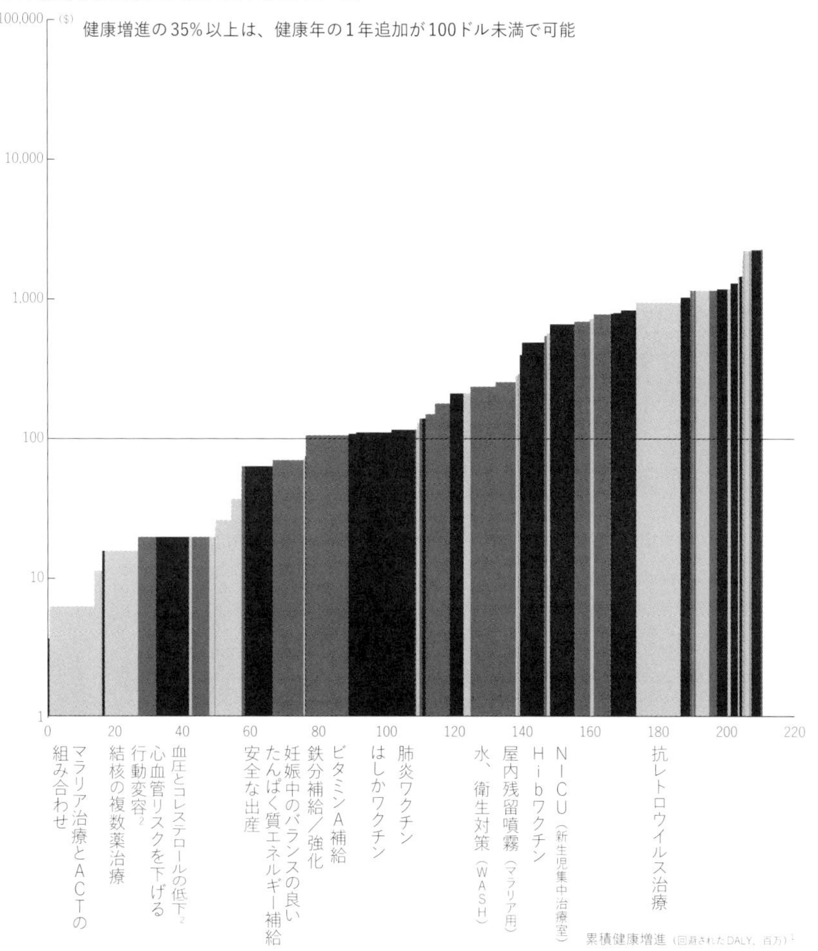


1. DALY=disability-adjusted life year（障害調整生命年）

2. 心血管疾患の薬理的予防には血圧降下剤とスタチン（その他のコレステロール降下薬）の使用が含まれる。心血管にまつわるライフスタイルについての啓発には運動、食事、禁煙、他のリスクの軽減が含まれる。これらの介入は組み合わせて実施される

注：健康な生命年に向けて、介入はコストの昇順で命じられる。疾病負担を軽減する可能性が高いほど、各介入の幅が大きくなる

資料：Institute for Health Metrics and Evaluation、許可を得て使用、all rights reserved；世界保健機関、Updated Appendix 3 of the WHO Global NCD action plan 2013–2020、2017年4月；"Disease Control Priorities 3（DCP-3）：Economic evaluation for health," ワシントン大学グローバルヘルス学部、2018；Tufts Cost-Effectiveness Analysis Registry

**図表7-12　4つのチャネルに沿って健康がGDPに与える影響を定量化**

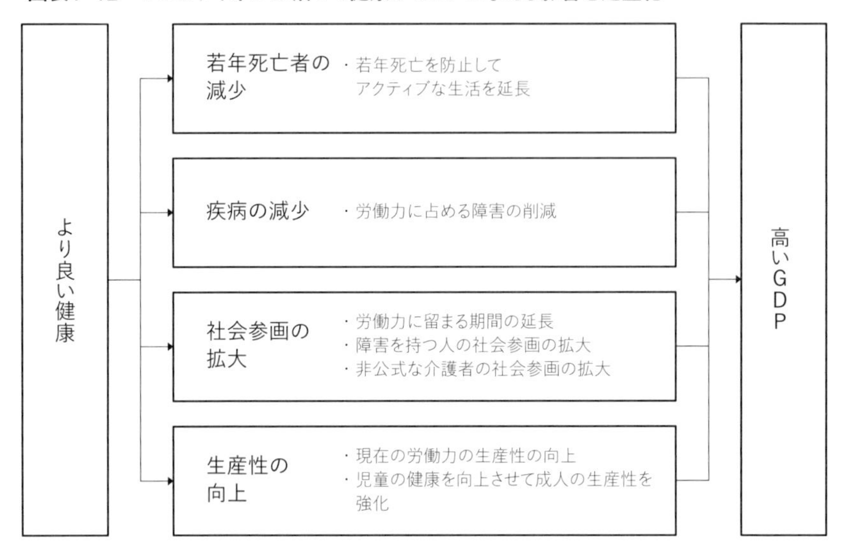


**図表7-13　疾病の減少と労働力への参加拡大により、2040年の世界のGDPは12兆ドル、率にして8%の増加が可能**

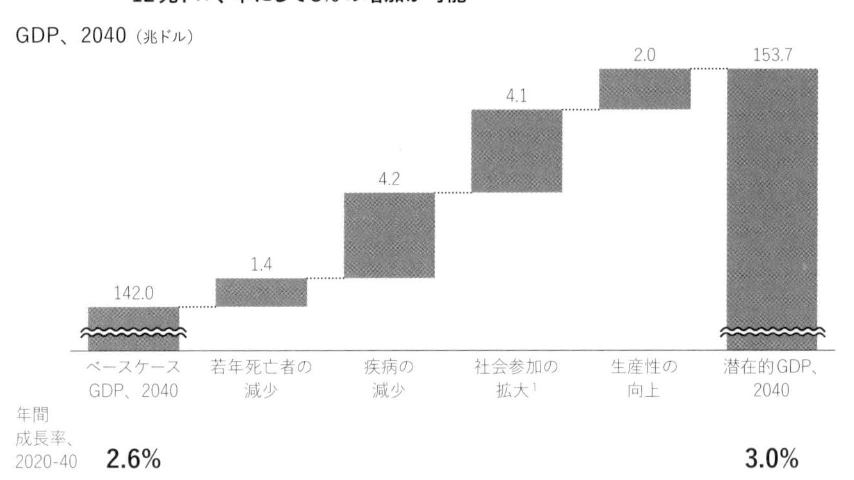


1. 高齢成人への影響を含む（高所得、上位中所得国のみ）、非公式な介護者（OECDのみ）、障がい者（世界）
資料：Institute for Health Metrics and Evaluation、許可を得て使用、all right reserved；Oxford Economics；ILOSTAT；OECD；Eurostat；National Transfer Accounts project

## 図表7-14　高所得国と上位中所得国では、健康増進により予想される労働力の伸び悩みに対応することが可能

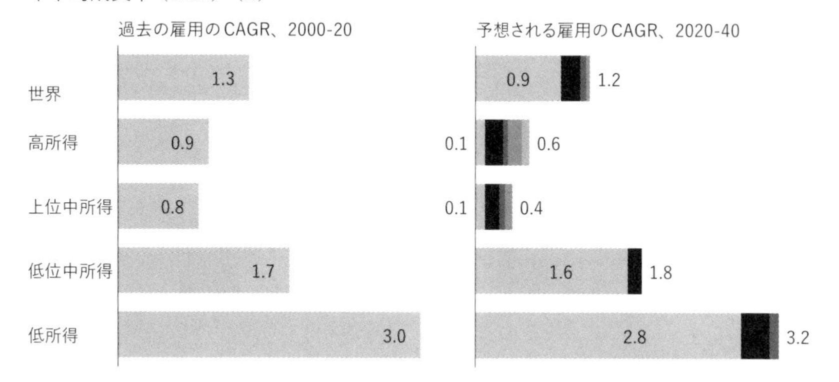


1. Oxford Economicsの予測、Mckinnsey Global Institute analysis
資料：Institute for Health Metrics and Evaluation、許可を得て使用、all right reserved；Oxford Economics；ILOSTAT；OECD；Eurostat；National Transfer Accounts project

## 図表7-15　地域を問わず、健康増進による経済的メリットは各国の疾病負荷と労働市場構造の相違に左右される

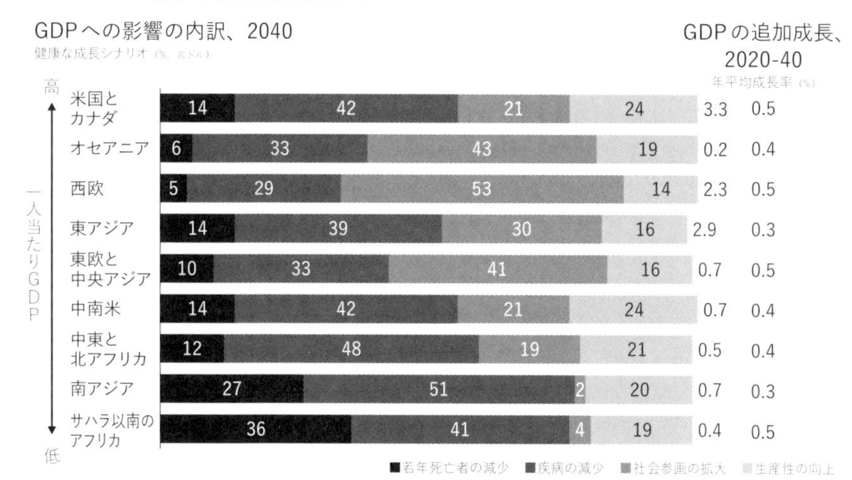


注：端数は四捨五入のため合計は必ずしも100にならない
資料：Institute for Health Metrics and Evaluation、許可を得て使用、all right reserved；Oxford Economics；ILOSTAT；OECD；Eurostat；National Transfer Accounts project

**図表7-16　健康増進への投資1ドルごとに、2～4ドルの経済的メリットが可能**

健康な成長シナリオ

2040（兆ドル）

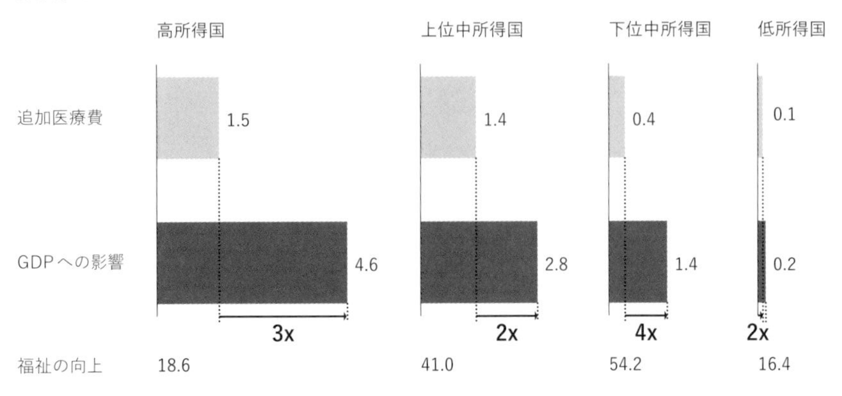


注：2040年における健康な成長シナリオの概要、追加医療費、GDPの影響、（社会参画の拡大を除く）健康増進に直結した福祉の向上
資料：Institute for Health Metrics and Evaluation、許可を得て使用、all rights reserved、世界保健機関、Updated Appendix 3 of the WHO Global NCD action plan 2013–2020、2017年4月；“Disease Control Priorities 3（DCP-3）：Economic evaluation for health,” ワシントン大学グローバルヘルス学部、2018；Tufts Cost-Effectiveness Analysis Registry

すると、世界では年平均1.2%の増加、高所得国では0.6%の増加まで回復できる（**図表7-14**）。

これらの試算は地域によってその傾向が大きく異なる。日本を含む東アジア地域では、特に健康な状態が増すことによる労働時間増加による効果と、労働力に含まれなかった層の労働市場への参画がGDPの成長に大きく寄与する（**図表7-15**）。

前述したコストカーブと、GDPの促進効果を重ね合わせると、健康促進のための施策はその投資額に対してリターンが大きいことがわかる。所得水準によって差異はあるが、健康促進施策に対する投資は、GDPにおいてその2～4倍の恩恵を受ける。1ドルの投資で約2～4ドルのリターンをもたらすのだ（**図表7-16**）。

# SECTION 7-4 日本のGDPは5380億ドルほど増加しうる

本SECTIONでは特に日本への影響を見ていく。IHMEによれば、2040年においては、心血管疾患、筋骨格系障害、癌などの疾患は大幅に減り、インフルエンザ、ノロウイルス、RSウイルスなどによる呼吸器系の感染症、ライフスタイルの変化に伴う糖尿病や腎臓の疾患、高齢化社会に起因する視力・聴力の低下、そしてストレス増加による神経障害などの疾患が増加すると予想されている（**図表7-17**）。

## 日本においては、健康負担を31％削減することが可能

こうした疾患に対し、前SECTIONで行った分析を日本にも当てはめ、各

**図表7-17　疾病負荷**

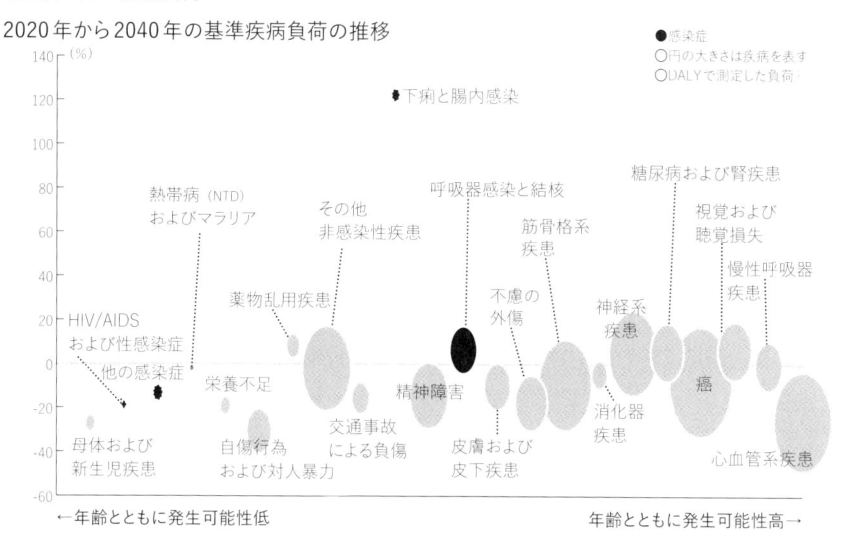

**図表7-18　カテゴリー別介入の分布**

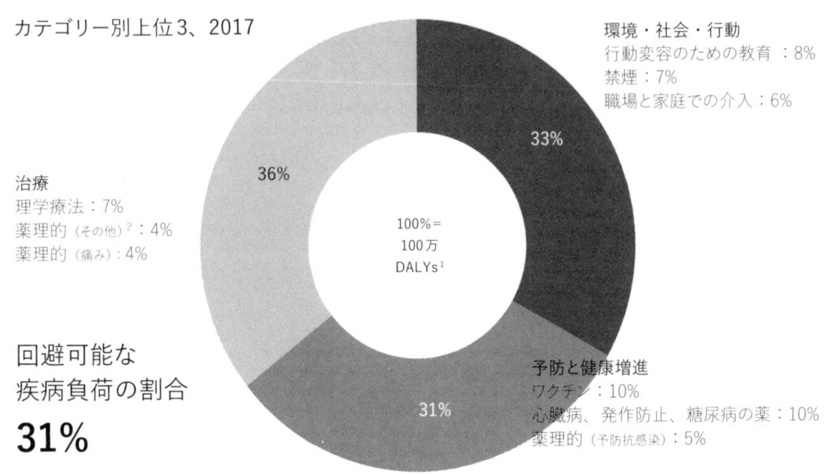


1. DALY=disability-adjusted life year（障害調整生命年）
2. 薬理（その他）には骨粗鬆症、胃腸病、黄斑変性症、癌の薬が含まれる
注：端数は四捨五入のため合計は必ずしも100にならない
資料：Institute for Health Metrics and Evaluation、許可を得て使用、all rights reserved

疾患に対して取りうる施策を洗い出し、その効果と、効果発現までのタイミングを試算した。その結果、2040年までに、DALYを約31%減少させることが可能だとわかった。他国と同じく、大半が予防医療による効果であり、その比率は64%になる（**図表7-18**）。

## 日本におけるGDPの効果は5380億ドル

また、健康を促進させることにより、2040年までにGDPを約5380億ドルまで増加できると見込んでいる（**図表7-19**）。

うち470億ドルは、平均余命の延びによる労働力の増加である。特に大きいのは、禁煙施策によるCOPD（慢性閉塞性肺疾患）に起因する死亡率低下と、ライフスタイルの改善プログラム導入（減塩、糖質制限、低脂肪食への移行など）による心血管疾患からの死亡率低下である。

次に、健康な状態が増すことによる労働時間の増加（健康理由による休職や時短、退職の減少など）により1630億ドルの効果を見込む。特に、頭痛、腰痛の治療

**図表7-19　GDPへの効果**

GDPへの影響の内訳[1]、2040（10億ドル）

合計 538

| 分類 | 内訳 | 最も重要な寄与要因 | GDPへの影響、2040（10億ドル） |
|---|---|---|---|
| 生産性の向上 | 67 | うつ病の予防と治療 | 12 |
| | | 鉄分不足の予防 | 12 |
| | | 片頭痛の予防と治療 | 6 |
| 社会参画の拡大 | 261 | 高齢者 | 152 |
| | | 非公式な介護者 | 80 |
| | | 障がい者 | 29 |
| 疾病の減少 | 163 | 腰痛の予防と治療 | 35 |
| | | 片頭痛の予防と治療 | 16 |
| 若年死亡者の減少 | 47 | 心血管疾患の予防と治療 | 13 |
| | | COPD（慢性閉塞性肺疾患）の予防と治療 | 11 |

**13兆ドル**にのぼる福祉の向上

投資1ドルごとに**2.5倍**のリターン

1. 死亡の回避と障害の低減による健康年の追加
注：端数は四捨五入のため合計は必ずしも100にならない
資料：Institute for Health Metrics and Evaluation、許可を得て使用、all rights reserved

は有効である。

そして一番効果が大きいのが、現在労働力に含まれていない層の労働市場への参加であり、ここから2610億ドルの効果を見込む。特に高齢化が進む日本においては、70歳が現在の60歳並みの健康を得ることにより、その労働市場への再参入の効果は非常に高い。また、介護のためにリタイヤしていた層の再参入も効果が非常に大きい。

最後に、生産性の向上から670億ドルの効果を見込む。ここでは鬱病の治療、食事やサプリメントによる鉄分不足の回避（貧血の予防）、頭痛の緩和により、「疾病就業」（プレゼンティズム）を減少させることが大きな目標となっている。

以上のことから、日本においては、健康への投資1ドルに対して、約2.5ドルのリターンを得られると試算している。他の高所得国と比べ、既に多くの領域で予防医療が導入されているために投資対効果は比較的少ないが、それでもリターンは大きい。

# SECTION 7-5 健康を促進し経済成長を促すために必要なこと

健康を促進させることは大きな経済効果を生むが、それには政府、企業、個人のそれぞれの連携が必要になる。特に政府はヘルスケアシステムの規制整備、資金提供者として全体をとりまとめる重要な役割を持つ。企業も、健康を促進させることで従業員の生産性を上げ、離職率を低下させ、効率的な経済活動を行うことで一番の受益者となる。まさに、健康促進に積極的に取り組むべき重要な当事者である。

本SECTIONでは、こうした健康促進施策に取り組むために、次の3つの領域に関して提言したい。

①経済成長のための健康マネジメント
②ヘルスケアシステムの変革
③イノベーションへの投資

各領域に関して、より具体性を持たせるべく、他国の先進事例を織り交ぜて記載していく。

## 経済成長のための健康マネジメント

健康についての課題が政府の議題に上がる場合、通常はそのコストやヘルスケアシステムの一環としてのみの議論に終始してしまい、正しい投資がなされないことが多い。しかし、健康は経済成長を促すテーマとして取り組むべきであり、厚生労働省にとどまらず、他の省庁でも健康をテーマに取り上げ、それに基づいた雇用政策、規制、インフラ政策などの手を打っていく必要がある。

また、健康促進による効果を享受するには、雇用に関する政策や規制が非常に重要となる。特に、障害を持った人々の雇用や高齢者の雇用である。マレーシアのクアラルンプールでは、障害を負った人々に対し職業リハビリテーションを行い、それを受けた人の60%を正規雇用者として再就職させている。フィンランドでは、国の戦略として高齢者を積極的に雇用する施策を打ち出している。再就職に向けたトレーニングプログラムの提供、高齢者雇用に関する大規模な研究の実施、企業に対して年齢による差別や制限を撤廃させる政令などを導入している。これにより、実際フィンランドでは過去10年で、実質定年退職年齢が4歳上昇した。

加えて、疾患による被害を40%減少させるための前述の施策のうち、3割以上が行動の変化に関わるものであるため、個々の人が行動を変容させるための仕組み作りが必要となる。特に、肥満など生活習慣による疾患の予防が効果的であり、各政府があらゆる政策や仕組みを試している段階である。

シンガポールの国民参加型イベントである「ナショナル・ステップ・チャレンジ」では、参加者全員にウェアラブルデバイスを配布して歩数を計測し、その歩数に合わせてたまったポイントで商品に交換できるなどの特典を用意した。このイベントは100万人以上が参加し、2015年の開始年から、シンガポールでは一日に25分以上の運動・ウォーキングをする人が7%以上増加する結果となった[9]。また、チュニジアでは学校で食事と運動のプログラムを展開し、生徒から健康チャンピオンを選び、ステッカーや商品などの報奨を与えることで、生徒が積極的に食事に気を使い運動を行うように仕向けた。このプログラムにより、生徒は果物と野菜の消費量が多くなり、日々の活動量が増え、肥満を減らすことができた。このように、コミュニティを活用して、個々人の健康促進への参画を促す仕掛けは非常に有効である。

中央政府だけでなく、個人の生活に密着する地方政府の役割も大きい。平均寿命、健康寿命がともに長い長野県の取り組みは特徴的である。もともと雪が多く冬に野菜が取れないために保存の利く漬物が欠かせず、塩分が多い信州味噌で作った味噌汁で体を温めるという、塩分摂取超過県であった長野県は、脳卒中による死亡が1965年時点で全国1位であった。これに対処するべく、まず塩分を控える取り組みが始まり、医師だけでなく、保健師による健康指導や生活習慣病予防のための講座が積極的に開かれた。同時に、野沢菜や味噌汁の塩分濃度を減らすための運動も県ぐるみで行われていった。まさに予防医療を県主導で県民に広めていったのである。現在長野県では、健康福祉部健康増進課を設置し、県の重要課題として健康の促進に取り組んでいる。また、「しあわせ健康県」を目指し、「信州ACE（エース）プロジェクト」と呼ばれる県民運動も展開している。ACEとは、脳卒中などの生活習慣病予防に効果のあるAction（体を動かす）、Check（健診を受ける）、Eat（健康に食べる）を表し、県民の健康への意識を向上させるともに、具体的な健康法を積極的に周知し、予防医療を大きく前進させている。

企業においても、各従業員が健康意識を高めるプログラムを実行できる。例えばシティ銀行では、各種ヘルスケアプログラムを社内で展開し、現在の健康度を診断するプログラムに参画してもらい、目標を達成した社員に報奨を与えている。また、積極的にフィットネス関連のイベントを催し、ウェイト・ウォッチャー・アット・ワーク（Weight Watchers at Work）などのプロの健康管理コーチを雇い、スマートフォンアプリなどのデジタルツールを活用し、健康モニタリングや助言を行っている。

小さな組織では、低コストでシンプルな健康プロモーションだけでも大きな効果を生み出すことができる。例えば、英国のミドルズブラ市では、職員の健康診断調査を行い、健康ニーズを把握している。また、それに合わせて、家族との時間を増やす「家族の日」（ファミリー・デイ）の導入、チームとの絆を強める「チームづくりの日」（チーム・ビルディング・デイ）の導入、健康ウォークの開催、無料のフルーツ配布を行った。これにより、病気や体調不良を理由とした職員の休暇が、一人当たり年間4.3日から2.4日と44%減った。

また、職場の改善も健康促進に大きな役割を果たす。ダイバーシティの許容、インクルージョンの加速など、誰にとっても精神的に働きやすい環境の構築はもちろんであるが、忘れてならないのが身体的にも働きやすい環境の整備である。例えばドイツのディンゴルフィンク市にあるBMWの自動車生産工場では、ライン従事者の負担を減らすよう、人間工学に基づいてラインの再設計を行った。これによってラインの生産性は向上し、健康上の理由により休職する従業者の割合が、他の工場の平均を下回った。このプログラムはドイツ国内の他工場、オーストリア、そして米国にも展開されている。

## ヘルスケアシステムの変革

既存のヘルスケアシステムは、既に疾患にかかった患者への治療を対象にした、偏ったサービス展開になっていることが多い。また、ヘルスケアシステムを支える診療報酬制度も、治療に対しての報酬が高く、予防医療に関しては蔑ろにされているケースが多い。OECD加盟国のヘルスケア予算を分析してみると、予防医療に対する予算は全体の2～3%に過ぎない[10]。提供するヘルスケアサービスの見直しを行い、セルフトリートメント、メンタルヘルスのモニタリングとケア、食生活や運動習慣の改善、禁煙の促進、疾患の早期発見を重視したサービスの拡充が必要である。

またこうしたケアや治療は、デジタルツールの活用による加速化が見込める。特に、遠隔医療による慢性疾患のモニタリングとケア、ウェアラブルデバイスの活用によるデータのモニタリングは超早期の病気発見に特に有効である。例えば中国平安保険の「平安グッドドクター」(Ping An Good Doctor)のサービスは、3億人の利用者に対して、ワンストップのヘルスケアプラットフォームを提供している。例えば、遠隔ブースを8つの地域に1000カ所以上設置し、そのブースからテレビ電話を使って医療チームにオンライン医療相談ができる。医療チームは、蓄積されたデータとAI解析を活用して、対処や予防の方法、医療機関を直接訪問する必要があるかどうかの助言も行う。中国平安保険は保険会社であり、さらに保険の適用支払いまで行うため、診断、アドバイス、支払いをワンストップで提供できるのである。

また、ノバルティス財団はガーナ共和国において、政府と共同で遠隔医療システムを開発している。最初は30の地区から始め、現在では全国に広がっている。24時間接続可能な遠隔診察(テレコンサルテーション)システムであり、保健所や医師と患者をつなげ電話によるアドバイスを行っている。2018年では遠隔医療はガーナ国民の人口の20%にあたる600万人の患者に使用され、データによれば50%以上の患者が電話の診察(コンサルテーション)のみで症状が回復、改善されている。こうしたデジタル技術を活用したヘルスケアシステムの整備とその支援は、ヘルスケアシステムの大きな変革への一つの解決策となりうる。

## イノベーションへの投資

イノベーションへの投資の加速は必要不可欠である。既存の技術では全体の疾患の40%しか減少できないが、イノベーションにより施策の加速化も見込むことができる。

イノベーションへの投資を加速する手法として、資金の適切な配分がある。例えば、世界における現在の疾患への投資と、各疾患が与えるDALYへの影響の相関性を見ると、健康への効果と投資の集中度合いにミスマッチが起きていることがわかる（**図表7-20**）。例えば、癌研究に投資されている資金は全体の35%を占めているが、癌によるDALYの減少は全体の疾患の12%に過ぎない。その一方で、精神疾患や神経障害、心血管疾患のDALYへの影響は大きいものの、その領域への注力度は低くなっている。

経済への効果を試算し、特に必要とされている領域に資金を再配分して、集中的に研究開発（R&D）を促進させることが社会全体の健康を底上げする

**図表7-20　研究開発は健康への効果が大きい領域に注力されていない**

臨床開発段階にある化合物の総数（フェーズI-III）、2017

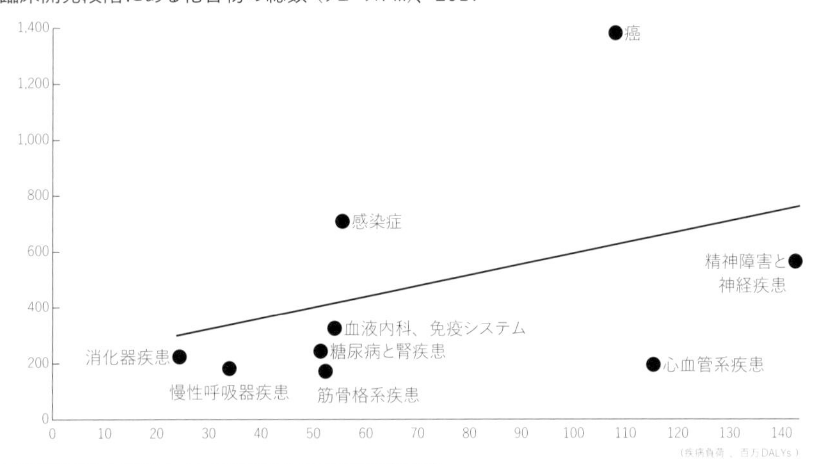


1. 理論的な最大シナリオ（既知の介入の100%採用を表す）における残りの疾病負荷
2. DALY=disability-adjusted life year
資料：Pharmaprojects 2019；Institute for Health Metrics andEvaluation、許可を得て使用、all rights reserved

のに必要である。
次に、本領域における投資家、研究者、慈善団体のパートナーシップを広げることが重要である。世界で最大の公共・民間のパートナーシップとして有名なのが「革新的医薬品イニシアティブ」(Innovative Medicines Initiative)である。この団体は未解決の医療ニーズ、公衆衛生、医薬品研究開発分野についての情報収集・調査を行うべく、大学、製薬企業、中小企業、患者団体、規制当局から約7000人の研究者が参加しており、現在までの60以上のプロジェクトを立ち上げている。柔軟な知財(IP)保有の仕組みを作り上げ、共同の情報網を持つことでデータや情報の開示を積極的に行い、研究開発の加速化を図っている。またEU諸国から研究プログラムの予算を募るとともに、加盟企業は現物拠出の形(研究者の時間の拠出、研究施設または資源の提供)で資金調達を行い、50億ユーロの予算を確保している。こうした団体は、団体の作り方やパートナーシップの在り方の理想形を積極的に共有しており、お互いを参考にしながら、よりオープンな協調体制をベースにしたネットワークを作っていくことが必要になる。
最後に、AI(人工知能)をはじめとする先端技術の活用である。AIによる解析の速度の向上、データアナリティクスによるテスティング・シミュレーションの加速、リモートワーキングによる研究への参加者増加と生産性の向上など、新しい働き方の積極的な導入により、イノベーションを加速化できる。

NORMAL NEXT

## まとめ

新型コロナは健康に関する意識を世界的に高め、健康課題に取り組むまたとない機会となった。人々はより健康を意識し、今までの習慣とは異なる行動、例えば手洗いの徹底やマスクの着用、アルコール消毒の徹底、リモートワーキングの加速など大きな行動変革を行うようになった。政府や企業も、新型コロナからの回復プランの中に、人々の「富と健康」(Wealth and Health)の双方をより意識するようになっている。今回の新型コロナからの回復が、より健康を促進させ、経済成長を促進させていく起爆剤になることを願っている。

◇出典


1. 厚生労働省 "(2021年1月時点)新型コロナウイルス感染症の'いま'についての10の知識"
2. McKinsey Global Institute, "Prioritizing Health, A prescription for prosperity," July 2020
3. Institute for Health Metrics and Evaluation, used with permission. All rights reserved
4. Human Resource for Health, November 2018
5. Sergio Corresia, Stephan Luck, and Emil Verner, "Pandemics depress the economy, public health interventions do not: Evidence from the 1918 flu," March 30, 2020
6. Retirement Confidence Survey Summary Report, Employee Benefit Research Institute, 2019
7. Institute for Health Metrics and Evaluation
8. Health at a glance 2017: Informal Carers, OECD Indicators, OECD 2017
9. Tech enabled National Steps Challenge, Integrated Health Information System, 2020
10. Mental Health Action Plan 2013-2020 WHO, Health working paper number 101, OECD, December 2017

・各種メディア(Harvard Business Review, 等)

# CHAPTER 8
# 働き方の未来

新型コロナが労働、労働者、職場に与える影響は、パンデミック終息後も続く見通しである。マッキンゼー・グローバル・インスティテュートでは、経済・労働市場モデルが異なる8カ国（中国、フランス、ドイツ、インド、日本、スペイン、英国、米国）を対象に、新型コロナのパンデミックが何をもたらしたか、またそれが長期的にどのように働き方を変えるかについて調査を行っている[1]。

本SECTIONでは、マッキンゼー・グローバル・インスティテュートの分析を基に、新型コロナによってどのような業務が影響を受けているのか、また働き方に関してどのような変化や傾向が見られるかについて論じる。次に、これらが雇用、労働市場に長期的に及ぼす影響と日本への意味合いを説明した上で、企業や政策立案者がとるべき対策や行動について提言する。

NEXT NORMAL

## SECTION 8-1 新型コロナは特に物理的近さ・人的交流が必要とされる業務で変化を加速させている

これまではなかなか議論が進まなかった労働における物理的側面（職場や現場に物理的にいること、直接対面で人とやり取りすることを指す）に関して、マッキンゼー・グローバル・インスティテュートでは、職業情報ネットワーク（O*NET OnLine）のデータを使用し、800を超える職種について分析を行った。

まず、次の5つの属性を定義した。

- 物理的な緊密さ（顧客や同僚との物理的な距離はどれくらいか）
- 人的交流の頻度（顧客・同僚との直接的な対話・交流の頻度はどれくらいか）
- 見知らぬ人とのやりとり（対話の相手が同じかもしくは常に変わるか）
- 屋内仕事の割合（仕事を行うのがオフィス内か外か）
- 職場・現場への依存度（職場・現場にいることが必要か）

## 図表8-1 業務領域によって物理的近接性が異なる

業務領域別の物理的近接性のスコア（人的交流と仕事環境の各項目に基づく）

100点満点

| 業務領域<br>例 | 人的交流<br>物理的な緊密さ | 人的交流<br>人的交流の頻度 | 人的交流<br>見知らぬ人とのやり取り | 仕事環境<br>屋内仕事の割合 | 仕事環境<br>職場・現場への依存度 | 物理的近接性スコア |
|---|---|---|---|---|---|---|
| メディカルケア<br>病院、診療所 | 86 | 94 | 78 | 91 | 87 | 87 |
| パーソナルケア<br>ヘアサロン、ジム | 82 | 92 | 64 | 86 | 85 | 83 |
| オンサイトカスタマーサービス<br>小売店、銀行 | 69 | 91 | 80 | 80 | 63 | 76 |
| レジャー・旅行<br>レストラン、ホテル | 77 | 86 | 61 | 73 | 63 | 75 |
| ホームサポート<br>住宅 | 66 | 82 | 44 | 65 | 87 | 70 |
| 屋内での生産活動・倉庫<br>工場、厨房、倉庫 | 57 | 87 | 48 | 70 | 79 | 70 |
| パソコンを使ったオフィス作業<br>本社、オフィス | 59 | 89 | 67 | 86 | 42 | 68 |
| 教室とトレーニング<br>学校、会議センター | 57 | 91 | 60 | 88 | 45 | 68 |
| ロジスティクス<br>トラック、鉄道施設 | 48 | 78 | 64 | 40 | 65 | 78 |
| 屋外での生産活動とメンテナンス<br>建設現場、農場 | 44 | 79 | 50 | 39 | 63 | 54 |

注：職場での人間の近接に関する物理的近接データを組み合わせた物理的近接スコア（物理的近接、対面、外部顧客との対応など）に基づく10の職業範囲、作業環境の種類と作業環境スコア（屋外・屋内・環境などの職場のO*NETスコアの平均値、O*NETデータ）

資料：Employment and Training Administration, US Department of Labor；O*NET OnLine；McKinsey Global Institute analysis

各業種において上記属性の重要度に基づいて、「物理的近接性スコア」として数値化した。

その後、800の職種を、5つの属性の類似性に基づき10の業務領域に分類した（**図表8-1**）。

この分析から見えてくるのは、労働の物理的近接性によって、新型コロナの影響が異なるという点である。まず新型コロナによる短期的な影響を見ると、その度合いは業務領域によって様々である。新型コロナウイルスが最も深刻な混乱をきたした業務領域は、メディカルケア、パーソナルケア、オンサイトカスタマーサービス（小売およびホスピタリティビジネス）、レジャー・旅行（飲食サービス業、ホテル・空港スタッフ）といった、物理的近接性が特に高い業態である。一方、パソコンを使ったオフィスでの仕事は、ほとんどがリモートへと移行した。影響を長期的にみても、物理的な近接性の数値が高い業務領域では、今後も混乱が生じる可能性が高い。

NORMAL
NEXT

## SECTION 8-2 新型コロナの世界的な流行により、仕事の形を変える可能性のある3つの変化が加速した

新型コロナは、消費者とビジネスにおける3つの変化を加速させた。その3つの変化とは、「リモートワークとバーチャル空間での交流の定着」「EC（電子商取引）と電子取引（デジタルトランザクション）の拡大」「オートメーション（自動化）とAI（人工知能）の導入」である。これらの変化は、新型コロナ以前にも見られたものの、新型コロナによって大きく加速し、終息後も、ほぼ同様・もしくは低いレベルで続くという見通しがなされている（**図表8-2**）。

### リモートワークおよびバーチャル上の交流の定着

新型コロナが労働市場に与えた最大の影響は、リモートで働く労働者を強制的に大幅に増加させたことであろう。テレビ会議、ドキュメント共有ツー

**図表8-2　新型コロナは、消費者とビジネスの行動変化を促し、程度の差はあるが長期的に維持される**

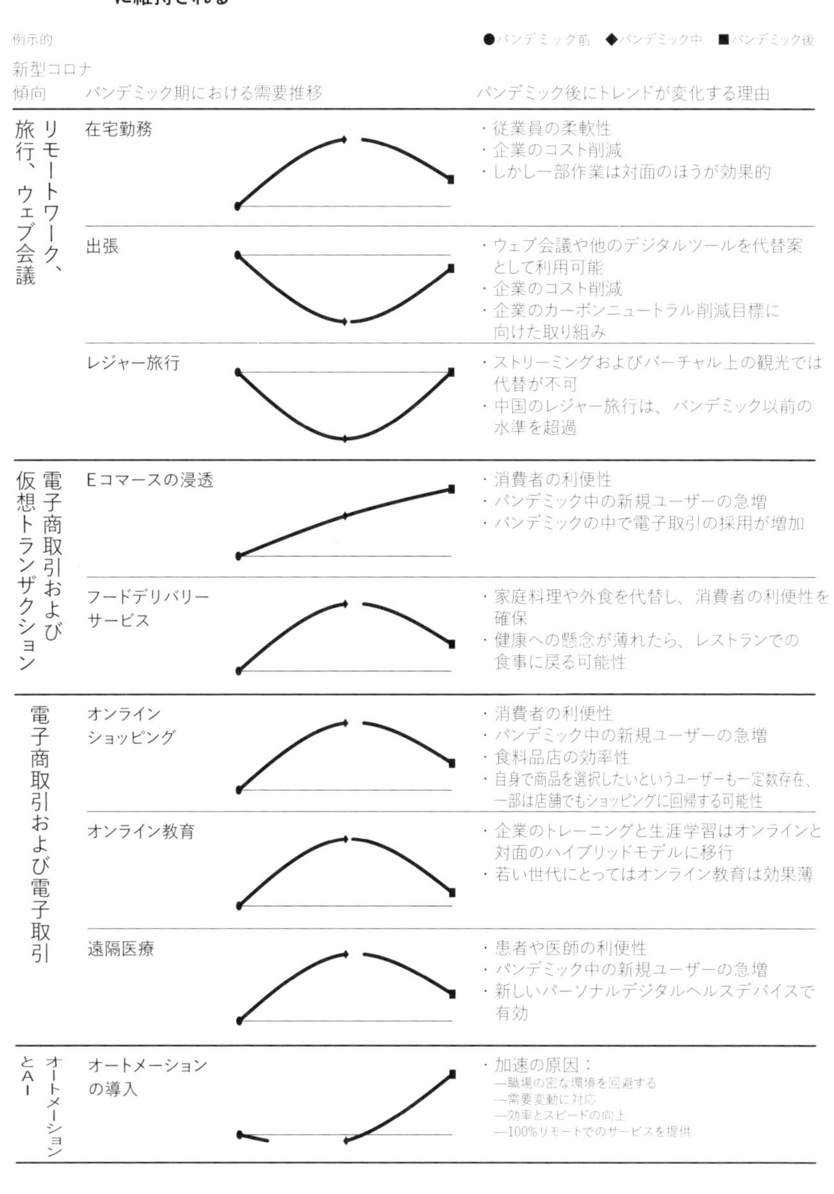

ル、クラウドコンピューティングといった、新しいデジタルソリューションの迅速な導入が、感染拡大時のリモートワーク推進を後押しした。これにより、労働者は柔軟な働き方ができるだけでなく、ビジネスの効率も向上するなど、リモートワークによる利点が明らかになった。なかには学校教育のように、技術的にリモートで実施できても対面で行うニーズが高いものもあるが[2]、経営者や労働者の多くは、新型コロナ終息後もリモートワークの継続を望んでいる。

生産性を損なわない範囲で、先進国の労働者の約20～25%が週3～5日間まで、リモートワークを拡大できる（日本においては22%）はずだ。この数字は、新型コロナ以前と比較すると、リモートワークを行う人は4～5倍にもなる（**図表8-3**）。

この変化は、都市部のオフィスや住宅の需給に大きな影響を与えるだろう。一部の企業は、リモートワークの増加に伴い、オフィススペースを削減する計画を既に立てている。2020年8月にマッキンゼーが278人の企業幹部を対象に実施した調査によると、平均してオフィススペースを30%減少する計

**図表8-3　リモートワークの可能性は先進国では高く、週に3～5日のリモート作業が可能な労働者は20～25%存在**[1]

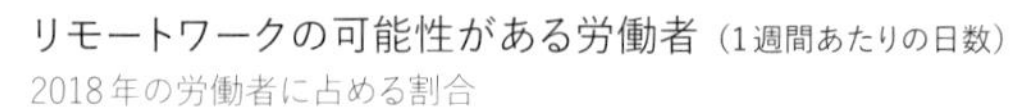


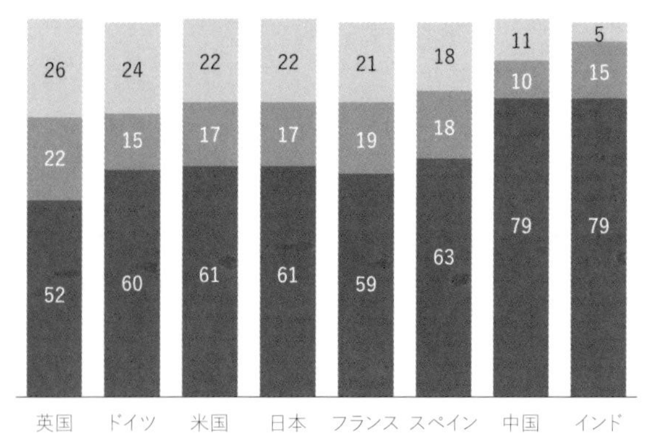


生産性を損なわない範囲でリモートワークを実施できる1週間あたりの日数：

3-5日　1-2日　<1日

職業の例

財務マネージャー
市場調査アナリスト
統計学者

土木技術者
物理学者
心理学者

理美容従事者
農作業従事者
航空機の貨物取扱業者

1. 理論上の最大値には、物理的なオンサイトでのプレゼンスを必要としない全てのアクティビティが含まれる。有効な潜在能力には、効果を失うことなくリモートで実行できる活動のみが含まれる。800を超える職業に対する2,000以上の活動に基づくモデル
注：数値は、丸めのため100%に合計できない場合がある
資料：McKinsey Global Institute

画がされている[3]。リモートワークの増加は、個人や企業が大都市から郊外や小都市へ移転するといった、これまでの「都市化」と逆の大きな変化をもたらすかもしれない。

また、多くの企業が、出張の代わりとしてウェブ会議に期待を寄せている。レジャー産業や観光業は、既に中国で目の当たりにしたような、新型コロナ終息後の需要回復が起きる可能性が高い一方、出張に関しては同様の需要回復が起きるとは考えにくい。約20%の出張は戻らないであろう[4]。これは、航空・空港、ホスピタリティ、飲食サービス業界に深刻な打撃を与えるだろう。

## 電子商取引と電子取引(デジタルトランザクション)の拡大

新型コロナの感染拡大中、多くの消費者が、ECやアプリで注文された食料品の配達など、オンラインコマースの利便性を体感した。2020年には、小売販売における電子取引のシェアは、新型コロナ以前の2〜5倍に拡大、小売販売全体におけるシェアは数倍に拡大した。

このデジタル取引への移行は、配達、輸送、倉庫の雇用の伸びを押し上げる一方で、既存の小売業の売上減少を招いている。オンラインでの小売売上高が急増する反面、既存の小売業者は従来型の店舗を閉鎖している。メイシーズ(Macy's)やギャップ(GAP)は米国全土で数百店舗の閉鎖計画を発表している。他方、アマゾンは全世界で40万人以上の従業員を新規で雇用した[5]。

こうして新たに創出された運送業や宅配業における雇用は、ネットを通じて単発の仕事を請け負う「ギグワーカー」やフリーランスといった形態が中心である。これらにより、電子商取引や電子取引の拡大は、ギグエコノミーへの移行を促すかもしれない。こうした業務形態は、親族の介護などの悩みを抱える労働者にとって、柔軟に仕事が選択できるようになると同時に、新型コロナによって職を失った人々のセーフティ・ネットとしても機能した。しかし、これらの職種は、収入を増やすためのスキルアップの機会を提供しづらい。また、一部の国では、これらの業務に従事する労働者は、有給休暇や福利厚生を享受できていない。

## オートメーションとAIの迅速な導入の促進

新型コロナ流行の間、多くの企業において、全体の支出を抑制する一方でオートメーション化への投資を増加させるという現象が見られた。2020年7月に行われた800人の企業経営幹部を対象にした調査では、3分の2がオートメーションとAI（人工知能）への投資を大幅に増やしていると述べた[6]。

オートメーション、AI、デジタル技術の迅速な導入は2つの用途に集中している。1つ目は、需要急増への対応である。これには、大量の電子商取引を支える倉庫や物流業務への自動化のほか、食品や飲料、電化製品など需要が急変する商品の生産に対応する工場業務での自動化も含まれる。2つ目は、職場での「密」な環境の回避である。例えば、室内の生産・倉庫に属する食肉処理や養鶏場などの業界は、ロボティクスの活用を加速させた。また病院やホテルでは、ルームサービスに対応するために、サービスロボットが導入されている。食品小売りや薬局は、非接触型サービスの顧客需要を満たすため、セルフレジ端末を増やした。レストランやホテルでの注文アプリの需要も高まった。さらに、ロボティクスによるプロセスオートメーションを駆使した書類処理など、オフィススペースで「密」な環境を作らない取り組みに強い関心を示す企業も多い。

以上見てきたようなオートメーション・AI技術導入は、物理的近接性のスコアが高い業務領域において広くみられ、職場を大きく変容させている。

NORMAL NEXT

# SECTION 8-3 3つのトレンドが及ぼす長期的な影響および日本への意味合い

ここまで紹介した「リモートワークとバーチャル上での交流の定着」「電子商取引と電子取引（デジタルトランザクション）の拡大」「オートメーション（自動化）とAI（人工知能）の導入」という3つのトレンドは、業務領域によって影

**図表8-4　新型コロナによって、様々な業種でそれぞれ異なる変化が生じている**

米国における、新型コロナが雇用・労働・労働市場に対して与える潜在的変化

新型コロナ以前のシナリオと比較した変化　　激変度低 ■■■■■ 激変度高

| 作業場 | 2018年における全雇用に占める割合 | リモートワークのポテンシャル<br>リモート移行が可能な時間の割合（%） | デジタルの導入[1]<br>デジタルツールの採用におけるポイントの変化[1] | オートメーション技術の導入<br>2030年までに職を失った労働者の割合の変化 | 労働需要の伸び<br>2030年までの純労働需要の伸び率の変化 | 職業移行<br>2030年までに転職する労働者の割合（%） | 総合スコア[2] |
|---|---|---|---|---|---|---|---|
| 対面での顧客とのやりとり | 12 | 12 | 18 | 8 | -14 | 8 | 高 |
| レジャー・旅行 | 7 | 5 | 11 | 8 | -10 | 4 | 高 |
| パソコンを使用したオフィス作業 | 31 | 70 | 17 | 7 | 0 | 3 | 高 |
| 屋内生産活動・倉庫 | 21 | 6 | 11 | 4 | 2 | 3 | 高 |
| 教室とトレーニング | 7 | 31 | 15 | 2 | 2 | 0 | 標準 |
| メディカルケア | 7 | 6 | 15 | 5 | 6 | 0 | 標準 |
| ホームサポート | 3 | 13 | 10 | 0 | 16 | 0 | 標準 |
| パーソナルケア | 2 | 11 | 10 | 3 | 8 | -2 | 低 |
| ロジスティクス | 3 | 10 | 13 | 4 | 14 | -3 | 低 |
| 屋外での生産活動とメンテナンス | 8 | 3 | 7 | 3 | 6 | -3 | 低 |

1. McKinsey Global Institute's Digitization Indexにおける各業務領域ごとのデジタライゼーションのレベルに基づいて算出。デジタルの資産、デジタル技術の使用状況、デジタル関連業務の従事者を含む。McKinseyのコンシューマ・プラクティスによるサーベイから得られた各セクターごとのデジタルチャネルやプラットフォームの採用度合いの調査結果を踏まえ、新型コロナによる変化を加味。
2. 職業推移列に基づいてランク付け

注：職場での物理的近接性のデータを組み合わせた物理的近接性のスコア（物理的緊密さ、対面でのやり取り、外部顧客との対応など）に基づく10の職業範囲、仕事環境の種類と仕事環境スコア（屋外・屋内・環境などの職場のO*NETスコアの平均値、O*NETデータ）を用いて分類

資料：Employment and Training Administration, US Department of Labor；O*NET OnLine；US Bureau of Labor Statistics

響の度合いは異なるものの、労働者の業務を長期的に大きく変える可能性がある（**図表8-4**）。とくに、物理的近接性のスコアが比較的高い4つの業務領域では、2030年までに激変が起きる可能性が高い。

## 低・中賃金業務の雇用が大きく減少する可能性がある

アフターコロナにおいては、これまで全く予想されなかった異分野の融合が出現する可能性を示している。**図表8-5**は、2018年から2030年の間に、職業別雇用シェアの変化を示したものだ。この図から、医療、科学・技術・工学・数学系（STEM）、交通機関の仕事において大きな増加がみられる一方で、お客様サービス業務、小売り、ホスピタリティ、食糧サービス、生産、オフィスサポートといった業務の割合が減少する可能性が高いことがわかる。

次に、各国における職業を賃金別に3段階に分けたときに、それぞれの労働需要の伸びの変化を見ると、共通する傾向が見られることがわかる（**図表8-6**）。雇用の減少は、小売りやホスピタリティ、食品サービスなどの低賃

## 図表8-5　新型コロナ以後、2030年までに全ての国で職業構成が多く変化する可能性がある

雇用のシェアの推定変化、新型コロナ以降のシナリオ、2018-30年[1]（%）

シェア減 ■■■■■■ シェア増

| 職業分類 | 先進国 | | | | | | 新興国 | |
|---|---|---|---|---|---|---|---|---|
| | フランス | ドイツ | 日本 | スペイン | 英国 | 米国 | 中国 | インド |
| 医療補助者、技術者、ケア・ワーカー | 1.6 | 1.9 | 1.4 | 3.5 | 1.4 | 2.2 | 2.7 | 3 |
| 医療専門職 | 0.8 | 0.7 | 0.9 | 3 | 0.7 | 1.2 | 3.3 | 0.5 |
| 創業者と芸術管理 | 0.5 | 0.4 | 0.4 | 0.5 | 0.4 | 0.2 | 0.4 | 0.5 |
| STEM専門職 | 3 | 1.2 | 3 | 0.9 | 3 | 3 | 1.2 | 0.8 |
| 管理職 | 0.7 | 0.6 | 0.4 | 0.7 | 0.9 | 0.6 | 0.5 | 0.6 |
| 輸送業務 | 0.3 | 0.6 | 0.1 | 0.3 | 0.1 | 0.3 | 0.9 | 0.4 |
| ビジネスおよび法務担当者 | 0.3 | 0.3 | 1.1 | 0.5 | 0.3 | 0.2 | 1.1 | 0.8 |
| コミュニティサービス | -0.3 | 0.1 | 0.1 | -0.1 | -0.3 | -0.2 | 0.8 | 0.2 |
| 建築業者 | -0.3 | 0 | -0.2 | -0.3 | -0.3 | -0.1 | 0.1 | 3 |
| 教育者と従業員のトレーニング | 0 | 0.4 | -0.1 | 0 | 0.2 | -0.1 | 0.4 | 0.7 |
| プロパティの保守 | 0.4 | -0.2 | -0.2 | 0 | -2 | 0.1 | 0.5 | -0.4 |
| 食糧サービス | -0.6 | -0.3 | -1.1 | -1.6 | -0.7 | -0.7 | 0.5 | 0.7 |
| 顧客サービスと販売 | -0.9 | -1.9 | 0.2 | -0.5 | -0.8 | -1.1 | 3.3 | 0.3 |
| 機械設備と修理 | -0.2 | -0.2 | 0 | -0.2 | -0.1 | -0.2 | -0.1 | 0.5 |
| オフィスサポート | -2.1 | -2.3 | -2.2 | -1.4 | -2.2 | -2.6 | 0.3 | 0.3 |
| 生産・倉庫業 | -1 | -1 | -1.7 | -0.9 | -0.3 | -0.7 | -3.8 | 3 |
| 農業 | -0.2 | -0.3 | -0.3 | -0.4 | 0 | -0.1 | -8 | -8.9 |

1. 新型コロナ以前のシナリオには、オートメーション、所得増加、高齢化、技術利用増加、気候変動、インフラ投資、教育水準の向上および無償労働の有償化といった8つのトレンドの影響が含まれる。新型コロナ以降のシナリオには、パンデミック前の全傾向に加え、オートメーションの加速、電子取引の迅速化、リモートワークの増加、ビジネス旅行の削減が含まれる

## 図表8-6　新型コロナ以後、労働需要が伸びるのはほとんどが高賃金の職業群である

新型コロナ以降のシナリオにおける賃金別職業群ごとの割合の変化；2018-30年（%）[1]

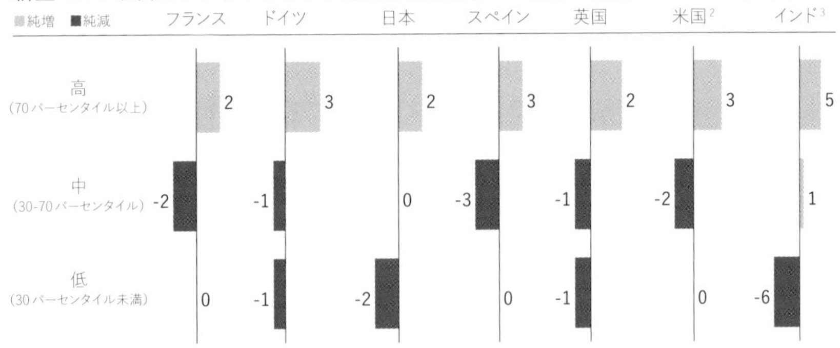


1. 平均年収は時給の中間値に1年あたりの平均労働時間を乗じて計算。時給が公表されていない職業については、各統計データを用いて算出
2. 6桁の標準職業分類コードのデータを採用。2桁SOCコードを用いた同様の分析の結果と異なる可能性がある（各賃金別職業群の捉え方が若干異なる為）
3. インドの低賃金職業群：平均年収の40パーセンタイル未満、中賃金職業群：40-80パーセンタイル、高賃金職業群：80パーセンタイル以上

注：職業別の収入に関して入手可能なデータが限られているため、中国は除外

注：パーセンタイル表記（データを小さい順に並べたとき、初めから数えて全体の%に位置する値）

金・中間賃金の職業に集中している一方で、雇用の創出は主に医療や科学・技術・工学・数学系などの高賃金の職に集中している。雇用を維持するには、低賃金労働者の半数以上が、異なる技能を必要とする高賃金労働に移行する必要がある。

## パンデミック前に比べ最大25%の労働者が職業切り替えを余儀なくされ、再訓練の課題はより困難になる可能性がある

高賃金の職業の需要が急伸し、低賃金の職業が減少することで、今後数年間に労働力の大規模な移行と労働スキルの大きな変化が必要となる。つまり、8カ国で1億700万人の労働者、つまり16人に1人が、2030年までに別の職業を見つける必要性に迫られている。その数字は、新型コロナ以前の予想よりも、グローバル全体で12%、先進国では25%も多い（**図表8-7**）。

移行が必要な労働者は、さらなるトレーニングの実施と新しいスキルの獲得が必要になると予想される。先進国における職業群を賃金別に5段階に分

**図表8-7　新型コロナ以後は、それ以前とくらべて職業の移行が25%増加する可能性がある**

2030年を想定して
新型コロナ以前に制作した
シナリオと、新型コロナ以降の
シオリオを比較すると、
職業を変更する必要のある
従業員の数が増加

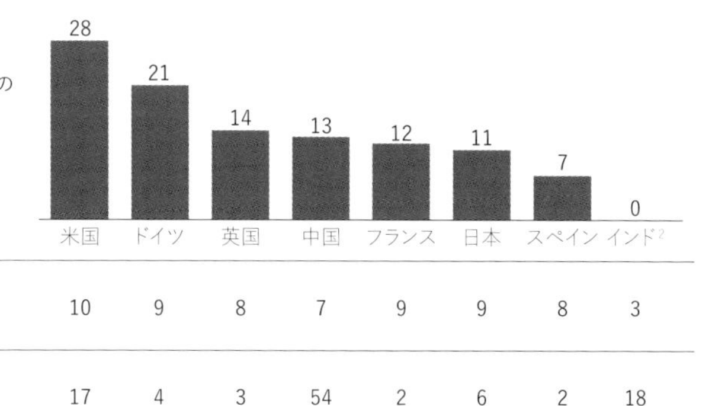


| | 米国 | ドイツ | 英国 | 中国 | フランス | 日本 | スペイン | インド[2] |
|---|---|---|---|---|---|---|---|---|
| 新型コロナ以降シナリオでの職業移行 2030年の労働人口割合（%） | 10 | 9 | 8 | 7 | 9 | 9 | 8 | 3 |
| 新型コロナ以降のシナリオでの職業移行（100万） | 17 | 4 | 3 | 54 | 2 | 6 | 2 | 18 |

1. 2030年のベースラインに関連して雇用需要が減少する職業に従事する労働者は職業を変える必要があるという前提に立っている。新型コロナ以前のシナリオには、オートメーション、所得増加、高齢化、技術利用増加、気候変動、インフラ投資、教育水準の向上および無償労働の有償化といった8つのトレンドの影響が含まれる。新型コロナ以降のシナリオには、パンデミック前の全傾向に加え、オートメーションの加速、電子取引の迅速化、リモートワークの増加、ビジネス旅行の削減が含まれる
2. 職業シフトはフラットになっている。理由として、低賃金職業群に属する建設労働従事者が移行できるサービス事業が少ないため。農業従事者の移行を除いており、農業従事者を含めると、第2次産業、第3次産業への移行が少なくなるため、パンデミック以前と比べて、シフトは減少する

**図表8-8　より高賃金の職業に就くためには、より多くの社会的スキル、技術的スキルを身に付ける必要がある**

米国国内の職業を賃金別に5つに分けたとき、それぞれ必要とされるスキルの種類と時間の割合[1]（%）

■技術的スキル　■社会的スキル　■高い認知スキル　■基本的な認知スキル　■身体的なスキル

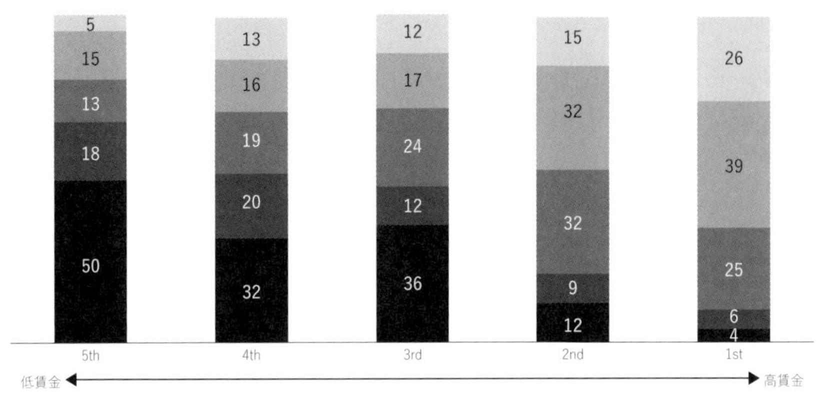


1. O*NETデータを使用、800名以上の職業に対する2,000件以上の業務活動において主なスキルごとに分類
資料：Employment and Training Administration, US Department of Labor；O*NET OnLine；US Bureau of Labor Statistics

けたとき、転職を必要とする労働者のうち60～75%が下位2グループに集中していることがわかった。新型コロナ以前であれば、失業の危機に直面した場合、低賃金職業群に属する労働者は、同賃金グループ内の別の職業へ移行すればよかった。また、中間の賃金職業群に属する労働者であれば、新しい職に就くためにせいぜい1つ群を上げる能力を身に付けさえすればよかった。ところが、新型コロナ後のシナリオでは、多くの労働者が下位2グループの賃金職業群から抜け出す必要が生じてきた。しかも、高賃金職業群に移行するために、新しく高度なスキル（テクノロジー理解などの専門的スキルなど）が必要とされるようになる（**図表8-8**）。

## 日本への意味合い

新型コロナがもたらした大きな変化は、日本においても見られた。2020年3月の緊急事態宣言以降、リモートワークが推奨され、多くの企業が急速に新しい技術やワークスタイルの導入を行っていったことは記憶に新しい。

また「巣籠り需要」という言葉に見られるように、外出規制の中で店舗への客足が遠のく一方で、楽天やアマゾンなどの電子商取引の利用が着実に増加。2019年後半より普及が進んだ電子決済が、こうした実店舗から電子商取引への移行を後押しした。さらにAI・オートメーションの分野では、かねてより進められていた製造業のみならず、「3密」回避を目的にした飲食業・サービス業などでの積極的な使用が行われた。

これらの変化が日本社会の労働・雇用・雇用市場に与える影響は非常に大きい。新型コロナによってオートメーションがさらに加速し、2030年までに日本の320万人分の雇用が代替され、60万人が職業の切り替えを余儀なくされる可能性があると予想されている。

また、新型コロナがもたらす職業移行において軽視できないのは、移行において必要とされる労働力のスキルの大きな変化である。少子高齢化の進行によって、2030年までに労働力の供給は5%程度自然減することが見込まれており、労働市場の需要が供給を上回る。日本の労働需要供給を満たすためにはオートメーションを加速化しないと、成り立たない可能性がある。また

**図表8-9　日本において低賃金職業群の雇用需要が減少する一方、高賃金職業群の雇用需要は増加の傾向にある**

日本における新型コロナ後[1]の賃金別職業群ごとの雇用市場全体におけるシェアの変化

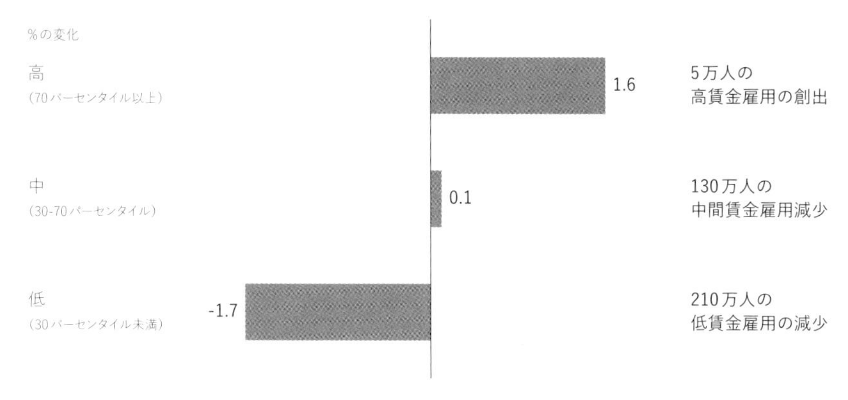


1.新型コロナ以前のシナリオには、オートメーション、所得増加、高齢化、技術利用増加、気候変動、インフラ投資、教育水準の向上および無償労働の有償化といった8つのトレンドの影響が含まれる。新型コロナ以降のシナリオには、パンデミック前の全傾向に加え、オートメーションの加速、電子取引の迅速化、リモートワークの増加、ビジネス旅行の削減が含まれる

注：パーセンタイル表記（データを小さい順に並べたとき、初めから数えて全体の%に位置する値）

需要の中身を見ると、低賃金職業群の雇用需要が減少する一方で、高賃金職業群の雇用需要は増加している。先に論じたように、労働者はさらなるトレーニングの実施と新しいスキルの獲得が必要となるのだ（**図表8-9**）。

しかしながら、日本においてこうした高度スキルの育成を促進する素地が整っているとは言い難い。日本の人材育成投資は、1990年代前半は約2.5兆円前後あったものの、年々減り続けており、2010年以降は約0.5兆円と、ピーク時の2割程度にとどまっている。また、GDPに占める人材投資は0.1%と、欧米諸国と比較して著しく低くなっている。日本は終身雇用および年功序列といった日本型雇用の影響もあり、企業が職場でのオンザ・ジョブ・トレーニングを通じて人材を育てるという考えが根強く残っている。また、戦略に基づき将来に必要なスキルを明確に定義できている企業もまだ少ない。そのため、現在の業務範囲を超えるスキル習得を目的としたトレーニングやリスキリングのための人材投資が少ない[7]。日本の将来の働き方を考える上で、必要なスキルは何か、いかに労働者にスキル付与を促していくか、いかに投資をしていくのかが鍵となる。



## SECTION 8-4 労働の移行をスムーズに行うために、企業や政策立案者が採るべきアクション

ここまで述べてきたように、新型コロナに伴って労働力の移行が必要となるが、これを成功に導くには、経営者および政策策定者の革新的かつ公平なアクションが欠かせない。実際に、この危機下において、今後に向けた変革を推進している企業や政府もある。

企業

## 業務の在り方・働き方を再設計し、従業員のスキル向上を強化していく必要がある

企業は新型コロナ終息後を見据え、業務の在り方や内容を再考しなければならない。新型コロナ禍において、労働形態や業務内容でさえも、変更できることを我々は目の当たりにした。業務自体をを今こそ再設計することで、プロセスの合理化、効率の向上、運用の柔軟性・機敏性の向上を実現できる。

多くの経営者は、より優秀な人材の獲得、従業員の満足度の向上、不動産コストの削減を目的として、リモートとオフィスワークを組み合わせたハイブリッド型の「働き方」戦略を考え始めている。生産性を損なわない範囲において、どの業務をリモートで行うかを決定するには、慎重な分析が欠かせない。また、リモートワークとオフィスでの業務を戦略的に使い分けることも必要である。

海外では新型コロナ以前から、多くの企業が従業員に対して、今後生まれる「仕事」に必要なスキルの習得を促し、キャリアパスを作り上げる機会を提供してきた。新型コロナ終息後、こうしたプログラムの必要性は日本においても高まるだろう。ウォルマートは、店舗従業員を、顧客接点に長けた店長やサプライチェーンの専門家、テクノロジーの専門家に育てるため、社内での研究を行うとともに投資を発表している[8]。また、IBM、ボッシュ、バークレイズは技術系の専門家を養成するための研修を2020年開始した。社内の従業員を引き留めて成長させる方が、外部から新規で雇用するよりも効果的であることが研究によると明らかになっている。外部人材の流動性が低い日本においては、社内の人材・組織能力をいかに構築するかが重要であろう。

それ以外の打ち手として学位以外のスキルに重点を置くために、雇用形態を変更するなどが挙げられる。これにより、企業の多様性を高めると同時に、グローバルでの従業員のモビリティを担保することが容易になる。グーグル、ヒルトン、アーンスト・アンド・ヤング、IBMは、学位要件を取り除き、スキルに焦点を当てて採用基準を変えてきた。

政策立案者

## デジタルインフラの拡大と労働者の移行支援に焦点を当てる可能性がある

政策立案者にとっては、労働市場の流動性を担保・向上させるような施策を実施することで、失業率の低下・労働生産性の維持ができる。そのためにも、新型コロナに伴うオンライン経済の活性化を進め、デジタルインフラを拡大することは重要である。先進国においても、いまだに非都市部の19%と全体の13%の世帯がインターネットサービスにアクセスできておらず、教育や就労の機会を奪われている[9]。

政策立案者が転職時に労働者をサポートするには、様々な選択肢がある。新型コロナ流行の初期、多くの国が、失業者に対する1カ月分の資金援助を行うことで消費を支え、深刻な経済的打撃を回避した[10]。収入支援は、労働力のスムーズな移行にも効果的である。

また、多くの職業において、スキルの再定義とライセンス制度や認証制度の見直しが必要である。ライセンスおよび免許制度の見直しは、専門家に必要なスキル定義という目的のほかに、消費者を保護する役割を持つ。一方で柔軟な仕組み・運用の担保も重要となる。例えば、新型コロナの感染拡大期に、米国の複数の州や連邦政府は、医師に対する診療範囲制限を緩和し、新型コロナ患者の治療を容易にした。看護師は、医療施設での治療が必要とされる患者に対して、以前であれば医師にのみ許可された治療をすることが許され、州の免許を必要とせずに医師による遠隔医療を通じた治療を実施可能とさせる事例もあった。

# まとめ

新型コロナは、物理的な近接性が必要とされる業務に大きな影響を及ぼし、労働者に大きな衝撃を与えた。仕事の在り方が大きく変貌する中で、労働者は前例のない変化に直面している。ネクスト・ノーマルの労働者は、新しいスキルを身につけ、より高付加価値の仕事へと自らのキャリアをシフトしなければならない。企業経営者や政策立案者は、労働者・従業員のリスキリングの在り方を再考し、必要な能力を定義し・磨くための方法を見つけ出していかなければならない。

一方でこのリモートワーク、リスキリングといったトレンドは各企業に新しいビジネスチャンスをもたらす。リモートワークを持続的に可能にするためには、どの従業員が現在何をアウトプット（期待成果）として仕事をしているのか、誰がどの職務領域の責任を果たしているのかを明確にしていく必要がある。これにより、業務規程の見直し・職務分担の明確化、可視化を加速し、各業務の効率性を上げることができる。また、それに伴い職務の評価基準の整備をすることも必要である。こうした環境が整うことで、今まで従業員として雇うことができなかった遠方に住む人や身体的にチャレンジがある優秀な人材の雇用が可能になる。そしてリスキリングを行う手法を持つことで、今後さらに職務の内容や実行の仕方が変わった際にも柔軟に対応できる組織としての柔軟性（レジリエンス）を確保することができる。

こうしたトレンドを各企業がチャンスととらえ、仕事の内容とやり方を再構築し、一層業務内容や社内制度、リスキリング手法の整備を整え、より柔軟で変化に強い企業体制を整えていくことが「ネクスト・ノーマルにおける働き方」を考慮する上で重要だと考える。

◇出典

1. 本稿はマッキンゼー・グローバル・インスティテュートの5年間のプロジェクトである「the

future of work」の一連の研究成果を基にしている。例えば、「Jobs lost, jobs gained: What the future of work will mean for jobs, skills, and wages, November 2017」「The future of work in Europe, June 2020」「The future of work in America: People and places, today and tomorrow, July 2019」などが挙げられる

2. Valerie Strauss, "Five concerns about the mass rush to online learning that shouldn't be ignored," March 30, 2020, *Washington Post*, washingtonpost.com; Rebecca Branstetter, How teachers can help students with special needs navigate distance learning, Greater Good Science Center, UC Berkeley, October 2020, greatergood.berkeley.edu.
3. McKinsey Corporate Business Functions Practice, "Reimagine: Preparing for SG&A in the next normal," November 2020, McKinsey.com.
4. Also see Scott McCartney, "The Covid pandemic could cut business travel by 36%—permanently," *The Wall Street Journal*, December 1, 2020, wsj.com.
5. Karen Weise, "Pushed by pandemic, Amazon goes on a hiring spree without equal," *The New York Times*, November 27, 2020, nytimes.com.
6. 16 Susan Lund, Wan-Lae Cheng, André Dua, Aaron De Smet, Olivia Robinson, and Saurabh Sanghvi, "What 800 executives envision for the postpandemic workforce," McKinsey Global Institute, September 2020, McKinsey.com.
7. 宮川努『生産性とは何か』ちくま新書、2018
8. William Kerr and Jordan Bach-Lombardo, "Walmart's workforce of the future," July 2019, Harvard Business School, hbs.edu.
9. International Telecommunication Union, "Measuring digital development," November 2020.
10. See, for example, "GDP first quarterly estimate, UK: July to September 2020," UK Office for National Statistics, November 2020, ons.gov.uk. Also see Scott Baker et al., Income, liquidity and the consumption response to the 2020 economic

・各種メディア（The Wallstreet Journal、Harvard Business Review等）

# PART 4

# ネクスト・ノーマルの経営・社会への対応

# CHAPTER 9

# 新型コロナからの回復を起爆剤にした気候変動対応

本CHAPTERでは、新型コロナとサステナビリティ（持続可能性）、特に気候変動について取り上げる。新型コロナと気候変動は直接的には関係がないのではないか、と思われる読者もいるかもしれない。しかしながら、新型コロナを契機として、環境問題への関心は逆に高まっている。

ロックダウン（都市封鎖）や経済活動の停滞により、2020年に温室効果ガスの排出量が7～8%減少したと言われている[1]。こうした変化は、私たちの経済活動がいかに温室効果ガス排出と密接につながっているかを示す契機となった。さらには、新型コロナにより生活様式が変わったことが、私たちが当然と考えていた移動の自由や仕組みなどを見直し、対策の幅を広げたとも言えよう。

世界各国では、気候変動を経済復興の足掛かりとして位置づけている国もある。気候変動自体が政策上の重要課題であると同時に、高い雇用創出効果など経済にポジティブな影響を与えるためである。それに伴い、企業に対しても気候変動関連の規制改革や財政出動策が実行され、気候変動対策がビジネス上の必要条件にさえなることが想定される。

気候変動の抑制に向け、多くの時間は残されていない。産業革命前に比べ、気温上昇を1.5度以内に抑制するには、現在の温室効果ガス削減の取組みを継続するのみでは不十分である。仮に気候変動の影響が顕在化した場合には、世界的に甚大な被害が生じると予想されており、それは日本や日本企業にとって重要なアジアも例外ではない。洪水や台風の発生による物理的な損害を回避するには、事前にかつ早急に、ドラスティックな温室効果ガスの排出量削減に取り組んでいく必要がある。

それでは、具体的にどのようなアクションを取っていくことができるのであろうか。本CHAPTERでは、企業自身の投資機会を評価する上での考え方、それを実行するにあたってのガバナンス上のアプローチを事例とともに紹介する。

NEXT NORMAL

# SECTION 9-1 「より良い状態への回復」（リカバー・ベター／Recover better）が合言葉

新型コロナは気候変動の抑制にプラスの影響を与えたと考えられる。国立環境研究所などが参加する国際共同研究「グローバルカーボンプロジェクト」（GCP）によると、2020年において世界の温室効果ガス排出量はおよそ7～8％減少した。その主な要因は、ロックダウンによる人・モノの移動、生産活動などの停滞であると考えられている。また、この事実は、我々の生活がいかに気候変動問題と結びついているかを明確に示した。一方、ロックダウンのような強制的かつ持続不可能な手法で活動量を抑えても、温室効果ガス排出量が7～8％しか減少しなかったことも、別の意味で衝撃を生んだ。すなわち、抜本的に現在の社会・経済の在り方を見直し、より環境負荷の少ない形で経済活動を行える体制に早急に移行しなければ、気候変動の抑制は

**図表9-1　サステナビリティに配慮した政策（「緑」の景気刺激策）は、化石燃料などの伝統的なエネルギー源（「灰色」の景気刺激策）に比べ、雇用創出効果が大きい**

雇用創出効果[1]

直接雇用／間接雇用、支出100万ドル当たりの創出効果

1. Garrett-Peltier, Green versus brown：エネルギー効率向上分野、再生可能エネルギー、化石燃料の雇用創出効果を、インプット・アウトプットモデルを用いて比較している（2017）

困難であることが浮き彫りになったといえる。

新型コロナによる経済活動の停滞から回復するために、世界各国では景気刺激策の立案・実行が盛んに行われている。その中でも、単に経済活動を刺激するだけではなく、新型コロナによるパラダイムシフトを利用し、「より良い状態への回復」(リカバー・ベター／Recover better)、「再設計」(リデザイン／Redesign)といった、よりサステナビリティ(持続可能性)に配慮した社会を目指した政策の立案・実行に、世界各国ともに力を入れている。実際、再生可能エネルギーやスマートグリッドといった、サステナビリティに配慮した「緑の景気刺激策」(グリーン・スティミュラス／Green stimulus)は、そうでない化石燃料などの伝統的なエネルギー源(グレー／grey)に比べ、雇用創出効果が大きいとの分析もある(**図表9-1**)。

例えば、あくまでごく一部ではあるが、下記のような政策が検討・実行されつつある[2]。

- **フランス**：向こう3年間でのクリーン航空機(電動化、カーボンニュートラルな燃料への移行などによる環境負荷の少ない飛行機)の研究開発に15億ユーロを投じる。
- **パリ、ミラノ**：ロックダウン時に自転車利用促進を目的として自転車用道路を拡張しており、これを恒常化して自家用車の利用を削減する。
- **ドイツ**：グリーン水素技術促進に向け、2030年までに5ギガワットの出力を持つ産業用電解プラントの確立に向け、70億ユーロを投じる。
- **英国**：住宅および公共施設のゼロエミッション化に向けて、合計30億ポンドの予算を配分。

日本においても、特に菅義偉内閣への移行前後より、積極的な気候変動対策が続々と推進されつつある。日々状況は変わっているが、2021年3月時点では、例えば、具体的には下記のような取組みが検討されている[3]。

- 日本政府として、2030年までに温室効果ガス排出量を46%削減(2013年度比)し、2050年にはカーボンニュートラル(温室効果ガス排出量実質ゼロ)の目標を掲げている。さらには、過去に排出された$CO_2$の削減(ビヨンドゼロ)を可能にする革新的技術を2050年までに確立することを目指している

• カーボンニュートラルを達成するための具体的な取り組みとして、経済産業省主導でグリーン成長戦略を策定し、予算・税制・規制改革などの政策を具体化している。（以下実例）
　・脱炭素に向けた企業の研究開発を支援するために2兆円の基金を創設し、企業への拠出・委託を推進する。当該基金でのプロジェクト採択企業においては、経営者に対してグリーンイノベーション分野における長期的な事業戦略ビジョンの策定・提出を求める。
　・脱炭素化効果を持つ製品（例：燃料電池、洋上風力発電設備、等）の生産設備や生産工程など、脱炭素化・付加価値向上を両立する設備の導入においては、投資促進税制の対象として最大10%の税額控除を認める。
　・資源エネルギー庁主導で、水素、洋上風力といった再生可能エネルギーを推進するための法整備を進め、2030年のエネルギーミックス（電源構成）における再生可能エネルギーの割合を22~24%（2016年度にて15%）まで拡大させる。

## 国連が採択したSDGs

ここまでは気候変動に焦点を当てて議論を進めてきたが、国連が発表しているSDGs（持続可能な開発目標）では、気候変動のみならず、貧困、教育、陸上・水棲生物の生態系など、いわゆるESG（Environment, Social, Governance／環境、社会、ガバナンス）を包含し、持続可能性の高い社会に移行するための目標を掲げている（**図表9-2**）。SDGsは2015年に国連にて採択されたもので、2030年までに国連加盟193カ国において達成することを目指す。17の目標に分かれており、さらにこれらをより詳細に分解し、目標達成を計測するための169のターゲット、全244の指標も同時に定義されている。毎年、各加盟国がこの数値目標の達成状況をモニタリングし、国連で報告を行っている。

これらSDGs領域における今後のリスクを分析した結果、銀行、消費財、自動車、製薬などあらゆる業界において、その利益の2割から最大6割がリスクにさらされており、全世界では年間4兆ドルに達するとする試算もある（**図表9-3**）。広い意味でサステナビリティを捉えれば、無関係な業界は存在しないといっても過言ではない。また、投資家もそういった分野に企業が積

**図表9-2　国連が定める持続可能な開発目標**(SDGs)

| | |
|---|---|
| 1　貧困をなくそう | 10　人や国の不平等をなくそう |
| 2　飢餓をゼロに | 11　住み続けられるまちづくりを |
| 3　すべての人に健康と福祉を | 12　つくる責任、つかう責任 |
| 4　質の高い教育をみんなに | 13　気候変動に具体的な対策を |
| 5　ジェンダー平等を実現しよう | 14　海の豊かさを守ろう |
| 6　安全な水とトイレを世界中に | 15　陸の豊かさも守ろう |
| 7　エネルギーをみんなに、そしてクリーンに | 16　平和と公正をすべての人に |
| 8　働きがいも経済成長も | 17　パートナーシップで目標を達成しよう |
| 9　産業と技術革新の基盤を作ろう | |

**図表9-3　企業利益の3分の1が失われる可能性がある**

| グローバルで年間最大4兆ドルの経済価値に匹敵 | | 失われるEBITDAの推定割合(%) |
|---|---|---|
| **銀行** | 資本要件、大規模組織への規制('too big to fail')、消費者保護 | 50-60 |
| **消費財** | 肥満、サステナビリティ、食品安全性、健康、ブランドイメージ | 25-30 |
| **自動車、航空、防衛、技術** | 政府からの補助金、再生可能エネルギー規制、二酸化炭素排出規制 | 50-60 |
| **製薬、ヘルスケア** | 市場参入、ジェネリック規制、価格設定、資金調達、臨床試験 | 25-30 |
| **通信、メディア** | 料金規制、インフラへのアクセス、通信網配備、ライセンス供与、周波数 | 40-50 |
| **輸送、物流、インフラ** | 価格規制、セクターの自由化 | 45-55 |
| **エネルギー、素材** | 料金規制、再生可能エネルギーへの補助金、系統連携、利用権 | 35-45 |
| **資源** | 土地の利用権、地域貢献、風評リスク | 30-40 |

極的に取り組んでいるかを調査・理解した上で、投資対象とするかどうかを決定している。世界最大の機関投資家の一つである年金積立金管理運用独立行政法人（GPIF）も、ESG指数を参考にしてポートフォリオに組み入れる株式・債券を決定したり、ESG推進活動の効果測定などを行う「ESG活動報告」を発行したりするなど、積極的な活動を展開している。

このように、ESG投資、サステナビリティといったキーワードは、誤解を恐れずに言うと、「配慮しているとブランドイメージがよくなる」といった類のものではない。企業の資金調達や継続的な利益の計上といった企業活動の根幹に関わるレベルで、推進すべき内容になっているのである。

NORMAL NEXT

# SECTION 9-2 気候変動リスクが実体化した場合の影響は深刻である

## 危機意識を持ちにくい気候変動

気候変動リスクは、その性質上、人間の危機意識や生存本能に直接的に働きかける度合いが限定的である。例えば、新型コロナはその発生からパンデミックまで、数カ月かけて進行した一方、気候変動は数十年単位での温室効果ガスの累積によって顕在する。また、将来的に多発するであろう気温上昇、洪水や旱魃は、具体的にどのような温室効果ガス排出活動によって生じたものかを特定することは不可能である。あくまで、総合的に「温室効果ガスの蓄積による気温上昇によって引き起こされた」ということが科学的に言えるのみである。

短期的に解決が可能で、因果関係が明示できる課題に対しては、危機感や動機付けを持つことは容易である。新型コロナにおいても、人間の生存本能が働き、危機を回避するための行動を取るべく人間の動機付けは強く働く。逆に、時間軸が長期にわたり、かつ因果関係がわかりにくい気候変動のような課題については、社会全体での意識を醸成するための継続的な働きかけが必要不可欠である。社会の仕組みとしても、経済的な対価を組み込む必要性が増すであろうし、裏返すと政策立案者もそういった観点を考慮した制度設計やメッセージ発信に注力する必要がある。

## 甚大な影響が予想される5つの領域

気候変動が顕在化した場合、その影響は大きく、対応にかかるコストも非常に大きい。RCP8.5（国連が出す最も気温上昇が高くなるシナリオ）条件のもと、マッキンゼーの分析に基づくと、下記の5つの領域において甚大な影響が予想されている（**図表9-4**）。

- **生活・労働環境**：インドにおいては、生命に関わる水準の熱波が予想される。その年間の発生確率は、現在の0%から2030年には5%、2050年には14%と見込まれる。この結果、熱波の影響を受ける人口が、2050年には最大4.8億人程度に達する見通しである。
- **食糧**：世界の穀物生産地が旱魃にさらされるリスクが増大する。その結果、年間の収穫量が平均の15%を下回る年が増す。10年に一度以上発生する確率が、現在は10%程度だが、2050年には35%に達すると見込まれる。
- **物理的な財産への影響**：米国フロリダ州では、海水面が1992年に比べ、2050年には50cm上昇すると予想される。現在2,000億ドル相当の住宅用不動産が、高潮時の水面から1.8m未満にあるが、これらが100年に一度発生するレベルのハリケーンや海面上昇により、2050年には最大で750億ドルの損害を生むと試算されている。
- **インフラサービス**：ベトナムのホーチミン市では、100年に一度の水準の洪水により、2050年には市の36%が水没すると予想される。その結果、2050年には最大1,300万人の人口を抱えると予想される同市において、損害額が15億〜85億ドルに上ると試算されている。
- **自然資本**：2050年には気温の平年差が、19世紀後半比で2.3℃程度上昇すると見込まれている。その結果、例えばヒンドゥークシュ・ヒマラヤ山脈周辺地域において、最大40%程度の氷河の大規模融解が起きると予想される。同様のことが世界中で発生し、氷河に飲料水・灌漑用水を依存す

## 図表9-4　気候変動が社会経済に与える影響

気候変動による直接的な影響を受けた5つの領域

| 生活・労働環境 | 食糧 | 物理的な財産 | インフラサービス | 自然資本 |
|---|---|---|---|---|

今日、2030年、2050年での地域とセクターにわたる気候変動リスクによる物理的影響の具体例
物理的な気候リスクの危険性と影響に関する本評価はリスク適応、軽減措置を考慮しない“固有リスク”シナリオに基づく。
本分析は温室効果ガス濃度のRCP8.5シナリオのモデリングに基づく。

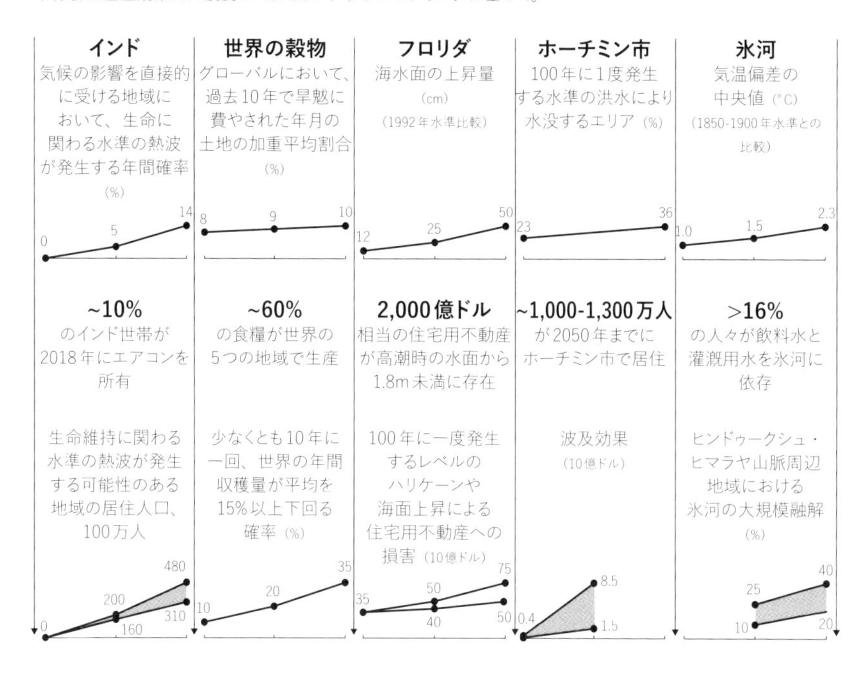


2050までの世界の気候変動リスクの地理情報評価

**7億-12億人**
の人々が年間平均14%の確率で生命維持に関わる熱波が発生する確率のある地域に居住

**収穫変動の増加**
複数の国では利益増加が期待される一方で、その他の多くの国ではリスク増加が見られる

**2x-4x**
の資本が2030年と2050年までに河川の洪水により損害を被る

**~45%**
の陸上生物群系が影響を受けると予測されており、生態系サービスや現地生活様式、および生息環境に影響を及ぼす

る16%程度の人口が影響を受けるものと想定される。

## アジアへの影響

また、特に日本、アジアに焦点を当てた分析では、年間平均気温の上昇、それに伴う生死に関わる熱波の発生確率上昇が想定されている。アジア全体において、2050年までに3～5℃の温度上昇が想定されている。北インド、中国、オーストラリア北部において、生死に関わる熱波の発生確率が高まることが予想されている（**図表9-5、9-6**）。

そして東南アジア、東アジアにおいては大規模台風の発生頻度が上昇。2040年には、1981～2000年までの平均に比べ、3倍以上の大規模台風の発生確率が日本、韓国、中国を中心に想定されている（**図表9-7**）。

### ●地域ごとの降水量および旱魃の発生頻度の変動

2050年には、中東およびオーストラリア南西部を中心に旱魃の発生確率

**図表9-5　アジアの多くの地域で、平均気温が上昇すると見込まれる**

平均年間気温の上昇、産業革命前と比較しての増分（°C）[1]　RCP8.5に基づく

現在

2030年

2050年

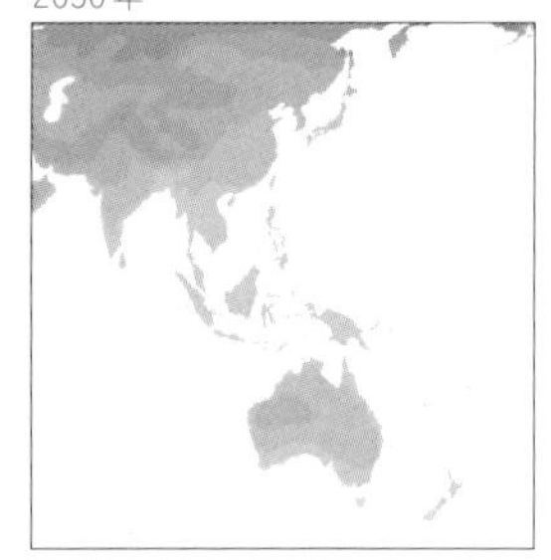

0–0.5　0.6–1.0　1.1–1.5　1.6–2.0　2.1–2.5　2.6–3.0　3.1–3.5　3.6–4.0　4.1–4.5　4.6–5.0　5.1–5.5　5.6–6.0　6.1–6.5　6.6–7.0　>7.0

1. 以下より入手；KNMI Climate Explorer, 2019, using mean of the full CMIP5 ensemble of models. 産業革命前を1880–1910年として定義。

注：地図上の境界線や名称は、マッキンゼー・アンド・カンパニーが公式に承認していることを意図しているものではない。RCP8.5を採用した理由については、以下のグローバルレポートの技術的補遺を参照；*Climate risk and response*, McKinsey Global Institute, 2020年1月。通常の取り扱いに準拠し、現在の気候状態は1998~2017年の平均、2030年は2021~2040年の平均、2050年は2041~2060年の平均として定義している

資料：KNMI Climate Explorer, 2019；Woodwell Climate Research Center using Coupled Hurricane Intensity Prediction System（CHIPS）model from Kerry Emanuel, MIT, 2019；World Resources Institute Water Risk Atlas, 2018；McKinsey/United Nations（disputed boundaries）

## 図表9-6　アジアの一部地域において、生死に関わる熱波が発生する可能性が高まっている

生死に関わる熱波の発生確率 (%) p.a.[1]

RCP8.5に基づく

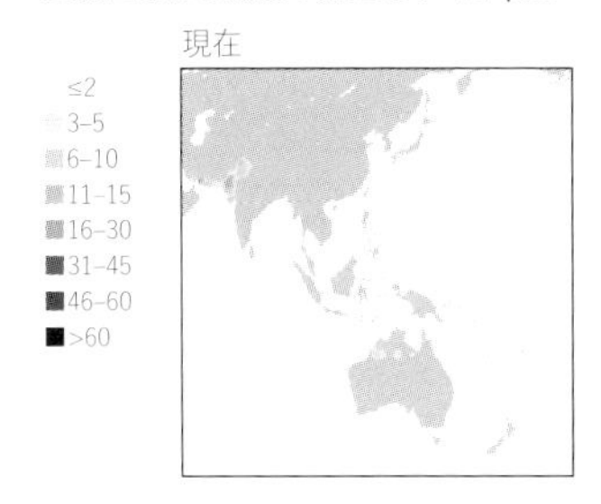


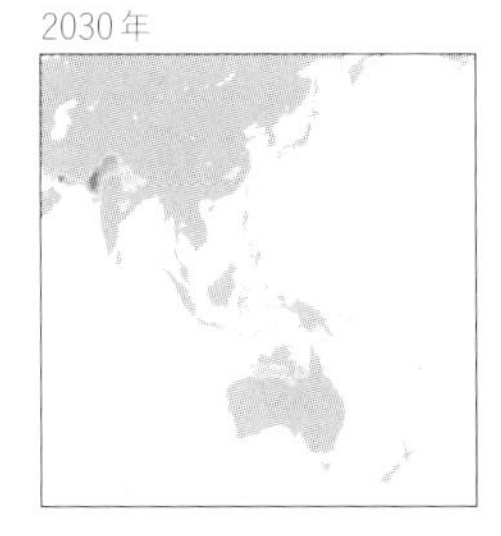


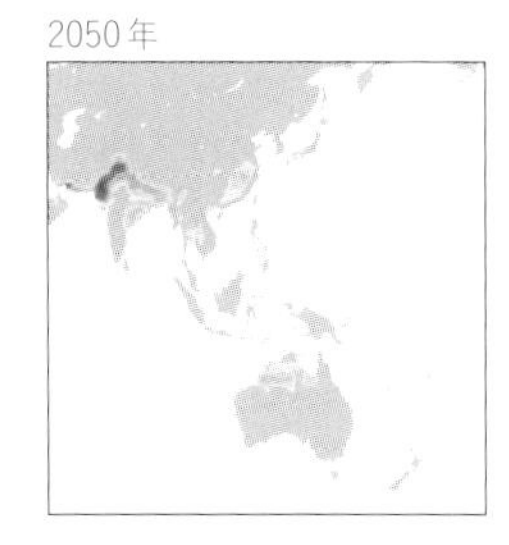


1. 生死に関わる熱波は、下記のように定義される：湿球温度を、ある空気塊を一定気圧に保ちながら、その空気塊の中に水を蒸発させることで空気塊が冷やされる最低気温と定義した場合における、日次の最高湿球温度が34℃を超える3日間として定義される。閾値はこのように決定された。通常、人間の生存における閾値は35℃湿球温度とされ、都市部におけるヒートアイランド現象のある大都市においては、34℃湿球温度の熱波も35℃の閾値を超過し得るためである。これらの条件下においては、健康な十分に水分補給を行った人間が日陰で休んでいる場合でも、4-5時間の曝露によって内部体温は致命的な水準にまで上昇する。これらの予測は、大気中のエアロゾルが将来的にどう振る舞うかや都市部のヒートアイランド・クーリングアイランド現象などによって変動し得る。20のCMIP5世界気候モデルから取得した、日次の最高海面温度および日次の平均相対湿度の予測平均を用いて、Woodwell Climate Research Centerによりモデル化された。

注：地図上の境界線や名称は、マッキンゼー・アンド・カンパニーが公式に承認していることを意図しているものではない。RCP8.5を採用した理由については、以下のグローバルレポートの技術的補遺を参照：*Climate risk and response*, McKinsey Global Institute, 2020年1月。通常の取り扱いに準拠し、現在の気候状態は1998~2017年の平均、2030年は2021~2040年の平均、2050年は2041~2060年の平均として定義している

資料：KNMI Climate Explorer, 2019；Woodwell Climate Research Center using Coupled Hurricane Intensity Prediction System (CHIPS) model from Kerry Emanuel, MIT, 2019；World Resources Institute Water Risk Atlas, 2018；McKinsey/United Nations (disputed boundaries)

## 図表9-7　アジアにおける大規模な台風の発生可能性が高まり得る

台風 (降水量)、1981-2000年における100年に一度の規模の台風と比べて、2040年における確率の増加[1]

≤1.00x
1.01–1.25x
1.26–1.75x
1.76–2.25x
2.26–3.00x
>3.00x

RCP8.5に基づく

1. 台風のモデリングにおいて用いた時間幅は、1981-2000年のベースラインおよび2031-2050年の将来である。世界における主要ハリケーン領域の一つにおける分析結果のみを表示しており、その他 (例えばインド亜大陸に影響を及ぼすハリケーン) については、ここではモデル化されていない。

注：地図上の境界線や名称は、マッキンゼー・アンド・カンパニーが公式に承認していることを意図しているものではない。RCP8.5を採用した理由については、以下のグローバルレポートの技術的補遺を参照：*Climate risk and response*, McKinsey Global Institute, 2020年1月。通常の取り扱いに準拠し、現在の気候状態は1998~2017年の平均、2030年は2021~2040年の平均、2050年は2041~2060年の平均として定義している

資料：KNMI Climate Explorer, 2019；Woodwell Climate Research Center using Coupled Hurricane Intensity Prediction System (CHIPS) model from Kerry Emanuel, MIT, 2019；World Resources Institute Water Risk Atlas, 2018；McKinsey/United Nations (disputed boundaries)

が高まるが、他方でインド・中国の内陸部などでは発生確率が低下する見通しである。また、インド・中国北部において降水量の増加が見込まれるが、オーストラリア全土で低下が予想されている（**図表9-8、9-9**）。

### ●東京における洪水の発生頻度の上昇

2050年には、東京において2m以上の水位上昇を伴う洪水の発生頻度が高まると予想されるが、その結果、不動産やインフラの被害総額も2倍以上となると試算されている（**図表9-10、9-11**）。

## ビジネスへの影響例

次に、これらの気候変動によって、ビジネス上生じる具体的な影響を、ケーススタディを通じて紹介したい。半導体のサプライチェーンを例に取ろう。

通常、サプライチェーンはリスクに対する強靭さ（レジリエンス）よりも、効率性を重視して設計されているため、極端な天候不順のような、低頻度・影

**図表9-8　旱魃の発生頻度は、アジアの一部の地域では高まり、別の地域では下がるかもしれない**

旱魃頻度、10年間のうち旱魃状態にある割合（%）[1]　　RCP8.5に基づく

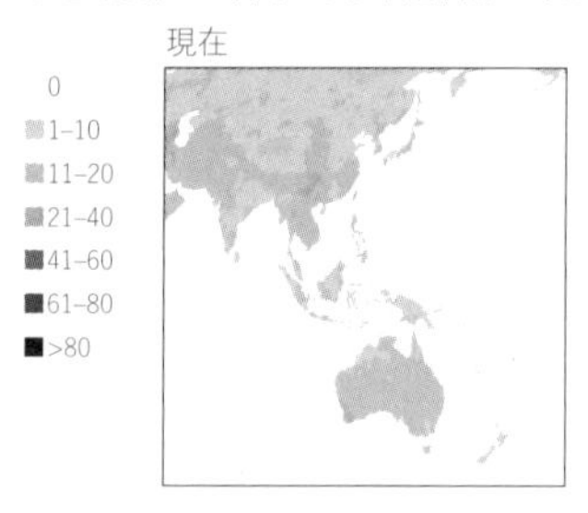


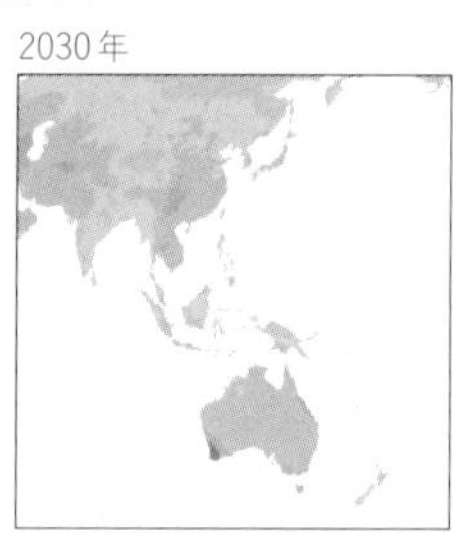


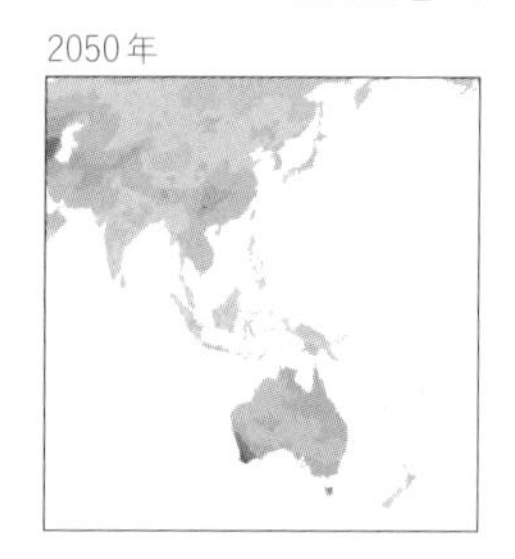


1. 3年間の移動平均にて測定。旱魃は以下のように定義される；PDSI（Palmer Drought Severity Index）の平均値が-2を下回る連続3カ月の期間。PDSIは、気温および降水量の過去平均からの乖離に基づいて計算される指標である。値は通常+4（極端に湿潤）から-4（極端に乾燥）の間を取る。20のCMIP5世界気候モデルおよび自己修正PDSIを用いて、Woodwell Climate Research Centerによりモデル化された。予測は、大気中の$CO_2$蓄積量の増加を考慮し、修正されている。

注：地図上の境界線や名称は、マッキンゼー・アンド・カンパニーが公式に承認していることを意図しているものではない。RCP8.5を採用した理由については、以下のグローバルレポートの技術的補遺を参照；*Climate risk and response*, McKinsey Global Institute, 2020年1月。通常の取り扱いに準拠し、現在の気候状態は1998~2017年の平均、2030年は2021~2040年の平均、2050年は2041~2060年の平均として定義している

資料：KNMI Climate Explorer, 2019；Woodwell Climate Research Center using Coupled Hurricane Intensity Prediction System（CHIPS）model from Kerry Emanuel, MIT, 2019；World Resources Institute Water Risk Atlas, 2018；McKinsey/United Nations（disputed boundaries）

## 図表9-9　水の供給は、アジアの一部の地域においては大きく増加し、別の地域では大きく減少するかもしれない

水供給量、地表水の変化量 (2018年比；地図上の境界線は流域を示す、%)[1]

RCP8.5に基づく

-70 to -40
-40 to -20
-20 to 20
20 to 40
40 to 70
>70

2030

2050

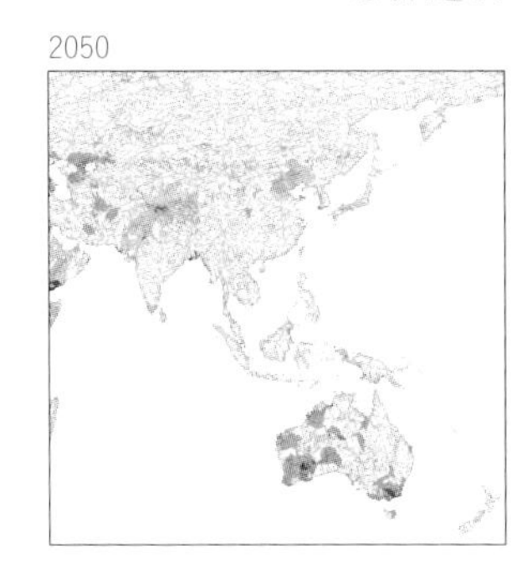

RCP8.5に基づく

1. 以下より入手；World Resources Institute Water Risk Atlas, 2018 (裏付けとして6のCMIP5モデルに依拠している)

注：地図上の境界線や名称は、マッキンゼー・アンド・カンパニーが公式に承認していることを意図しているものではない。RCP8.5を採用した理由については、以下のグローバルレポートの技術的補遺を参照；*Climate risk and response*, McKinsey Global Institute, 2020年1月。通常の取り扱いに準拠し、現在の気候状態は1998~2017年の平均、2030年は2021~2040年の平均、2050年は2041~2060年の平均として定義している

資料：KNMI Climate Explorer, 2019；Woodwell Climate Research Center using Coupled Hurricane Intensity Prediction System (CHIPS) model from Kerry Emanuel, MIT, 2019；World Resources Institute Water Risk Atlas, 2018；McKinsey/United Nations (disputed boundaries)

## 図表9-10　東京における洪水は、リスク対応・軽減策がない場合、気候変動により2050年ごろにはより頻発し、大規模化することが予想されている (1/2)

東京における100年確率降雨・高潮・河川氾濫[1]による洪水による影響

RCP8.5に基づく

水位15cm　2+m

**現在、100年確率事象[1]**

今日におけるそれぞれのカテゴリーでの100年確率事象は、2050年における28年確率降雨、32年確率高潮、21年確率河川氾濫に相当する

**2050年、100年確率事象[1]**

2050年におけるそれぞれのカテゴリーでの100年確率事象は、今日における484年確率降雨、307年確率高潮、152年確率河川氾濫に相当する

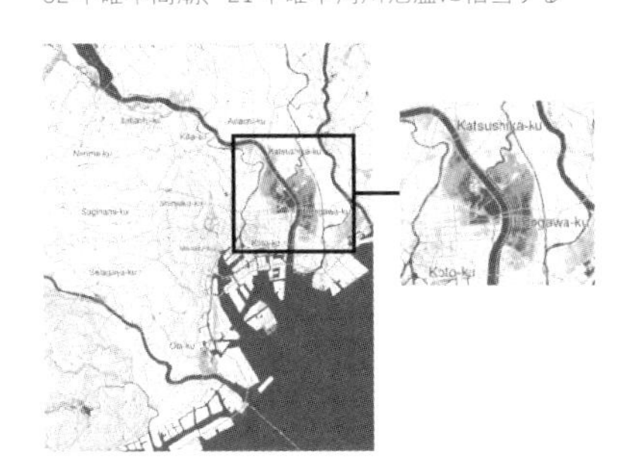


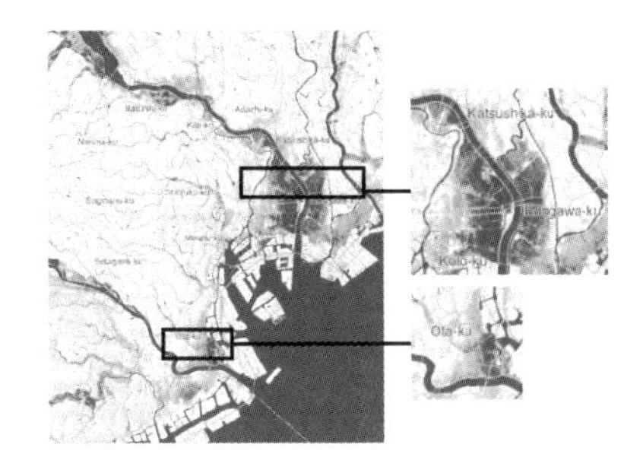


1. ある年数内に起こりうる降雨などの事象の規模を、過去の降雨データを用いて統計的に推定して表現したもの。例えば、100年に一度起こりうる程度の大きさの降雨を100年確率降雨という。確率降雨はある確率分布を想定した降雨なので、規則的に100年に一回の間隔で発生するわけではない。

**図表9-11　東京における洪水は、リスク対応・軽減策がない場合、気候変動により2050年ごろにはより頻発し、大規模化することが予想されている**（2/2）

東京における100年確率降雨・高潮・河川氾濫[1]による洪水による影響　　RCP8.5に基づく

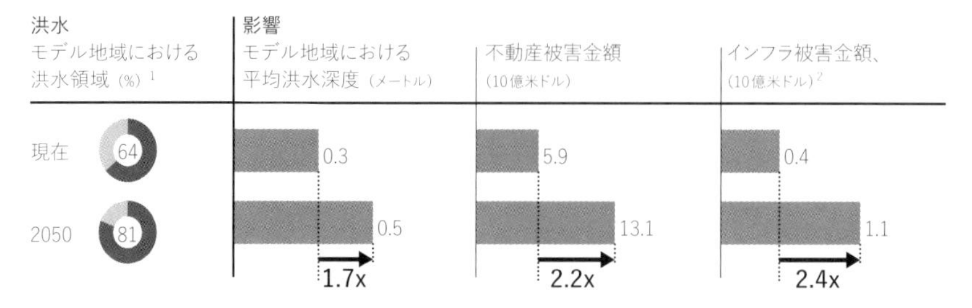


1. 0.01メートル以上の深度になったグリッドを洪水領域とみなした
2. 被害金額は複数の資産に対して特定した（例：地下鉄・電車駅、データセンター、病院など）

注：RCP8.5を採用した理由については、以下のグローバルレポートの技術的補遺を参照；*Climate risk and response*, McKinsey Global Institute, 2020年1月。通常の取り扱いに準拠し、現在の気候状態は1998~2017年の平均、2030年は2021~2040年の平均、2050年は2041~2060年の平均として定義している。ワーストケースをシミュレートするに当たり、24時間の複合洪水においては、降雨・高潮・河川の全ての水源がインプットとして用いられていた。今回の文脈では、複合洪水は100年に一度の降雨・高潮・河川氾濫が同時に発生した場合の洪水として定義した。100年に一度の降雨・高潮・河川氾濫の値は、別のデータソースから個別に計算されたものである。これらの事象は独立ではなく、そのために洪水リスクの過小評価を避け、100年に一度の洪水について現実的な見通しを提供するため、このように計算されている。

資料：European Commission；Woodwell Climate Research Center；McKinsey Global Institute analysis

響度大の事象については脆弱性が大きい。重要な半導体のサプライチェーンが集積する西太平洋地域においては、100年に一度の規模のハリケーンの発生確率が、2040年までに2倍から4倍にまで達するのではないかと見積もられている。

このようなハリケーンは、直撃を受けた企業に対して数カ月の生産停止を招く恐れがある。その場合、在庫や保険を保有していない、代替サプライヤーがいないなど、準備が不十分な下流のプレイヤーにおいては、最大で35%程度の売上低下も発生しうる。

## 気温上昇1.5℃以内抑制を達成するには、変化のスピードが遅すぎる

それでは、このような気候変動による悪影響を抑えるには、どの程度の温室効果ガス削減が必要なのであろうか。

IPCC（Intergovernmental Panel on Climate Change／気候変動に関する政府間パネル）が

2018年に発表した報告書によると、産業革命前に比べて、気温上昇を1.5℃以内に収めることが必要とされている(**図表9-12**)。しかしながら、現在の温室効果ガス排出量削減ペースでは、スピードが遅すぎることがマッキンゼーの分析から明らかになっている。

現在の削減ペースでは、2050年時点において現在の水準から20%程度の削減しか実現できず、結果として3.5℃の気温上昇が見込まれている。2050年までに気温上昇を1.5℃以内に抑制するには、2050年時点で新規の温室効果ガス排出量をほぼゼロに近づけるのみならず、現在から2050年までの累積排出量を600Gtに抑える必要があり、そのために2030年時点でも50%以上の排出量削減による急速な抑制が必要である。

世界的な脱炭素化に向けた潮流は加速しつつあるものの、各国政府はこの野心的な目標を具体的な政策・アクションに落とし込んでいく必要がある。

まとめると、これまで見てきた通り、気候変動による悪影響を放置すれば、将来支払わなければならないコストは甚大になる。なによりも事前対策による回避が、経済的・社会的のいずれにとっても望ましく、そのために世界各

**図表9-12　気温上昇1.5℃以内抑制を達成するには、変化のスピードが遅すぎる**

参照事例では急激な変化があったにもかかわらず、世界の温室効果ガス排出量は2050年までに25%しか減少せず、3.5℃の気温上昇を示唆している

エネルギー関連総排出量、10億 $tCO_2$ 相当

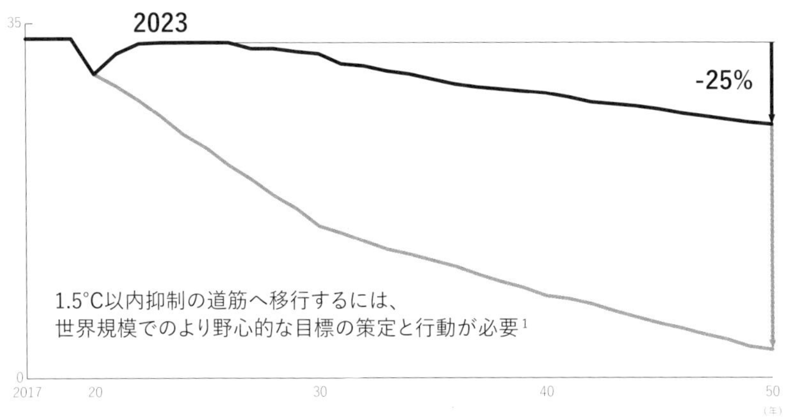


1. セクターやエネルギー製品を問わず、地球温暖化を1.5℃以内に抑制する道筋に対するマッキンゼーの見解

国、日本政府も気候変動対策を積極的に打ち出してきている。
日本企業もその動きに応え、踏み込んだ対策を検討、実行していくことが求められている。

NORMAL
NEXT

## SECTION 9-3 企業も「より良い状態への回復」(リカバー・ベター)の潮流に乗り、気候変動対応へさらに踏み込むべき

先述のように、日本企業においても気候変動は他人事ではない。同時に、その対応に向けた潮流により、大きなビジネスチャンスが到来しているともいえる。あるいは、気候変動への対応が、新たな競争のスタートラインに立つ前提条件にまでなるといってもよいだろう。それでは、具体的にどういうアクションを取ることが必要か、ここでは大きく二点を提案したい。

### 投資家と同じ目線で戦略を決める

一点目は、投資家と同じ目線で自社の気候変動への投資ポテンシャルを評価し、戦略を決定していくことである。本SECTIONではまず、気候変動に限らないサステナビリティ全般に向けた方策について論じ、その後、気候変動・温室効果ガス削減に焦点を当てたアプローチも紹介したい。
サステナビリティ全体に関して述べると、先述の通り、ESG投資の分野は非常に幅広く、かつそれによるポジティブな投資対効果も見込まれている。企業は、まず自社に関連の深そうな課題を選び、その課題の中で重要な方向性を特定する。**図表9-13**では、気候変動を課題の例に取っている。この中には「再生可能エネルギーのコスト低減」「排出炭素量に対する課税」「排出権の変動価格制」「需要ピークのシフト」などの方向性を挙げている。さらに、この中でも投資テーマとして深掘りしたいと考えられる優先領域を2～3個選定した上で、さらにその中でも具体的な投資領域を地理的条件やバリューチェーン上の位置、ターゲット市場などの側面から絞り込みを行う。図

**図表9-13　投資機会を特定するため、5ステッププロセスを利用したターゲットリストの作成を行う**

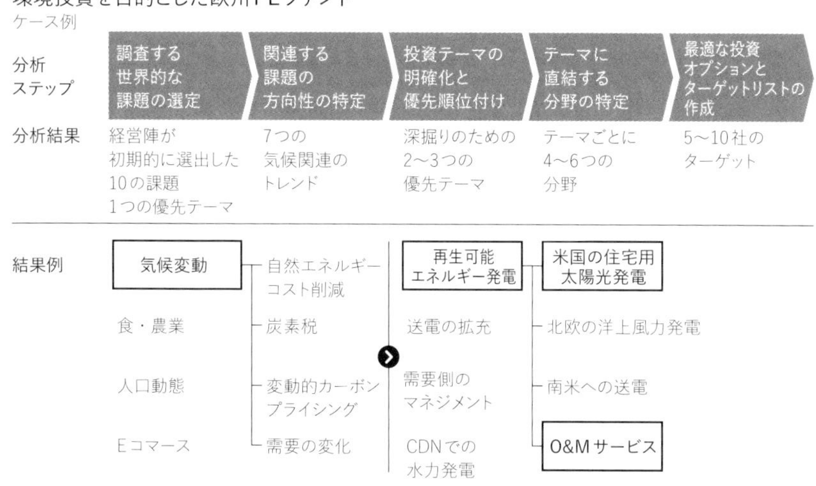


表の例では、「再生可能エネルギーの生成」を深掘り領域に選び、さらにその中でも「米国における家庭向けソーラーパネル」といった分野を投資テーマに選んでいる。最終的に、その分野における自社の参入方法を、自社の強みや優位性を考慮に入れつつ、他社とは協業・提携とM&Aのいずれを活用するか、といった形で検討を深めていくことになる。

温室効果ガスの削減においては、必ずしもコスト増を前提とするものだけではなく、コスト減と温室効果ガス削減が両立するものも存在する。**図表9-14**は、縦軸に削減効果単位当たりの追加費用、横軸に削減量をとり、単位当たり追加費用が小さい施策を順に左から並べた世界全体のコストカーブである。これを見るとわかる通り、プラグインハイブリッド電気自動車やサトウキビの有機燃料などは、社会全体で見るとコスト減と温室効果ガス削減が両立する施策である。こうした施策は、追加費用がマイナスであり、コスト面でのデメリットがないため、一刻も早く推進すべきであるということが読み取れる。このようなコストカーブを自社においても作成し、まずは温室効果ガス削減機会の可視化を行うことが第一歩であると考える。具体的には、

**図表9-14　2030年世界全体の温室効果ガス削減コストカーブ**

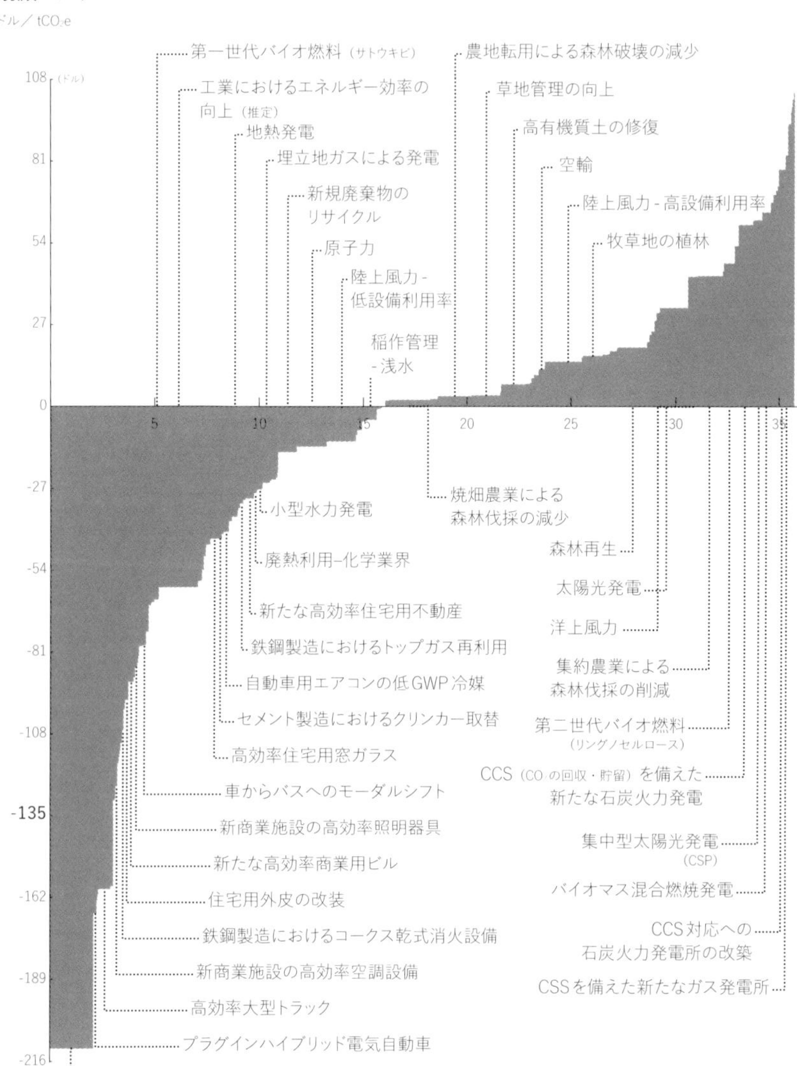


注：本コストカーブは、温室効果ガス削減措置の潜在的な効果を最大と仮定した場合に、tCO2e当たりの削減コストは108ドルを下回るとの見通しを示している。本分析は各種温室効果ガス削減策や技術に関する効果の予測とは異なる。（1EUR～1.35USD換算）

資料：マッキンゼー世界全体の温室効果ガス削減コストカーブv3.0；BAU（Business as Usual：従来の経済活動が計測された場合）；国際エネルギー機関 世界エネルギー展望2010をベースに試算

次の1～3の手順で作成・分析を行う。

### ①バリューチェーン全体のカーボンフットプリント（二酸化炭素換算の温室効果ガス排出量）の可視化

自社の資材の8～9割を目標に、自社の製品グループに含まれる原材料・購買品、その使用重量を計算し、一覧化する。そして、原材料・購買品ごとに、環境省が公表している温室効果ガスの排出係数、および地域ごとの調整係数を乗じ、自社全体で排出している温室効果ガスの総量を把握する。

### ②自社のコストカーブの設計

特定の製品グループ、主要資材ごとに、排出量を削減できる施策にどのようなものがあるか、洗い出しを行う。この際に、各施策を実行するに当たってどの程度の追加費用（あるいはコスト削減）が可能か概算し、それを基にコストカーブを設計する。

このコストカーブにおいて、最左端にあるコスト削減効果の大きい施策か

**図表9-15　自社のコストカーブの設計：「正しいコストカーブ」は、各企業の求められる排出量目標・企業としての脱炭素戦略の積極性によって異なる**

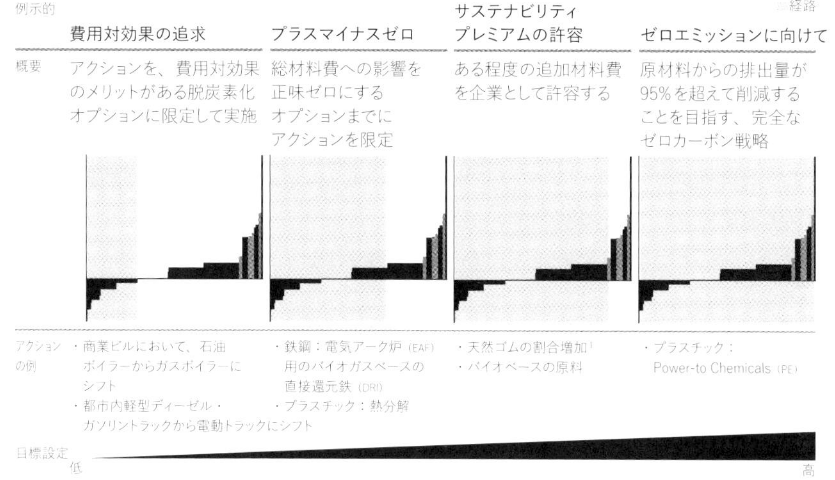

**図表9-16　自社のコストカーブ設計：今後の脱炭素シナリオを十分に織り込み、自社特有の$CO_2$削減コストカーブを設計する必要がある**

ある企業での内燃機関自動車の2030年におけるコストカーブシナリオをベースにした資料

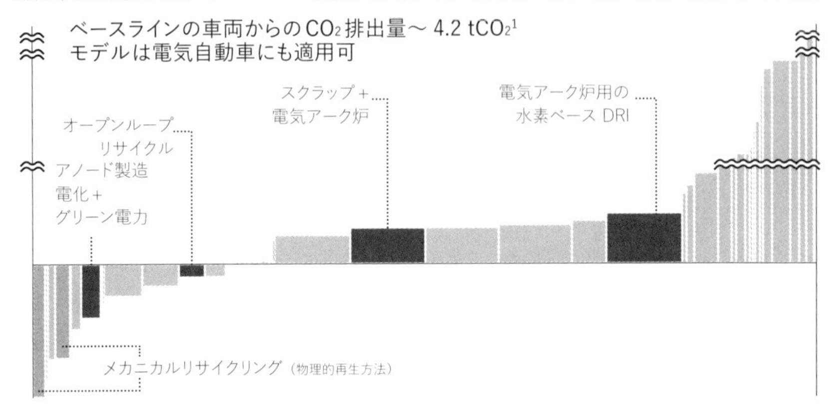


1.この分析では、車両重量1.95トンのプレミアムSUVモデルを考慮：1.04 t鉄鋼、0.29 tアルミニウム、0.10tゴム、0.07t PP、0.03t PE、0.05tガラス

資料：マッキンゼー分析（チーム、マッキンゼー脱炭素化経路オプティマイザー）

ら実施を検討することになる。その際にどこまでの施策を実施するかには、戦略的思考を伴う。大きく分けると、オプションは次の4つがある。追加コストおよび温室効果ガス削減効果が低いほうから順に、a)「費用対効果の追求」、b)「損益分断点の把握」、c)「サステナビリティプレミアムの許容」（ある程度の追加コストを企業として許容する）、d)「ゼロエミッションの推進」である（**図表9-15**）。これらの中から、どの方向性を自社の戦略とすべきかについては、自社の製品ポートフォリオ（詳細後述）、自社の成長戦略、投資余力、規制産業の度合い・規制対応の必要性、自社の中長期的なビジョンなどを総合的に勘案して判断することになる（**図表9-16**）。

### ③製品ポートフォリオの見直し

上記の4つのオプションから、どの程度まで温室効果ガス排出量削減に取り組むかを決定する。それを踏まえて、自社の製品グループを、「排出量削減にかかるコスト」と「温室効果ガス排出量」を二軸とするグラフ上にプロットする。同じ平面上に競合他社製品も同様にプロットし、ポジショニングを比較すれば、自社と他社の製品の差異、自社の競争優位性などの分析もできる。

こうした分析と自社のコストカーブの設計、サステナビリティ戦略の検討を何度か繰り返すことで、全社戦略と各製品の競争優位性の整合性を確かめ、より一貫性のある戦略立案・実行が可能になるだろう。

実際に、温室効果ガスの低減に向け、ドラスティックな経営判断を行った会社の事例を紹介したい。フランスに拠点を持つエンジー社は、世界有数の電力・ガス供給会社である。同社は、2020年5月に、自社のパーパス（存在意義）を「エネルギー消費の削減とより環境に負荷の少ないソリューションの推進を通じ、カーボン・ニュートラルな経済への移行を加速するためにアクションを取る」ことと定義した。それを基に、次の4つの重点領域を特定している：①包括的な建物・住宅におけるエネルギー効率の向上、②病院・大学キャンパス・都市部などにおける主要な公共インフラの刷新と非炭素化、③グリーン化による産業シフトの支援、④再生可能ガス・電気関連プロジェクトの加速、である。

これらを重点領域に特定するに当たっては、もちろん既存のビジネスへのネガティブな影響なども考慮された。しかしながら、例えば発電における石炭の利用については、コストメリットなどの定量面においては優位性があると評価しつつも、自社の理想の姿と両立しないとする定性的な評価に基づき、石炭火力の設備容量を約6割減らす方針としている。このように、定量・定性面の両方から、自社の戦略やさらにその上位にあるパーパス、ミッション、ビジョンに照らして、自社が取るべきアクションを検討・実行することがますます求められることになるだろう。

## ガバナンスの導入

二点目は、実行時における有効なガバナンスの導入である。具体的には、少なくとも役員クラス（CEO-2以上）にCSO（最高サステナビリティ責任者／Chief Sustainability Officer）を据え、サステナビリティが最重要な経営課題であることを全社・対外に向けて明確にした上で、外部のステークホルダー（利害関係者）

と利害調整を行い、自社ビジネスの性質を加味する。その上で、中央集権的あるいは権限移譲的なアプローチを通じ、ガバナンスを利かせて改革を進めていくことが最良の方法と考えられる。

その際、全社で一貫性のあるメッセージングが必要になる場合には中央集権的、地域ごとのステークホルダーに適応させたコミュニケーションやアクションが必要な場合には、権限移譲的なモデルが有用であると考えられる。それぞれにおける具体例を下記で紹介する。

### ◉コカ・コーラ【中央集権的アプローチ】
### ブランド・顧客価値とサステナビリティの一貫性を担保

コカ・コーラは、世界各国に従業員6万人、合計900カ所の工場を持つ世界最大の飲料メーカーである。同社では、顧客と規制当局の双方からサステナビリティへの対応が求められていた。顧客からは砂糖を多く含む炭酸飲料に対する健康上の懸念を持たれるとともに、規制当局からは一回限りのプラスチック包装や水の利用に関して課税圧力が高まっていた。そうした対外的なサステナビリティへの対応圧力に加え、コカ・コーラの中核となる考え方として、「成長は重要であるものの、単に簡単なやり方ではなく、正しいやり方でビジネスをする」こと、「全ての人がコカ・コーラのビジネスにつながる価値を創造する」ことを推進したい、という思いがあった。

これらに基づき、同社においては渉外・マーケティングを担当する上級副社長（CEO-1レベル）がCSOを兼務し、その下にサステナビリティ CoE（Center of Excellence／組織内専門チーム）を設置した。CoEとは、社内外の知見を蓄積し、社内の各部署に対して最適解の展開を支援するチームのことである。加えて、地域ごとに「地域サステナビリティチーム」を設置し、CoEから知見を得て、地域に則した対処ができる体制を整えた。

この結果、リスク管理の側面が強いサステナビリティ対応においても、CEOに近い上級副社長が中央集権的に指揮を執ることで、全社としての焦点を明確にして取り組むことが可能となった。加えて、マーケティングを担当する上級副社長がサステナビリティにも責任を負うことが、顧客とのコミュニケーションの上で大きな意味を持っている。サステナビリティへの対応と顧客への価値訴求を融合することで、一貫性のある強力なメッセージの発信が可能になる。

結果として、同社はESG投資指標の一つであるダウジョーンズ・サステナビリティ・ワールド・インデックス（Sustainability World Index）に、2008年から10年以上連続して選定されている。加えて、2025年までに実現を目指していた各種目標——例えば、気候変動ではカーボンフットプリント（二酸化炭素換算の温室効果ガス排出量）の2010年比25%削減、容器包装では缶・ビンの再利用率75%などに、2017年までにおおむね8割程度達成するなど、具体的な数値での結果がもたらされつつある。

### ◉ BASF【権限移譲的アプローチ】
### 各製造ライン・地域の主体的な取り組みを全社横断組織がサポート

BASFは、欧州に本社を置く世界最大の化学企業の一つであり、製品の詳細設計力に強みを持ち、データに基づく意思決定を重んじる企業文化が特徴である。同社でも、欧州当局からサステナビリティ対応の圧力を受けると同時に、サステナビリティを重視し始めた新規顧客の開拓を目指し、サステナビリティへの対応が急務であった。また、同社の場合、機能性の高い特殊化学製品を販売していることもあり、製品の製造ラインが地域ごとに存在するため、地域ごとに対応すべき内容が異なりつつも、グローバル全社での連携が必要という特質があった。そこで同社では、全社的な重要度評価をした結果、サステナビリティ上の重点領域として、水利用、温室効果ガス排出量削減、プロダクトスチュワードシップ（化学物質の総合安全管理）といった領域を特定した。

これらの領域に対して、次のようなガバナンスを敷いて推進を行った。まず、取締役会メンバーの中でCSO（最高戦略責任者）を任命し、その下にCoEを設置、戦略立案や目標設定、進捗管理、グローバルでの連携機能を持たせることとした。他方で、地域ごとに「地域サステナビリティオフィス」を設置し、地域ごとの製造ラインに対してコンサルティング機能を発揮すると同時に、CoEと連携しながら地域ごとの目標達成に向けたとりまとめや報告に責任を持つ体制とした。

この結果、特に取締役会メンバーであるCxO（各最高責任者）がサステナビリティを受け持つことになったことで、全社横断的にメッセージを発することが可能になった。加えて、地域サステナビリティオフィスが内部コンサルタントとして機能することで、各製造ラインやビジネスユニットの当事者意識が高まったほか、実行上のサポートも得ることができた。定量面での結果としても、二酸化炭素換算で630万トンの温室効果ガスを削減した。

**◉ウォルマート【権限移譲的アプローチ】**
**多岐にわたる課題ごとに責任部署を本社・各地域/ビジネスユニットで分担**

ウォルマートは、2000年代初めから、その売上規模の大きさに見合った、社会に対する還元活動を行うよう外部からプレッシャーをかけ続けられてきた。一方、2005年、米国に甚大な被害をもたらしたハリケーンのカトリーナにおいては、その復興活動に積極的に関わることでブランドイメージも向上した。そうした経験もあって、CEOはサステナビリティが企業の最重要課題であることを、社内外で発信している。ウォルマートの場合、社外からの圧力がきっかけとはなったが、その後は社内トップのビジョンとしてサステナビリティを中核に据えようとしている。その観点では、先述の二社とは少し動機が異なっている。

ガバナンスにおける具体的なアプローチとしては、渉外担当の副社長の下(CEO-2)にCSO(最高戦略責任者)を据えた。CSOの下にはサステナビリティCoEを設置し、戦略立案、目標設定、進捗管理、グローバルでの連携を主な責任範囲とした。また、各地域・ビジネスユニット(BU)のトップの下にいる役員に、地域・BUごとのサステナビリティ推進の責任を負わせ、その下のチームがサステナビリティに関する目標達成について唯一責任を負う部署である(Sustainability CoEではなく)と定義した。さらに、月次でCSOと各地域・BUの役員がCEOに報告する体制とした。これにより、サステナビリティがCEOの関わる重要課題であることが明確になった反面、CSOが渉外担当副社長の下に配置されたことで、「単にサステナビリティを会社の評判、ブランドイメージを操作するための道具としているのではないか」と批判する社外の利害関係者もいる。

一方、課題ごとにどの役員が受け持つべきかのバランスを取ることが可能な体制となっている。具体的には、例えば「森林保護は地域に根差した活動である分、地域・BUレベルで推進される」「労働環境の改善といった活動はグローバル全体で推進されるべく、CSOの管轄となる」などである。

結果として、同社は2018年までに、店舗・グローバルオペレーションを含むエネルギー消費量全体の28%を再生可能エネルギーに転換した。さらに、2025年までに100%の実現を目標としている。また、全世界での廃棄物の78%については、処理を埋め立てからリサイクル・リユースに転換し、2025年までにはカナダ、日本、英国、米国において100%にすることを目指している。

上記の通り、どのような組織体制でサステナビリティを推進するかについては唯一絶対の解があるわけではない。重要なことは、CEOに近い立場にCSOを設置し、トップが関与する課題であることを明確にすること、そして、自社の経営環境に照らして、全社的な一貫性と現場の主体性の間で最適なバランスを見極めて組織設計を行うことである。

NORMAL
EXT

## まとめ

本CHAPTERをまとめると、新型コロナによる経済活動の停滞は、2つの側面から気候変動への対応の必要性を明らかにした。1つは、単に経済活動を停滞させただけでは温室効果ガス削減の水準は全く不十分であり、持続可能性も乏しいということである。抜本的なパラダイムシフトが必要であることは何ら変わっていない。もう1つは、新型コロナ禍からの回復を、経済活動のてこ入れ、そして抜本的なパラダイムシフトに向けた好機と位置づけ、アクションを加速化する動機付けに利用すべきということである。

これまで見てきたように、気候変動が招く悪影響に対して、事後的な対応によって支払うコストは甚大となり、社会的・経済的に許容できる範囲を超えている。そのような共通理解の下、各国政府ともに気候変動対策に向けた規制、あるいは財政出動を伴う政策推進を積極的に行っている。それでも依然として、気候変動による悪影響を抑制できる“1.5℃上昇”の範囲に収まるには、温室効果ガス排出量は削減されないという見立てしか得られていない。さらなる抜本的なパラダイムシフトを、各国政府および企業が主体的にリードしていく必要がある。

企業は、社会的責任を満たすため、あるいはマクロ社会の動向を踏まえたビジネスチャンスを掴むため、この潮流を捉え、自社のビジョン、戦略、アクションに落とし込んで実行に移していくことがますます求められてきている。先に述べたように、企業は自社の中の論理だけでアクションを取る分野を決めるのではなく、投資家から見てどのような投資機会が見出せるかを一歩引いた立場から客観的に評価し、投資領域を絞り込んでいくことが必要である。加えて、自社のコストカーブを再設計し、温室効果ガス排出量削減とコスト増加の兼ね合いを明確にした上で、どこまでの排出量削減施策を実行に移すか、自社の経営方針・戦略に照らして決定するのがよいだろう。さらには、それらを実行する際には、気候変動対策がトップの関与する重要課題であることを、組織設計やガバナンス上も明らかにするために、CEOやCSOの下にサスティナビリティCOを設置し、自社の経営環境に基づき、中央集権的または権限移譲的なアプローチのいずれが最適かを判断して進めていくことが鍵である。

このように、気候変動への取り組みの必要性、実行していくべきアクションは既に明らかである。政府・企業の踏み込んだアクションが、自社、自国、ひいては地球の未来を左右することになるのである。

◇出典


1. Global Carbon Project、2021年5月
2. Platform for REDESIGN 2020
3. 各省庁ホームページ

・各社ホームページ（ENGZE社、Coca-Cola社、Walmart社等）

# CHAPTER 10
# ネクスト・ノーマルにおける企業の役割

21世紀の個人は、過去20年間で、静かだが極めて大きな経済的な変化に直面してきた。こうした変化は、技術革新、グローバル化、金融危機、そして市場経済と政府の役割の変化によって引き起こされたものである。

新型コロナは、21世紀に入ってからの20年間の変化によって蓄積した社会の脆弱性を浮き彫りにした。新型コロナが終息に向かい、ネクスト・ノーマルに向かう中で、政府、企業、個人は、それぞれの分野で、こうした課題を解決することで健全な社会を作っていく必要がある。

個人は働くこと、消費すること、貯蓄することという3つの側面から、経済活動に従事している。本CHAPTERでは、21世紀の経済が、働き手、消費者、貯蓄者としての個人にどう変化をもたらしたのか、新型コロナによって、どのような影響を受けたのかを述べたい。さらにこうした変化の原因として、市場経済と政府の役割がどのように変わってきたか、そして、ネクスト・ノーマルにおいて、企業に求められる役割について述べていきたい。

最後に、こうした変化を察知して対応することにより、競争力の強化に努める企業の事例を紹介しつつ、日本のビジネスリーダーや経営者が、どのような施策を検討すべきかを提案したい。

NEXT NORMAL

## SECTION 10-1 「働き手」にとっての21世紀の経済

### 雇用へのアクセスは過去最高の水準

過去20年間、雇用は一貫して増加しており、失業率は最低水準を記録している。金融危機による一時的な落ち込みはあったものの、今回の分析対象となった先進22カ国において、2000年から2018年の間に就業率は68%から71%へと上昇し、4500万人分の雇用が増加している（**図表10-1**）。また、

**図表10-1　雇用は歴史的な高水準にあり、多くの国が金融危機も素早く乗り越えた**

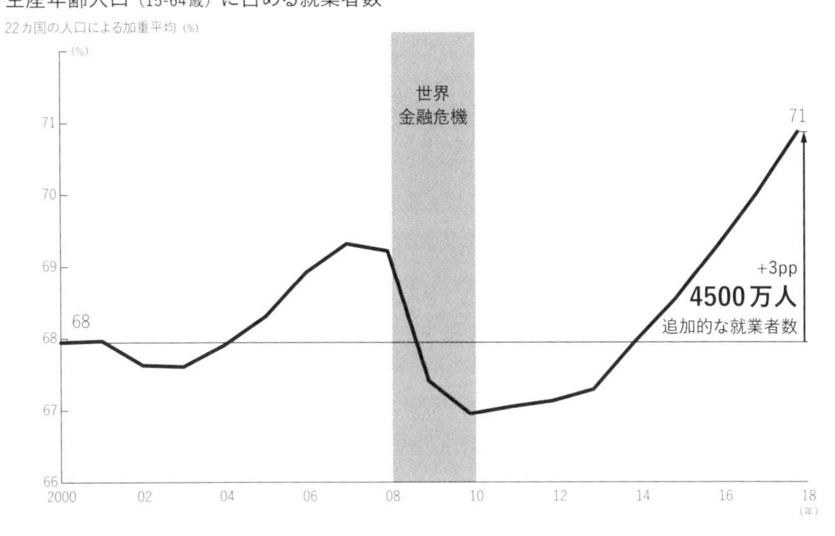


22カ国中16カ国で史上最高の就業率となっている。日本は22カ国中2番目に高い雇用の増加率を示している。

特に女性の社会進出が目覚ましい。新たに創出された4500万人の雇用のうち、3100万人分が女性の雇用であった。2018年時点で女性の働き手は、雇用全体の46%を占めている。一方、15歳から24歳の若年層では、2000年から2018年にかけて、就業率が平均して4.1%下がっている。この傾向は、特にアイルランドおよび南欧諸国で顕著であった。

## 自発的パートタイマー（非正規雇用）が雇用をけん引

雇用は全般に増加しているが、雇用の成長は主に代替的な雇用契約（パートタイムなどの非正規雇用やインディペンデントワーカー）によって牽引されている。2000年から2018年の間に、21の分析対象国のうち10カ国でフルタイムの仕事が減った（平均1.4%の減少）。特に、米国におけるフルタイムの仕事は減少幅が大きい（6.8%の減少）（**図表10-2**）。さらには、「ゼロ時間契約（週当たりの労働時間が

**図表10-2　多くの国々で正規雇用は減少した一方、その他の雇用形態、特に自発的なパートタイムが増加**

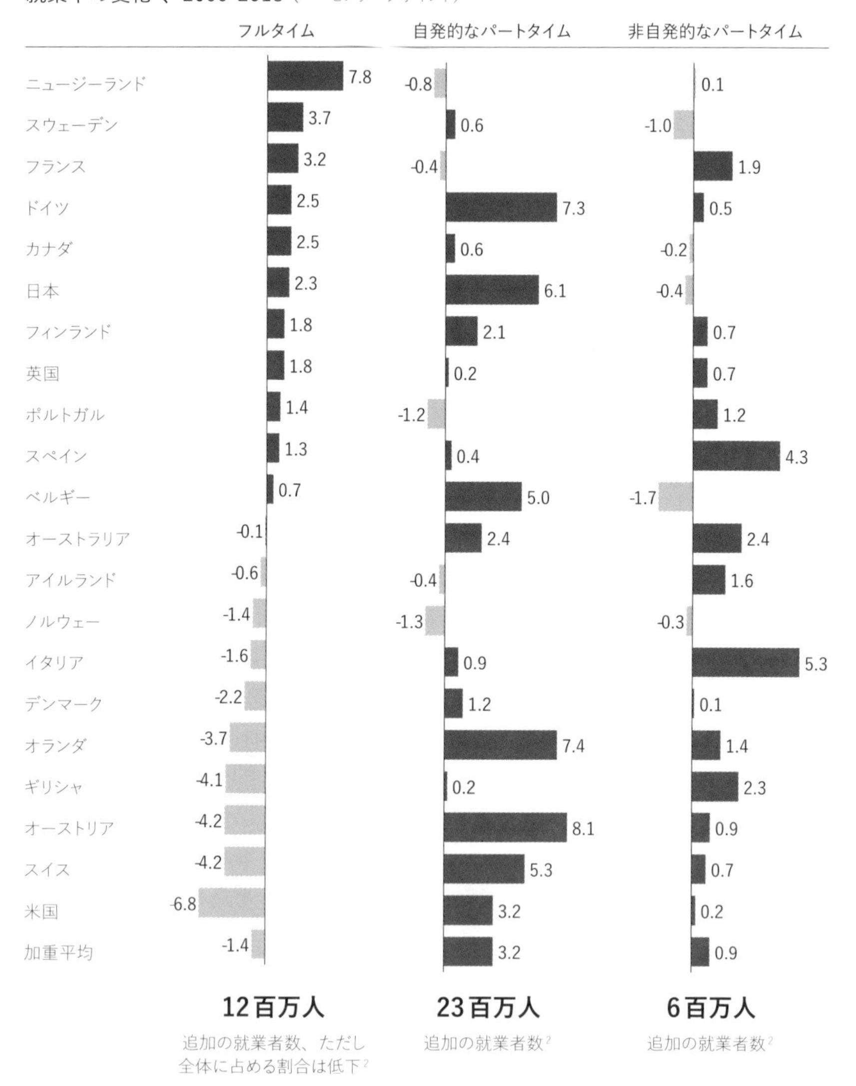


1. N=21、2000-2018の間に4百万人の追加的な雇用のあった韓国を除く
2. 加重平均は就業者数の合計を生産年齢人口の合計で除算した値を用いて計算
資料：OECD；世界銀行

規定されない労働契約）」や「職場の分断化現象（Work place fissuring／企業の仕事が細かく外注される現象）」などの雇用形態やビジネストレンドが、こうした傾向を助長している。

## 所得とスキルの2極化と需給ギャップ

先進22カ国の雇用は、スキルレベルによる2極化が進行した。すなわち、高いスキルを要求される仕事および低いスキルしか必要とされない仕事が増加し、中間的なスキルを必要とする仕事が減少した。こうした現象の一部は、自動化およびグローバル化によって、比較的高いスキルを要求される製造業から、低いスキルしか必要とされないサービス業に仕事が移行するといった産業間の雇用シフトによってもたらされた側面がある。いずれにしても、スキルレベルの2極化はあらゆる業種で見られた現象である（**図表10-3**）。

雇用のスキルレベルによる2極化に伴って、所得格差も広がった。上位25%の層の所得の合計が社会全体の所得に占める割合は、2000年から2016年

**図表10-3　労働市場は、高スキル・高所得の層と低スキル・低所得の層に2極化**

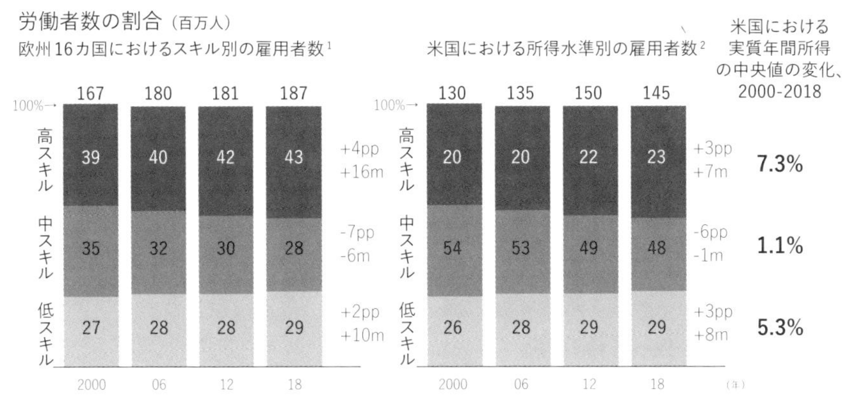


注：スキルと所得水準は必ずしも相関しない点は認識しているが、利用可能なデータの制限から、欧州の中スキルと米国の中所得を比較している。またパーセンテージの合計は四捨五入により、必ずしも100%にならない

1. N=16、対象国：オーストリア、ベルギー、デンマーク、フィンランド、フランス、ドイツ、ギリシャ、アイルランド、イタリア、オランダ、ノルウェー、ポルトガル、スペイン、スウェーデン、スイス、英国

2. 年間所得の中央値。低所得：<$30,000；中所得：$30,000-$60,000；高所得：>$60,000。時給の場合は週40時間勤務と仮定、米国のOESは必ずしも包括的でない（例、農業や自営業者は集計対象外となっている）

資料：European centre for the development of vocational training（CEDEFOP）；Bureau of Labour Statistics；Occupational Employment Statistics

の間に1%上昇し、41%となっている。データが入手可能であった欧米17カ国中12カ国で所得の集中が進んだ。同時に、相対的貧困率（平均的な生活レベルより著しく所得が低い層が占める割合）も、22カ国の平均で、2000年の11%（6200万人）から、2016年には13%（7600万人）に増加している。

職業別に、賃金上昇率と雇用の増加率をグラフ化したのが**図表10-4**である。米国において、事務サポート、建設、教育など、中間的な所得が得られる職種の賃金および所得拡大は比較的低調であった。一方で、高成長を見せた4つの職種のうち3つは、ビジネス・金融オペレーション、コンピュータ・数的処理、医療従事者・技術者という高所得の職種であった。また、仕事の量は増えていないものの、マネジメント職が最も高い賃金成長率を見せているのも特徴的である。これは、過去20年間、デジタル革命、グローバル化、自動化などの変化が進む中で、職種ごとに需要が大きく変化したにもかかわらず、供給サイドが十分に対応できていないことを示している。

## 新型コロナにより社会的に脆弱な層の雇用が悪化

新型コロナは、雇用に広範な影響を与えた。例えば、日本の2020年11月時点の統計では、所定内給与は大きく下がらなかったが（2017年1月比－0.1%）、残業時間等が減ることにより、所定外給与は－10.3%と大きく減少している。新型コロナにおける給与減は、特に非正規雇用者に顕著にみられた。パートタイム就業者の所定内給与（毎月の固定給与）が2017年1月比0.9%減、非所定内給与（残業代や賞与）に至っては16.2%減っている[1]。失業率も上昇した。日本の失業率は2019年11月の2.2%から、2020年10月には3%を超えた。特に、情報通信産業や医療・福祉で雇用が増える一方、宿泊・飲食サービス業では雇用が大きく減っている。

また、2020年11月に行われた調査では、新型コロナにより失業、離職、休業、労働時間急減などの影響があったと答えた人の割合は、男性就業者の18.7%に対して、女性就業者では26.3%となっており、特に女性の非正規雇用者では33.1%となっている。こうした数字からも、新型コロナによって非正規雇用者がより大きな影響を受け、さらには女性の社会進出を後退させか

## 図表10-4　米国では2000-2018年で、低所得と高所得の雇用・賃金が増加した一方、中所得の雇用は増加したものの、賃金は上昇していない

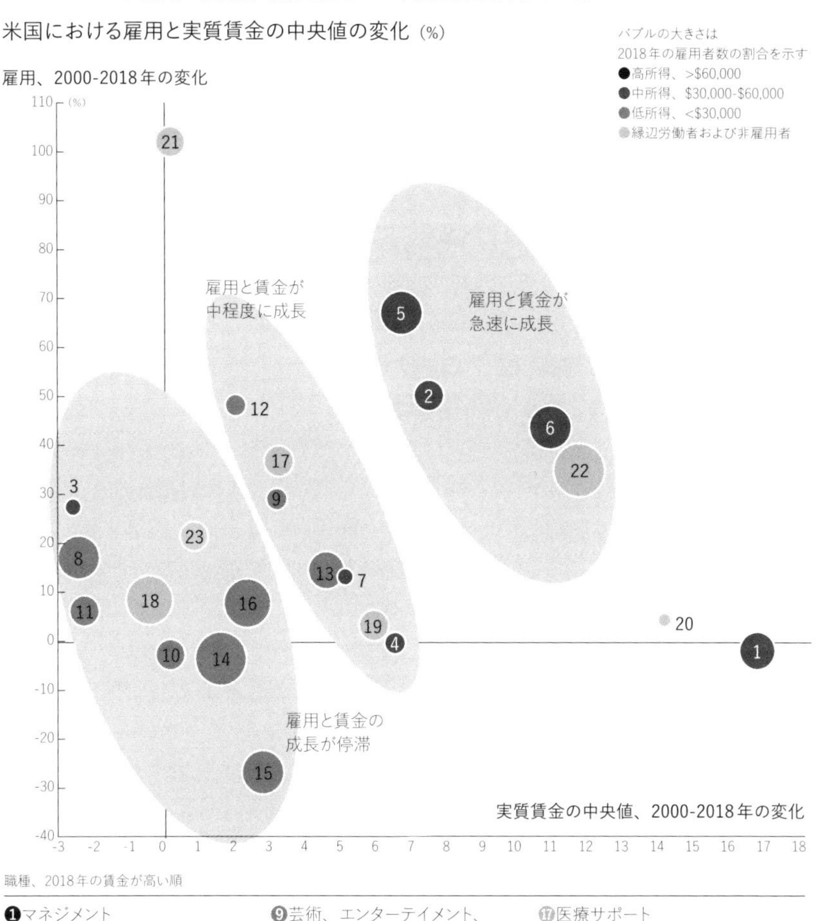

❶マネジメント
❷コンピュータ・数的処理
❸法務
❹建築設計とエンジニアリング
❺ビジネス・金融オペレーション
❻医療従事者・技術者
❼ライフ・フィジカル・ソーシャルアウェアネス
❽教育
❾芸術、エンターテイメント、スポーツ、メディア
❿建設
⓫設置、メンテナンスと修理
⓬コミュニティ・社会サービス
⓭保安
⓮事務サポート
⓯プロダクション
⓰輸送・物流
⓱医療サポート
⓲営業関連
⓳ビル清掃・メンテナンス
⓴一次産業
㉑パーソナルケア・サービス
㉒飲食関連
㉓縁辺労働者および非雇用者

注：合計22の職種；6種の低所得職種［総雇用の29%］、9種の中所得職種［総雇用の48%］、7種の高所得職種［総雇用の23%］
資料：Bureau of Labour Statistics；Occupational Employment Statistics；OECD

ねない影響を持っていることがうかがえる[2]。マッキンゼー・グローバル・インスティテュートが実施した調査においても、新型コロナ禍において、女性の職は男性の1.8倍リスクにさらされたという結果になっている[3]。

NEXT NORMAL

# SECTION 10-2 消費者にとっての21世紀の経済

## 選択財（非生活必需品）はグローバル化とイノベーションによって価格低減

ヨーロッパ中央銀行の消費者物価指数によれば、調査対象となった20カ国において2002年から2018年の間に、消費者物価は平均で33%上昇した。一方で、消費全体の22%を占める選択財（生活必需品ではない商品・サービスのこと。通信、衣類、レクリエーション、家具など）の価格は平均で3%低下している。全体の価格水準の推移に対して、通信価格は43%、家具は33%、衣類は31%、レクリエーションは30%価格が低下している。価格低下により、こうした製品やサービスの購入・利用が大幅に増加した。

選択財の価格減は、第一に、イノベーションによって牽引された。インターネットの接続価格が下落し、SNS、新たな情報サービス、eコマースなどが爆発的に普及した。これによって、様々な製品・サービスの利用がしやすくなり、供給、在庫コストなども低減している。価格下落、利用の容易化、品質向上の組み合わせにより、消費者余剰（消費者が得られる便益）が向上している。例えば、インターネットを利用したコミュニケーションツールのスカイプによって、2005年から2013年にかけて世界中で1500億ドル分の国際電話料金を節約したといわれている。平均的なユーザーが検索エンジンを放棄するには、1人当たり1万7,530ドルの補償を必要とするという調査もあり、裏を返せば、それだけの便益が、無料で得られているということになる。

選択財の価格下落の第二の要因は規制緩和である。OECDによれば、

2000年から2013年の間に、通信、運輸（道路、鉄道）、ユーティリティの分野で、製品・市場規制指標が22カ国平均で33%低下している。同様に、小売価格統制に関する指標も、26%低下している。こうした規制緩和は、様々な形態をとったが、最も影響が大きかったのは公営企業による独占体制に競争原理を導入したことである。1980年から2013年の間に、22カ国において290もの公営事業の変革が行われた。例えば、ドイツだけをとっても2年に1件のペースで、大規模な市場参入改革や民営化が実施されている（1998年の国営航空会社ルフトハンザの民営化、2001年の郵便サービス・ドイツポストの民営化など）。

選択財の価格下落の第三の要因は、生産性向上とイノベーションである。例えば、2000年から2010年の間に米国におけるトヨタ・カムリは、年率1%価格が下がっただけでなく、1400ドル分の新たな機能が追加され、燃費も向上している。

## 非選択財（住宅・医療・教育）の価格が上昇

先進22カ国において消費者物価は2002年から2018年にかけて33%上昇したが、こうした上昇分の37%は住宅費の上昇によるものである。

住宅の供給は、行政による宅地制限、建ぺい率等の規制、近所の住宅所有者からの反対などの要因によって滞りがちである。また、政府による規制は、金融投機によって上昇する家賃や住宅価格を抑制できていない。一方で、主要都市、特に「スーパースター都市」（世界経済をけん引する50の都市）[4] における住宅需要は増え続けている。低所得層および若年層が、こうした住宅費の上昇の影響を大きく受けている。例えば、最低限の住宅を得るために必要な費用は、下位20%の低所得者層の可処分所得の43%にあたる一方で、最も裕福な20%の層では可処分所得の7%に過ぎない。あるいは、15歳から30歳の若年層にとって最低限の住宅を得るために必要な費用は、可処分所得の23%に上る。こうした状況を受けて、若年層が親と同居する率が増えている。たとえば、英国では1986年から1990年に生まれた人は46%が25歳の時点で親と同居しているが、1946年から1950年に生まれた世代は、25歳の時点で27%しか親と同居していなかった。

医療の分野では、公的システムのひっ迫により、より民間のシステムへの依存を高めている。高齢化の進展と新たな（そしてより価格が高い）治療方法が開発されるにしたがって、政府による医療支出は、22カ国中19カ国で増加し、2000年のGDP比5.3%から、2016年には6.4%へと増大している。オーストラリアと米国では、特に医療費（価格）の上昇が顕著で、2002年から2018年の間に、消費者物価指数に対して、それぞれ63%および35%上昇した。効果は高いが価格も高い新規の医療技術の登場や、製薬・医療機器産業における合従連衡と寡占化の進展も、コストを押し上げる原因になったといわれている。米国では、腹腔鏡下虫垂切除術にかかる平均費用は、2003年の8,570ドルから、2016年には2倍以上の2万192ドルに上昇した。一方で、高度な医療技術の進展により、先進国で一様に平均寿命が延びている。65歳時点の平均余命は、過去20年間、18年から20年に延びた。また癌の死亡率も、2000年から2016年の間に15%下がっている。

教育費は、日本を除く全ての国において高騰している。英国では2010年以降の大学の学費上昇にけん引されて、教育費が消費者物価全体の2倍も上昇している。そして、教育分野においても、民間の役割が重要になっている。

**図表10-5　住宅・医療・教育の価格が上昇し、家計のほとんどは非選択財の購入に充てられる**

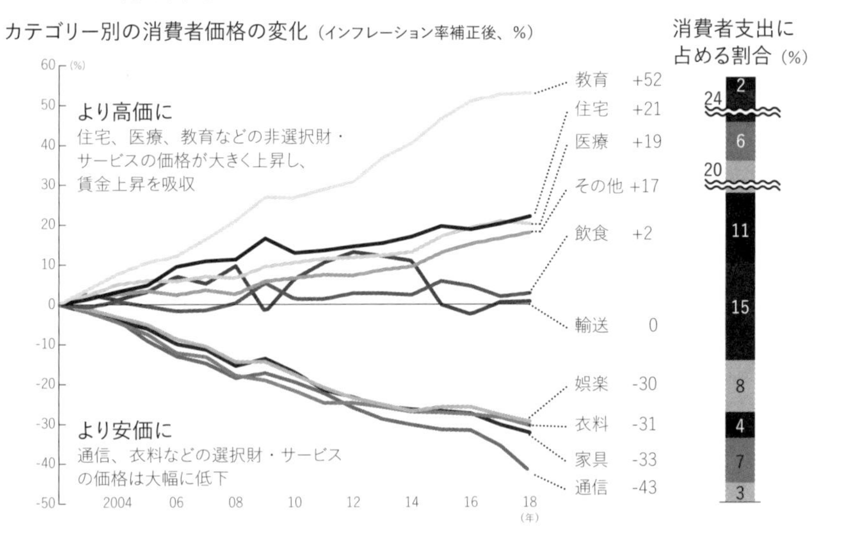

2000年から2015年にかけて、分析対象となった22カ国で、政府による教育支出は平均してGDP比4.5%のまま横ばいであったが、民間による教育支出は増えている。日本においては教育費の上昇は見られないが、そもそも公共部門における教育支出の割合が低く（公的総支出額の7.8%、OECD平均は10.8%）[5]、さらには、就学前および高等教育における国民負担率が高い（高等教育の国民負担率は67.8%、OECD平均は27.4%）[6]。こうしたことから、教育格差が生じやすい状況となっている（**図表10-5**）。

## 新型コロナによる消費者物価は低下したが必需財への影響は小さい

新型コロナ禍における生活様式の変化は、消費者物価にも影響している。消費者物価指数は2020年10月には前年同月比−0.7%を記録するなど、下落傾向にある。大きく下がったのは「Go To トラベル」の効果もあって、宿泊料などであるが、電気代、ガソリン代などもエネルギー価格の低下の影響で下がっている。住居、教育、医療といった必需財については、特に大きな変化は見られない。一方、新型コロナにより臨時休校が実施された際に、低所得世帯では代替となる教育手段を利用できず、勉強時間が減っているといった調査[7]もある。また、臨時休校によって低所得世帯が子供に十分な食事を与えられなくなったといった例も見られた[8]。

## 消費生活は豊かになったが、可処分所得が低下している

住居、医療、教育といった必需財における価格高騰は、人々の生活を圧迫している。2000年から2017年の間に、大半の先進国において賃金が上昇したが、こうした賃金上昇分の多くが、必需財の価格上昇によって相殺されている。**図表10-6**でわかる通り、英国、フランス、米国のような国々では、顕著にこのような現象が生じている。スペイン、日本、イタリアにおいては、そもそも実質所得が下がっており、それに必需財の価格上昇が加わって、可処分所得をさらに圧迫している。必需財の価格高騰は全ての人に等しく影響するのに対して、所得は2極化している。所得の低い層が、より深刻な生活

**図表10-6 所得増加の大部分は必需財・サービス、主に住宅の価格高騰により吸収されている**

平均世帯所得と支出の増減[1]、2000-2017

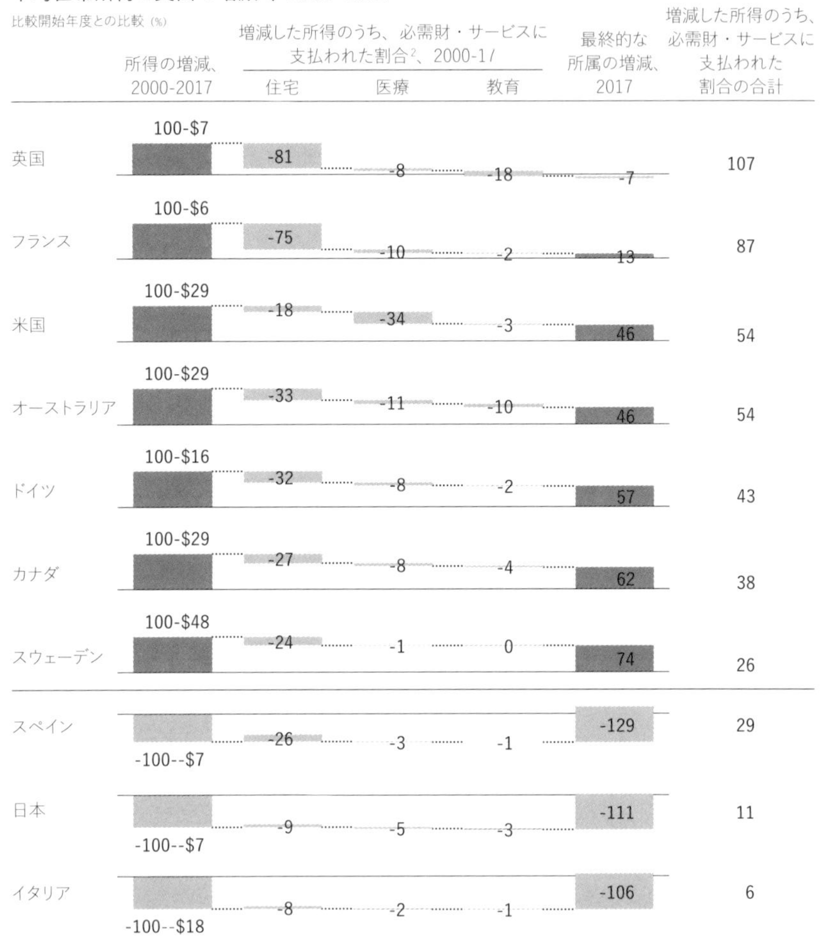


1. 数値は実質成長を加味（消費者物価指数により調整）。スペインとオーストラリアは2001年時の数値を使用。ドイツ、日本、スウェーデン、英国はOECDの "national accounts and household budget" サーベイの結果から試算
2. 必需材・サービスは住宅、ヘルスケア、教育を指す
注：所得は2000年から2017年までに多くの国で増加。所得は税率などの要因で増減している場合もある。数値は四捨五入表記により合計値は必ずしも100にならない
資料：OECD national accounts data. Eurostat household budget survey

難に直面していることは自明である。

NEXT NORMAL

# SECTION 10-3 貯蓄者にとっての21世紀の経済

## 圧迫される公的年金システム

公的年金システムは、政府による貯蓄と考えられる。先進諸国の政府では一様に人口動態の変化が公的年金システムを圧迫しており、政府の累積債務はGDP比110%にまで上昇している。こうした中、少子高齢化および就労人口の伸び悩み・減少による公的年金システムの支出増・収入源に直面して、多くの政府は給付額の引き下げと支給年齢の引き上げを実施している。その結果、公的年金の所得代替率は先進20カ国平均で、2004年から2018年の間に65%から54%に下がっている。特に、ギリシャ、カナダ、英国、スイス、日本、ドイツでは20%以上低下している。また、自営業、一時雇用、パートタイムといった非正規雇用の増加は、年金問題を複雑化している。既存の年金システムはフルタイムの働き手を想定して構築されており、非正規雇用者を十分にカバーしていないからである[9]。

## 個人貯蓄は減少しており、無貯金の世帯も増加している

公的年金という「政府による貯蓄」の減退により、個人が責任をもって貯蓄する必要性が高まった。しかしながら、先進22カ国平均では世帯貯蓄率が下がっている（**図表10-7**）。分析対象国では2000年以来平均して1.4%貯蓄率が下がっている。特に、日本、スペイン、英国などの国々においては、6%以上貯蓄率が下がっている。平均して、2017年時点において約半数の人々が、老後の貯蓄をしておらず、4分の1の人々は貯蓄を一切していなかった。伝統的に、社会福祉制度が手厚い国々では貯蓄率が低い。例えば、フ

**図表10-7　22カ国のうち11カ国で世帯貯蓄率が平均して1.4%低下…これは主に低資産層の低貯蓄率に起因しているように見える**

可処分所得に占める世帯貯蓄率[1]

2000-2018年の変化（パーセンテージポイント）

| 国 | 変化 | 2000(%) | 2018(%) |
|---|---|---|---|
| ギリシャ | -15.5 | -1 | -17 |
| ポルトガル | -7.6 | 3 | -4 |
| スペイン | -6.6 | 6 | -1 |
| 英国 | -6.6 | 6 | -1 |
| ベルギー | -6.4 | 10 | 4 |
| 日本 | -6.1 | 9 | 3 |
| イタリア | -5.1 | 7 | 2 |
| フィンランド | -4.0 | 3 | -1 |
| オーストリア | -3.8 | 11 | 7 |
| カナダ | -3.5 | 5 | 2 |
| **フランス** | -0.2 | 9 | 8 |
| 韓国 | 0.5 | 7 | 7 |
| ドイツ | 0.9 | 9 | 10 |
| ニュージーランド | 1.1 | -3 | -1 |
| オーストラリア | 1.5 | 2 | 4 |
| **米国** | 1.9 | 5 | 7 |
| ノルウェー | 2.4 | 4 | 7 |
| オランダ | 4.8 | 4 | 9 |
| スイス | 4.8 | 14 | 19 |
| アイルランド | 10.5 | -4 | 7 |
| スウェーデン | 10.7 | 4 | 15 |
| デンマーク | 11.9 | 4 | 6 |
| 加重平均 | -1.4 | 4 | 5 |

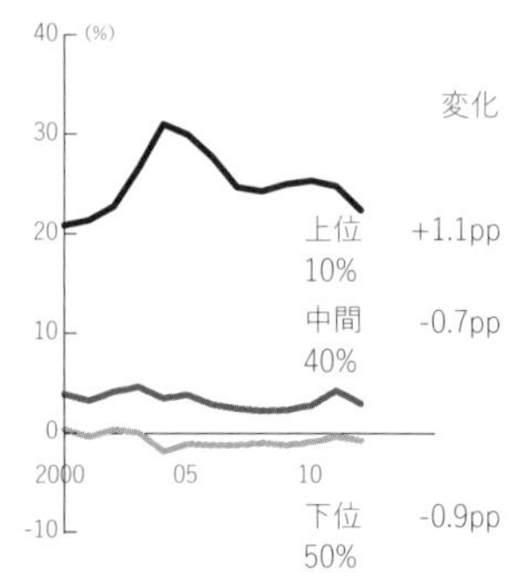


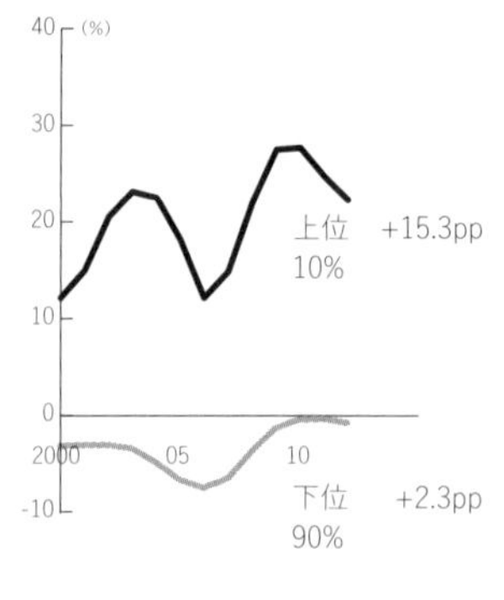


1. 2018のデータが無い場合、2017年時のデータを活用。韓国は2005年から2014年のデータを使用
資料：OECD；Garbinti, Goupille-Lebret, and Piketty (2018)；Saez and Zucman (2014)

ランス、イタリア、スペインでは、2017年時点で成人の約3分の2が、老後の貯蓄をしていない。

## テクノロジーにより投資機会が広がるも富の偏在が拡大

インターネットにより、貯蓄、家計管理、投資などが簡便になった。デジタル銀行、デジタル貯蓄アプリ、ロボ投資アドバイザーなどの新たなサービスにより、相対的にローリスク・ハイリターンで、かつ、より低い金額による投資が可能となっている。こうした新たな投資機会を活用できるかどうかは、個々人の金融リテラシーにかかっている。しかしながら、高等教育を受けていない層、比較的所得の少ない層は、金融リテラシーが低いことが多く、こうした貯蓄・投資機会を活用するのは容易でない。

過去20年間の投資に対するリターンは歴史的に見ても高い水準であった。1965～2014年にかけて、米国・西欧における株主資本利益率は5.7%であったのに対して、1985年から2014年では7.9%であった。一方、低所得者は必ずしもこうした投資に対するリターンを享受できていない。1970年から2014年にかけて、米国の下位40%の層にとっての保有資産に対するリターンが－2～1%であったのに対して、トップ20%の層では5～6%であった。**図表10-8**でも明らかな通り、保有資産の多い少ないによって、資産の構成が大きく異なる。例えば、米国においては、個人投資家によって保有されている株式の87%を保有資産上位10%の層が持っている。一方、保有資産が少ない層は金融機関に預金することになるが、こちらは過去10年間の低金利政策により、ほとんどリターンが期待できない。

比較可能なデータが存在している14カ国において、保有資産上位10%層の資産は、2000年から2014年にかけて1.6%増加した[10]。このように上位層においては高い率で資産が成長しているのに対して、下位層においては資産の成長が低迷しているため、富の偏在が拡大している。

## 新型コロナにより広がる貯蓄格差

新型コロナにより、家計の貯蓄は増加した。例えば英国において、世帯貯

## 図表10-8 低資産層が得ている利回りは他の資産層と比べて小さい

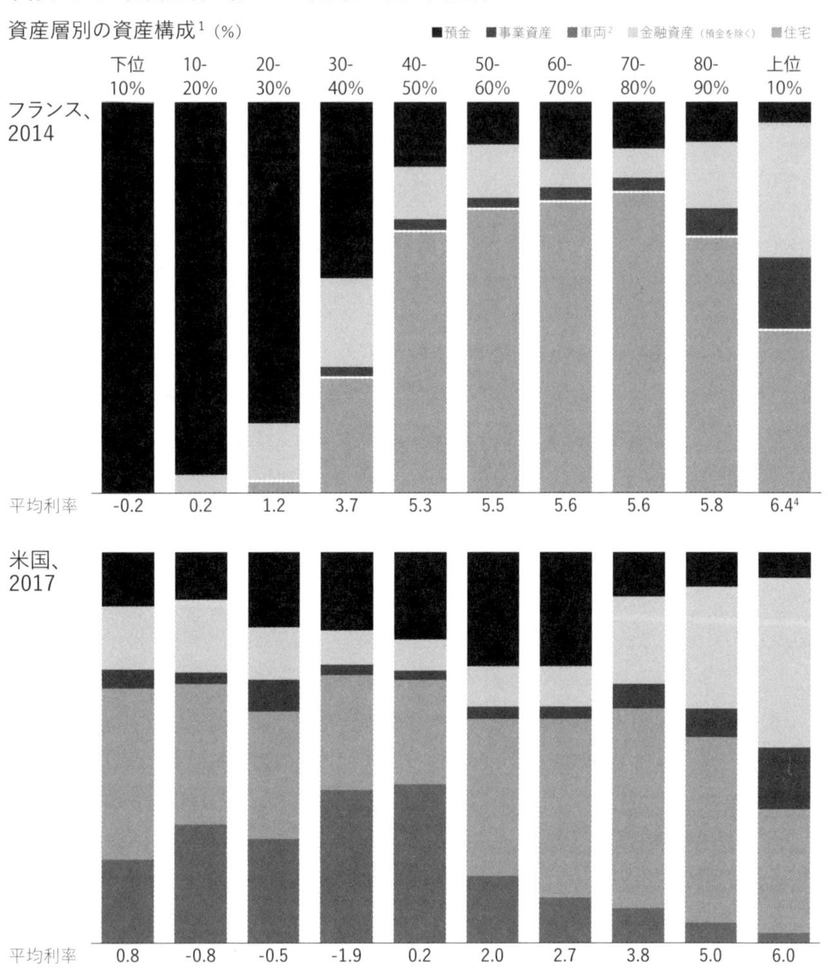


1. フランスのデータは政府発表によるマクロデータから試算、米国はサーベイデータから試算。住宅は住宅およびその他不動産資産を含む。金融資産は証券、個人年金保険などを含む
2. 米国の場合、PSIDデータの中の裕福度を測る指標として車両が重要な要素となっているため、資産に車両を含むが、フランスの場合は含めていない

資料：Panel Study of Income Dynamics, public use data set. Produced and distributed by the Institute for Social Research, University of Michigan, Ann Arbor, MI, 2019；Garbinti, Goupille-Lebret, and Piketty (2016)

蓄率（世帯所得のうち貯蓄された額の割合）は2020年1～3月期の9.6％から、2020年4～6月期には29.1％へと増加した。平均して世帯当たり44.6ポンド貯蓄が増加した。

日本においても、一人10万円の現金給付もあって、家計の預貯金が、2021年1月時点で、新型コロナの前の水準より、25兆円増加している。総務省が発表した2020年の家計調査でも、2人以上の勤労者世帯の貯蓄は前年から平均17万5525円増えており、これは比較可能な2000年以降で最大の伸びだという。

新型コロナの影響は、雇用・消費でも見られた通り、所得水準によって大きく異なる。例えば、英シンクタンク財政研究所が、2020年5月から9月の間の貯蓄額を、前年同時期と所得階層別に比較したところ、下位20％の所得層以外は貯蓄額が増えたにもかかわらず、下位20％の層では貯蓄額が170ポンド下落している。新型コロナは社会的に脆弱な層の失業や所得減を招き、貯蓄格差も拡大していると考えられる。

NEXT NORMAL

## SECTION 10-4 コロナ禍における政府の支援

### 過去最大の経済支援により最悪の事態を回避したが、政府債務が未曽有の水準に上昇

新型コロナによって実施された政府による経済支援は、これまでの危機に対する政府の対応策と比べても異次元のものであったと言えよう。中国で感染が確認され、世界的な流行が始まってから2～3カ月で10兆ドルもの経済対策が発表された。これは、2008～2009年の金融危機時の3倍にも上る額である。例えば、西ヨーロッパ諸国においては、4兆ドルの経済対策が発表されたが、この額は第二次世界大戦後のマーシャルプランの現在価値の30倍にあたる。日本においても、73兆円、GDP比13％を超える経済対策が

決定された。これは先進国でも比較的大きな水準である。

政府による支援策は、個人・世帯への直接給付、企業への流動性支援（給付金、融資など）、債務保証・債務再編に類別される。米国、英国、カナダなどの政府介入・政府支出が低い国々においては、世帯への直接給付や企業への流動性支援などの施策が比較的多く、北欧諸国のように政府介入・政府支出が高い国々においては、債務保証や債務再編などの施策が比較的多く取られた。例えば、雇用保護に関しては、日本でも失業手当の給付期間の延長や、営業時間を短縮した企業に対する給付金などの措置が取られた。フランス、イタリアなどの国々では、業務停止・減少させた事業に対して、従業員の一時帰休の給与補助を行うといった部分的失業制度なども採用された。

こうした大規模な経済対策が功を奏したかを判断するのは難しいが、2020年の経済成長率は－3.5%となり、2020年6月時点の世界銀行の予測値－6.2%より、高くなっている。各国政府の大胆な景気刺激策によって、最悪の状況を回避できたと言えるかもしれない。

こうした経済対策は、各国の財政にとって今後大きな重みとなってくるだ

**図表10-9　COVID-19危機は、25-30兆ドルに及ぶ未曽有の累積財政赤字に繋がる可能性がある–これは世界GDPの30%に相当する**

累積財政収支予測、A1シナリオ[1]（兆ドル）

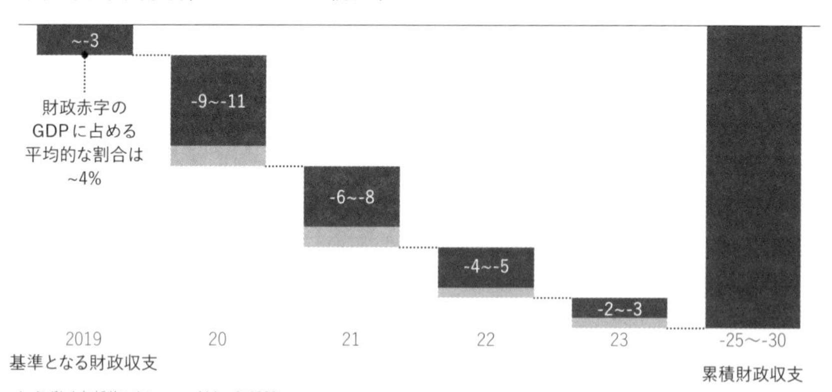


1. 必ずしも包括的でない、as of May 8, 2020
2. International Monetary Fund Fiscal estimate, April2020
注：四捨五入により、必ずしも合計は一致しない
資料：Center for Strategic and International Studies；International Monetary Fund Fiscal Monitor, chapter 1,April 2020；Organisation Economic Co-operative and development；World economic outlook, April 2020；The great lockdown, International Monetary Fund, April 5, 2020, imf.org

ろう。経済成長率が新型コロナ禍前の水準に戻るには、2～3年がかかると考えられている。世界各国の税収は、2019～2020年の間で3～4兆ドル（15%）減少しており、経済成長率が危機前の水準に戻るまで、税収も回復しない。さらに、今回の経済対策の資金源として、政府債務が増加している。なお、日本においては、消費税の10%化、携帯、ゲーム、自動車、食品等の産業の好調さにより、税収が2020年に増加しているが、景気は不透明であり、歳出増が税収増を大幅に上回っていることから、新型コロナ禍における経済対策が今後の財政にとって重みとなる点は変わらない。マッキンゼーの分析では、2020年に世界各国の政府債務は9～11兆ドル、GDP比12～15%、危機前の水準の3倍に上る。それに加えて、2023年までに追加的な累積債務は25～30兆ドル増加する（**図表10-9**）。結果として、世界各国において、政府債務の水準は大幅に上昇するだろう[11]。

## 政府は、経済支援も市場の柔軟性を活かしつつ、セーフティネットを強化

政府による支援は様々な形をとった。雇用については、雇用保護を強化（例：解雇要件の厳格化、最低賃金の引き上げ）するより、一時帰休を不可避と考え、失業者に対しての手当てを強化することで雇用の柔軟性を高める施策がとられた。

消費（住宅、医療、教育）については、米国などの国で、検査やワクチンなどの広範な医療サービスが無料または安価で提供された。また、新型コロナにより多くの方々が亡くなった一方で、2020年の日本国内の死亡者数は大幅に減少している。特に、肺炎、心疾患、脳血管疾患、インフルエンザによる死亡者が減っているようである。新型コロナの感染対策として、マスク着用、手洗い、手指消毒などの習慣が広がったことが影響していると考えられており、今後、増大する医療支出を抑制していく上で、いかにして予防医療を強化していくかを検討する有用な示唆となっている。

個人・世帯への直接支援も実施されたが、食料、住宅、教育等、使途を限定された支援ではなく、給付金という形で、使途が自由な資金が提供されている。

NEXT NORMAL

# SECTION 10-5 ネクスト・ノーマルにおける社会の課題と企業の役割

## ネクスト・ノーマルの社会が抱える8つの課題

先進諸国政府は過去20年、民営化の推進などを通じて、高齢化によって拡大する「政府支出」を抑制しながら、規制緩和によって「市場介入」から手を引くことで、成長とイノベーションを後押ししてきた。一方で、政府による直接雇用（公務員など）は減り、価格統制もなくなり、公的サービスが民間企業によって提供されるようになることで、政府から企業・個人へ、経済的に豊かになる責任を移行してきた。

こうした政策の恩恵を受けて、先進諸国は過去20年間、未曽有のイノベーションの時代を謳歌して、グローバル化やデジタル技術による革命的な生活の変化を経験した。一方で、こうした施策により雇用は不安定化し、住宅・医療・教育といった非選択的消費財の価格を高騰させ、さらには社会全体の貯蓄（公的年金と個人の貯蓄）を減少させる結果となった。特に、こうした変化の負の側面は、低所得者層、または富を持たない層にとって、大きな影響を与え、貧富の格差が拡大した。

新型コロナは、過去20年間の先進諸国を特徴づけてきた、民間・個人へと責任を移行させる経済・社会政策のモデルを直撃し、特定の産業、低所得者層、デジタル・デバイド（情報通信技術を利用して恩恵を受ける者と、利用できずに恩恵を受けられない者との間に生ずる、知識・機会・貧富などの格差）によって取り残されている層、さらには社会的なマイノリティに、より厳しい状況を生み出した。こうした状況に対して、先進諸国の政府は、大胆な経済対策とセーフティネットの拡大を試みた。結果的に、もともと政府によるセーフティネットが脆弱な国々において、より多くの直接的な支援が必要となり、大胆な政府支出増を余儀なくされた。こうして積み上げられた政府債務は、今後長期にわたって、各国政府の政策上の裁量を狭めるだろう。

ネクスト・ノーマルの政府・企業・個人は、21世紀の経済が生み出した

**図表10-10　ネクスト・ノーマルの政府・企業・個人の8つの課題**

| | | 影響を受ける人口の推定値、（百万人） |
|---|---|---|
| 雇用の課題 | 1. 所得格差・賃金上昇の停滞<br>利益の不均等な分配と賃金上昇の停滞は、たとえ経済が成長している状況でも残り続ける | ~200[1] |
| | 2. 職の不安定性・テクノロジーによる職の変質<br>自動化（オートメーション）とデジタル化によって新たな就労形態が台頭。その一方で、雇用に関連するリスクは増加し、雇用の保護は細っていく | ~180[2] |
| 消費の課題 | 3. 住宅の確保<br>上昇を続ける住宅費用は、中～低所得世帯の所得増加の大部分を吸収している | ~165[3] |
| | 4. 医療・教育費支出の拡大<br>医療・教育コストは、一般的な消費者支出を上回って増加している。人々がより長寿となり、働き方が変わることを踏まえると、医療・教育需要はさらに高まると考えられる | ~125[4] |
| 貯蓄の課題 | 5. 貯蓄・年金の持続性<br>長寿の世紀において、個人と組織により多くの貯蓄を、より効果的に拡大させるには、どのような特典やサポートが必要か検討していく必要 | ~440[5] |
| 雇用・消費・貯蓄の課題の組み合わせによって生じた弱者の課題 | 6. 低所得層の雇用・消費・貯蓄<br>低所得層は労働、消費、貯蓄の3エリア全てにわたって困難に直面しており、2000年時点よりもさらに不安定な状況にある | ~335[6] |
| | 7. 30歳以下の世代の貧困<br>現在の15-29歳の若年層は、以前の世代と比べ、賃金の高い安定した雇用、現実的に購入可能な住宅、十分な貯蓄を手に入れるのが難しくなっている | ~180[7] |
| | 8. 執拗なジェンダー・人種ギャップ<br>女性の社会進出が進んだとはいえ、継続して女性は雇用、賃金、貯蓄において男性よりも後れをとる。<br>同様に、いくつかの国においては人種に起因する差も、継続・拡大する | ~295[8] |

1. 中位所得層の中間スキルクラスにおける労働人口から計算（16の欧州の国々と米国の平均37%を使用）
2. インディペンデントワーク職についている労働人口から試算（6カ国の平均28%を使用）
3. 15歳以上の人口から世帯の可処分所得のうち住宅に関する費用の40%以上を使用している層から試算
4. 15歳－24歳、および60歳以上の人口から試算。試算時には、ヘルスケアと教育の費用が世帯の可処分所得のうち10%以上を占めるオーストラリアと米国の数字を使用
5. 15歳以上の人口のうち、退職時に向けた預金を預けていない層の割合を使用し試算（53%）
6. 15歳以上の人口のうち、所得が下位50%以下の割合を使用し試算
7. 15−29歳の人口の割合を使用し試算
8. 米国の労働に参画している女性とマイノリティの割合を使用し試算

資料：OECD；World Bank Financial Inclusion Indicators

以下の①〜⑧の8つの課題に取り組まなくてはならない（**図表10-10**）。

- **雇用の課題**：①所得格差・賃金上昇の停滞、②職の不安定性・テクノロジーによる職の変質
- **消費の課題**：③住宅の確保、④医療・教育費支出の拡大
- **貯蓄の課題**：⑤貯蓄・年金の持続性
- **雇用・消費・貯蓄の課題の組み合わせによって生じた弱者における課題**：⑥低所得世帯の雇用・消費・貯蓄、⑦30歳以下の世代の貧困、⑧執拗なジェンダー・人種ギャップ

新型コロナは、過去20年間の社会の脆弱な部分を浮き彫りにして、上記の8つの課題のほとんどを悪化させてしまった。

## ネクスト・ノーマルが企業にとって緊張と不寛容の時代になるか

コロナ禍が終息すれば、社会はネクスト・ノーマルに向かっていく。危機の中で必死に生きてきた人々が、安堵の一息をつくそのときに、過去20年間に静かに進行してきた社会の変化の大きさに改めて気づかされるだろう。現代の社会が抱える8つの課題は、いずれも、一朝一夕では解決しない。経済も、危機前の水準を回復するには、2〜3年かかると考えられている。

新型コロナにより、多くの人が職を失い、所得減に直面する中で、株式市場は最高値を更新しており、実体経済と資本市場の乖離が指摘されている。そのため、資本主義の機能不全が取りざたされ、企業に対する社会の目が厳しくなっている。例えば、GAFA（Google、Apple、Facebook、Amazonの総称）への規制に関する議論、「ロビンフッダー」によるゲームストップ社株への介入（売買手数料ゼロの投資アプリを提供することで急速に成長した米ロビンフッド・マーケッツ社のサービスを活用した個人投資家「ロビンフッダー」が、オンラインゲーム会社「ゲームストップ」社の株を大量に購入することで、ヘッジファンドのカラ売りに対抗した事件）[12]に見られるような、特定企業を狙い撃ちにした規制や運動は、こうした社会の厳しい目を反映している。Y世代（1980年代序盤から1990年代中盤までに生まれた世代）、Z世代（1990年代中

盤以降に生まれた世代）といった若い世代は、こうした社会の課題に対する感度が高く、組織化されやすい。こうした背景により、ネクスト・ノーマルが、企業にとって緊張と不寛容の時代になってしまう危険をはらんでいる。

新型コロナ禍の前例なき財政出動により、今後5～10年間は、政府の政策上の裁量は狭められてしまう。さらには、高齢化による医療費増大や、環境問題に対処しなければならない。こうした中、政府は、所得格差や可処分所得の低下といった問題に対しては、景気を気にしながらピンポイントで規制を強化していったり、大幅な支出増につながらない施策を打っていくほかないだろう。こうした中で、過去20年、成長とイノベーションの恩恵を享受した企業は、先の8つの課題に対して直接的に貢献することが期待されている。

以降では、雇用、消費、貯蓄の課題に企業としてどのように取り組んでいくことが可能か述べていきたい。また、低所得者層、社会的なマイノリティ、若年層への対応も重要となるが、こうした層の課題は、雇用、消費、貯蓄の課題が複合して生まれたものであり、雇用、消費、貯蓄の課題が解決されることにより、改善に向かう側面もある（なお、ダイバーシティ経営については、CHAPTER6を参照されたい）。

## 雇用の課題～日本の企業にとって雇用システムの変革は急務～

先進諸国の政府は、過去20年間の経済・社会政策の負の側面を緩和する施策を実行している。所得格差を是正する施策として、既に日本を含む多くの国々で最低賃金の引き上げが議論されている。また、非正規を含む代替的な雇用形態の従業員を保護するために、様々な施策が試されている、例えば、カリフォルニア州では2019年にウーバーやリフトなどのデジタルプラットフォームを提供する企業に対して、ギグワーカー（インターネット上のプラットフォームを介して単発の仕事を請け負う労働者のこと）を従業員として扱うことを義務付ける法律が制定されている。オレゴン、ニューヨーク、サンフランシスコ、シアトルなどの都市では、非正規雇用者に対して、最低就業時間を保証したり、シフトを事前に通知することを義務付ける法律が制定された。

このように、雇用の流動化による負の影響を緩和する施策は進められるだろう。しかしながら、こうした施策は、雇用の維持を前提としていない。雇用の柔軟性を確保し、高い就業率を実現しつつ、変化する雇用に対するニーズに素早く対応するという、21世紀の経済の方向性を変更するものではない。

日本における従業員のエンゲージメント（組織に対する熱意）調査では、日本の従業員のうち、組織に対して強い熱意を持っている層はわずか6%となっており、調査対象国のうち最低水準にとどまっている（反対に、熱意が欠如している層は24%）[13]。従業員の熱意の欠如は、日本の雇用システムが時代にそぐわないものであることを象徴している。また、内閣府の調査では、従業員の64%が副業を実施・希望しており、20代の従業員に至っては75%にのぼっている[14]。副業への期待感は、個々人が、失業による経済的なダメージのリスクを軽減するだけでなく、多様な経験を積むことやスキルの向上に、より積極的になっていることを表している。

メンバーシップ型（年功序列や終身雇用を前提にした、職務や勤務地を限定しない無限雇用）からジョブ型（職務内容に基づいた経験・スキルを持つ人材を前提に、職務内容や勤務地を規定した雇用）へ、雇用システムをシフトする必要がある。これまで何年もかかって「習うより慣れよ」方式で伝達してきたノウハウを、より体系的な従業員訓練プログラムへと昇華して、短期間で効率よく各職制のプロを育成していかなければならない。誰もが転職やキャリアップを考える中で、滅私奉公を期待することはできない。仕事の意義（パーパス）や様々なトレーニングや日々のコーチングを通じた成長が感じられ、気持ちよく仕事ができるような環境を作ることで、従業員のモチベーションを引き出していく必要がある。そして公平感のある評価システムも極めて重要となる。元従業員から匿名で会社をレビューする「グラスドア」（匿名で会社をレビューするウェブサイト）のようなサービスが普及することで、各社の人材戦略はこれまで以上にガラス張りになり、比較されるようになっている。

従業員のリスキリング（大規模な人材再教育）も大事である。デジタル技術に触れる機会を増やし、ビジネス側とデータ・サイエンティストの間で意思疎通をサポートするトランスレーターや、デジタル技術を現場で扱いながら効率改善を追求する現場のリーダーなどといった、新たなスキルを持つ人材が大量に必要となる。こうした人材は外部から獲得するより、社内で育成したほうが効率が良く、社員にとっても、今後のキャリアの可能性を開くこととなるだろう。さらには、コーセラ[15]（2012年にスタンフォード大教授らによって創成されたオンライン教育企業。世界中の大学と協力して、大半のコースを提供している）やユーダシティ[16]（2011年に元Google副総裁が創成したICT関連の講義を有償、無償で提供するオンライン学習サービス）など、ITやビジネスの知識を学べるオンライン・プラットフォームも多く登場しており、こうしたサービスを活用することも考えられる。個々人の生産性とスキルの希少性が、賃金水準を決めていることを考えると、個人はより生産性向上や社会にとって必要とされているスキルへの感度を高めなければならない。また、企業としては、様々なトレーニングとリスキリングにより、こうした従業員のニーズに応えることは、自社の生産性や競争力を向上でき、社会の課題に応えることにもなる。

新型コロナは、企業がこれまで踏み込めなかった、雇用に関する革新的な施策をテストするきっかけにもなった。日本では、まず、リモートワークの普及が加速化した。雇用の柔軟性も増している。例えば、2020～21年にかけて、IHI、ダイハツ工業、三井化学、三菱ケミカルHDなど、様々な企業が副業人材の受け入れや、条件付きの副業を解禁している。さらに、新型コロナにより大きな打撃を受けた飲食業界では、まいばすけっとによるエー・ピーカンパニー社員の受け入れ、航空業界では、ノジマによるJAL社員の受け入れなどのような従業員の一時出向（いわゆる「従業員シェア」）といったケースも見られた。このように新型コロナを通じて、必要に迫られる形で、これまで実現できなかった大胆な施策やクリエイティブなアイデアが実行に移されたことは、新時代の雇用慣行が大きく変化していくことを予感させる。

## 消費の課題～住宅、医療、教育への支援再考～

各国政府は、住宅、医療、教育等の必需財の価格高騰に対応している。例えば、住宅価格の高騰に対しては、公的な住宅プログラム、住宅価格統制、土地の使用制限の緩和、住宅補助金といった措置が広範に採用されている。医療については、ジェネリック医薬品の推奨、健康を害する食品への課税、奨学金制度の拡充など、様々な施策を導入している。しかしながら、今回の分析対象となっている先進諸国では、今後、一様に高齢化が進んでいくため、医療費の拡大が不可避であり、財政に余裕がある国は少ないため、こうした価格上昇を相殺できるかは不透明である。そのため、消費という側面においても、企業、個人の責任が重要となる。

こうした社会的なニーズ、政府の限界に対応して、福利厚生の在り方を見直している企業もある。例えば、フェイスブックはシリコンバレーにおける極端な住宅価格上昇により、従業員が郊外に住まざるを得ない状況となっていたのに対して、シリコンバレーに社宅を建造したり、本社近くに引っ越した社員に1万ドルの奨励金を出すなどの対策をとっている。この取り組みを参考に、社員の住宅と通勤時間を調査して、通勤時間が社員のパフォーマンスや離職率などにどのように影響しているか分析してみるとよい。日本においても、淡路島に本社を移転したパソナのような例もある。

医療費の高騰に対しては、社会全体で予防的な医療を強化しなければならない。特に、米国のように医療保険制度が充実していない国では、医療費の高騰は切実な問題である。企業としても、従業員の健康状態を向上させることは従業員の生産性向上、欠勤・遅刻の改善、離職率の減少など、様々なメリットがあり、積極的に取り組む企業も多くなってきた。例えば、アマゾンは、従業員に安価で便利な医療サービスを提供することを目的として、アマゾンケアというサービスを開始している。社員・家族が、専用アプリを介して、オンラインで医療相談を行うサービスで、必要に応じて訪問診療・看護も可能である。医療従事者を自宅に派遣して血液検査や胸部検査などを実施したり、処方箋を自宅に届けるといったサービスも提供している。

教育費は、全世帯平均では家計に占める割合は小さいが、子供を持つ家庭にとっては切実な問題である。スターバックスは米国で従業員向けの奨学金制度を展開している。東レも米国で従業員の子供への奨学金制度を設けている。オンラインに特化した卸売業を展開し、イオングループも出資しているボックスト（Boxed）社は、社員の子供が通う大学の学費を提供している。ボックスト社はその他、家族の緊急事態や結婚などの人生の大きな出来事に最大2万ドルの手当てを提供している。同社のCEOシエ・フアンは、「従業員をフェアに扱う企業は、顧客もフェアに扱うということを顧客も知っている」と述べている。

## 貯蓄の課題〜従業員の貯蓄と投資を支援〜

急激な高齢化を前に、先進諸国において、公的年金による貯蓄代替率が低下するという流れは避けられないだろう。一方、貯蓄格差、貯蓄リターンの格差、そして富の格差に対処するため、政府は様々な形で金融リテラシーの向上に努めていくだろう。例えば、米国では、自己開発口座（インディビデュアル・デベロップメント・アカウント）という制度が低所得者向けに提供されている。具体的には、同サービスを受けている低所得者が貯金をすると、その都度、当該貯金額と同額か、50%が政府から補助金として貯蓄される。金融知識や家計簿の付け方などのコースを受講することも義務付けられており、一連のコース終了後に預金の引き出しが可能になる。本サービスを利用した8万3000人以上の26%が貯蓄を利用して住宅の確保に成功し、20%は高等教育を続けるための資金とした[17]。

貯蓄についても企業ができることは多い。公的な貯蓄が減っていく中で、賃金を上げられればそれに越したことはないが、従業員に金融知識を教育し、貯蓄・投資を推奨するようなプログラムを導入できれば、長い目で見て、賃金を上げるのと同様の効果が得られる。テクノロジーの進展により、安価で比較的低リスクの支出管理、貯蓄・投資を行えるサービスが増えている。家計簿管理アプリ、マイクロ貯蓄（例えば英国のモバイル銀行モンゾは支払いの端数を自動的に貯蓄に回す機能や、最初は1ペニーから始まり、2ペニー、3ペニーと365日貯蓄を行って667.95ポンドを貯蓄するチャレンジを提供している）や、ロボ投資アドバイザー（ナツメグ、ウェルスシンプル、ベターメント等）など、様々なタイプのサービスを研究して、従業員に推奨してもよいかもしれない。

例えば、ペイパルはこうした考えを一歩推し進めて、従業員の正味可処分所得を向上させるプログラムを展開している。同社が世界の2万3000名の従業員の正味可処分所得を調査したところ、特に入社して間もない、あるいは、パートタイムの従業員の正味可処分所得が4〜6%しかないということが判明した。すなわち、食料、住宅、教育等の非選択消費財への支出を差し引いた可処分所得が、所得のわずか4〜6%であったということである。そのため、正味可処分所得を20%に増加させることを目的として、2019年に従業員金融ウェルネスイニシアチブを立ち上げた。具体的には同イニシアチブの中で、医療保険の充実による従業員の医療負担減、特に可処分所得が低い層の賃金見直し、従業員へのストックオプションの開放、金融リテラシー向上のための教育プログラムの展開などの施策を実施している。

NEXT NORMAL

## まとめ

先進諸国において格差の拡大が議論されるようになって久しいが、21世紀の経済は、所得格差だけでなく、雇用の不安定性、非選択財の価格高騰による可処分所得の圧迫、投資リターンの格差といった様々な形で、社会的弱者（低所得者、若年層、マイノリティ）を圧迫している。格差は複数の要因が影響しあう構造的な課題となっている。

こうした社会の中にあって、ネクスト・ノーマルにおける企業の役割は次の2点に集約される。第一に、言うまでもないことであるが、成長と革新を継続することである。企業は、イノベーション、生産性の改善を進め、成長し続けなければならない。そして、人々の生活を豊かにすることで、規制緩和や所得減税など、ビジネスを支援するためにとられた政策に応えていかなければならない。第二に、経済活動の恩恵が、個々人や社会に対してより公平に行き渡るよう努める必要がある。例えば、米国の財界団体ビジネス・ラウンドテーブルが、2019年8月に「企業のパーパスについてのステートメント」を発表したのは、こうした要請に応えたものである。同ステートメントで、ビジネス・ラウンドテーブルは、顧客、従業員、サプライヤー、コミュニティ、株主を含むより幅広いステークホルダーに対して、長期的な視点、サステナビリティに配慮しながら、貢献していくことを約束している。

ネクスト・ノーマルにおいて、企業は、自社が社会にどのような価値を創造するために存在しているのか、パーパス（自社の存在意義）を改めて定義しな

**図表10-11　「長期志向」の企業は、そうでない企業と比較して、15年間で47%高い売上、および36%高い利益を達成している**

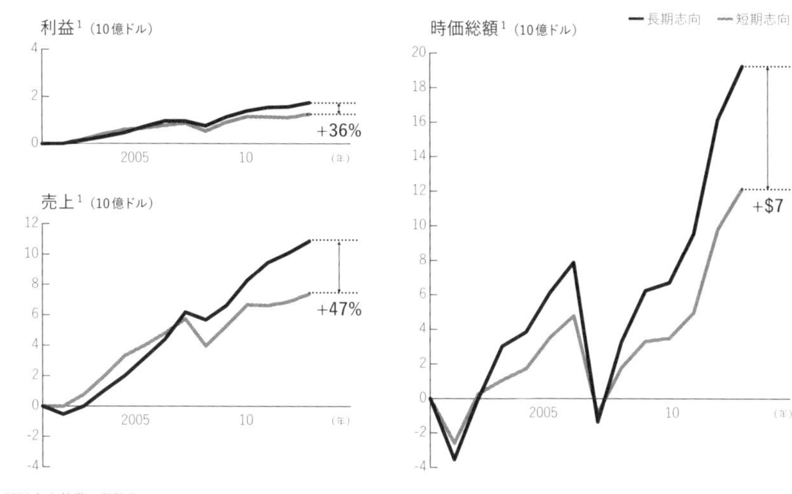


1. 2001年を基準に指数化
資料：Corporate PerformanceAnalytics byMcKinsey；S&PCapitalIQ

ければならない。純粋で生き生きとしたパーパスを体現する企業は、真正性（オーセンティシティ）を武器にして、社会に貢献しながら、高いパフォーマンスを実現する。経営層は、資本やリソースを、パーパスを意識して配分する。従業員は、パーパスを日々の意思決定の中で実践する。企業は、社会と調和しながら、中長期にわたって高い競争力を維持する。

マッキンゼー・グローバル研究所が、米国の615の上場企業を対象に2000年から2014年の間の業績を分析した調査では、金融危機のように経済的に厳しい状況であっても中長期を見据えて投資を行う、いわば「長期志向」の企業は、そうでない企業と比較して、15年間で売上の成長で47%、利益の成長で36%を達成し、他社と比較して約4倍もの新規雇用を生み出した（**図表10-11**）[18]。

ネクスト・ノーマルは決してバラ色ではない。社会は、容易に解決はできない8つの課題を抱え、経済が完全に回復するには2～3年はかかるだろう。しかしながら、このような厳しい経済状況の中にあるからこそ、企業は、高い志と長期の視点を失ってはならない。

◇出典

1. 独立行政法人労働政策研究・研修機構調査、2021年5月
2. NHKおよび独立行政法人労働政策研究・研修機構共同調査、2020年12月7日
3. マッキンゼー・グローバル・インスティテュートCOVID-19 and gender equality: Countering the regressive effects、2020年7月15日
4. マッキンゼー・グローバル・インスティテュート "'Superstars': The dynamics of firms, sectors, and cities leading the global economy"2018年10月24日
5. OECD Education at a Glance 2020, Figure C2.1. Total expenditure on educational institutions as a percentage of GDP（2017）
6. 平成21年度文部科学白書
7. RIETI「新型コロナは教育格差にどのような影響を及ぼしたのか?」2020年10月19日
8. 米国勢調査局が2020年6月に実施した調査では、米国の子を持つ世帯の16.5%が、子供に十分な食料を与えられないと答えており、COVID-19以前の数字の5.5倍に跳ね上がっている
9. RIETI「新型コロナは教育格差にどのような影響を及ぼしたのか?」2020年10月19日
10. Wealth Database, OECD 2019
11. "Closing the $30 trillion gap: Acting now to manage fiscal deficits during and beyond the COVID-19 crisis"（McKinsey Global Institute）2020年7月16日
12. 日経新聞電子版2021年3月31日付「米市場で存在感増すロビンフッダー　思わぬ影響に要注意」
13. 「State of the Global Workplace Report」米GALLUP社 2011－2012調査結果
14. 内閣府 "新型コロナウイルス感染症の影響下における生活意識・行動の変化に関する調査" 2020年12月24日
15. スタンフォード大学コンピュータサイエンス教授アンドリュー・ンとダフニー・コラーによって創立された教育技術の営利団体である。世界中の多くの大学と協力し、それらの大学のコースのいくつかを無償でオンライン上に提供
16. セバスチアン・スラン、デービッド・スタヴェンス、マイク・ソコルスキーが設立したオープンなオンラインコースを大量に提供する営利教育機関
17. 日本経済新聞 "貧困者支援、貯蓄奨励鍵" 2012年12月5日
18. McKinsey & Company, "MEASURING THE ECONOMIC IMPACT OF SHORT-TERMISM" 2017年2月

CONCLUSION

# ネクスト・ノーマルを繁栄の時代とするために

国、企業、個人が、「今、何をするか」が、今後10年にわたる社会経済の繁栄に大きな意味を持つ。民間部門の最も大事な使命は、持続可能で社会の多様な層が恩恵を受ける形で、生産性を向上させることである。より多くの企業が生産性を向上させ、長期にわたって社会全体を繁栄させることが、インフレによる経済混乱や、国・企業・個人間の格差の拡大による社会の分断を防ぎ、大いなる成長の時代「経済刷新の時代」を実現する「鍵」となる。本書で提示した10大経営テーマは、生産性の向上、多様性の実現、持続可能な成長に向けて、全ての企業にとって取り組みが不可欠なテーマであり、日本企業も率先して取り組み、日本だけでなく、世界の変革を推進する力となることを願っている。

## ◉新型コロナ禍により「分断」と「革新」が生まれた

INTRODUCTIONに述べた通り、新型コロナ禍は、「分断」と「革新」を招いた。新型コロナ禍によって、社会や事業の不連続の変化が加速化した。未曽有の経済危機の中にあっても、起業件数は堅調に伸び、IPOによる資金調達はグローバルで2010年以来の最高値を記録するなど、社会の様々な側面で「革新」が進んでいる。一方で、「分断」も深まっている。MEGA 25と呼ばれる25の企業が世界的な時価総額の増分の40%を担い、市場で突出したパフォーマンスを見せている。さらには、国家間でも早々に終息させた中国のような国々と、なかなか終息にめどがついていない、ブラジル、インド、インドネシアといった国々に大きく分かれている。

## ◉4つのシナリオ

ネクスト・ノーマルの10年が、成長の時代となるか、停滞の時代となる

**図表　需要・供給の変化による4つの経済成長シナリオ**

■世界的な危機後の一人当たりGDP成長率 (%)[1]

| 需要の成長 | 供給の成長：低（停滞した経済活動、イノベーションの減少など） | 供給の成長：高（イノベーションの加速――デジタライゼーション、オートメーション、新たなビジネスモデルの台頭など） |
|---|---|---|
| 需要が大きく拡大（消費や投資活動の拡大） | **1. スタグフレーション** 1.3<br>例：米国のオイルショック<br>(1973～1983)<br>実質生産高の伸びが低く、場合によってはインフレ率が高くなる | **2. 経済刷新の時代** 3.1<br>例：戦後の日米欧経済<br>(1945～1973)<br>供給の成長の加速に伴い、所得と需要の伸びがが加速化して、力強い経済成長につながる |
| 需要が停滞（大規模な失業者の増加や企業の返済活動などレバレッジの解消の拡大） | **3. 失われた十年** 0.7<br>例：バブル崩壊後の日本<br>(1992～2002)<br>需要増加が弱く、イノベーションが発生せず、経済の停滞または不況にさえつながる | **4. 大いなる分断** 1.0<br>例：金融危機後の米国<br>(2007～2019)<br>需要が大きくない中で、一部の特定の層においてイノベーションが起きることで、持続的な需要ギャップ、経済格差、経済全体の成長の鈍化を招く |

1.第1象限：米国の一人当たりGDP成長率、1973-83；第2象限：対象各国の加重平均、1945-73；第3象限：日本、1992-2002；第4象限：米国、2007-19

資料：Bergeaud、Cette、and Lecat、2016；McKinsey Global Instituteによる分析

かについては、不透明である。歴史を紐解くと、危機の後の時代の一人当たりGDPの変化は、需要、供給の成長に応じて、下記のような4つのシナリオで説明ができる。

### 1. スタグフレーション（オイルショック後の米国の経済：1973-83）

広範な景気刺激策（需要創出策）が発動される一方で、政府や企業の生産性が向上せず、供給側のキャパシティが十分に成長しないことにより、実質経済成長が限定的となり、インフレが起きてしまう状況。

### 2. 経済刷新の時代（戦後の日米欧経済：1945-73）

政府や企業の生産性向上や成長が、広範な層の所得向上につながり、需要も成長して、力強く経済が成長し、まさに経済の刷新が見られる状況。

### 3. 失われた十年（バブル崩壊後の日本：1992-2002）

需要創出も、政府、企業における革新と生産性向上も十分でなく、長期に

わたる経済的な低成長を迎えてしまう状況。

**4. 大いなる分断**（金融危機後の米国：2007-19）

一部の企業のみにおいて革新や生産性向上が実現され、株式市場などは好況を示すも、国民各層における幅広い所得向上がみられない。その結果、総需要の増加が持続せず、個人間の格差が増大して経済成長が伸び悩む状況。

## ◉民間部門の生産性の向上が「経済刷新の時代」を迎えるための「鍵」

各国政府は、過去の経済危機の教訓から、需要創出のための大規模支出を躊躇なく実施している。供給側が、生産性を向上させ、旺盛な需要に対応できなければ、インフレが進む。2021年上半期の時点では、鋼材、非鉄金属、農産物などの一次産品や素材の価格が上昇し、さらには半導体不足やコンテナ輸送の混乱などのボトルネックが見えてきている。こうした課題を解決し、生産面で需要増に対応できない場合、「スタグフレーション」に突入してしまう可能性がある。一方で、供給サイドが生産量を増加できたとしても、広範な企業の生産性が向上し、社会の幅広い層が所得向上といった形でその恩恵を享受できない場合、政府支出増大による需要創出は、すぐに息切れを迎え、「大いなる分断」の時代が到来するだろう。いずれのシナリオにおいても、民間部門の生産性の向上が「鍵」となる。

1990年代から2000年代前半にかけてのいわゆる「ネットワーク革命」の時代の米国では、ビジネスプロセス全般にわたる大胆なICT統合により、生産性が急上昇している。第二次世界大戦後の日米欧では、財政出動（マーシャルプランなど）、幅広い国民各層における所得の向上、構造改革、産業化、スキルの向上、テクノロジーの拡散、そして民間投資が、所得と生産性を大きく押し上げた。

## ◉生産性向上が進む兆候は見えている

新型コロナ禍を契機に、今までと全く異なるスピードで「革新」が進んでいる。新型コロナ禍の前から、自動化、AIの活用、広範なデジタルによるビジネスモデル変革、サステナビリティ、アジャイルな組織の在り方などに積極的に取り組んできた企業がレジリエント企業として、新型コロナ禍でも成長を実現している。加えて、そうでなかった企業の多くも、新型コロナ禍を契機に、こうした様々なテーマについて一気呵成に展開している。

企業の経営者の動向を調査すると、変化の兆しがみられる。例えば、2020年10月にマッキンゼーが実施した調査では、企業経営者がバリューチェーンの様々な活動のデジタル化を、当初想定していたスピードの20～25倍のスピードで実施できたと答えている。さらには、2020年12月にマッキンゼーが実施した別の調査でも、51%の経営者が、新型コロナ禍が世界を襲った2020年に、新規技術への投資を拡大させたと答えている。これは、リモートワークに関する投資を除いた数字である。先々に向けて、多くの経営者が、2020年から、2024年にかけて、さらなる自動化、販売チャネルのデジタル化、ビジネスモデル変革や、アジリティなどの改革を、今後4年以内に加速化させると述べている。

**図表　2020年12月に欧米の経営者を対象に実施した調査**

経営者が自身の企業で推進している成長を促すための施策
──2020～2024年までに力をかけていく施策（2020年12月のサーベイ結果）

| | |
|---|---|
| **+20pp**<br>自動化と技術投資 | **60%**<br>デジタルチャネルへの移行 |
| **55%**<br>ビジネスモデル、オペレーティングモデルの変革 | **+15pp**<br>組織変革とアジリティを強める変革 |

**図表　各指標が伸びた企業が全体の企業のうちに占める割合**

パンデミック前と比べ、一部の企業しか
業績が伸びていない

| 指標 | 2020 3Qの割合<br>米国 | <br>欧州 |
|---|---|---|
| 売上 | 39%（26⬇） | 42%（27⬇） |
| 製品やビジネスモデルの変革、オペレーションやR&Dの改革 | 53%（14⬇） | 41%（22⬇） |
| 人員や設備への投資 | 36%（21⬇） | 38%（20⬇） |
| M&Aなどビジネスのダイナミズムを大きく変えた企業 | 11%（13⬇） | 14%（12⬇） |

成長は一部の
「スーパースター」企業、
特に米国に集中

**66%**

Q3 2019からQ3 2020年までに増加した米国内でのR&Dの投資額のうち、60%が「スーパースター」企業[1]によるもの

**0%**

米国の「スーパースター」企業の中で売上が落ちた企業は一つもなかったが、他国では「スーパースター」企業のうち11%が売上の減少を経験した

1.「スーパースター」企業：パフォーマンスが特に良いグローバル企業575社。世界で、時価総額トップ500社のうち315社、最も価値のあるブランド500のうち230、最も従業員の満足度の高い500社のうち188社、最も革新的な企業100社のうち53社を含む。定義やその経済効果の詳細は、マッキンゼー・グローバル・インスティテュートのレポート「'Superstars'：The dynamics of firms, sectors, and cities leading the global economy」（2018年10月24日付）を参照されたい

## ◉革新と成長が、広範に広がるか

こうした変革が、一部の企業に集中してしまう場合、ネクスト・ノーマルは、広範な国や企業が恩恵を享受する「経済刷新の時代」ではなく、一部の国や企業に技術革新や生産性向上がとどまり、格差と緊張が拡大していく「大いなる分断の時代」となる。

少なくとも、新型コロナ禍が最も厳しい状況にあった2020年の第三四半期（7-9月）においては、2019年の同時期に比べて、そもそも売上が伸びた米企業は、39%となっており、2019年の65%よりも大分少なくなっている。同様に、製品やビジネスモデルの変革、オペレーションやR&Dの改革、人員や設備への投資、さらにはM&Aなどについて改善できた企業の割合が、大幅に落ち込んでおり、こうした革新の加速化は、一部の企業の間に留まり、企業の優勝劣敗が明確になっている。結果として、株主価値の増加も、

MEGA25企業の一人勝ちという状況にあり、現時点では、すそ野の広い生産性向上が実現しているとは言い難い。

## ◉コロナ禍は不可逆的な変化をもたらした

私たちが、この危機の中で、日々、従業員の健康と安全を守り、グローバルなサプライチェーンをつなぎ、経済が止まらないよう尽力してきた間に、新型コロナ禍は、日本そして世界の社会経済に不可逆的な変化をもたらした。まさにネクスト・ノーマルが到来している。

消費者は、様々な製品やサービス、購買方法を試し、新たな消費パターンを身につけた（テーマ1）。Z世代というデジタルネイティブの世代の消費行動についての研究も進み、未来の消費者像もおぼろげながら、見えてきている（テーマ2）。新型コロナ禍によって、人の移動と生活の在り方が激変し、新たなモビリティの価値が生まれつつある（テーマ3）。

新型コロナ禍は新たなテクノロジーの採用を加速化させた。デジタル化（テーマ4）や、サプライチェーンの再編（テーマ5）など、新たな技術を試すことで、新たな価値が生まれつつある。また、第二次バイオ革命ともいえる昨今のバイオテクノロジーの進化も、注目すべきトレンドであり、製薬や医療業界を超えたインパクトを持つだろう。

企業経営という観点では、ダイバーシティ（テーマ6）や従業員の健康（テーマ7）といった要素が、企業の業績の向上にどのように影響を与えるかという点についての研究が進んだ。新型コロナ禍によって、ダイバーシティへの取り組みが後退している側面があるが、経営者は、ダイバーシティを推進することで、企業業績を向上させながら、より多様な国民各層への所得配分といった社会貢献も実現できる。新型コロナ禍によって、リモートワーク、デジタル・トランザクションの拡大、オートメーション/AIの幅広い採用が指数関数的に増加し、私たちの働き方は激変した（テーマ8）。ネクスト・ノーマルでは、社会、企業単位の仕事の構成と必要とされるスキルが大きく変化する。柔軟に仕事を再定義し、従業員のリスキリングを効率的に進められる企業には、大いなる機会が開かれる。

企業の社会的な役割が、これほどまでに重要となっている時代がない。

「より良い状態への回復」(リカバー・ベター)の掛け声の下、新型コロナ禍は、サステナビリティに関する国や企業の議論を加速化させ、規制強化や資金流入という形で、サステナビリティへの取り組みに追い風が吹いている(テーマ9)。各企業が、攻めの「サステナビリティ」変革を実現すれば、この「追い風」をつかむことができるであろう。21世紀の経済は、雇用・消費・貯蓄といったあらゆる側面で、先進国社会の中間層を圧迫し、社会の分断を招いた。コロナ禍は、そのほとんどの要素を悪化させ、分断を助長している。ネクスト・ノーマルにおいて、企業の役割の重要性が増している(テーマ10)。企業は雇用システムの変革とリスキリング、従業員の予防的医療の推進、従業員の金融リテラシーの向上など、社会の現状に即した支援を行うことで、社員を分断から守ることができる。各企業は、自社の存在意義「パーパス」を深く議論して、経営者から現場の従業員に至るまで、一貫性をもって活動する必要がある。パーパスや一貫性を欠く企業は、中長期的には市場からの退場を迫られる。正しい「パーパス」を体現する企業は、社会から有形、無形の支援(優秀な人材の確保、安定した株主、資本へのアクセスなど)が得られる。

## ◉繁栄の時代は、個々の企業の変革によって築かれる

来る10年は、社会経済の繁栄が加速化する「経済刷新の時代」になるだろうか。それとも、「スタグフレーション」や「大いなる分断」の時代になるだろうか。個々の企業、個々の経営者、ビジネスパーソンが果たす役割は大きい。本書で提示した10のテーマへの取り組みが進めば、企業は、持続可能な形で、多様性を確保した成長を実現し、中長期にわたる業績を拡大しながら、社会の要請にこたえることができるだろう。危機のたびに立ち上がってきた日本の企業であれば、それが可能であると信じている。

本書が、日本において様々な形でビジネスに取り組む人々にとって、何らかの示唆となり、10のテーマについての取り組みが進むこと、そして、ネクスト・ノーマルが、日本の社会・経済にとって、持続可能で、多様性のある繁栄の時代になることを、切に願っている。

## ◉参考レポートのご紹介

本書の多くの章はマッキンゼーグローバルインスティテュート（MGI）の研究内容をもとにしている。マッキンゼーグローバルインスティテュートは、1990年に設立した経済・ビジネスの研究機関であり、民間部門、公共部門、ソーシャルセクターのリーダーに対して、変動する世界経済に関する理解をさらに深めるための支援を行い、経営や施策に関わる重要課題の意思決定を支えるファクトベースを提供することをミッションとして掲げている。

下記各章にまつわるMGIのレポートやその他マッキンゼーの文献をご紹介する（全てインターネットでダウンロード可能）。

### INTRODCUCTION

2021年3月「The impact of COVID-19 on capital markets, one year in」

### CHAPTER 1　消費者の行動の変容

2021年5月「What's next for consumers, workers, and companies in the post-COVID-19 recovery」

2020年10月「Consumer sentiment and behavior continue to reflect the uncertainty of the COVID-19 crisis」

### CHAPTER 2　ネクスト・ノーマルの消費をけん引するZ世代

2020年6月「アジア太平洋地域のZ世代は他の世代とどう違うか」

2020年8月「Meet Generation Z：Shaping the future of shopping」

2018年11月「`True Gen`：Generation Z and its implications for companies」

### CHAPTER 3　モビリティの在り方の変化

2020年9月「How consumers' behavior in car buying and mobility is changing amid COVID-19」

### CHAPTER 4　デジタル化の未来

2021年2月「2030年に向けた日本のデジタル改革」

2020年9月「マッキンゼー緊急提言　デジタル革命の本質：日本のリーダーへのメッセージ」

## CHAPTER 5　次なるブラックスワンに備えたサプライチェーン改革

2020年6月「サプライチェーンの構造変化をもたらす4つの変化」

2020年8月「Risk, resilience, and rebalancing in global value chains」

2020年10月「COVID-19 and supply-chain recovery：Planning for the future」

## CHAPTER 6　高まるダイバーシティ経営の必要性

2020年12月「より多くの日本の女性リーダーの躍進を目指して」

2020年11月「Diverse employees are struggling the most during COVID-19—here's how companies can respond」

2020年5月「Diversity still matters」

## CHAPTER 7　健康マネジメントによる経済の成長

2021年5月「Not the last pandemic：Investing now to reimagine public-health systems」

2020年7月「Prioritizing Health: A prescription for prosperity」

## CHAPTER 8　働き方の未来

2021年6月「Defining the skills citizens will need in the future world of work」

2021年2月「The future of work after COVID-19」

2020年10月「Ops 4.0—The human factor：Skill, will and the next normal」

2020年5月「The future of work in Japan ポスト・コロナにおける「New Normal」の加速とその意味合い」

## CHAPTER 9　新型コロナからの回復を起爆剤にした気候変動対応

2021年2月「ESG経営から育む価値創造の5つの方向性」

2020年11月「パリ協定の目標実現に向けた日本の脱炭素化の道筋」

2020年9月「McKinsey on Climate Change」

2020年8月「アジアにおける気候変動リスクと対応策」

## CHAPTER 10　ネクスト・ノーマルにおける企業の役割

2020年12月「COVID-19 has revived the social contract in advanced economies—for now. What will stick once the crisis abates?」

2020年2月「The Social Contract in the 21st century」

## CONCLUSION

2021年3月「Will productivity and growth return after the COVID-19 crisis?」

## ●編著者紹介

### 小松原正浩

マッキンゼー・アンド・カンパニー　東京オフィス　シニアパートナー

慶應義塾大学文学部卒業、コロンビア大学国際公共政策大学院国際関係論修士課程修了。先端産業研究グループのグローバルにおけるリーダーの一人。最近は、製造業、メディア、流通、交通、運輸など、幅広い業種のコンサルティングを行う。また、アジアにおいて自動車業界を担当するリーダー。30年にわたるマッキンゼーでのコンサルティング経験を生かし、戦略策定、新規事業開発、組織変革、購買や研究開発、サプライチェーン部門でのオペレーション改善など、幅広い領域で支援を行っている。2015年から東京大学大学院非常勤講師として、企業戦略論を担当。

### 住川武人

マッキンゼー・アンド・カンパニー　東京オフィス　パートナー

東京大学法学部卒業、IEビジネススクール経営学修士（MBA）。外務省勤務後、マッキンゼーに参画。未来のモビリティに関して研究するMcKinsey Center for Future Mobilityのアジアにおけるリーダー。自動車、建設機械、交通運輸、ハイテク等、モビリティに関わる産業を中心に、事業戦略、新規事業創出、サステナビリティ変革、デジタル変革、オペレーション改善等、幅広い分野で、経営幹部に対して持続力ある成長を実現するための様々な助言を行っている。マッキンゼー社内では、アジアにおけるダイバーシティ推進を担当するリーダーの一人。

### 山科拓也

マッキンゼー・アンド・カンパニー　関西オフィス　パートナー

慶應義塾大学法学部法律学科卒業。自動車・組立産業、先端エレクトロニクス、電力および天然ガスセクターのクライアントに対しコンサルティングを提供し、戦略策定、オペレーション変革および新規事業の立ち上げを数多く支援。コンサルティング以外の分野においては、採用や人材開発にも注力している。現在、アジアおよび日本のオペレーション研究グループにおけるダイバーシティ強化の取り組みをリードしている。

**◎監修者**　()内は監修した専門領域

岩谷直幸：マッキンゼー日本代表、シニアパートナー（全体）
瓜生田義貴：アソシエイトパートナー（サステナビリティ）
小田原浩：シニアパートナー（サプライチェーン）
黒川通彦：パートナー（デジタル）
櫻井康彰：パートナー（消費財、サービス産業、働き方）
ジョナサン・ウォッツェル：マッキンゼー・グローバル・インスティテュート・ディレクター（全体）
反田篤志：アソシエイトパートナー（ヘルスケア）
堀井摩耶：パートナー（公的セクター、ダイバーシティ）
ミケーレ・ラヴィショーニ：シニアパートナー（ヘルスケア）
村上友太：パートナー（サプライチェーン）
山田唯人：パートナー（サステナビリティ）
ラリ・ハマライネン：シニアパートナー（デジタル）
山川奈織美：パートナー（消費者インサイト、ダイバーシティ、Z世代）

**◎分析・情報収集・執筆に関する協力者**　()内は執筆当時の役職

井上芽実（コンサルタント）、衛藤新（マネージャー）、川崎雅史（マネージャー）、曽木美希（アソシエイトパートナー）、高橋貴哲（コンサルタント）、永石宏太（マネージャー）、樋口美穂（コンサルタント）、平崎詩乃（コンサルタント）、福島宏樹（コンサルタント）、三宅匠（マネージャー）、マッキンゼージャパンER［External Relations］グループ：関満亜美、林麗、茶木安奈

マッキンゼー　ネクスト・ノーマル
アフターコロナの勝者の条件

2021年9月30日発行

編著者――小松原正浩／住川武人／山科拓也
発行者――駒橋憲一
発行所――東洋経済新報社
〒103-8345　東京都中央区日本橋本石町1-2-1
電話＝東洋経済コールセンター　03(6386)1040
https://toyokeizai.net/

装　丁……………遠藤陽一（デザインワークショップジン）
本文レイアウト……村上顕一
印刷・製本………丸井工文社
編集担当…………齋藤宏軌
Printed in Japan　ISBN 978-4-492-39660-5